Hubert H. Scharl,
Die Organsprache

Die „Organsprache" als symbolischer Ausdruck für seelische Ursachen und unbewältigte Konflikte

Hubert H. Scharl

MÜLLER & STEINICKE, MÜNCHEN

ISBN 3-87569-028-1
Unveränderter Nachdruck 1990

Gesamtherstellung: P P Druckberatung, München

Inhalt

„Man muß das Wahre
immer wiederholen,
weil auch der Irrtum
um uns her immer
wieder gepredigt wird,
und zwar nicht
von einzelnen, sondern
von der Masse.“

GOETHE

EINLEITUNG

Zur Situation

Etwa jeder dritte Patient, der heute einen Arzt oder Heilpraktiker aufsucht, leidet an psycho-reaktiven Störungen – er leidet an Krankheiten oder Funktionsstörungen, die im wesentlichen seelisch bedingt oder zumindest beträchtlich psychisch „überlagert" sind. Dabei wächst die Zahl dieser psycho-reaktiv Erkrankten durch die Zeiteinflüsse noch ständig. Die Wartezimmer der Allgemeinpraktiker werden in hohem Maße frequentiert von psycho-somatisch Erkrankten bzw. Gestörten. Es warten hier auf Hilfe: Vegetativ-Stigmatisierte, Schlafgestörte, Depressive, Migräne-Kranke, Asthmatiker, Herzneurotiker neben Impotenten, Ulkus- und Kolitis-Patienten u.v.a.m.! Da die „Psychosomatik" leider immer noch ein großes Stiefkind der Medizin ist, warten viele dieser Kranken vergeblich auf Hilfe, auf eine angemessene Behandlung, die auch den seelischen Bereich ins Kalkül zieht! Auf diese Weise kann durch eine unangemessene, einseitig somatisch-orientierte Therapie aus einer zunächst psychisch bedingten Funktionsstörung langsam aber sicher eine echte organische Veränderung entstehen, die sich dann u. U. auch später durch psychotherapeutische Maßnahmen kaum noch beheben läßt. Woran liegt es, daß auch in unseren Tagen der weitaus größte Teil der Heilbehandler die Möglichkeit einer seelisch bedingten Erkrankung, eines psycho-reaktiven Resultates, gar nicht in seine diagnostischen Überlegungen einbezieht? Wo liegen die Gründe? Prof. H. E. Richter/Gießen stellte in seiner Arbeit „Anachronismus: Medizin ohne Psychologie" die hochgradige Vernachlässigung der Psychologie in der ärztlichen Ausbildung fest. Diese negative Situation im deutschen Medizinunterricht beruht auf einer Verteidigung eines ideologischen Konzeptes aus dem 19. Jahrhundert: Alle Krankheiten werden als pure Naturprozesse eingeschätzt! Sie manifestieren sich in einem anatomischen Gebilde mit physikalisch und chemisch beschreibbaren Lebensfunktionen. Krankheitserklärung, -beschreibung und -behandlung richtet sich auf dies Gebilde. Was der Mensch sonst noch ist, sagt RICHTER, gilt in dieser klassischen Konzeption nicht mehr eigentlich als Objekt der naturwissenschaftlichen Medizin. Daß sich auf dem Boden dieses überholten, rein somatisch orientierten, traditionellen Konzeptes, trotz geänderter Approbationsordnung mit vorgeschriebenem Psychosomatik-Unterricht und trotz des in den letzten Jahren unverkennbar zunehmenden Interesses der praktischen Ärzte für die psychologischen Aspekte, die „Ganzheitsmedizin" mit ihrer psychosomatischen Betrachtungsweise bei den Allgemeinpraktikern und Internisten nicht nennenswert etablieren konnte, ist einzusehen. Doch ist dies nicht der einzige Grund! Hinzu kommt noch der chronische Zeitmangel der „Praktiker": Kaum hat der Patient seine Beschwerden aufgezählt, verläßt er mit einem Rezept oder einem Überweisungsschein schon wieder im Rückwärtsgang das Ordinationszimmer. Aus! Der Nächste bitte . . .! Dieser Patient – und wieviele mögen es wohl täglich sein – hatte nicht die geringste Chance, sein Herz ausschütten zu können, sich einmal „aussprechen", sich einmal anvertrauen zu können! Auch der Behandler brachte sich so um die Möglichkeit, notwendigen Einblick in die Lebens- und Schicksalssituation, in die aktuelle Konfliktkonstellation, in die seelischen Hintergründe zu erlangen, die sich zum Teil auf symbolische Weise oder sogar der „Organsprache" bedient haben. Fehlanzeige! So wie sich die Krise der modernen, weitgehend somatisch orientierten Medizin in der Allgemeinmedizin besonders durch die sog. „Fünf-Minuten-Medizin" darstellt, zeigt sie im Krankenhausbetrieb ihr technisches Gesicht. So fragt z. B. M. BLEULER in der „Schweiz. med. Wochenschrift" (1970) „Wo bleiben wir am Kranken?" Er schildert u. a. die Situation so: „Jeder Arzt weiß, daß die persönliche Betreuung unserer Kranken eine dringliche Aufgabe ist. Zudem wird viel darüber geschrieben, wie Körper und Seele eine Einheit sind, daß man über der Behandlung von Symptomen und Krankheiten den Kranken nicht vergessen und ihm helfen soll, sich zu entfalten und er selbst zu sein. Angesichts der lauten Forderungen nach Psychotherapie und Psychosomatik möchte man meinen, unsere Kranken würden heute besser als je umsorgt. Das ist aber nicht der Fall. Um das Krankenbett droht es leer zu werden. Das Persönliche im Umgang mit dem Kranken tritt in den Hintergrund, unpersönliche, schematisierte, entmenschlichte Betriebsamkeit macht sich je länger, je breiter. Der Kranke vereinsamt. Ärzte- und Schwesternmangel sind nicht die hauptsächliche Ursache dieser Vereinsamung. Gerade auf Krankenabteilungen mit überreicher personeller Besetzung, mit Intensivtherapie ist nicht selten das Übel am schlimmsten. Ärzte und Schwestern sind mit technischen Aufgaben in Anspruch genommen und persönliche Beziehungen können schon bei ihrer Vielzahl nicht warm werden. Haben wir Zeit, bei Sterbenden oder ihren Angehörigen zu verweilen? Haben wir Zeit vor der Türe des Operationssaales oder des Kreißsaales noch mit unseren Kranken zu sprechen? Die Gefahr ist groß, daß wir für all das keine Zeit mehr haben und uns mit der Verabreichung einer Tablette begnügen. Wir könnten aber Ängste und Sorgen vieler Kranker mildern, wenn wir mehr Zeit für sie hätten. Wir wissen, daß ärztliche Betreuung Großes für einen Kranken bedeutet, es wird darüber geredet und geschrieben, aber im Zug der Zeit wird die Kluft zwischen Sollen und Können, zwischen Gerede und Handeln immer größer. Zum Beispiel bringt die Isolierung der Kranken nach schweren Operationen oft Verwirrtheitszustände mit sich. Man sollte zur Prophylaxe der psychotischen Operationskomplikationen eine persönliche Beziehung zwischen dem Kranken, der Schwester und dem Arzt herstellen. Statt dessen wurde vorgeschlagen, am Fußende des Bettes einen Fernsehapparat anzubringen! Dort, wo die Technik das Menschliche verdrängt, will man mit noch mehr Technik abhelfen – nur um die wenigen herzlichen Worte zu ersparen, die am Platze wären . . ."

Kommentar überflüssig! Statt Kontakt eben Apparat! Die für den Behandlungserfolg so notwendige menschliche Bindung zwischen Arzt und Patient wird immer geringer – das Ende der sozialen und „verbalen" Medizin bahnt sich an! Diese bedenkliche Entwicklung wird zudem begünstigt durch die Automatisierung der Labordiagnostik, dem Vormarsch der Computermedizin und dem weiteren Vordringen des Prinzipes der Gemeinschaftspraxen und Polikliniken! Die Droge „Arzt" kommt nicht mehr zum Einsatz!

Humanmedizin kann nur eine psychosomatische Medizin sein

Wer krank gewordenen Menschen helfen will, muß sie in ihrer Leib-Seele-Einheit sehen und kann durch diese Ganzheitsbetrachtung eben nur „psychosomatisch“ vorgehen. Wenn die Medizin, trotz allem technischen und wissenschaftlichen Fortschritt, aus der Sackgasse, welche u. a. in der unpersönlichen Perfektion der Computer-Medizin und ebenso in der sog. 5-Minuten-Medizin des überlasteten Praktikers evident wird, herauskommen soll, dann muß sie sich psychosomatisch umorientieren! Diagnose und Therapie kann man eben nicht weitgehend an Apparate und Medikamente „delegieren“! Technische Hilfsmittel, die in der modernen Medizin für den somatischen Befund eine wichtige und hochgeschätzte Rolle spielen, lassen sich eben für die Psychodiagnostik nicht einsetzen. Selbst die hypermodern ausgestattete Diagnose-Klinik muß hier versagen, denn keiner der Elektronengehirne vermag die seelischen Hintergründe einer Erkrankung aufzuzeigen. Die „verbale“ Medizin muß ergänzend hinzukommen! Hier kann allein das klärende Zwiegespräch zwischen Heilbehandler und Patient weiterhelfen. Es klingt vielleicht hart, aber es muß deutlich gesagt werden: Ein Therapeut, der dazu keine Zeit aufwenden möchte oder gar die Notwendigkeit hierfür nicht erkennen kann, wer also bei seinen diagnostischen und therapeutischen Bemühungen die Seele übersieht, betreibt Veterinärmedizin!

Die „Organsprache“ muß man verstehen lernen

In seiner Studie „Der psychisch Leidende und seine Welt“ konstatierte G. BENEDETTI wie jeder starke Affekt, jede große Gemütsbewegung eine bestimmte organische Repräsentanz aufweist: „Affekte sind leibseelische Funktionsgestalten, die Ausdruckswert haben.“ Unbewältigte Konflikte, Versagungserlebnisse und Schuldvorstellungen in den unterschiedlichsten Lebensbereichen mit ihren Affekten und Gefühlen führen über das vegetative System zwangsläufig zu „Affektkrankheiten“, die je nach Konstituation und Disposition bestimmte Organe funktionell stören, sich ihrer bedienen, um sich zu „beklagen“, um sich „auszudrücken“, um symbolisch „sprechen“ zu können. Der Volksmund hat in seinen tiefgründigen Redewendungen diese Zusammenhänge aufgezeigt und die symbolische Aussage der „Organsprache“ oft treffend dechiffriert; z. B.: „Das hat er nicht mehr schlucken können“, „Vor Ärger läuft ihm die Galle über“ oder „Die Angst sitzt ihr im Nacken“ u. v. a. m. Es ist augenscheinlich, daß das vegetative System neben

Die psychosomatische Krankheitsentstehung in der alten chinesischen Medizin

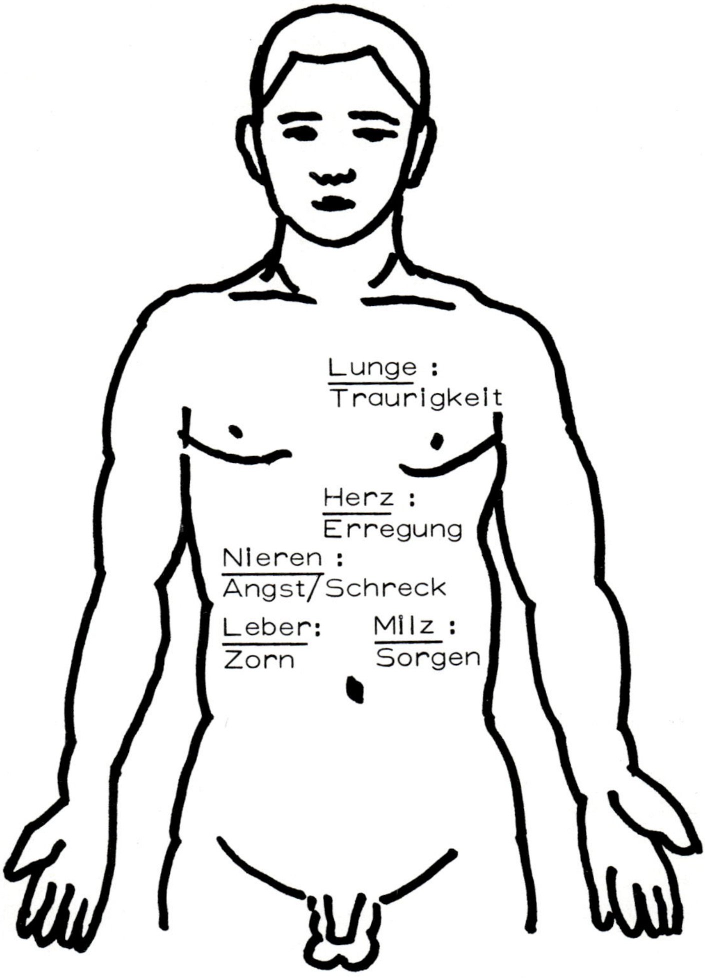

Die alten Chinesen vertraten die Auffassung, daß bestimmte Leidenschaften - also Emotionen - wenn sie zu heftig werden, ganz bestimmten Organen Schaden zufügen. Auf diese Weise verstand man schon damals verschiedene Emotionskategorien aus der "Organsprache" zu beurteilen bzw. zu verstehen.

seinen regulativen Fähigkeiten zusätzlich eine wichtige Funktion hat: Die Körper- und Organsprache zu bewirken! Der psychosomatisch orientierte Behandler muß darum lernen, für seine diagnostischen und auch therapeutischen Bemühungen die „Organsprache“ seiner Patienten zu verstehen. Dieses Buch möchte gerade dem vielbeschäftigten Praktiker Hilfe und praktische Hinweise geben, was ihm die Organsprache über die seelischen „Wunden“ seiner Patienten sagen kann.

Neubiberg bei München
Dezember 1975

Hubert H. Scharl

„Eine funktionelle Krankheit bedeutet,
daß der Patient ein psychologisches
Problem hatte,
das er mittels seiner Krankheit zu lösen
versuchte.

Die Krankheit bietet ihm die Möglichkeit,
sich zu beklagen,
was er zunächst nicht tun konnte.

Die Aufgabe des Arztes besteht in der
Klärung des Problems, über das sich
der Kranke ursprünglich nicht beklagen
konnte und für das er
die Krankheit erzeugt hat ...“

MICHAEL BALINT

Über die Entstehung psychosomatischer Funktionsstörungen und Krankheiten

Jeder Mensch steht als Individuum mit einem ganz bestimmten Charakter, einer bestimmten Konstitution, Affektivität und vegetativen Reaktionslage, geprägt durch seine Erziehung, Gewissensbildung, Kindheitserlebnisse und das Milieu auf der „Bühne des Lebens“ im

Spannungsfeld zwischen
seinen Triebansprüchen, „Grundsehnsüchten“ (z. B. Sehnsucht nach Geborgenheit, Bestätigung, Sicherheit), Interessen
und
den Forderungen des Gewissens (Tabus), den Anforderungen des Lebens, den Einflüssen der Umwelt (Ehe, Familie, Freundschaft, Beruf, Gruppen) mit ihren Konflikten und Schicksalssituationen.

Die Reaktionen auf diese vielfältigen Faktoren und Einflüsse spiegeln sich im seelischen und körperlichen Bereich – im ganzen Menschen! Man muß sich vergegenwärtigen: Der Mensch hat in allen Lebensabschnitten eine Skala von Mindestanforderungen – H. SOPP nannte sie in seinem Buch „Was der Mensch braucht“ ganz einfach „Grundsehnsüchte“ – an das Leben in seinen verschiedenen Bereichen, wie z. B. Ehe, Familie, Freundschaft, Beruf u. a. m., deren Erfüllung unabdingbar für sein Wohlbefinden sind. Wird das Individuum nun durch widrige Umstände, Erlebnisse, Einflüsse oder andere affektiv-emotionale Faktoren mit spannung-erzeugenden Konflikt-, Schuld-, Verzichts- oder Versagens-Erlebnissen in gravierenden persönlichen oder sozialen Lebensbereichen an der Verwirklichung seiner Mindestanforderungen an „Grundsehnsüchten“ gehindert und gelingt es ihm nicht, sich anzupassen bzw. kompensatorisch zu verhalten, gibt es nur den „Ausweg“ in die Krankheit. Die Flucht in die Krankheit beginnt! M. BALINT drückte es so aus: Eine „funktionelle“ Krankheit bedeutet, daß der Patient ein psychologisches Problem hatte, das er mittels seiner Krankheit zu lösen versuchte. Die Krankheit bietet ihm die Möglichkeit, sich zu beklagen, was er zunächst nicht tun konnte.

Entstehung seelisch bedingter Erkrankungen

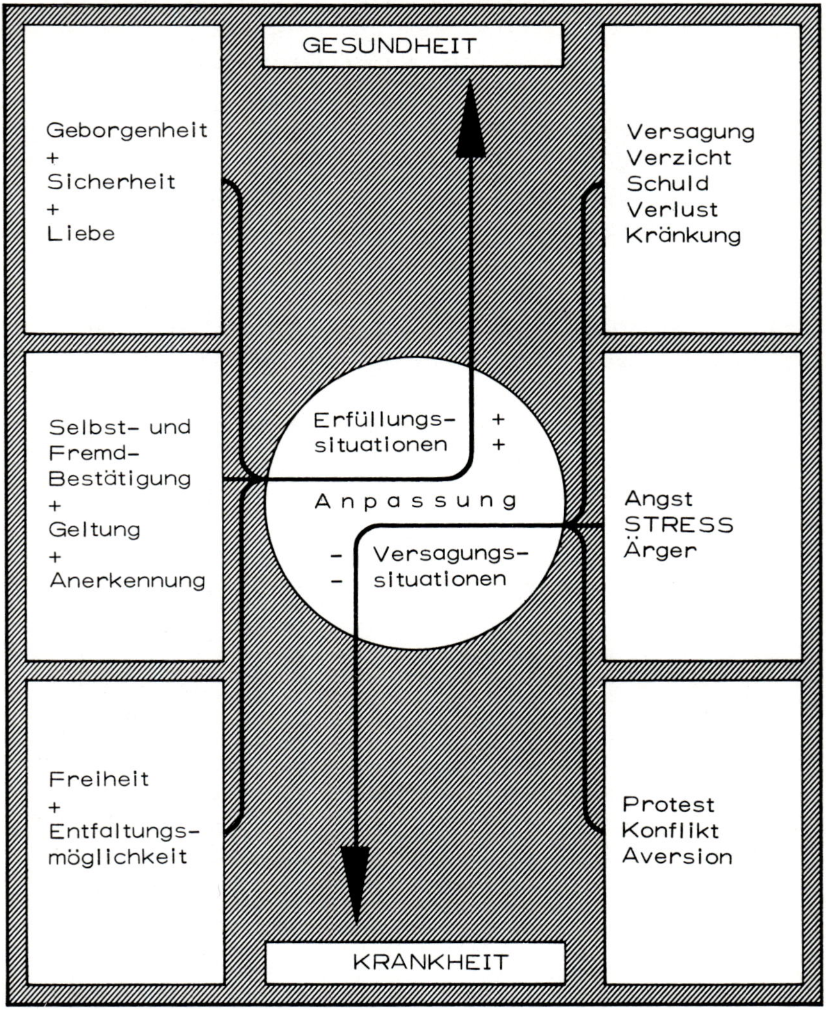

Diese Übersicht zeigt, wie seelisch induzierter Streß – z. B.: ungelöste Konflikte, innere Spannungszustände, unterdrückte Aggressionen, verhinderte Anklammerungswünsche – im persönlichen und sozialen Bereich, wenn die Anpassung auf der „Bühne“ des Lebens nicht gelingt, psycho-reaktiv unweigerlich in die Krankheit führt.

Ungelöste emotionale Konflikte irritieren das Vegetativum

Das vegetative Nervensystem des Menschen läßt sich nicht nur durch somatische, physikalische oder chemische Reize bzw. Faktoren „erregen“, in eine Streßreaktion versetzen, sondern auch in hohem Maße durch psychische Einwirkungen, eben durch psychische Stressoren. Diese aus dem seelischen Bereich kommenden, streß-auslösenden Reize werden genährt durch innere Konflikte, Erwartungsängste, Enttäuschungen, Ambivalenzen, Frustrationen und Unlustgefühle. Selbst kurz anhaltende seelische Einflüsse, die z. B. Zorn- oder Schamgefühle induzieren, spiegeln sich sofort u. a. über das Vegetativum „vasomotorisch“ im Gesicht des Betroffenen durch auffallende Rötung der Wangen. Das vegetative Nervensystem kann man als „Resonanzboden“ des Körpers und der Seele ansehen! Leider hat sich das Alarmsystem „Streß“ groteskerweise selbst von der Entwicklung unserer Umwelt und ihrer Stressoren überraschen lassen – es war nicht vorbereitet auf die überhandnehmenden psychischen Stressoren!

Psychische Stressoren werden zum Feind des Körpers:

Das Vegetativum reagiert eben noch wie vor 500 000 Jahren!

Die „Urprogrammierung“ der Anpassungssysteme waren beim Menschen in seiner Frühgeschichte absolut angemessen und sinnvoll: Jede gefahrvolle Situation von außen – Feinde, wilde Tiere oder Naturgewalten waren damals die „Stressoren“ – löste automatisch über das Vegetativum die Streßreaktion im Körper aus. Der Körper wurde in Sekunden instinktiv in vegetative Alarmbereitschaft versetzt, um alle verfügbaren Kräfte zum Kampf, zum Angreifen oder notfalls auch zum Flüchten zu mobilisieren. Der Streß-Mechanismus diente und dient der Aufgabe, dem Körper eine plötzlich erforderlich gewordene Körper-Energie freizusetzen. Die mit Streßsituation bezeichnete angespannte Reaktionslage des Körpers, diese vegetative Alarmbereitschaft als ursprünglich sinnvoller biologischer Anpassungs- und Verteidigungsmechanismus entstand unter der Einwirkung übermäßig starker Umweltreize. Körperliche Energien wurden für körperliche „Einsätze“ bereitgestellt! Wie funktioniert nun dieses Alarmsystem „Streß“?

Der Mensch im Spannungsfeld seiner Umwelt

In allen Lebensphasen ist der Mensch ständig bemüht, sich seinen Lebensvoraussetzungen anzupassen. Solange es ihm gelingt, seine Konflikte kurzfristig zu lösen, wird er sein seelisches Gleichgewicht erhalten können - wird er gesund bleiben !

Im wesentlichen geht dabei folgendes vor sich:
Durch die Reizsignale wird zunächst der Hypothalamus angeregt, er veranlaßt nun andere Hormondrüsen, besonders die Nebennieren, Hormonausschüttungen vorzunehmen. Über den Sympathikus werden sofort Adrenalin und Noradrenalin in den Kreislauf geschickt. Das Adrenalin, man könnte es in diesem Zusammenhang als „Fluchthormon" bezeichnen, mobilisiert die Zuckerreserven, verengt die Blutgefäße, erhöht die Blutgerinnung und unterdrückt Immunreaktionen. Das Noradrenalin dagegen, man könnte es als „Angriffshormon" ansehen, aktiviert die Fettreserven des Körpers, es beschleunigt die Herzaktion und den Kreislauf. Der angeregte Sympathikus sorgt für die Erhöhung der Muskelspannung und der allgemeinen Aufmerksamkeit, die Atmung wird intensiviert, auch die Pupillen erweitern sich (wer kämpfen soll, muß optimal sehen!). Als typische Reaktion auf diese allgemeine Aktivierung durch den Sympathikus tritt auch eine begrenzte parasympathische Aktivität auf, die sich besonders auf Magen, Darm und Harndrang auswirkt.
Dieser Streß-Mechanismus mobilisiert also instinktiv das verfügbare Energie-Reservoir für Notfall-Situationen und extreme Leistungen – der Organismus wurde so für eine optimale Überlebenschance auf die Gefahrensituationen der früheren Menschheitsgenerationen angepaßt! Diese vom Körper zur Verfügung gestellten Leistungsreserven wurden von den Vorfahren auch im Kampf oder auf der Flucht in Anspruch genommen, tatsächlich „verbraucht". Das Vegetativum konnte wieder zurückschalten! Wir erkennen, wie sinnvoll die Streßreaktion bei unseren Urvätern in jeder Phase ablief – ohne diese hätten sie keine Überlebenschance besessen! Inzwischen sind nun über eine halbe Million Jahre der Menschheitsentwicklung und -geschichte vergangen, die bis vor etwa hundert Jahren relativ kontinuierlich verlief. Bis dahin war die Ur-Reaktion auf äußere Stressoren mit einer vegetativen Alarmierung für Kampf oder Flucht wirklich angemessen. Nun brach das Zeitalter der technischen Entwicklung, mit den völlig neuen Lebensbedingungen der Industriegesellschaft, an. Die äußeren Stressoren unserer Urväter zeigten ihr Gesicht nur noch in Krisen- oder Kriegszeiten, verschwanden zum Teil ganz oder wandelten sich entscheidend. Dafür kamen plötzlich völlig neue, innere Stressoren durch die soziale Umwelt – psychischer und psycho-sozialer Streß waren die Folge.

Schematische Darstellung der Streßreaktion

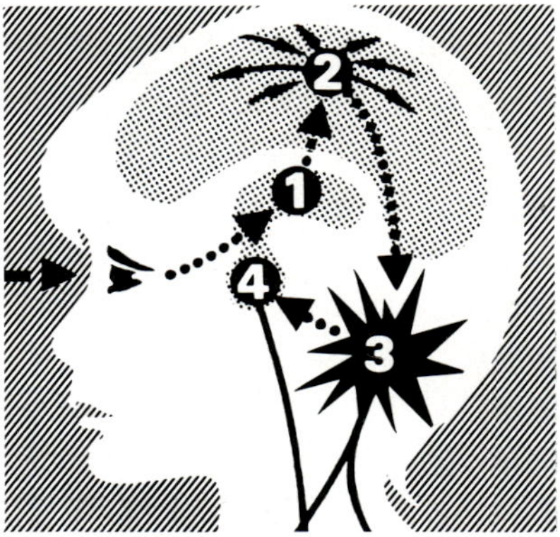

1.+ 2.
Ein Umweltreiz gelangt über den Wahrnehmungsapparat an die Entscheidungsstellen (Thalamus und Gehirnrinde)

3.
Je nach "Überprüfung" - Gefahr oder nicht - wird der retikuläre Erregungsmechanismus alarmiert.

Dieses retikuläre Aktivierungssystem sorgt sofort für die "Kampfbereitschaft" durch

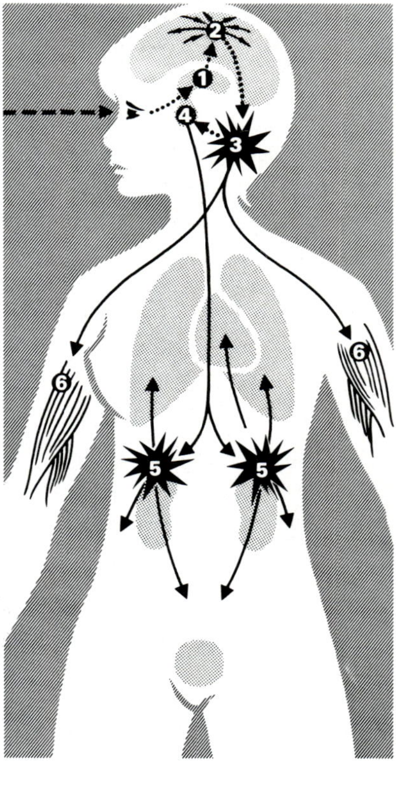

4.
Erregung des Hypothalamus mit Hypophyse, dadurch kommt es zur ACTH-Ausschüttung

5.
mit Erregung der Nebennierenrinden, die Adrenalin und Noradrenalin ausschütten und damit das gesamte vegetative Nervensystem erregen. Damit

6.
wird die gesamte Skelettmuskulatur vorgespannt!

Der Streßmechanismus hat nun den Menschen "kampfbereit" gemacht.

Obwohl die im heutigen Alltag erlebten „Gefahren" – im wesentlichen sind es Konflikte, Frustrationen – fast nie durch Kampf oder Flucht bewältigt werden können, reagiert unser Körper angesichts psychischer Bedrohung, noch genauso wie vor 500 000 Jahren, auch heute noch mit dieser allgemeinen Aktivierung des gesamten vegetativen Nervensystems ...

Das Vegetativum versetzt auch den Menschen unserer Tage, der sich in einer rein psychischen Gefahrensituation befindet, instinktiv über den geschilderten Streß-Mechanismus in eine rein körperliche Kampf- oder Fluchtbereitschaft, obwohl nur die Etablierung einer „psychischen Kampfbereitschaft" der Konfliktsituation, dem seelischen Stressor, gerecht werden könnte! Was passiert dadurch? Wie sehen die Folgen aus? Prof. J. Hirschmann äußerte sich dazu beim 9. Veldener Symposion „Streß und Nervensystem" dahingehend, daß das Alarmsystem „Streß", welches den Organismus aktiviert und befähigt, sich auf Kampf oder Flucht vorzubereiten, nur dann sinnvoll bleibt, wenn die Antwort des Körpers wirklich in gesteigerte Muskelkraft und -einsatz ausmündet. Wie sieht es aber aus, wenn auf eine Streßreaktion durch psychische Reize, durch psychische Stressoren, die durch Mobilisierung von Energiereserven vorbereitete Leistungsfähigkeit nicht in Anspruch genommen wird, der Körper also bewegungslos verharrt oder verharren muß? Der ursprünglich einmal sinnvolle, ja meist lebensrettende Streßmechanismus wird als Antwort auf psychische Stressoren zum Feind des eigenen Körpers. Die Folgen des verhinderten Abbaues mobilisierter Energiereserven führt meist zu einer Fehlanpassung, zu einer psychohormonellen Dysregulation, zu vegetativen Störungen, zur vegetativen Dystonie und auch zum Erlahmen der körpereigenen Abwehr!

Stellen wir uns die laufend sich wiederholenden psychisch-bedingten Streßsituationen im Alltag des modernen Menschen vor: Hetze, Aufregungen, Kommunikationsbehinderungen, unbewältigte Konflikte, Frustrationen, nicht realisierte Wunschvorstellungen. Das vegetative Nervensystem wird dadurch in eine fatale Dauer-Alarmbereitschaft versetzt, der Sympathikus gerät in Dauer-Erregung, unaufhörlich werden körperliche Reserven mobilisiert ... Das vegetative Nervensystem ist also der Streßreaktion bedingungslos ausgeliefert! In den vorher geschilderten Situationen werden die laufend aktivierten Energiereserven nicht genutzt, nicht verbraucht – sie werden zwangsläufig im

Körper deponiert! Eine Alarmreaktion wird gleich durch die nächste abgelöst, die notwendige Erholungsphase fehlt, es muß zur Erschöpfung kommen.
Die Streßforscher sind der Überzeugung, daß diese genetisch determinierte, aber „veraltete" Reaktion des Vegetativums auf psychische Stressoren mit ihren nicht abgebauten Stoffwechsel-Produkten bzw. -Rückständen insbesondere für die Arteriosklerose, die Hypertonie, für diverse Stoffwechselstörungen, eine reduzierte Immunabwehr und für mannigfache vegetativ-funktionelle Organstörungen verantwortlich gemacht werden kann. So führt eine übermäßige und spezifische, psychische Dauerbelastung über die bekannte Reaktionskette „Stressor-Abwehrreaktion-Ausschüttung von Hormonen-Sympathikusaktivierung" infolge des ausbleibenden körperlichen Einsatzes bzw. Kampfes und dem damit verbundenen mangelnden Abbau der durch die Alarmreaktion entstandenen Stoffwechselprodukte (Kohlehydrate, Fettreserven) zu einer unphysiologischen Erregung, Irritierung oder Blockierung des vegetativen Nervensystems.

Der Streß-Reaktion ausgeliefert: Sympathikus und Vagus

Die Folgen einer gestörten Synergie zwischen Sympathikus und Vagus werden stets augenscheinlich – die „Feinabstimmung" der betroffenen Regelkreise, die sinnvolle Anregung oder Dämpfung der verschiedenen Erfolgsorgane (Herz, Gefäße, Magen, Darm, Nieren, Sexualorgane etc.) ist gestört . . .

Fast unüberschaubar ist das Heer jener Patienten, das mit psychovegetativen Störungen in die Wartezimmer kommt: Sie klagen über Schlafstörungen, Herzunruhe, Hyperhydrosis, Verdauungsbeschwerden, Kopfschmerzen, Angstzustände u. v. a. m. Diesen Kranken kann, wie man unschwer erkennen kann, nur geholfen werden, wenn man

neben der somatischen Therapie auch den seelischen Hintergrund für den „Konflikt-Streß" aufdeckt, wenn man sich Zeit nimmt für die „verbale" Medizin der Aussprache und Exploration.
So wie die Neuraltherapie Narben und Störfelder im Körper eruiert und auszuschalten versucht, gilt es sinngemäß für die psycho-somatisch orientierte Medizin auch die seelischen „Narben" und „Störfelder", psychische Stressoren aufzudecken, psychische Fehlspannungen zu beseitigen und das seelische Gleichgewicht wieder herzustellen.

Was man von der „Konfliktologie" wissen muß!

Die Konfliktpsychologie zeigt uns auf, wie es im Leben jedes Menschen unweigerlich immer wieder zu äußeren und inneren Konflikten, Zusammenstößen und widerstreitenden Strebungen kommen muß, welche Lösungsprozesse, Anpassungs- oder Abwehrmechanismen in Gang gesetzt werden.
Prinzipiell ist ein Konflikt eine natürliche Erscheinung im Lebensablauf, er regt die Entwicklung der Persönlichkeit sowie die der Produktivität an, seine Lösung gehört zu den normalen Leistungen des Ich, der Persönlichkeit. Ein „äußerer Konflikt" entsteht durch Konkurrenz zwischen einem Umweltsreiz – ausgelöst durch Menschen, Berufsinteressen oder Ideale – und der zum aktuellen Funktionieren erweckten widersprechenden seelischen Grundhaltung. Zur Illustration eines äußeren Konfliktes kann das klassische Paradigma eines griechischen Philosophen beitragen, das einen Esel schildert, der genau in der Mitte zwischen zwei wunderschönen Heuhaufen verhungern mußte, weil er sich nicht entscheiden konnte, an welchem er fressen soll. Zu einem „inneren Konflikt" kommt es durch Konkurrenz bewußter oder unbewußter zueinander gegensätzlichen psychischen Strebungen in der Person selbst, und zwar bei fehlender Entscheidungsfähigkeit.
Mit „Konflikt" bezeichnen wir also einen Zustand, der das psychische Gleichgewicht stört, weil entgegengesetzte Triebrichtungen, Motive oder Verhaltenstendenzen aufeinander treffen. Sofern eine Konfliktlösung nicht gefunden werden kann, führt der Weg in die Krankheit, in die Neurose!

Die verschiedenen Leistungen des Ichs bei der Bewältigung eines Konfliktes +)

Kurzschlußreaktion :

Hier kommt es zum totalen Ich-Versagen mit Flucht- und Angstreaktionen, event. zur "Starre" und zum "Todstellreflex"

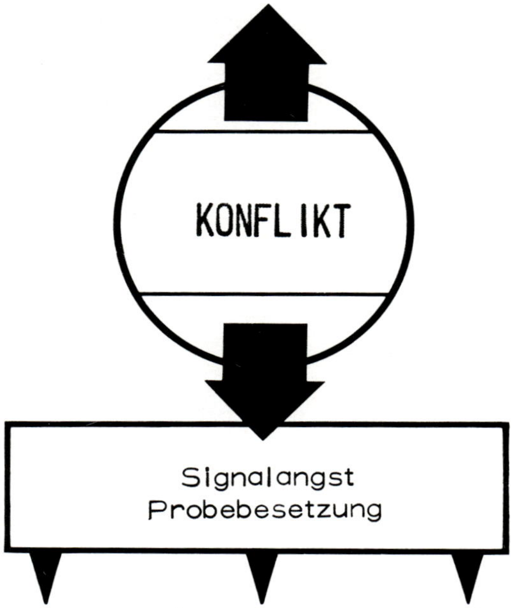

Konfliktlösung :

Bearbeitung des Konfliktes durch Prüfung der Realitäten und Entscheidung f. eine der Alternativen

Anpassung:

Benutzung eines Abwehrmechanismus, z.B. Regression + Gegen - besetzung im Dienste der Anpassung

Abwehr :

Verdrängung + Gegenbesetzung führen zur Symptombildung

+) nach einem Schema von J. CREMERIUS in der "Zeitschr. f. Psychotherapie u. med. Psych." 1/68

Die seelischen Abwehrmechanismen

Um eine Anpassung in schwierigen Konfliktsituationen herbeizuführen, „bedient" sich die menschliche Psyche einer ganzen Reihe von „Abwehroperationen". Mit „Abwehr" bezeichnete S. FREUD alle Abwehrtechniken, deren sich das Ich in seinem oft zur Neurose führenden Konflikt bedient, um unerträgliche oder peinliche Vorstellungen und Affekte unschädlich zu machen, bzw. aus dem Bewußtsein zu verdrängen. Freuds Tochter Anna betont immer wieder, daß alle Abwehrmechanismen gleichzeitig einmal innerer Triebrestriktion — eben der Abwehr — als auch der Anpassung dienen, es sind dies, so betonte sie, nur zwei Seiten derselben Sache.

FREUD beschreibt insgesamt 13 Abwehrtechniken des Ich — die gravierendsten davon werden im folgenden kurz erläutert:

1. **Die Verdrängung**
   Sie ist ein psychischer Abwehrmechanismus gegenüber dem Bewußtsein unannehmbarer, peinlichen Triebansprüchen, Wünschen oder seelischen Schockerlebnissen. Sie ist nach FREUD Hauptfaktor für die Verursachung von Organ- bzw. Psychoneurosen.

2. **Die Konversion**
   Als Folge der unter Ziff. 1 aufgezeigten Verdrängung psychischer Inhalte kann es zur Bildung von Körper- oder Zwangssymptomen kommen, wobei Affekte mit Hilfe von Symptomen — also der „Organsprache" — zum Ausdruck gebracht werden.

Beispiel:

Patient, 45 Jahre, Prokurist, erleidet beim Unterschreiben einen Schreibkrampf, als ihm seine Sekretärin dabei zusieht. Einige Wochen später kann er auch unbeobachtet seine Unterschrift nur noch unter größten Schwierigkeiten geben. Meist verkrampft und versagt seine rechte Hand dabei so, daß er den Kugelschreiber zwischen den Fingern abbricht!

Hier zeigte sich ein klassischer innerer Konflikt zwischen einem übergroßen sexuellen Bedürfnis, das früher öfters durch Onanie befriedigt wurde, einerseits und einer gewissensmäßig zu weit getriebenen Sexualablehnung andererseits. Bei extravertierten Menschen mit hoher vegetativer Labilität muß dies zwangsläufig zu einer hysterischen Reaktion führen. Die „Abwehr" des vorliegenden Konfliktes führt zu einer „Verdrängung" der mächtigen sexuellen Triebabsprüche – die hysterische Symptombildung ist die Folge: Die früher „onanierende" Hand des Patienten kann sich plötzlich nicht mehr richtig bewegen, kann plötzlich nicht mehr schreiben!

3. **Die Isolierung**
Sie ist ein speziell für Schizophrene und Zwangsneurotiker charakteristischer Abwehrmechanismus des Ich durch Aufheben von Verbindungen, daß zwar das Verbundene erhalten bleibt, aber eben „isoliert", dissoziiert statt assoziiert wird!

4. **Das Ungeschehenmachen**
Auch diese Ich-Abwehroperation magischer Art durch Zwangshandlungen oder -rituale ist charakteristisch für Zwangsneurotiker und Schizophrene.

5. **Die Regression**
Sie stellt einen Rückfall in eine frühere, infantile oder pubertäre Entwicklungsstufe dar. Bei diesem Zurückweichen in die Vergangenheit wird das Denken wieder zur Anschauung und das Handeln wieder zum Phantasieren! Auch die Regression führt über die unter Ziff. 2 geschilderten Konversionsmechanismen zur Symptombildung. Die psychodynamischen Zusammenhänge dieses Abwehrvorganges durch Regression wird z. B. durch Fixierung an orale Befriedigungen beim Fettsüchtigen evident: Das Essen bietet Ersatz für fehlende Mutterliebe oder Zärtlichkeit, viel Essen bringt Entlastung von Spannungen und Depressionen.

6. **Die Sublimierung**
Dieser von FREUD in die Psychoanalyse eingeführte Begriff steht für eine Triebumwandlung von sexueller Antriebskraft (Libido) infolge kulturell erzwungenen Triebverzichtes in eine geistige Betätigung: Vertauschen eines sexuellen Triebzieles in ein nicht sexuel-

les Ziel. FREUD sah in der Sublimierung die Wurzel aller schöpferischen Betätigung, der Kunst und Wissenschaft, der Ausbildung sittlicher und ethischer Ideale.

Klinischer Indikator für das Vorliegen einer "Verdrängung"

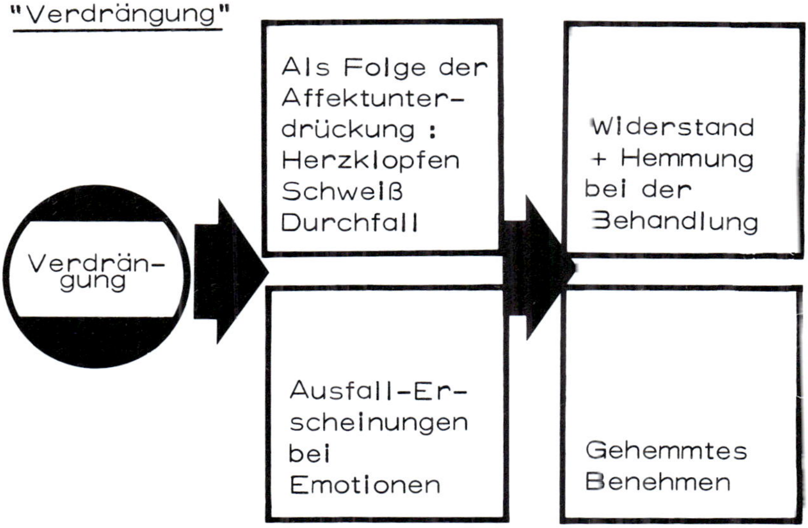

Das vegetative Nervensystem als Resonanzboden für Körper und Seele

In den vorangegangenen Kapiteln wurde aufgezeigt, wie das autonome oder vegetative Nervensystem – Sympathikus + Vagus + Intramurales System – besonders auch den psychischen Streßreaktionen ausgeliefert ist. Das vegetative Nervensystem ist von entscheidender Bedeutung für das Auftreten von körperlichen Krankheitssymptomen bzw. Funktionsstörungen in Konfliktsituationen oder bei schweren seelischen Belastungen. In der folgenden Tabelle sollen daher die wesentlichen Organfunktionszustände bzw. -veränderungen bei Sympathikusreizung und Vagusreizung gegenübergestellt werden:

SYMPATHIKUSREIZUNG	VAGUSREIZUNG
Pupillen:	
Erweiterung	Verengung
Bulbi:	
Lidspaltenvergrößerung	Lidspaltenverengung
Herz:	
Tachykardie	Bradykardie
Schilddrüse:	
Anregung der Sekretion	Hemmung der Sekretion
Lunge:	
Erweiterung der Bronchien	Verengung der Bronchien
Stoffwechsel:	
Steigerung	Senkung
Nebennieren:	
Anregung	Hemmung
Fieber:	
Anstieg	Abfall
Blutzucker:	
Erhöhung	Senkung
Leukocyten:	
+ Anstieg	Abfall −
−	+
	Speicheldrüsen:
Hemmung	Anregung
	Leber:
Hemmung der Gallensekretion	Förderung der Gallensekretion
	Niere:
Hemmung der Nierenfunktion	Förderung der Nierenfunktion
	Pankreas:
Sekretionshemmung	Sekretionsanregung
	Dünn- und Dickdarm:
Tonusminderung und Hemmung der Peristaltik	Tonussteigerung und Anregung der Peristaltik
	Alkalireserve:
Abfall	Anstieg

Testmethode zur Ermittlung einer sympathikotonen bzw. vagotonen Reaktionslage durch Bulbusdruck

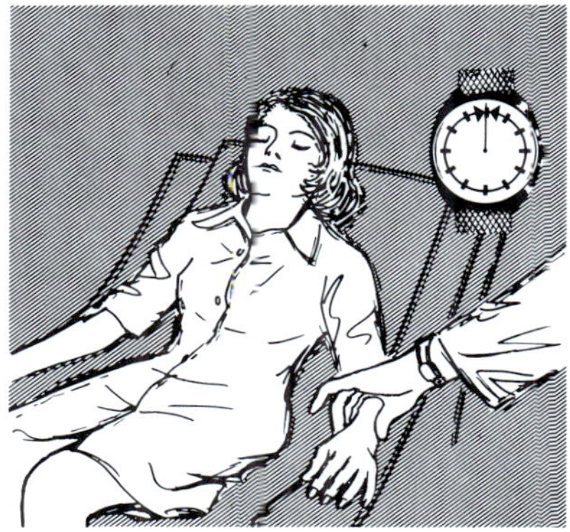

1.
Zunächst wird die normale Pulsfrequenz ermittelt .

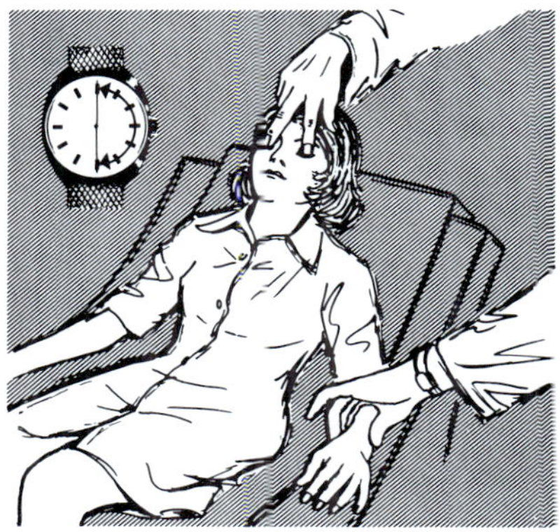

2.
Nun wird die andere Hand so auf die Stirne des Patienten gelegt, daß Zeige- und Mittelfinger einen gleichmäßigen, sanften Druck auf beide Augäpfel - bei geschlossenen Augen - ausüben.

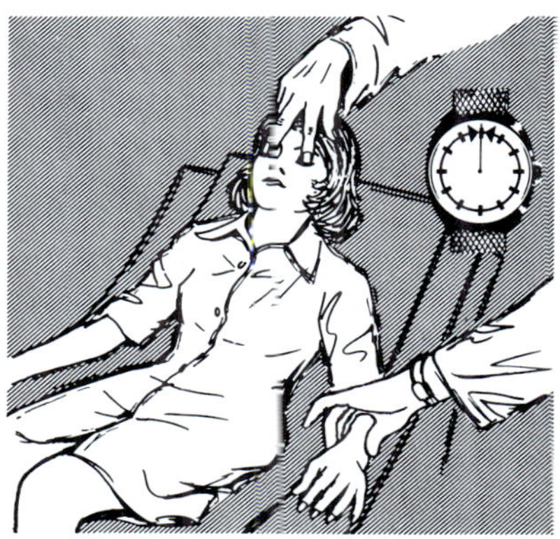

3.
Dieser Druck muß mindestens 20 Sekunden lang dauern, bevor man dabei den Puls erneut zu zählen beginnt.

Auswertung :

Keine Pulsveränderung = Ausgeglichene Reaktionslage !

Pulsverlangsamung um 5 - 20 Pulsschläge = Vagotone Reaktionslage !

Pulsbeschleunigung um 5 - 20 Pulsschläge = Sympathikotone Reaktionslage !

Um diese Einflüsse des vegetativen Nervensystems vom Sympathikus und Parasympathikus auf die Organfunktionen im rechten Zusammenhang sehen zu können, muß man sich stets vergegenwärtigen, daß diese „Antagonisten" keine „feindlichen Brüder" sind, sondern sich ergänzen, wie z. B. im Bereich der Farbharmonie die „Komplementärfarben" – im Rahmen der vegetativen Steuerung bilden sie ein synergistisches System: Den Sympathikus könnte man als „Stimulierer" und den Vagus als „Sedierer" bezeichnen! Solange dieses Zusammenspiel im vegetativen Nervensystem mit seinen Regulationen und Gegenregulationen „synergistisch" abläuft – also nicht durch starke und lang anhaltende physische oder psychische Stressoren irritiert wird – kann der Mensch gesund bleiben!
Die Erregung des einen Anteils des vegetativen Nervensystems bringt automatisch eine Hemmung bzw. Lähmung des anderen: Sympathikus-Stimulation ist daher auch Vagus-Lähmung!

Die vegetative Ausgangslage und Erregungsbereitschaft

Von Geburt an oder durch „Konditionierung" kommt es bei den verschiedenen Menschentypen in entsprechenden „Alarmsituationen" zu einer unterschiedlichen Erregungsbereitschaft. Je nach vegetativer Reaktionstendenz, von vegetativ „stabil" bis „labil", kommt es zu einer sehr unterschiedlichen Erregung des retikulären Aktivationssystems und damit auch zu einer entsprechend abgestuften Erregung des gesamten Nervensystems, wobei je nach Konstitution und Disposition noch eine sympathikotone oder vagotone Reaktionstendenz bzw. Richtung erkennbar werden kann. Diese Erregungsbereitschaft in ihrer stufenlosen Dimension von „vegetativ stabil" bis „vegetativ labil" bestimmt somit das „Nervenkostüm" eines Menschen!
G. HUBER beschreibt diese Zusammenhänge sehr klar in seinem Buch „Anti-Angst Training" und sagt über die vegetative oder emotionale Labilität als veränderliche Persönlichkeitseigenschaft:
Unter relativ hoher vegetativer Labilität versteht man die Disposition (Bereitschaft) von Individuen, auf vitale (belohnende oder bestrafende)

Reize mit dem retikulären Erregungsmechanismus und mit ihrem vegetativen Nervensystem schneller, stärker und länger zu reagieren als Individuen mit niedrigerer vegetativer Labilität.
Auch die in einem bestimmten Augenblick gegebene Erregungslage, also der Ausgangswert muß bedacht werden – WILDER formulierte dazu eine Regel:
Je höher der Ausgangswert (der Erregung), desto geringer die Neigung zum Anstieg, desto stärker die Tendenz zum Abfall der Kurven und umgekehrt. Die Gegenregulation wird hier deutlich erkennbar!
Befindet sich ein Organismus z. B. durch psychische Stressoren (Angst) in einem maximalen sympathikotonen Erregungszustand (+ + +), dann hat ein zusätzlicher sympathischer Reiz (z. B. durch ein Sympathikus-stimulierendes Kreislaufpräparat wie CARDIAZOL) keine fördernde bzw. weiter steigernde Wirkung, sondern verursacht ein gegenregulatorisches Umkippen in parasympathischer, also vagotoner Richtung (– –) !

Die vegetativen Reaktionstendenzen

Das folgende Schema zeigt wie die Richtung der vegetativen Reaktionen bei hoher Erregungsbereitschaft bzw. emotionaler Labilität stark mit den Persönlichkeitsdimensionen „Introversion“ und „Extraversion“ verbunden sind – in Wechselbeziehung stehen.

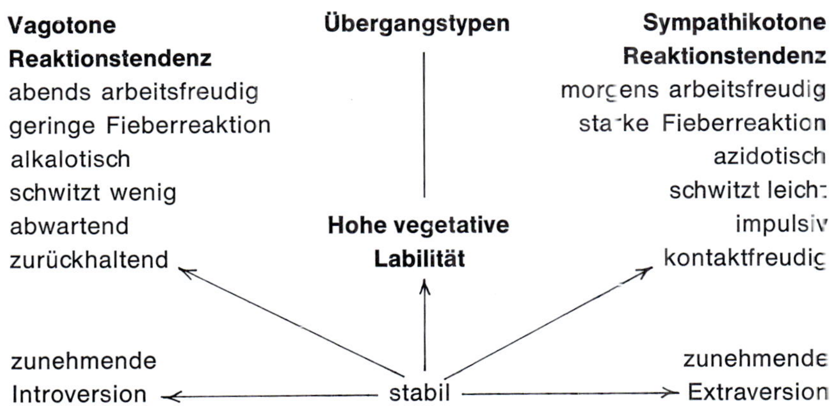

Alle diagnostischen und therapeutischen Aktivitäten müssen daher den Konstitutions- und Reaktionstypus, die vegetative Labilität und Ausgangslage berücksichtigen! Die psycho-somatischen Maßnahmen müssen das seelische und vegetative Gleichgewicht wiederherstellen – die Balance des Gesamtvegetativums bewirken!

Wie kann es zu einer „Organsprache“ kommen?

Um die notwendigen Zusammenhänge erkennen zu können, müssen unsere Fragen dazu nun heißen:

a) Gibt es bestimmte Persönlichkeitstypen – Reaktions- und Konstitutionstypen – die zu spezifischen psycho-vegetativen Organfunktionsstörungen oder -krankheiten tendieren?
b) Welche Faktoren bedingen nun die Entstehung bestimmter, psychisch verursachter Krankheitsbilder? Warum kommt es z. B. bei der einen Patientin zur Entzündung der Magenschleimhaut, bei einer anderen zu einer allergischen Reaktion in Form eines Vulva-Ekzems oder bei einer weiteren zu Migräne-Anfällen?

Zuerst zur Frage nach den Reaktions- und Konstitutionstypen: H. BEUCHELT bringt in seinem Buch „Konstitutions- und Reaktionstypen in der Medizin mit Berücksichtigung ihrer therapeutischen Auswertbarkeit in Wort und Bild“ eine kurze historische Typenbetrachtung und sieht ihre Abhängigkeit vom Zeitgeist u. a. so: „Da das Leib-Seele-Problem zeitgebunden ist, indem zu manchen Zeiten (z. B. scholastisches Mittelalter) der Seele überragender Wert gegenüber dem „sündigen“ Leib beigemessen wurde, erfuhr in den späteren Zeiten der aufkommenden Naturwissenschaften plötzlich der Körper erhöhte Bedeutung. Daher begegnen wir auch in der Medizingeschichte von da an einer Trennung von Reaktions- und Konstitutionstypen. Heute müssen wir im Interesse der ganzheitlichen Betrachtung wieder auf eine Verknüpfung als elementare Naturerscheinung Wert legen.
In Anlehnung an die Erkenntnisse von ARISTOTELES sah im 2. Jahrhundert vor Christus bereits GALEN 4 grundsätzliche Temperamentstypen, welche der Humorallehre seiner Zeit entsprechend auf unterschiedliche bzw. falsche „Säftemischung“ zurückgeführt wurden: Der Phlegmatiker wurde geprägt durch die Trägheit des Schleimes, der

Melancholiker stand unter dem depressiv-verstimmenden Einfluß seiner schwarzen Galle, der Sanguiniker verdankt die Lebhaftigkeit seinem rasch strömenden Blut und der Choleriker stand unter dem Einfluß seiner reizbaren Galle und Leber. Rund zweitausend Jahre, bis zum Beginn unseres Jahrhunderts, bestimmten die Reaktionstypen des GALEN das Bild der medizinischen Reaktionstypen. In den zwanziger Jahren setzte sich dann das Konstitutionstypen-System E. Kretschmers in Europa allgemein durch: Kretschmer unterschied nach dem Körperbau Leptosome, Dysplastiker, Pypniker und Athletiker und erkannte ihre Affinität zu bestimmten Temperamentstypen und Psychopathietendenzen.

Der Persönlichkeitsfaktor „Introversion-Extraversion"

Für die Entstehung von bestimmten Organfunktionsstörungen oder -erkrankungen als Folgeerscheinung seelischer Konflikte ist u. a. die Grundeinstellung eines Menschen zur Innen- und Außenwelt von enormer Bedeutung – C. G. JUNG hat daher eine Typologie in dieser Richtung entwickelt. Er unterscheidet dabei Introversion und Extraversion! Als „Introvertierte" bezeichnet JUNG die mehr nach innen gewandten, in sich gekehrten, verschlossenen und nachdenklichen Menschen mit gesteigertem Innenleben – und im Gegensatz hierzu sieht er den mehr nach außen gewandten, Welt und Menschen zugewandten, aufgeschlossenen „Extravertierten"! In der folgenden Tabelle werden die wichtigsten Merkmale der Persönlichkeitsdimension „introvertiert-extravertiert", die durch den FPI-Fragebogentest ermittelt werden können, zusammengestellt:

Extraversion:	**Introversion:**
lebhaft	ruhig
unbeherrscht	beherrscht
gesellig	trocken
kontaktfreudig	zurückhaltend
impulsiv	gleichmäßig
energisch	passiv
selbstbewußt	selbstgenügsam
schließt rasch Freundschaft	schließt langsam Freundschaft

Ähnlich wie bei anderen Persönlichkeitsdimensionen lassen sich auch auf der Skala der Intro- und Extraversion nur ganz wenige Menschen klar dem einen oder anderen Extrem zuordnen. Entscheidend ist, zu wissen, welchem Pol auf der Skala dieser Grundeinstellung zum Leben ein Patient „zustrebt". Moderne Forschungsergebnisse zeigten ferner auf, daß auch hirnphysiologische Gegebenheiten die Wesensunterschiede zwischen introvertierten und extravertierten Menschen bedingen: Bei introvertierten Menschen gehen von der reticulären Formation bedeutend mehr erregende als hemmende Impulse zur Großhirnrinde. Das umgekehrte Bild zeigt sich beim extravertierten Individuum: Hier dominieren die hemmenden Impulse – die Reizbarkeit der Hirnrinde liegt damit deutlich unter der des Introvertierten.

Die unterschiedlichen Persönlichkeitsmerkmale im Hinblick auf die Reaktionsbereitschaft des introvertierten oder extravertierten Patienten ermöglichen eine grundsätzliche Prognose für das wahrscheinliche Verhalten dieser Reaktionstypen in bestimmten Lebenssituationen, die in irgendeiner Form „bestrafend" oder „belohnend" wirken. Das bedeutet:

1. Jeder Mensch wird bei zunehmender Introversion auch zunehmend empfindlicher und konditionierbarer für strafende Reize bzw. Einflüsse; z. B.: Kritik, Demütigungen, Verzichte u. ä. m.

2. Eine zunehmende Extraversion bringt für das betreffende Individuum eine ansteigende Ansprechbarkeit und Konditionierungsmöglichkeit für belohnende Reize, für „Verstärkungen"; z. B.: Anteilnahme der Angehörigen, Lob, ausbleibende Bestrafung u. ä. m.

Wie bei allen Dimensionen im Rahmen von Konstitutions- und Reaktionstypen muß man auch die durch Extraversion und Introversion ausgedrückte Reaktionsbereitschaft in stufenlos übergehende Ausprägungsgrade zu beiden Polen hin sehen und verstehen!

Diese gegensätzliche Reaktionsbereitschaft der intro- und extravertierten Persönlichkeitstypen bekommt ihre volle Aussagekraft, wenn man nun die schon vorher dargestellte Persönlichkeitsdimension der „vegetativen oder emotionalen Labilität", nämlich von „vegetativ stabil" bis „vegetativ labil", in die Betrachtung einbezieht. Es wird daher nochmals vergegenwärtigt:

Hohe vegetative oder emotionale Labilität – man kann auch von neurotischer Tendenz sprechen – bedeutet die Disposition eines Menschen auf bestrafende oder belohnende (vitale) Reize mit dem reticulären Erregungsmechanismus und dem vegetativen Nervensystem rascher, stärker und länger zu reagieren (Streßreaktion) als Menschen mit niedriger vegetativer Labilität.
Fusioniert man nun die Erkenntnisse der Persönlichkeitsdimensionen „vegetativ-stabil bis labil" mit „zunehmend introvertiert bis zunehmend extravertiert", wie im folgenden Schema nach H. J. EYSENCK,

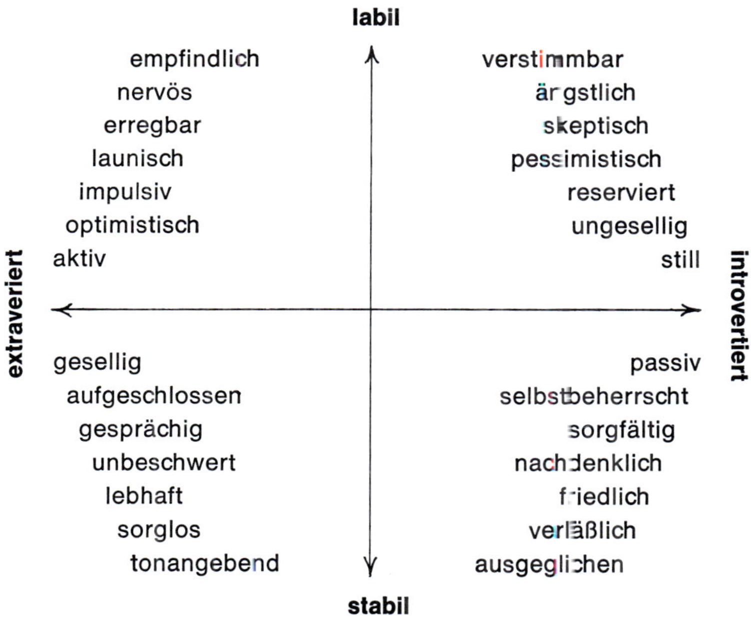

so ergibt sich für die Reaktionstendenzen ein typisches Bild:

A **Hohe vegetative Labilität + zunehmende Introversion**
Bei steigender vegetativer Labilität
+
bei zunehmender Introversion eines Menschen

steigt auch seine
emotionale Erregungsbereitschaft
+
seine Empfindlichkeit und Konditionierbarkeit
für strafende Einflüsse

B **Hohe vegetative Labilität + zunehmende Extraversion**
Bei steigender vegetativer Labilität
+
bei zunehmender Extraversion eines Menschen
steigt auch seine
emotionale Erregungsbereitschaft
+
seine Empfindlichkeit und Konditionierbarkeit
für belohnende Reize

Diese Darstellung bedeutet natürlich nicht, daß z. B. ein extravertierter vegetativ-labiler Mensch nicht auch auf Strafreize ansprechbar ist. Sie will nur ausdrücken, daß er eben in deutlich geringerem Umfang in seinem Verhalten auf bestrafende Einflüsse reagieren wird als ein stark introvertierter Mensch.
Diese Zusammenhänge lassen schon erkennen, daß diese völlig unterschiedlichen Reaktionsweisen – steigende Introversion oder Extraversion bei hoher vegetativer Labilität (u. U. mit deutlicher sympathikotoner oder vagotoner Tendenz) – bei seelischen Konflikten oder Spannungen auch die Richtung für die Art der psychisch bedingten organischen Funktionsstörung oder -erkrankung bestimmen:

1. **Die Persönlichkeitsdimensionen „Intraversion + hohe vegetative Labilität"** bedeutet eine hohe allgemeine Erregbarkeit und Empfindlichkeit gegenüber Strafreizen – hierdurch wächst die Anfälligkeit und Öffnung für Störungen in Richtung:
   a) Angstneurotische Reaktionen, Phobien
   b) Depressive Reaktionen
   c) Zwangsneurotische Reaktionen
   d) Psycho-somatische Erkrankungen

2. **Die Persönlichkeitsdimensionen „Extraversion + hohe vegetative Labilität“** führen zu einer hohen allgemeinen Erregungsbereitschaft und Empfänglichkeit für belohnende Reize – hierdurch wächst die Anfälligkeit und Öffnung für Störungen in Richtung:

   a) Hysterische Reaktionen,
   Organneurosen

   b) Psychopathische Störungen,
   Kriminalität.

Es wird evident, wie die entsprechenden Phänomene der Reaktionstypen „introvertiert – extravertiert“ in Verbindung mit hoher emotionaler Labilität die Ausprägung von allgemeinen psycho-vegetativen Störungen, Angstneurosen bis hin zu den Organfunktionsstörungen oder -erkrankungen entscheidend mitbestimmen, wobei für das Auftreten neurotischer Verhaltensstörungen zusätzlich die Dauer und Intensität der umweltbedingten Einflüsse maßgebend ist.

Die Voraussetzungen für die Entstehung psycho-vege-

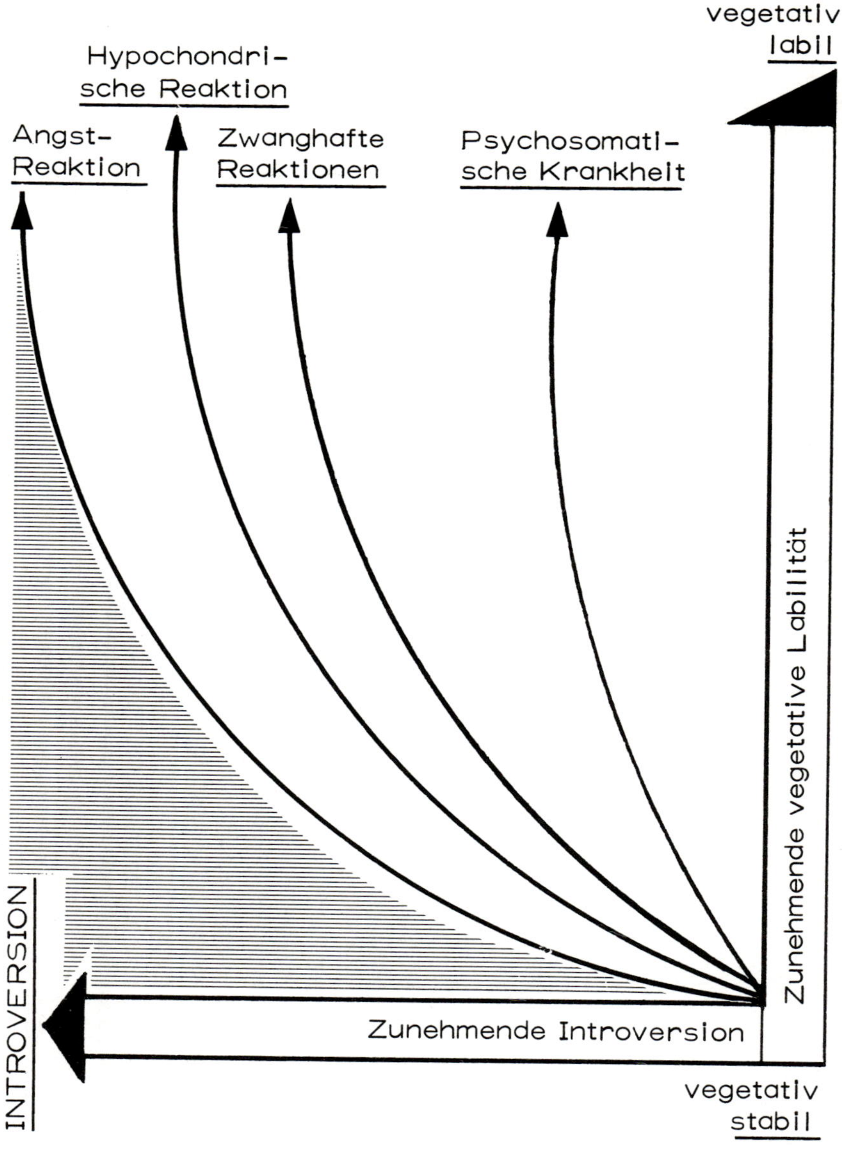

tativer Störungen u. psychosomatischer Krankheiten

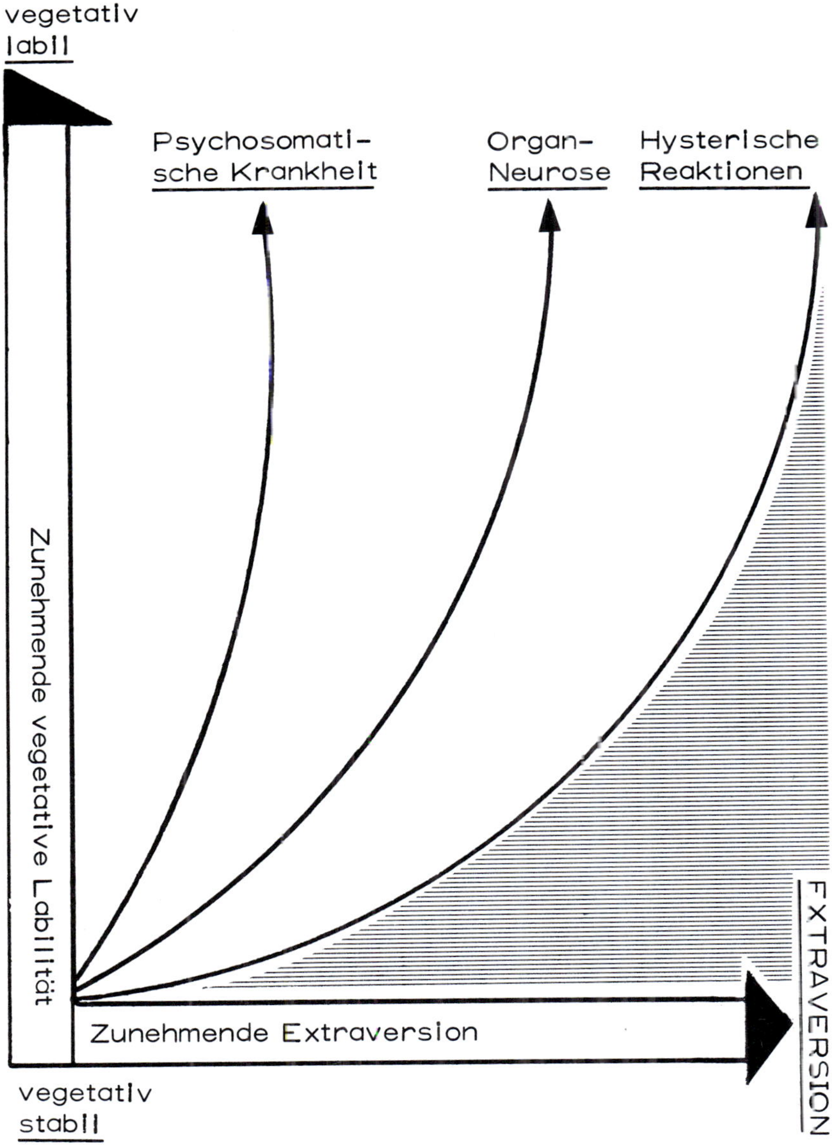

Eine ausgeprägt hohe Labilität des vegetativen Nervensystems disponiert stets zu seelisch bedingten Organ-Irritationen, zu vegetativen Dysregulationen, wobei eine zunehmende Introversion die Weichen auf Angst-, zwanghafte und depressive Reaktionen stellt. Der Kranke mit psychosomatisch verursachten Organveränderungen ist in diesem Sektor zu finden: Relativ introvertiert, zwanghaft in seinen Reaktionen, unelastisch, hohe Triebhaftigkeit bei meist überdurchschnittlichen ethischen Wertnormen, er hält Emotionen stark und lange zurück – er kann sie schlecht oder gar nicht entladen. Die Weiche des extravertierten, vegetativ-labilen Patienten stellt sich in Richtung „hysterische Reaktionen", also Organneurosen mit beträchtlicher Aussage im Symbolgehalt der „Organsprache".
Da bei fast allen psycho-vegetativ gestörten Patienten die Labilität nur in begrenzten Bereichen des vegetativen Nervensystems besteht, kommt es auch zu unterschiedlicher Symptombildung. Ein Patient kann sich daher z. B. in einem Organbereich überwiegend hyperreaktiv darstellen, in einem anderen dagegen auffallend hyporeaktiv! Hier spielen auch die Gegenregulationen von Sympathikus und Vagus herein!

Wie es zu einer bestimmten „Organwahl" kommt!

Seelische Spannungen werden über das Vegetativum ins Organische „projiziert"! Auf welche Organe fällt nun die „Wahl"? Welche Organe oder Organsysteme werden vom Individuum unbewußt „ausgewählt", um sich beklagen zu können, um signalisieren zu können, daß es psychologische Probleme hat, die es bisher nicht lösen konnte – die funktionelle Organstörung soll ihm dabei helfen, sich endlich beklagen zu können. Wie darf man sich diese „Organwahl" vorstellen? Fast zu vielfältig sind die psychosomatischen Theorien und Modelle hierfür! Der Verfasser hat versucht, die einleuchtendsten Theorien in seiner Auffassung zu vereinigen – er sieht daher die Organwahl im wesentlichen abhängig:

1. **von der Grundrichtung,** welche durch die Konstitutions- und Reaktionstypen, insbesondere durch die Persönlichkeitsdimension „Introversion bis Extraversion" bei hoher vegetativer bzw. emotionaler

Labilität mit sympathikotoner oder vagotoner Reaktionstendenz, beeinflußt wird. Gerade die modernen Lerntheoretiker erklären die „Organwahl" durch die deutlichen Unterschiede in den Mustern vegetativer Reaktionsbereitschaft auf Belastungen.

2. **von der Art der Konflikte.** Nach umfangreichen Untersuchungen hat F. ALEXANDER in seinem Buch über die Grundlagen und Anwendungsgebiete der „Psychosomatischen Medizin" aufschlußreiche Zusammenhänge über Psychodynamik vegetativer Funktionsstörungen dargestellt:

   a) Immer wenn aufgrund psychischer Einflüsse der Streßmechanismus in Gang gesetzt, der Organismus in „Alarm- und Kampfbereitschaft" versetzt wurde, aber die Ausdrucksmöglichkeit von Aggressions-, Konkurrenz- oder Feindseligkeitshaltungen im Willkürverhalten gehemmt oder unterdrückt wurde — der aggressive Ausdruck blockiert wird, der „Kampf" nicht stattfindet — gerät das sympathische System in einen Dauererregungszustand. Die vegetativen Reaktionen, oft Organfunktionsstörungen, resultieren aus der festgehaltenen Sympathikus-Erregung, die andauert, weil die Angriffs- und Kampfreaktionen nicht auf dem Gebiete des willkürlichen Verhaltens (z. B.: auf den Tisch hauen, Anspucken, Geschirr zerschlagen u. ä. m.) vollzogen werden. Unter der Decke äußerlicher Beherrschung führen dadurch unterdrückte Aggressionen und Feindseligkeiten über eine Dauerstimulation des sympathischen Nervensystems z. B. in den essentiellen Hochdruck oder über den ständig erhöhten Muskeltonus in eine Arthritis oder in die Schilddrüsenüberfunktion.

   b) Die andere Gruppe seelisch gestörter Patienten reagiert in der gleichen Situation, welche eigentlich Kampf- und Selbsterhaltungsanstrengungen erfordern würde, mit einem gefühlsmäßig Sichzurückziehen vor dem Handeln in einen Abhängigkeitszustand. Statt der rauhen Wirklichkeit ins Auge zu sehen, ist die erste Regung, sich hilfesuchend umzukehren wie sie es taten, als sie noch hilflose Kinder waren. Dieser Rückzug vom Agieren kann als „vegetativer Rückzug" angesehen werden! Ein bekanntes Beispiel für dieses Phänomen ist jener Mann, der in der

Gefahrensituation „in die Hosen macht“, statt sinnvoll zu handeln. Es wird nicht „gekämpft“, ja nicht einmal „geflüchtet“, man macht es wie der Johanniskäfer, man „stellt sich tot“! Werden nun die beim „vegetativen Rückzug“ unwillkürlich auftretenden hilfesuchenden, anklammernden, regressiven Strebungen — vom Wunsch umsorgt, gestreichelt, gefüttert, gelobt oder umhergetragen zu werden bis zum Wunsch, in jeder beliebigen sonstigen Weise von anderen Hilfe zu bekommen — in irgendeiner Form blockiert, kommt es zu einer Dauererregung des parasympathischen Zweiges des vegetativen Nervensystems. Das beeinflußt die „Organwahl“ u. a. in Richtung Asthma bronchiale, Magenulkus, Kolitis!

c) **vom Zeitpunkt,** in dem die seelischen Belastungen wirksam wurden, und **vom Entgegenkommen der Organe,** von der sog. Organdisposition. Hier muß zunächst ganz klar zwischen einer seelischen und einer organischen „Bereitschaft“ unterschieden werden. Unter psychologischem Aspekt bedeutet „Organdisposition“ eine neurotische Fixierung oder Steigerung schon vorhandener Beschwerden oder Wiederholung der Symptomatik einer bereits früher durchgemachten Erkrankung. Die „Organwahl“ kann also in einer seelischen Konfliktsituation auf ein Organsystem fallen, das zu Beginn der seelischen Störung bereits „angeschlagen“ oder früher einmal als krank erlebt worden war. Auch eine angeborene traktus-gebundene Labilität ist hier einzukalkulieren. Ist so z. B. eine besonders labile Stelle im Vegetativum der Verdauungstrakt, kann eine entsprechende seelische Spannung zur Reizung der Magen- oder Darmschleimhaut führen.

d) **von der Lebensweise,** welche schädigende Einflüsse auf gewisse Organe oder Organgruppen ausüben kann.

e) **von der Art der Säuglingspflege** und Kleinkinderziehung; z. B.: Abstillgewohnheiten, hartem Reinlichkeitstraining etc. — und damit

f) **von den seit früher Kindheit gegebenen Koppelungen** von Erlebnisweisen mit bestimmten Organbewegungen. Dieses „funktionelle Entwicklungmodell" aus den fünfziger Jahren basiert im wesentlichen auf Überlegungen und Beobachtungen von ERIKSON, SCHULTZ-HENCKE und DÜHRSSEN.

So wie FREUD die psychosexuellen Triebstufen in enger Anlehnung an die körperliche Entwicklung angelegt sah, ist es naheliegend, mit den verschiedenen Organsystemen des Oralen, Analen, Genitalen etc. übergreifende leibliche Gebärden des Sichöffnens, Sichverschließens, Zupackens, Empfangens, Berührens und Berührtwerdens zu verbinden.

Alle entwicklungspsychologisch orientierten, funktionellen Modelle, die bestimmte Organvollzüge mit Kindheitserfahrungen und seelischen Grundhaltungen verknüpfen, fassen Krankheit als Organsprache auf! Wie die verbale Sprache hat auch die „Organsprache" hier diverse Funktionen:

① eine kommunikative Funktion
② einen kathartischen Abfuhraspekt
③ den Aspekt einer symbolischen Selbstdarstellung.

„Die Syntax und Grammatik der Organsprache enthält Gesetzmäßigkeiten, die", wie W. BRÄUTIGAM und P. CHRISTIAN in ihrer „Psychosomatischen Medizin" ausdrücken, „durch die Figurationen der Leiblichkeit wie auch durch die Einpassung des Organismus in die Umwelt sowie durch die Geschichte der Emotionen und Instinkte, die im Leib vorgegeben sind, geformt werden. Ebenso vorgegeben ist in der Sprache aber auch der kollektive und allgemeine Stellenwert der benutzten sprachlichen Symbole, was ebenso für die psychosomatische Organsprache zu bedenken ist."

g) **von der Bedeutung eines Organes,** einen Konflikt symbolisch zur Darstellung bringen zu können! Grundsätzlich wird man für die „Organsprache" oder „Organresonanz" — also die Art und Weise, in der gewisse Organe auf bestimmte Schwankungen der Psyche reagieren — sagen können: Je mehr die Grundhaltung eines vegetativ-labilen und kranken Menschen extraverierte Züge aufweist, um so mehr bekommen Organsymptome symbolischen Ausdruckswert! FREUD verdanken wir die Erforschung hysterischer Symptombildungen, der sog. Organneurosen! (Siehe das

Kapitel über die „seelischen Abwehrmechanismen"!) Charakteristisch für die hysterische Konversion sah FREUD den „Sprung aus dem Seelischen in die somatische Innervation". Diese Symptome wollen etwas aussagen – sie sind Ergebnis von verdrängenden, zensurierenden Einwirkungen gegenüber Triebenergien. Bei der klassischen konversionshysterischen Symptomatik liegen die Störungen nicht im Bereich des vegetativen Nervensystems, sondern im animalischen – sie betreffen also den Bereich der Willkürmotorik; z. B.: in einer hysterischen Gangstörung oder Armlähmung u. ä. m. Aber auch außerhalb dieser konversionshysterischen Vorgänge kann im Prinzip jedes Organ symbolträchtiges Projektionsfeld für innere Konflikte, emotionale Störungen und psychoreaktive Adaptionsvorgänge werden! Beispiel: Die chronische, spastische Obstipation als Ausdruck retentiver Haltung – der Darm offenbart hier eine Grundstimmung dieses Menschen: Die Zurückhaltung! Sie ist Ausdruck der Unfähigkeit Gefühle zu investieren! Als Erlebnishintergründe für die Organsprache des Darmes bei der Obstipation können vermutet werden: Verlusterlebnisse, Angst und Abwehr vor zu großer Verausgabung, angstvolles Zurückhalten, Versuch in einer aussichtslosen Lebenssituation bestehen zu können, „Geiz" im übertragenen Sinn.

„Gefühle haben eine körperliche Resonanz.

In jeder Ausdrucksbewegung gibt sich praktisch ein Gefühl kund.

Der ganze Körper erscheint schließlich nur als Instrument der Gesamthaltung,
die sich sowohl in den rein willkürlichen Bewegungen wie vasovegetativen Vorgängen ausdrückt."

P. SCHILDER

Die „Organsprache“

Bei den sog. Psychoneurosen ohne körperliche Symptome werden motorische Tätigkeiten durch psychologische Aktivitäten ersetzt – also Handeln in der Phantasie anstelle realem Agieren! Die Arbeitsteilung im Zentralnervensystem ist hier nicht gestört.
Hysterische Symptome kommen durch die Tätigkeit des zentralen Nervensystems zustande, dessen Funktion die Kontrolle der Beziehungen zur Außenwelt ist. Dies wird bei den konversionshysterischen Symptombildungen augenscheinlich, sie sind auf das motorisch-willkürliche und sensorisch-perzeptive System beschränkt.
Jede neurotische Störung vegetativer Funktionen besteht im Gegensatz dazu in einer Irritierung des vegetativen Nervensystems mit einer Dissonanz des Synergismus zwischen Sympathikus und Vagus! Prinzipiell kommt es immer, wenn in seelischen Belastungssituationen ein wesentlicher Teil der nach außen gerichteten, willkürlichen Ausdrucksaktionen gehemmt oder blockiert wird, über den emotionalen Spannungszustand zu einem andauernden vegetativen „Alarmzustand“, der zu mannigfachen vegetativen Dysregulationen führen kann. Je weniger ein Mensch in der Lage ist, seine Gefühle, Ängste, Wünsche etc. zu verbalisieren, sie offen auszudrücken, sie in Aktionen zu offenbaren – je mehr dieses Individuum ein „emotionaler Analphabet“ bleibt – um so mehr drückt sich der psychosomatisch Leidende über die Organsprache aus! Alle ungelösten Konflikte und seelischen Spannungszustände, die nicht ausreichend in einem koordinierten Willkürverhalten (z. B. Drohgesten, Beschimpfen, aggressive sportliche Aktivität) Entlastung finden, die nicht „abreagiert“ werden können, führen zwangsläufig zu einem Dauererregungszustand des vegetativen Nervensystems und dadurch zu psycho-vegetativen Symptombildungen, wobei unterdrückte aggressive Tendenzen zu einer Zunahme der Sympathikus-Erregung führt, während blockierte Flucht und verhinderte oder erschwerte Anklammerungsbestrebungen mit einem „vegetativen Rückzug“ beantwortet werden und eine parasympathische Stimulierung nach

Entscheidende Hintergründe für die Organwahl

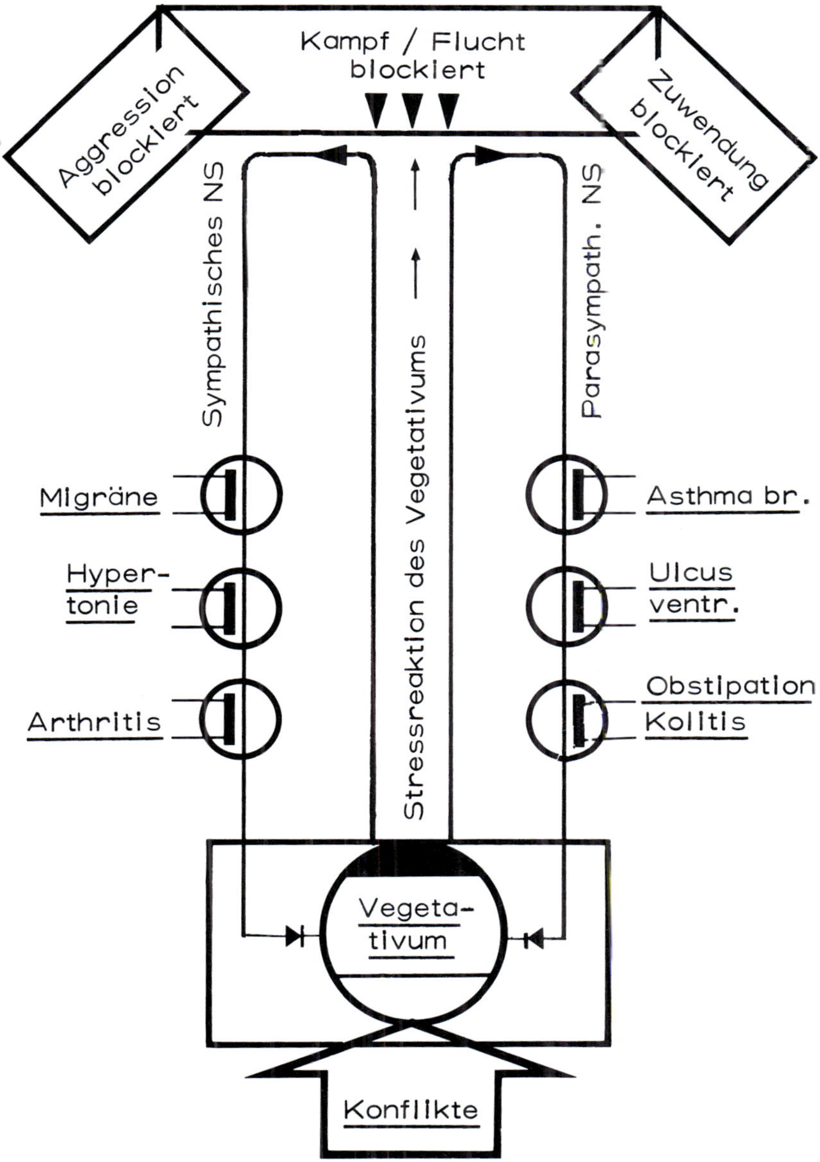

sich ziehen. Hierbei ist immer zu bedenken, daß es bei diesen beiden ätiologischen Gruppen mit Sympathikus- bzw. Vagus-Erregung jeweils zu einer entsprechenden Gegenregulation kommen muß! Wichtig ist auch zu wissen, daß es im Laufe einer psychotherapeutischen Behandlung auch zu einem Symptomwechsel, also zu einer neuen Organaussage, kommen kann – auch therapeutische Einwirkungen durch Medikamente können u. U. die Organsprache blockieren.
Die „Organsprache“ – sie bedeutet: Ausdruck unterschiedlicher vegetativer Reaktionen auf unterschiedliche Gefühlsregungen – läßt sich schon ganz allgemein an den bekannten physiologischen Reaktionen auf bestimmte Gefühlseinflüsse beobachten:

Erröten = Reaktion auf Verlegenheit
Weinen = Reaktion auf Kummer oder Schmerz
Bläße = Reaktion auf Schreck u. v. a. m.

Zusammenfassend kann man sagen: Jeder emotionale Zustand hat sein eigenes physiologisches Syndrom, oder wie G. BENEDETTI in seinem Buch „Der psychisch Leidende und seine Welt“ konstatierte: „Jeder starke Affekt, jede große Gemütsbewegung weist eine bestimmte organische Repräsentanz auf. Affekte sind leib-seelische Funktionsgestalten, die Ausdruckswert haben!“
Unbewältigte Konflikte, verdrängte feindselige oder erotische Antriebe, Angst, behinderte Abhängigkeitsstrebungen, Versagungserlebnisse, Minderwertigkeits- und Schuldvorstellungen in den unterschiedlichsten Lebensbereichen mit ihren Affekten und Gefühlen führen über das vegetative System zwangsläufig zu „Affektkrankheiten“, die je nach Konstitution und Disposition bestimmte Organe funktionell stören, sich ihrer bedienen, um sich zu „beklagen“, um sich ausdrücken, um symbolisch „sprechen“ zu können. Der Volksmund hat in seinen tiefgründigen, ja man kann sagen, „psychosomatischen“ Redewendungen, diese Zusammenhänge aufgezeigt und die symbolische Aussage der Organsprache oft treffend „dechiffriert“, in „Klartext“ übersetzt; z. B.: „Die Angst sitzt ihm im Nacken“ oder „gegen jemanden allergisch sein“ u. v. a. m.
Es wird deutlich, daß das vegetative System neben seinen regulativen Fähigkeiten zusätzlich eine wichtige Funktion hat: Die Körper- und Organsprache zu bewirken! So wie der sachkundige und intuitive Gra-

phologe aus der Handschrift eines Menschen als „fixierte Ausdrucksbewegung“ der Körpersprache viel von ihm und über ihn erfahren kann, muß jeder Heilbehandler lernen, für diagnostische und therapeutische Überlegungen die Organsprache seiner Patienten zu verstehen. Es kommt im Interesse des Patienten darauf an, daß besonders der Allgemeinpraktiker, der, an „vorderster“ Front“ stehend, als Erster mit psycho-vegetativen Störungen und Erkrankungen konfrontiert wird, diese „Affektkrankheiten“ als solche möglichst rasch erkennt, die seelischen Hintergründe aufdeckt und dem Kranken dadurch im psychosomatischen Sinne helfen kann.

Da zahlreiche Faktoren die „Organwahl“ für psycho-vegetative „Äußerungen“ beeinflussen, zum Teil ineinander greifen, ist es auch verständlich, daß man die jeweilige Organsprache nicht auf einen einzigen, simplen Nenner bringen kann.

Die „Organsprache“ kann nur durch Beurteilung der Gesamtpersönlichkeit des Kranken in Verbindung mit seiner Lebensgeschichte und -situation verstanden werden.

Die folgenden Einzeldarstellungen der Organsprache sollen daher besonders dem Allgemeinpraktiker dienen, die symbolischen „Aussagen“ der Organsprache rascher „dechiffrieren“, verstehen und interpretieren zu können.

Diese Zusammenstellung der Psychosomatosen kann natürlich nicht vollständig sein, sie beschränkt sich auf die wesentlichsten Bereiche und will Anregungen in der aufgezeigten Richtung geben.

Die „Organsprache" nichtorganischer Kopfschmerzen:

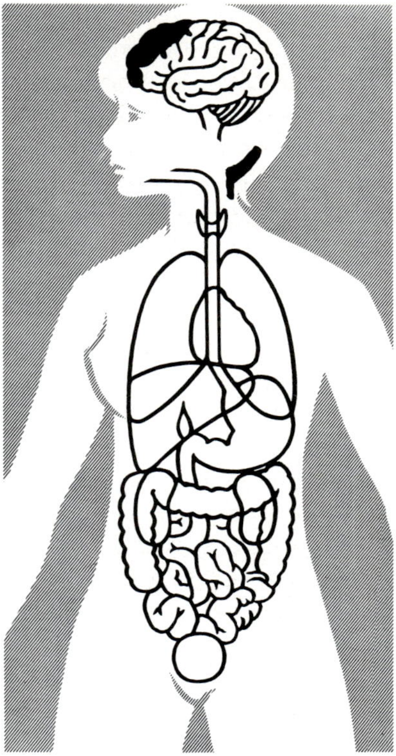

Psychogene Kopfschmerzen
Spannungskopfschmerz
Vasomotorische Kopfschmerzen
Migräne

Psychosomatische Redensarten des Volksmundes:

„Er hat den Kopf voll!"
„Diese Angelegenheit macht mir Kopfschmerzen"
„Sich den Kopf zerbrechen"

Psychodynamik / Symbolische Aussage:

Ich stehe unter einem fürchterlichen Druck!
Ich bin unzufrieden mit meinem Leben (Situation, Beruf, Partner, Kinder)!

Ich brauche Anerkennung – ich möchte darum viel leisten, aber ich habe Angst, zu versagen!

Ich bin jetzt gegen alle allergisch – ich kann jetzt niemanden mehr ertragen! Am liebsten würde ich alles zusammenschlagen!

Wenn nicht alles genauso gemacht wird, wie ich will, dann könnte ich aus der Haut fahren!

Kritik kann ich jetzt nicht ertragen!

Kopfschmerzen und Kopfdruck sind oft symbolischer Ausdruck verdrängter Wünsche, Ausdruck von innerer Spannung und erduldetem Leid, aber auch oft Begleitsymptom der Erschöpfung! Kopfschmerzen können als konversions-hysterisches Symptom ein breites Spektrum von symbolischen Aussagen darstellen. So kann z. B. das Erdulden von Schmerzen dem Patienten durchaus eine passive, masochistische Befriedigung bedeuten.

Der Migränekranke möchte durch Leistungen hervortreten und hat gleichzeitig ständig Angst, den gestellten Forderungen nicht genügen zu können. Die Motivation zur Leistung liegt beim Migränepatienten meist nicht im echten Sachinteresse, sondern im Wunsch, durch Leistung Anerkennung und Zuneigung zu erlangen.

Der Migränekranke hat immer Angst, zu versagen, keinen Erfolg zu haben, kritisiert zu werden und zieht sich vor der Leistungssituation durch den Anfall selbst aus dem Verkehr. Er flüchtet vor der Realität, er zieht sich zurück. Wer solche Kopfschmerzen hat, daß er niemanden mehr sehen und hören kann, von dem weiß man: So kann er beim besten Willen keine Leistung bringen!

Vielfach löst eine Situation unterdrückter Aggression sofort einen Migräne-Anfall aus. Der Verfasser konnte auch bei den meisten Migräne-Kranken eine tiefsitzende Unzufriedenheit (z. B.: weil sie nicht ihren Wunsch-Beruf erlernen durften!) finden.

Persönlichkeitsstruktur des Migräne-Kranken:

Ehrgeizig, perfektionistisch, unelastisch, Neigung zu zwangsneurotischem Verhalten, innerlich unzufrieden, unsicher, unduldsam, Furcht vor Mißerfolgen, empfindlich gegen Kritik, oft hingabegestört.

Der Migräne-Patient hat eine falsche Einstellung zum Leben eintrainiert. So kommt es zur Kettenreaktion Angst→Flucht→Verspannung. Hier muß die Hypnosetherapie ansetzen!

Therapie:

Gesprächstherapie: Lösen von Spannungssituationen. Ziel der Therapie ist, dem Patienten eine tolerantere, zufriedenere Einstellung zum Leben finden zu lassen. Anfangs Hypnosetherapie mit anschließenden Ablationshypnosen, dann übergehen zum autogenen Training.

Naturheilverfahren: Wöchentlich 1mal künstlich erbrechen lassen! Neuraltherapie, Akupunktur, Schröpfen, Lymphdrainage, Bindegewebsmassagen und Reflexzonenmassage an den Füßen.

Die „Organsprache" der Schilddrüse:

Schilddrüsen-Überfunktion Hyperthyreose

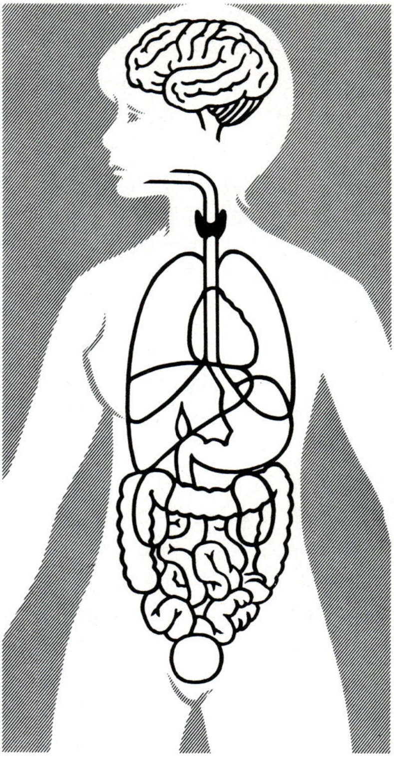

Psychosomatische Redensarten des Volksmundes:

„Innerlich dreht er auf hundert"

Psychodynamik / Symbolische Aussage:

Ich habe Angst – ich bin zu schwach, mich zu verteidigen!

Ich kann nicht anders, ich muß immer für andere sorgen, obwohl ich innerlich manchmal „koche"!

Ich muß viele Aggressionen unterdrücken, weil ich sie nicht ausdrücken kann!

Ich strebe unaufhörlich nach Unabhängigkeit! Dabei möchte ich selbst auch gerne einmal bemuttert werden!

Der Einfluß des Seelischen auf die Drüsenfunktion ist allgemein bekannt. Wie schon in den ersten Kapiteln dargelegt wurde, führt jede Streßaktion zur „Alarm- und Kampfbereitschaft" des Organismus, zu einer Mobilisierung aller Kraft- und Vitalitätsreserven, wozu die Schilddrüse durch entsprechende Hormonausschüttung zur Steigerung der Gesamtvitalität (u. a.: Beschleunigung der Pulsfrequenz und Atmung, Erhöhung der Körpertemperatur und neuromuskulären Erregbarkeit, Verkürzung der Reflexzeit) beiträgt. Wer also langanhaltenden seelischen Belastungen und „Kämpfen" ausgesetzt ist, wird zwangsläufig in einen ständigen „vegetativen Alarmzustand" mit Schilddrüsenbeteiligung kommen müssen. Prädisponiert für eine Hyperthyreose sind Menschen mit bestimmten Erbanlagen, Persönlichkeitsmerkmalen und bestimmten frühkindlichen Umwelteinflüssen. Folgende Persönlichkeitskriterien sind dabei besonders gravierend:

a) Unterdrückung und Verleugnung feindseliger Gefühle
b) Starkes und frühes Streben nach Unabhängigkeit
c) Unterdrücken aggressiver Impulse durch demonstrative Betonung sachlicher Einstellung nach außen
d) Zwanghaftes Bedürfnis für andere zu sorgen
e) Ausgeprägter Wunsch nach Kindern und „Bemuttern"
f) Ängstliche Einstellung und Unfähigkeit zur Selbstverteidigung.

W. BRÄUTIGAM und P. CHRISTIAN sehen es in „Psychosomatische Medizin" als „charakteristisch und spezifisch für thyreotoxische Kranke, daß eigene Ängste und Abhängigkeitsbedürfnisse nicht direkt geäußert werden können, sondern durch Übernahme von Verantwortlichkeit, Anstrengung und kontraphobische Verleugnung abgewehrt werden".

Persönlichkeitsmerkmale des thyreotoxischen Kranken:
Überwiegend Frauen, starke Mutterbindung, dominierendes Verantwortungsbewußtsein, ausgesprochener Leistungswille, wobei eigene Ängste unterdrückt werden.

Therapie:
Gesprächstherapie zur Konfliktbearbeitung, autogenes Training, medikamentöse Behandlung, Hydrotherapie, Diät, Eigenblutbehandlung, Akupunktur, Neuraltherapie.

Die „Organsprache“ des Herzens:

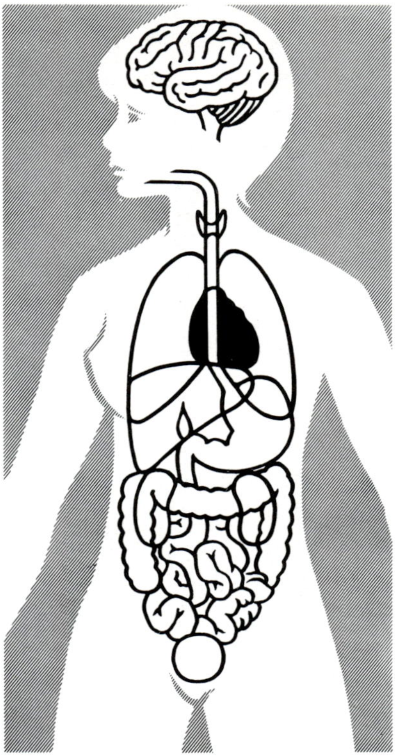

Herzneurosen
Angina pectoris nervosa
Herzhypochondrie
Herzphobie

Psychosomatische Redensarten
<u>des Volksmundes:</u>

„Das Herz fiel ihm in die Hose“
„Es drückt mir das Herz ab“
„Sie hat ihr Herz verloren“
„Es blutet mir das Herz“

<u>Psychodynamik / Symbolische Aussage:</u>

Mein Herz weiß nicht mehr ein und aus! Bitte, helft mir doch!

Mir fehlt das Vertrauen auf eigenen Füßen zu stehen! Ich habe ständig Angst, daß

... ich allein sein muß!

... Du nicht da sein könntest, wenn mir etwas zustoßen sollte!

... ich doch ernstlich krank bin!

Ich bin in Wirklichkeit so arm und krank, daß Du dich ständig um mich kümmern, mich in die Arme nehmen und beschützen mußt!

Ich fühle mich der Situation nicht gewachsen!

Funktionelle Störungen des Herzens treffen wir bei Männern wesentlich häufiger an als bei Frauen – die Relation dürfte etwa bei 70:30 liegen; der altersmäßige Schwerpunkt für das Auftreten herzneurotischer Beschwerden liegt in den Altersgruppen zwischen 20 und 40 Jahren! Die Herzneurosen zeigen sich meist durch anfallartige Beschwerden mit Herzunruhe, intensivsten Angstgefühlen, Schweißausbruch. Der Herzneurotiker befürchtet dabei häufig, einen Herzinfarkt erlitten zu haben. RICHTER und BECKMANN geben in „Herzneurose" den Hinweis auf 4 Gruppen von „Auslösersituationen", die eine Herzneurose etablieren können:

1. Konfrontation mit schweren Krankheiten (speziell Herzinfarkt), Todesfällen oder Unfällen. Der „Beobachter" glaubt, wenn z. B. schon sein Vater jetzt an einem Herzinfarkt gestorben sei, dann müsse er das gleiche Schicksal auch für sich selbst befürchten. Diese Tendenz wird noch verstärkt durch:
2. Beunruhigende Beobachtungen am eigenen Körper und
3. Induzierende ärztliche Diagnosen
4. Bestimmte seelische Konflikte.

Herzneurotiker hatten meist sehr ängstliche überbesorgte Mütter, das „Urvertrauen" zur Welt konnte sich nicht ausreichend entwickeln. A. JORES gibt in „Der Kranke mit psychovegetativen Störungen" einen Hinweis auf einen Patienten, dem plötzlich selbst klar wurde, daß sein Angstanfall (vor dem Herzinfarkt) in Wirklichkeit ein Appell an die „Liebeszuwendung" seiner Frau war und durch eine solche Liebeszuwendung – seine Frau nahm ihn in den Arm – beseitigt werden konnte. Die überbetonte Mutterbindung des Herzneurotikers, sein krankhaftes Bedürfnis, von der Mutter oder Ersatzmutter „ans Herz" gedrückt zu werden und Geborgenheit zu finden, seine wachsende Angst vor der Angst, alle diese Faktoren haben eine frappierende Ähnlichkeit mit der „Psychologie des Asthmatikers". Wie treffend sich die „Organsprache" des Herzens symbolisch auszudrücken vermag, beobachtete der Verfasser an einer jungen Frau, 30 Jahre alt, verheiratet, 2 Kinder. Ein Kollege bat den Verfasser, sich diese Patientin einmal „anzuschauen", nachdem sie schon mehrfach wegen schwerster Angina-pectoris-ähnlicher Herzsensationen ins Krankenhaus eingeliefert werden mußte, ohne daß man dann einen organischen Befund erheben konnte. Es lag also nahe,

diese „Herzbeschwerden“ in ihrer psychosomatischen Symbolik zu betrachten. In solchen Fällen muß eruiert werden, ob das Herz „rebelliert“, weil eventuell eine Herzensangelegenheit betroffen ist. Die erste Aussprache deckte dann auch Zusammenhänge eines akuten Herzenskonfliktes auf. Die Patientin, die seit ca. 10 Jahren mit einem hohen (langweiligen?) Beamten „gut“ verheiratet war, hatte sich vor einem halben Jahr in den wesentlich jüngeren Freund ihres Mannes verliebt und durch ihn nie erlebte, frauliche Erfüllung gefunden. Der Verfasser machte ihr die psychosomatischen Zusammenhänge, die Organsprache ihres Herzens klar und forderte sie auf, diese Herzensangelegenheit so oder so zu entscheiden, da ihr Herz diese „Zwickmühle“ nicht ertragen könne. Sie werde dann erleben, wie diese Entscheidung auch den Druck von ihrem Herzen „entscheidend“ nehmen werde! Innerhalb von 2 Wochen setzte sich bei der Patientin dann die Überlegung „entscheidend“ durch, daß es im Interesse ihrer Kinder und auch in ihrem eigenen liegt, bei ihrem Mann zu bleiben und die Verbindung mit ihrem Freund sofort zu lösen. Durch die Gesprächstherapie wurden die Weichen gestellt für die Neuorientierung, das seelische „Störfeld“ wurde ausgeschaltet, das Herz der Patientin kam zur Ruhe!
WICHTIG: Gerade bei den Herzneurotikern sieht man, wie notwendig es ist, den seelischen Hintergrund dieser funktionellen Organstörung gleich bei ihrem ersten Auftreten zu erkennen und „psychosomatisch“ vorzugehen, damit sich der sonst unweigerlich eintretende „sekundäre Krankheitsgewinn“ gar nicht erst einstellen kann. Beispiel: Der Ehemann einer 33jährigen Herzneurotikerin durfte seit 9 Jahren abends nicht mehr aus dem Haus, weil sonst sofort unerträgliche Angst aufkam. Als die Patientin merkte, daß die Behandlung Erfolge erkennen ließ, bekam sie sofort Angst vor der Behandlung!

Persönlichkeitsstruktur des Herzneurotikers:

Überstarke Mutterbindung, abhängig von Mutterfigur, dadurch ängstlich-verunsichert und kindliches Bedürfnis nach Umsorgt- und Versorgtwerden sowie bergender Liebe; hypochondrische Züge; möchte nicht allein sein; „Anklammerung“ an Angehörige; ständige Trennungsangst.

Therapie:

Durch orientierende Gespräche müssen Ursachen, Auslösersituationen aufgedeckt und eine Neuorientierung eingeleitet werden. Ggf.: Psychoanalyse! Hypnosetherapie in Kombination mit Verhaltenstherapie.

Die „Organsprache" des Kreislaufes:

Psychogene
Kreislaufstörung
Hypertone
Regulationsstörung
Essentielle Hypertonie

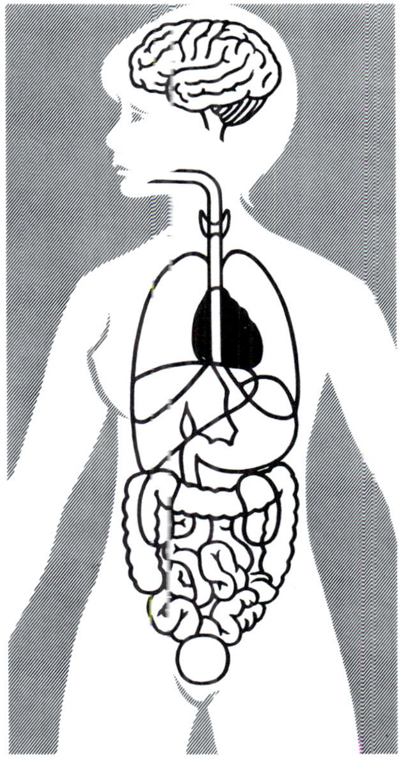

Psychosomatische Redensarten
des Volksmundes:

„Vor Wut schwollen ihm die Adern"

Psychodynamik / Symbolische Aussage:

Ich muß alle Schwierigkeiten auf mich nehmen – ich bin ein „Lastesel"!

Ich stehe ständig unter Druck und Spannung – ich muß mich äußerlich beherrschen, obwohl es mich innerlich fast zerreißt!

Ich muß ständig feindselige Gefühle unterdrücken, denn ich möchte die Zuneigung nicht verlieren!

Was macht Ihr mit mir! Ich koche innerlich vor Wut – dabei möchte ich alles recht machen!

Für die **hypertonen Regulationsstörungen** ist typisch, daß eine „dynamische Labilität der Druckregulierung“ besteht. Das bedeutet: Schon im Ruhezustand ist der Blutdruck wenig stabil, dies verstärkt sich bei körperlicher oder seelischer Belastung.
Besonders im Alter von 25 bis 30 Jahren haben die hypertonen Regulationsstörungen ihren Häufigkeitsgipfel, da in diesem Lebensabschnitt viele lebenswichtige, soziale und persönliche Entscheidungen zu treffen sind, die Spannungen, Konflikte und Krisen bringen können. Meist klingen darum diese hypertonen Regulationsstörungen im mittleren Lebensabschnitt wieder ab.

Therapie:
Gesprächstherapie zur Neuordnung der Wertmaßstäbe und Zielsetzungen. Sympathikolytika, autogenes Training, Verhaltenstherapie.
Die **essentielle Hypertonie** gehört zu den verbreitetsten Krankheiten unserer Tage. Besonders der psycho-soziale Streß, mit Angst, unterdrückter Aggression, Wut oder Ärger, kann dafür verantwortlich gemacht werden. Psychophysiologisch ist längst erwiesen, daß langanhaltende seelische Belastungen mit unterdrückter Aggression zu dauernder Blutdruckerhöhung führen kann. Die chronische Erwartungsspannung – alles recht zu machen, durch Leistung zu glänzen, der Wunsch nach Selbstbehauptung und Zuneigung bei weitgehender Unfähigkeit, feindselige Gefühle frei zum Ausdruck bringen zu können – in Krisen- oder Konfliktsituationen führen zum Hypertonus. Der Hochdruck-Kranke platzt innerlich vor Aggression, gibt sich aber nach außen beherrscht! Es ist wichtig, eine Hypertonie mit psychosomatischem Übergewicht rasch also solche zu erkennen, damit spätere organische Folgen vermieden werden können.

Persönlichkeitsmerkmale des Hypertonikers:
Pflichteifrig, verbissen, gewissenhaft, zwanghafte Züge; wenig Talent, sich durchzusetzen; gesellschaftlich überangepaßt, hohe Leistungsanforderungen an sich selbst, tief verdrängte Aggression bei äußerlicher Gelassenheit, unfähig die Gefühle ausdrücken zu können.

Therapie:
Medikamentöse Behandlung; Gesprächstherapie, autogenes Training, Akupunktur, Neuraltherapie, Atemtherapie, Diät.

Die „Organsprache" der Atmung:

Atemstörung
Asthma bronchiale

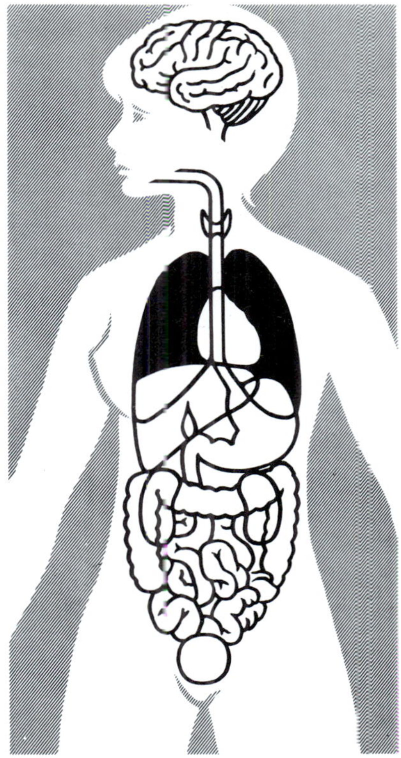

Psychosomatische Redensarten
<u>des Volksmundes:</u>

„Ihm bleibt die Luft weg"
„Es verschlägt ihm den Atem"
„Sie konnte ihn nicht mehr riechen"

Psychodynamik / Symbolische Aussage:
Ich möchte weinen, aber ich kann nicht! Ich möchte laut nach meiner Mutter rufen, aber ich kann nicht!
Ich bin von Dir enttäuscht, ich habe mehr erwartet! Eigentlich bin ich ganz anderer Ansicht – innerlich sage ich NEIN, aber ich ersticke daran!
Ich fühle mich allein und unsicher – ich habe Sehnsucht nach einem Menschen wie meine Mutter!

Persönlichkeitsstruktur des Asthmatikers:
Hohe moralische Anforderungen, Kontaktsehnsucht, überbetonte Mutterbindung, die zu Abhängigkeit, Unsicherheit und Aggressionsstau führte. Oppositionell, wenig elastisch.

Der Asthmatiker leidet an einer Störung der Ausatmung, er leidet an einer Störung des passiv Geschehenlassens. Die moderne psychosomatische Medizin rechnet das Krankheitsbild des Asthma bronchiale zur Gruppe der vegetativen Neurosen.

E. W. STRAUSS sieht in der Atmung 3 Aspekte: 1. Teilhabe und Austausch; 2. Macht und Ohnmacht; 3. Anziehung und Abstoßung.

Störungen der Atmung sind daher für ihn die Organsprache dafür, daß einer dieser Bereiche entscheidend gestört ist. Sie drückt Ohnmacht aus – die asthmatische Atemstörung ist Ausdruck des verdrängten Protestes gegen die Welt. Nach psychoanalytischer Auffassung bestand bei Asthmakranken in früher Kindheit eine ängstliche Überbehütung durch die Mutter. Durch die überstarke Mutterbindung entstand ein „Asthma-Band" zwischen Mutter und Tochter. Die notwendige „Abnabelung" ist nie erfolgt. Solche Kinder wurden oft sehr verwöhnt und dann wieder zu hart behandelt. Asthmatiker stellen häufig sehr hohe moralische Ansprüche an sich und die Umwelt und geraten so leicht in Opposition zur Umwelt, ohne dabei ihrer Aggression Ausdruck verleihen zu können. Es bleibt ihnen die Luft weg! Ihre ganze Kindheitsentwicklung bedingt auch eine tiefbleibende Sehnsucht nach Kontakt und wirklicher Zuneigung. JORES und KERÉKJARTÓ bringen in ihrem Buch „Der Asthmatiker" interessante Details über die Psychologie des Asthmaleidenden. Sie vertreten die Auffassung, daß für die Auslösung des Anfalles die Reaktion auf bestimmte Allergene weniger ausschlaggebend ist, als die „Allergie" gegen bestimmte Situationen und Menschen. So treten Asthmaanfälle meist nur in typischen Situationen auf: Der Asthmakranke steht dabei in innerer Opposition zum gerade Erlebten, zum Geschehen, zu den beteiligten Menschen, ohne fähig zu sein, die auftauchende Aggression freizusetzen, sich freizuatmen. Es verschlägt ihm buchstäblich den Atem, daß es so etwas, was er eben erleben mußte, überhaupt geben darf. Dieses empörte „Nein" zur Situation und Umwelt raubt ihm die Möglichkeit, seinen Atem in diese arge Welt ausströmen zu lassen.

Therapie:

Gesprächstherapie: Neuorientierung der Persönlichkeit! Autogenes Training, Eigenblutinjektion, Atemtherapie, Akupunktur.

Die „Organsprache" des Magens:

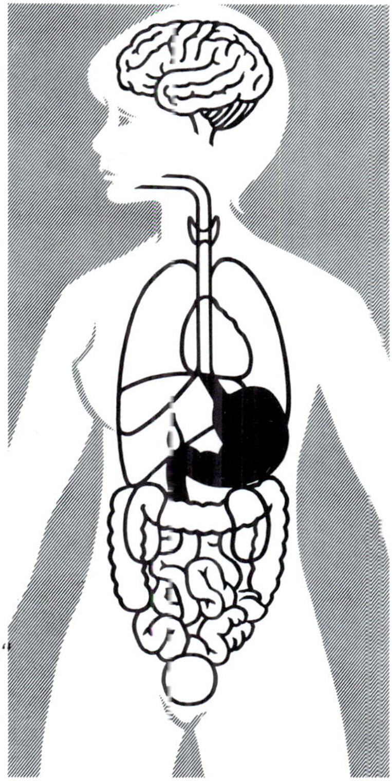

Magenneurosen
Gastritis
Ulcus ventriculi +
duodeni

Psychosomatische Redensarten
des Volksmundes:

„Es ist im Magen liegen geblieben"
„Er reagiert sauer"
„Er konnte es nicht verdauen"
„Er ärgert sich ein Loch in den Bauch"
„Er hat im Leben viel schlucken müssen"
„Täglich ein Schluck Ärger"

Psychodynamik / Symbolische Aussage:

Ich habe Angst, meiner Lebenssituation nicht gewachsen zu sein – ich flüchte vor den Dingen!
Was mir das Leben zum Schlucken gibt, kann ich nicht verdauen! Ich bin sehr enttäuscht!
Ich bin gar nicht so bescheiden und verzichtsbereit, wie Ihr meint! Innerlich brenne ich vor Ehrgeiz und nach manchem ungestillten Wunsch!
Ich kann nicht aus mir heraus, meine Gefühle nicht zeigen!
Wo finde ich Liebe und Geborgenheit – jetzt, da ich krank bin, müßt Ihr Euch um mich kümmern!
Ich „hungere" nach dem vollen Lebensgenuß!

Tiefenpsychologische Studien erhellten, daß Magenbeschwerden oft „unverdaute" Konflikte signalisieren, wie schon die psychosomatischen Redensarten in allerlei Variationen erkennen lassen. Sie reichen von tiefsitzenden Aggressionen gegen andere bis zur „oralen" Sehnsucht nach Geborgenheit, Liebe, nach Einverleibung. Der Magenkranke rebelliert, er will nicht alles „schlucken" müssen, nicht alles „verdauen" müssen, was ihm das Leben oder, besser gesagt, seine Mitmenschen vorsetzen. Wer z. B. im Beruf oder privaten Bereich ständig Zurücksetzungen, Demütigungen „schlucken" mußte, wird sie plötzlich nicht mehr „verdauen" können. Er wird magenkrank, der „arme Schlucker"! „Was kränkt, macht krank!" formulierte SOPP in „Was der Mensch braucht". Der Magen ist eine Visitenkarte der Psyche. Prof. SCHWIDDER, der verstorbene Präsident der Deutschen Gesellschaft für Psychotherapie und Tiefenpsychologie, drückte dies etwa so aus: Magenkranke erleiden vielfältige Qualen. Dem verdrängten Hunger nach Lebensgenuß steht die Angst gegenüber, gefressen zu werden. Der Gesunde zögert nicht, sich seinen Teil vom Leben zu holen. Anders der Magenkranke. Er resigniert schließlich und findet sich mit dem Hungerzustand ab. Ihm fehlt meist die Fähigkeit, Forderungen zu stellen und Entscheidungen durchzusetzen. Höher sitzende Ulzerationen – z. B. in der kleinen Kurvatur des Magens – deuten symbolisch auf enttäuschte Besitzerwartung hin; tiefer sitzende sprechen mehr für einen Verzicht auf normale Aggression.

Persönlichkeitsstruktur der Magenkranken:
Ehrgeizig, äußerlich bescheiden, Verzicht leistend; in Wirklichkeit unbewußt viele ungestillte Wünsche und dadurch ständig Aggressionen gegen die Umwelt, die ihre Wünsche nicht erfüllt. Verbissen-mißmutig; Sehnsucht nach „beschützender" Liebe.

Therapie:
Magenschonkost und Rollkuren haben meist keinen wesentlichen Einfluß, die seelische „Diät" ist entscheidend. In der Sprache der Neuraltherapie heißt dies: Die seelischen „Störfelder" müssen ausgeschaltet werden. Das seelische Gleichgewicht muß hergestellt werden. Ergänzende Gesprächstherapie (der Kranke muß lernen, Gefühle auszusprechen!), Hypnosetherapie und autogenes Training.

Die „Organsprache" der Leber und Galle:

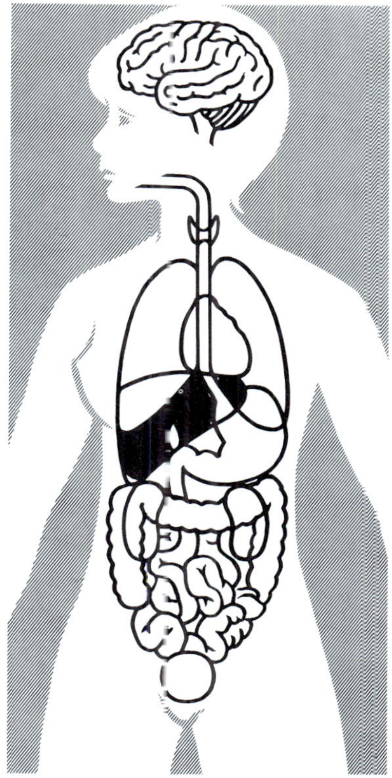

Gallenstörungen
Gallenstauungen
Gallensteine
Hepatitis

Psychosomatische Redensarten <u>des Volksmundes:</u>

„Das ist mir über die Leber gelaufen"

„Er spukt Gift und Galle"

„Mir läuft die Galle über"

„Gelb ist die Eifersucht"

<u>Psychodynamik / Symbolische Aussage:</u>

Ich möchte auf den Tisch hauen, aber ich bringe es nicht fertig!

Mich ärgert jede Fliege an der Wand – ich bin unzufrieden mit der ganzen Situation!

Ich habe Angst – ich fühle mich in meiner Existenz bedroht – ich flüchte in die Krankheit!

Ich bin völlig verzweifelt – so helft mir doch!

Ich fühle mich so einsam!

Ich habe Angst, zu versagen, am „Ende" zu sein!

Schon 1928 veröffentlichte die „Klinische Wochenschrift" im Heft 7 eine aufschlußreiche Untersuchung von E. WITTKOWER „Über den Einfluß der Affekte auf den Gallenfluß", die deutlich machte, daß z. B. die unter dem Einfluß von Heiterkeit und Freude produzierte Galle eine andere Zusammensetzung aufwies, als die unter Induktion von Unlustgefühlen erzeugte Gallenflüssigkeit! So kann man sich erklären, daß ständige Ärger- bzw. Unlustgefühle die Entstehung von Gallensteinen und Entzündungen der Gallenwege fördern. Zur psychisch-forcierten Gallenstörung wird es hauptsächlich bei jenen Menschen kommen, die

a) zwar in einer entsprechenden Situation ihren Ärger bewußt erleben, ihm aber nicht Ausdruck verleihen können — die also „emotionale Analphabeten" bleiben.
b) in entsprechenden Situationen Unmut nicht über andere Menschen empfinden können, sondern sich stets nur über sich selbst ärgern und „wurmen", die ständig „gereizt" sind.

In einem Fall fehlt die Fähigkeit, den Ärger auszuleben, ihn „abzureagieren", im anderen, ihn richtig zu erleben.

Neue Aspekte zeigt in diesem Zusammenhang eine Arbeit von J. M. CALIEZI in der „Schweiz. Rundschau/Med. (Praxis)" 52/1972 über „Die Hepatitis, eine Ausweichkrankheit bei bewußter Verzweiflung mit suizider Tiefe?" auf, in welcher er die Gelbsucht psychosomatisch als Ausweichkrankheit, speziell für den Depressionsersatz, sieht. CALIEZI versucht anhand klinischer Beobachtungen nachzuweisen, daß die Gelbsucht kein rein virologisches Problem darstellt, sondern auch die Schicksalssituationen entsprechenden Einfluß nehmen. So sieht er die Hepatitis meist im Anschluß an schwere Bedrohungen der Existenz oder in der menschlichen Vereinsamung auftreten, ferner in der Pubertät in Verbindung mit Versagensvorstellungen, als Ausdruck eines Bedrohungserlebnisses oder in der Lebensmitte als Angst vor dem endgültigen Versagen. Das Zeitintervall zwischen Trauma und Krankheit geht von wenigen Stunden bis zu einem Vierteljahr! Der Krankheit kommt dabei die Funktion zu, die psychische Krise auszulöschen und durch eine akzeptable Krankheit zu ersetzen, dem Patienten also die Möglichkeit zu bieten, sich von der Krisenlage bzw. -situation zu distanzieren. Die Gelbsucht dient so auch der Schuldverschiebung.

Jede Therapie muß auch diesen psychologischen Hintergrund berücksichtigen.

Die „Organsprache" des Darmes:

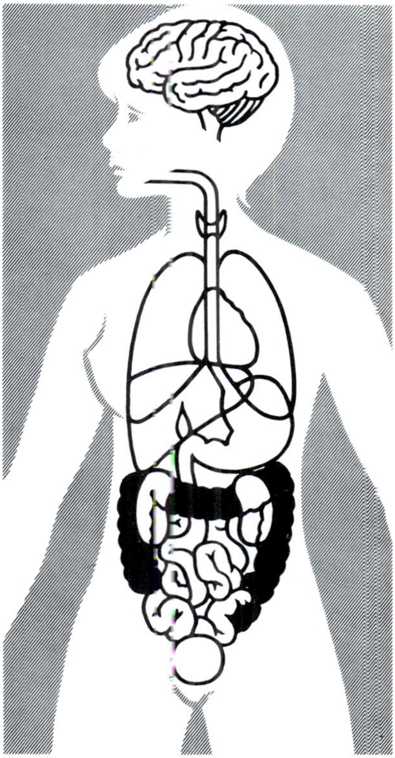

Chronische Obstipation
Spastische Obstipation

Psychosomatische Redensarten
des Volksmundes:

„Er ist verstopft!"

Psychodynamik / Symbolische Aussage:

Ich kann nicht aus mir heraus – ich bin „verstopft"! Ich halte alles zurück – auch meine Gefühle! Ich gebe mich nicht hin!

Ich habe Angst, von dem, was mir gehört, etwas zu verlieren – ich will alles behalten! Ich habe gar nichts zu verschenken!

Ich muß durchhalten – aber gar nicht gerne!

Die Situation (Ehe) wird zwar nicht besser, aber ich muß durchhalten! Ich fühle mich zurückgewiesen!

Ich ziehe mich zurück – von mir kannst Du nichts bekommen!

Bei der chronischen Obstipation offenbart der Darm eine Grundstimmung dieses Menschen: Die Zurückhaltung! Sie zeigt sich in einer Unfähigkeit dieser Menschen, Gefühle zu investieren, Liebe zu schenken. Sie „geizen" mit ihren Gefühlen!
Chronisch Obstipierte wurden meist in ihrer Kindheit von den Eltern sehr frühzeitig und mit besonderer Strenge zur Sauberkeit „erzogen". Oft kommt es dadurch zu tiefergreifenden Störungen in der Mutter-Kind-Beziehung. Die Obstipation ist nach A. JORES Ausdruck einer retentiven Verhaltensstörung: Alles ist „verstopft"! Der Obstipierte zieht sich zurück, er will nichts hergeben, weder Geld noch Liebe – er geizt mit Besitz und Gefühlen. Er hat nichts zu verschenken, er kann sich selbst nicht verschenken. Der „Verstopfte" kann nichts weniger verschmerzen als Besitzverluste, er lebt unter ständiger Verlustangst! Daher tritt die Obstipation häufig als Begleitsymptom von Magenerkrankungen auf!
SCHWIDDER beobachtete bei der chronischen Obstipation im wesentlichen folgende Erlebniszusammenhänge:
Körperlicher Ausdruck einer Protestreaktion; den Versuch durchzuhalten; Angstvolles zurückhalten; Angst und Abwehr vor zu großer Verausgabung; Assoziieren der Stuhlentleerung mit „schmutzigen" Regungen.

Persönlichkeitsstruktur des chron. Obstipierten:

Gewissenhaft, eigensinnig, oft pedantisch, sparsam bis geizig; mißtrauisch, pessimistisch, leicht depressiv; zurückhaltend, gehemmt; hingabegestört – chronisch obstipierte Frauen sind daher stets frigid.

Therapie:

Parallel zur Hypnosetherapie mit Entspannungssuggestionen für den Darmtrakt und posthypnotischen Terminsuggestionen für die morgendliche Stuhlentleerung sollte bei der Obstipation eine orientierende Gesprächstherapie einsetzen und dann das autogene Training aufgenommen werden. Außerdem: 2-Stunden-Diät nach HAUFFE und SCHWENINGER, salzarme Diät, Hydrotherapie mit ansteigenden Sitzbädern, Bindegewebsmassagen. Keine Abführmittel geben, höchstens am Anfang Klistiere und Gleitmittel.

Die „Organsprache“ des Darmes:

Chronische
Durchfallkrankheiten
Colitis mucosa
Colitis ulcerosa
Emotionale Diarrhöe

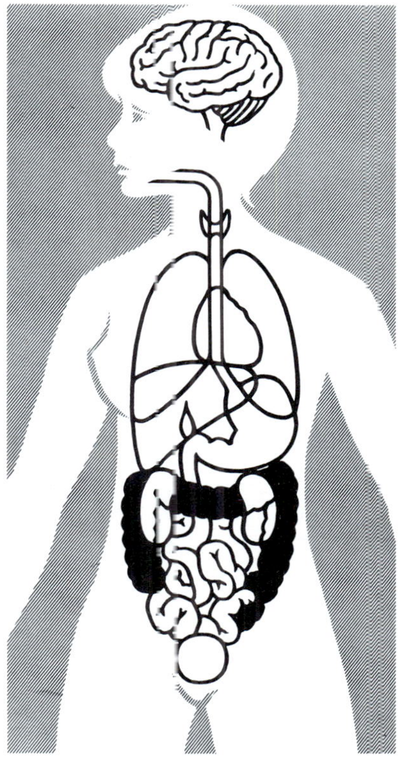

Psychosomatische Redensarten
des Volksmundes:

„Er hat eine Wut im Bauch“
„Schiß vor etwas haben“
„Vor Angst in die Hose machen“

Psychodynamik/Symbolische Aussage:

Ich bin sehr enttäuscht vom Leben (Beruf, Partner, Lebensumstände etc.)!

Ich bin völlig verzagt, ich weiß nicht weiter – ich fühle mich überfordert und „ohnmächtig“!

Ich bin im Leben „durchgefallen“! Ich bin verbittert!

Ich fühle mich verlassen!

Ich glaube, ich werde sehr ausgenützt – ich muß alles hergeben!

Ich habe so eine Wut im Bauch, daß ich auf alles sch..... könnte!

Wie bei jedem Krankheitsbild darf auch bei Durchfallsleiden nicht der Fehler gemacht werden, die „Organsprache" einseitig zu verstehen und „monomanisch" in jedem Fall eine seelisch bedingte Störung sehen zu wollen. Solche diagnostischen Feststellungen können immer nur Ergebnis differentialdiagnostischer Ermittlungen durch sorgfältige körperliche und labormäßige Untersuchungen etc. sein.
D. SCHELLACK fand keine gravierenden Unterschiede zwischen Kranken mit Colitis ulcerosa und gewöhnlichen Durchfallkranken. Alle diese Kranken scheinen in ihrem Leben ein gemeinsames Kernproblem zu haben: Der Umgang mit dem lieben Geld. Ihre Unfähigkeit, es zusammenzuhalten oder es zu fordern!
Der Durchfallkranke fühlt sich in entscheidenden Bereichen dem Leben nicht gewachsen – er sieht sich „durchgefallen" wie in der Schule. Durchfall ist ein körperliches Zeichen für den „seelischen Durchfall" im Leben. Der Durchfallkranke fühlt sich vom Leben überfordert. Er verzagt, er glaubt, im Leben durchgefallen zu sein! Schon seine Kindheit war meist sehr belastend. Er hatte fast immer eine harte, strenge, fordernde und reinlichkeitsfanatische Mutter. Das notwendige Selbstwertgefühl konnte sich nicht aufbauen. Immer wieder mußten Aggressionen unterdrückt werden.

Persönlichkeitsstruktur des chron. Durchfallkranken:

Labil, unselbständig, verkrampft, asthenisch, infantil, verzagend, ohne ausreichendes Selbstbewußtsein, glaubt sich verlassen und überfordert; ständige Angst, ausgenutzt zu werden oder „hergeben" zu müssen; oft voll unterdrückter Aggressionen.

Therapie:

Die beratende Gesprächstherapie soll dem Kranken die Hintergründe seiner „Durchfälle" transparent machen. Hypnotherapie und autogenes Training kombinieren! Wichtig: Eigenblutinjektionen zur Umstimmung. Innerlich: Heilerde 3x tgl. ein Eßlöffel. Als Klysma: Lebertran-Dermatol-Verweil-Klysma (30 Minuten) s. „Biologisch-Medizinisches Taschenjahrbuch". Einlauf von 30 ccm mit Natrium citricum versetztem Eigenblut! Ggf. Sulfonamide. Auch Ozontherapie sinnvoll! Bei Ca-Gefahr rechtzeitig operieren!

Die „Organsprache" der Wirbelsäule:

Ischämien
Lumbalgien
HWS-Syndromen
Brachialgien

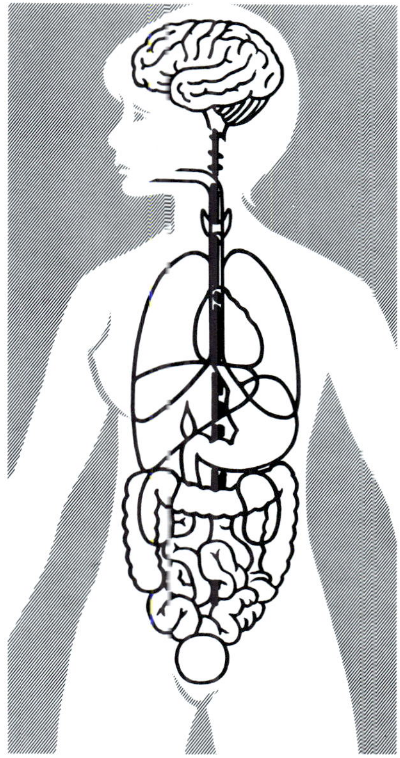

Psychosomatische Redensarten des Volksmundes:

„Den Kopf hängen lassen"
„Sorgen haben ihn gebeugt"

„Sie konnte es nicht mehr auf ihren Schultern tragen"

„Er konnte sich nicht behaupten"
„Die Angst im Nacken"

Psychodynamik/Symbolische Aussage:

Das Leben mutet mir zuviel zu — das kann ich nicht mehr ertragen! Die Kräfte verlassen mich!

Ich lebe ständig in Angst und Zweifel!

Ich muß fortwährend unter Druck und Spannung leben!

Ich kann die Sorgen nicht mehr auf meinen Schultern tragen — ich fühle mich dem Leben nicht mehr gewachsen!

Ich bin am Ende meiner Kraft — ich weiß nicht, wie ich aus dieser Situation herauskommen soll!

Das Leben hat mir das Rückgrat gebrochen!

Die Wirbelsäule ist als besonders symbolträchtiges Projektionsfeld für innere Konflikte, emotionale Störungen und psychoreaktive Adaptionsvorgänge anzusehen. Als Ausdrucksorgan für innere Spannungen bedient sie sich einer deutlichen Organsprache! Die Ausdrucksmöglichkeiten in der menschlichen Haltung demonstrieren dies in allen möglichen Variationen: Der selbstbewußte, stolze oder „halsstarrige" Zeitgenosse z. B. drückt dies schon durch eine super-aufrechte Haltung aus! Eine gebeugte Körperhaltung spricht dagegen offen von lange erduldetem Kummer und sorgenvollen Schicksalssituationen. Auch ständige Angsterlebnisse, auch Unterdrückung oder Demütigung finden ihr symbolisches Ausdrucksphänomen in der Wirbelsäule durch eine „geduckte" Körperhaltung mit ausgeprägten Muskelverspannungen im Nackengebiet – „die Angst sitzt ihm im Nacken!" V. VENZLAFF stellt in „Streß und Wirbelsäule" fest, daß besonders vegetativ-labile und vasomotorisch-übererregbare Patienten in bestimmten Konfliktsituationen zu rezidivierenden Lumbalgien, Ischialgien oder anderen Wirbelsäulen-Syndromen neigen. Hier offenbart sich wieder deutlich, wie psychischer Streß in Form von sympathikotoner Fehlinnervation zu Ischämien führen kann und sich gleichzeitig durch Dauer- oder Fehltonisierung von Muskelgruppen in der daraus entstehenden Ausdrucksbewegung oder Haltung einer beredten Organsprache zu bedienen weiß! Darum kommt es bei dem Patientenkreis mit Wirbelsäulensyndromen entscheidend darauf an, nicht nur symptomatisch-körperlich zu behandeln, sondern auch die seelischen Konflikte aufzudecken, welche für die „Spannungen", verdrängten Aggressionen, Flucht- und Ausweichreaktionen verantwortlich sind! Der Verfasser ist aufgrund zahlreicher Beobachtungen der Ansicht, daß besonders das weibliche Geschlecht durch die entsprechenden Lebensumstände und Schicksalssituationen – meist mit deutlichen sozialen Abhängigkeiten – auf die Organsprache der Wirbelsäule angewiesen ist, um ihre Konflikte mit Enttäuschungs-, Abwehr- oder Fluchtreaktionen zum Ausdruck bringen zu können „Kreuzschmerzen" können Ausdruck einer Sexualneurose sein: Frigide, den Intimkontakt ablehnende Frauen haben einen Krankheitsgewinn, die „begründete" sexuelle Inaktivität!

Therapie:

Gesprächstherapie: Aufdecken der „Spannungen". Autogenes Training. Neuraltherapie. Schröpfen. Chiropraktische Manipulationen.

Die „Organsprache" der Haut:

Hautaffektionen
Neurodermatitis
Pruritus
Hyperhydrosis
Ekzeme

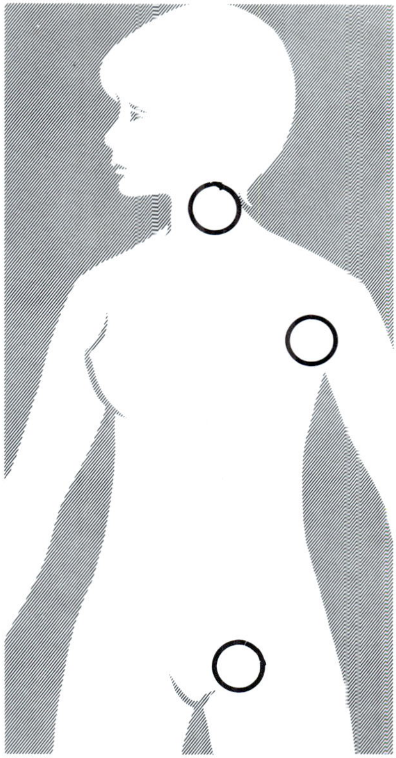

Psychosomatische Redensarten des Volksmundes:

„Das kann mich gar nicht kratzen"
„Er könnte aus der Haut fahren"
„Gegen einen Menschen allergisch sein"
„Es ist zum Ausderhautfahren"

Psychodynamik/Symbolische Aussage:

Ich habe Angst – ich fühle mich unsicher!

Ich leide darunter, daß ich meine Meinung nicht offen sagen kann!

Ich fühle mich „beschmutzt", sexuell unrein oder mißbraucht. Ich empfinde Ekel!

Ich kann nicht aus mir herausgehen – aber innerlich koche ich!

Ich empfinde alles Sexuelle ekelhaft!

Ich kann nicht mit den Augen weinen – ich weine unter den Achseln!

Bei allen Hautaffektionen, bei denen sich kein organischer Befund erheben läßt, sollte überlegt werden, ob eine psychogene Störung die Haut als Projektionsfeld zur „Klage“ benützt. Die „Organsprache“ der Haut kann meist verstanden werden als symbolischer Ausdruck:

a) des sich Unrein-fühlens, besonders im sexuellen Bereich
b) für chronische Angst- und Spannungszustände
c) unterdrückter Aggressionen
d) der Selbstunsicherheit.

ALEXANDER sieht in der Hyperhydrosis ein „unterdrücktes Weinen in der Haut“ als Ausdruck eines ständigen Spannungszustandes und einer fortlaufend unterdrückten Angst.

Beispiel: Eine junge Frau (32 Jhr., verh., ohne Kinder, als Bedienung tätig) ruft wegen ihrer unerträglichen Achselschweiß-Ausbrüche, speziell in Beobachtungssituationen, an, da man ihr deshalb zu einer operativen Durchtrennung der entsprechenden Nervenstränge geraten hat. Der Verfasser stellte gleich am Telefon die Testfrage: „Angenommen, es wäre so wie im Märchen möglich, daß Sie nochmals auf die Welt kommen könnten — was würden Sie dann anders machen?“ Die Anruferin antwortete darauf spontan: „Ich glaube, diesen Mann würde ich nicht mehr heiraten!“ Hier wurde die Problematik sofort sichtbar: Die Patientin mußte in ihrer Ehe ständig still sein, durfte fast keine Meinung haben, hielt alles zurück und platzte dabei vor innerer Spannung. Eine orientierende Gesprächstherapie — die Patientin mußte lernen, „aus sich herauszugehen“, Gefühle zu zeigen, Meinungen zu äußern — in die der Ehemann einbezogen wurde, in Kombination mit einer intensiven Hypnosetherapie zur vegetativen Stabilisierung, ersparte dieser Frau die schon ins Auge gefaßte Operation! Die Patientin erlernte die Ablationshypnose (mit Tonband), damit sie die entsprechenden Suggestionen der Ruhe, Entspannung, des Selbstvertrauens und der Neuorientierung zur Selbstverwirklichung über Monate noch täglich auf sich einwirken lassen konnte.

Therapie:

Orientierende Gesprächstherapie und sedierende Hypnotherapie. In schweren Hyperhydrosis-Fällen lokale Eigenblutinjektionen (2 ccm unverändertes Eigenblut zuerst in die linke Axilla subkutan, 2mal wöchentlich, dann rechts).

Die „Organsprache" der Muskeln:

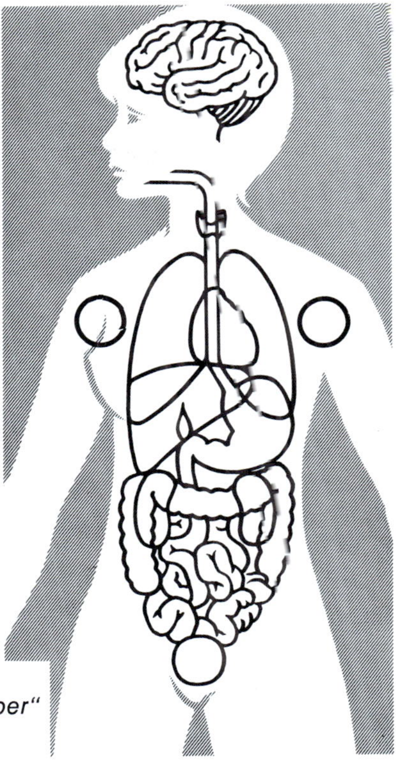

Rheumatische Erkrankungen
Rheumatische Arthritis
Chronische Polyarthritis
Weichteil-Rheumatismus
Spondylarthrose

Psychosomatische Redensarten des Volksmundes:

„Die Angst sitzt ihm im Nacken"

„Vor Wut zitterte er am ganzen Körper"

Psychodynamik/Symbolische Aussage:

Ich möchte am liebsten davonlaufen, aber ich bringe es nicht fertig. Ich koche innerlich vor Wut, aber ich kann es nicht zeigen!

Ich habe ständig Angst – ich bin immer unter Druck!

Ich will nicht immer „dienen", ich will auch „herrschen"!

Ich bin ehrgeizig – leider kann ich nicht so, wie ich will. Ich möchte alles zusammenschlagen!

Die Psychomotorik hat bei der quergestreiften Muskulatur und ihren Störungen als Erkrankung des Bewegungsapparates weit wichtigere Bedeutung, als allgemein angenommen wird. Diese Feststellung traf D. SCHELLACK 1958 u. a. in „Fortschritte der Medizin". Er sagte dazu weiter: Psychische Reize können mit muskulärer Übererregbarkeit korrelieren, wodurch Schmerzen im Erector trunci sowie in den Extremitäten verursacht werden. Dies ließ sich im Versuch ohne Schwierigkeit demonstrieren. Damit liegt die psychosomatische Pathogenese auch bei den rheumatischen Krankheiten des Bewegungsapparates im Bereich des Möglichen. Auf jeden Fall sollte man auch bei uns dem Begriff des psychogenen Rheumatismus mehr Beachtung schenken, für den in der Royal Society of Medicine die alternative Bezeichnung „Spannungsschmerz" vorgeschlagen wurde. Von den Anhängern der psychosomatischen Arbeitshypothese des Muskelrheumatismus wurde einstimmig als zentraler psycho-dynamischer Befund herausgestellt, daß diese Patienten ihre seit der Kindheit gehemmten aggressiven Impulse über die Skelettmuskulatur, über eine gesteigerte Muskelspannung abzuführen suchen. Berücksichtigt man die Tatsache, daß u. a. auch emotionale Dauerreize mit muskulärer Daueraktivität korrelieren können, ist eine Umformung der Skelettstruktur nur eine Frage der Zeit. Von orthopädischer Seite konnte BAYER auch experimentell nachweisen, „daß wir immer dann mit der allmählichen Ausbildung krankhafter Wirbelsäulen-Skelett-Veränderungen rechnen müssen, wenn chronische Übererregungszustände in der Rückenstreckmuskulatur bestehen". Nach Untersuchungen von H. HOFF stehen die meisten Patienten mit einer Spondylarthrose unter einem ständigen inneren Angstdruck. Die Muskulatur dieser Patienten ist selbst in Ruhelage aktiv gespannt, und die Spannung kann gesteigert werden, wenn man z. B. in Hypnose eine Wiederholung der ängstlich traumatisierenden Situation aus dem Leben des Patienten bewirkt. Grundsätzlich sind es besonders die gehemmten, aggressiven und geltungsstrebigen Emotionen, die zu einer Fehlsteuerung der Willkürmotorik und so zur rheumatischen Erkrankung disponieren.

Persönlichkeitsmerkmale des rheumatischen Arthritikers:

Zwanghaft depressiv-masochistische Züge, übergewissenhaft, wenig anpassungsfähig, äußerlich bescheiden und nachgiebig, dabei starke unterdrückte aggressive Impulse (Wut, Ärger).

Die „Organsprache" der Geschlechtsorgane:

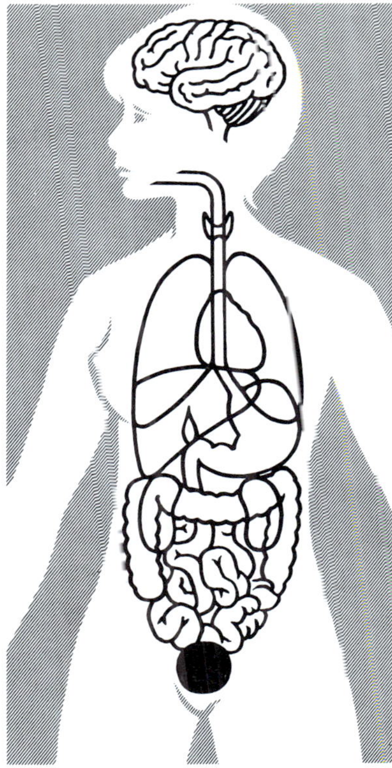

Psychogene sexuelle Störungen der Frau
Vaginismus
Fluor
Abwehrblutung
Frigidität
Anorgasmie
Vagina sicca

Psychosomatische Redensarten des Volksmundes:

„Sich jemandem verschließen"

„Er ist mir in der Seele zuwider"

Psychodynamik/Symbolische Aussage:

Für mich ist alles Sexuelle Sünde! Rühr' mich bloß nicht an!

Ich verabscheue diese häßlichen Dinge – laß mich also in Ruhe!

Faß mich nicht an – ich kann Dich als Intimpartner nicht ertragen!

Ich kann nicht – ich will nicht – und mit Dir schon gleich gar nicht!

Geh weg, ich habe Angst, daß Du nicht „aufpaßt" und ich ein Kind bekomme!

Du hast mich völlig enttäuscht – fasse mich nicht an!

Während die psychisch bedingten sexuellen Störungen beim männlichen Geschlecht, von der Impotenz bis zur Ejaculatio praecox, überwiegend durch eine spezifische Erwartungsangst, nämlich durch die „einbildungswirksame“ Vorstellung, in der Beischlafsituation versagen zu können, ausgelöst werden, zeigen sich die Ursachen bei der sexuellgestörten Frau – von der Gefühlskälte bis zur totalen „Abwehr“ durch Vaginismus – vielschichtiger und in ganz anderer Richtung.
In allen Fällen, in denen keine körperlichen Befunde die sexuelle Irritierung des weiblichen Geschlechtsverhaltens rechtfertigen, wird man an psychische Störfaktoren denken müssen. Für die Psychogenese dieser Sexualneurosen kann erfahrungsgemäß ausschlaggebend sein, daß eine Frau

a) durch elterliche, moralische oder religiöse Einflüsse eine völlig falsche, ablehnende Einstellung zur Sexualität entwickelt hat.
b) durch entsprechende Konstitution, Disposition und Erlebnisse nicht in der Lage ist, Gefühle zu zeigen, „aus sich herauszugehen“, sich „zu öffnen“.
c) ihren Mann als Intimpartner ablehnt, weil sie ihn noch nie geliebt hat oder jetzt nicht mehr liebt.
d) die seelische Loslösung von einem früheren Intimpartner noch nicht vollzogen hat.
e) eine intime Beziehung zu einem anderen Mann eingegangen ist.
f) sich vernachlässigt fühlt oder ständiger Streit eine seelische Entfremdung brachte.
g) Angst vor einer Schwangerschaft hat.
h) Schuldgefühle im Hinblick auf frühere verschwiegene sexuelle Kontakte oder wegen ihrer unehrlichen Gesinnung (z. B.: Zweckehe) hat.

Man sieht, daß Sexualneurosen der Frau entweder allgemein die Abscheu vor dem Sexuellen überhaupt oder aber die Ablehnung eines bestimmten Intimpartners ausdrücken. So wie durch den Vaginismus das Eindringen des männlichen Partners direkt verhindert wird, kann eine Frau indirekt über psychogene Abwehrreaktionen – Fluor, Blutungen, Kreuzschmerzen, Müdigkeit – den Intimkontakt vermeiden.

Therapie:

Aufdeckende Psychotherapie, Gesprächstherapie. Ggf. Hypnosetherapie.

Die „Organsprache“ durch das Eßverhalten:

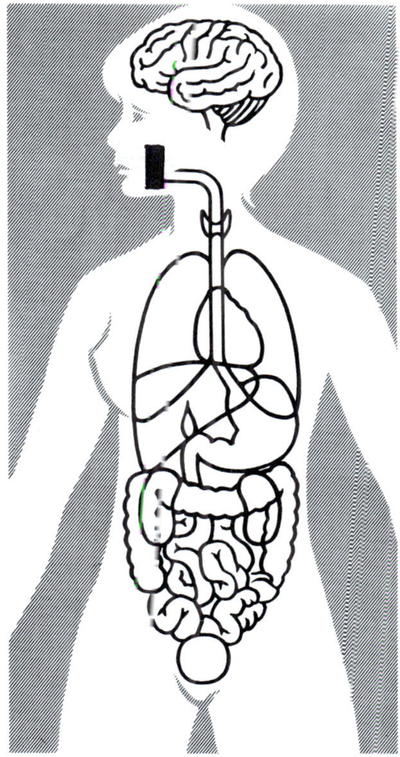

Psychogene Störungen
der Nahrungsaufnahme
Pubertätsmagersucht
Hysterische Anorexie
Anorexia nervosa

Psychosomatische Redensarten des Volksmundes:

„Das hat sie nicht schlucken können“

„Der Bissen bleibt ihr im Halse stecken“

Psychodynamik/Symbolische Aussage:

Ich bringe keinen Bissen hinunter – mich kotzt alles an!

So dick wie Du, Mutter, möchte ich nicht werden. Ich will auch mal keinen Mann, der mich „anfaßt“ – ich will keine Frau werden!

Ich protestiere, wenn ich es auch nicht offen aussprechen kann! Jetzt müßt Ihr Euch endlich mehr um mich kümmern.

Ich muß mich selbst für meine Wünsche durch Fasten hart strafen!

Ich bin eifersüchtig auf meine Schwester!

Obwohl bei den betroffenen Mädchen – sie sind überwiegend im Alter von 11 bis 16 Jahren – kaum irgendein Krankheitsbewußtsein vorhanden ist, handelt es sich bei der psychogenen Magersucht um eine schwere, häufig sogar lebensgefährliche, psychosomatische Erkrankung. Es kommt hier in der Pubertätsphase, beim Bewußtwerden der geschlechtlichen Reife, zu einer Angstreaktion gegenüber jeder Gewichtszunahme bei zunehmender motorischer Aktivität. Meist kam es bei diesen Mädchen, bedingt durch gewisse Familiengegebenheiten, zu einem Verdrängungsprozeß, der eine tiefverwurzelte Ablehnung gegen alles Sexuelle, gegen alle weiblichen „rundlichen" Formen, gegen die sich anbahnende Übernahme der weiblichen Geschlechtsrolle begründet. Diese Mädchen „erreichen" durch ihren Hungerstreik, durch ihre Askese, daß die monatliche Regelblutung wieder ausbleibt – sie hungern sich auf ein geschlechtloses Wesen zurück!

Der Konflikt wird durch Regression abgewehrt, er wird vom genitalen in den oralen Bereich „zurückverschoben". Die tiefe Aversion gegen alles Sexuelle wird schon dadurch beweisbar, daß von allen Mädchen, die in der Zeit ihrer Pubertät in eine „hysterische Anorexie" auswichen, später als Erwachsene nur rund 5% eine Ehe eingehen!

Die Essensverweigerung drückt auch eine Protesthaltung, den Eltern oder Geschwistern gegenüber, und häufig eine Selbstbestrafung für Schuldvorstellungen aus. Die tieferen Ursachen für die Konflikte der Magersüchtigen können u. a. in einer typischen Familienkonstellation vermutet werden. Diese neurotische Einstellung entwickelt sich besonders in Familien:

1. mit einem dominierenden, häufig auch jähzornigen Vater, wodurch die Mutter als weibliche Vorbildfigur „erdrückt" wird.
2. mit depressiver Grundstimmung und puritanischer Einstellung sowie klarer Leistungserwartung.
3. mit einer klar dominierenden Mutter oder Großmutter.
4. mit einer „konkurrierenden" Schwester.

Persönlichkeitsmerkmale der Magersüchtigen:

Oft überdurchschnittlicher Intelligenzquotient, hysterisch, nach außen gefügig, innerlich aber eigensinnige Haltung, fanatische Zielvorstellung.

Therapie:

Nicht zögern mit der Klinikeinweisung zur künstlichen Ernährung und Sedierung. Aufdeckende Psychotherapie und parallel Hypnosetherapie.

Die „Organsprache“ durch das Eßverhalten:

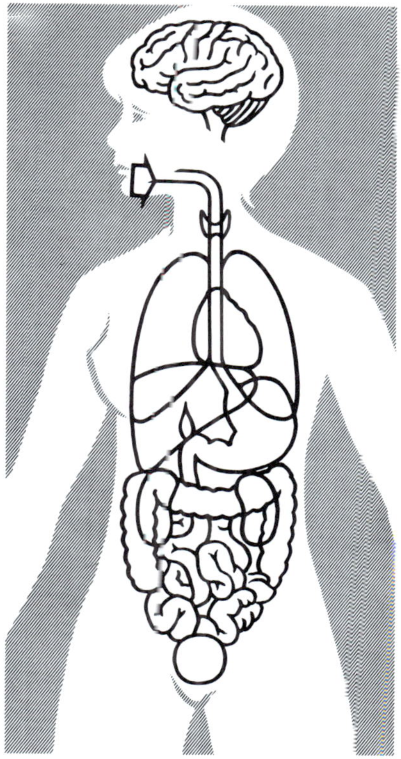

Psychogene Fettsucht
Hyperorexie
Adipositas
Obesitas

Psychosomatische Redensarten des Volksmundes:

„Der Kummerspeck“
„Er konnte seinen Rachen nicht voll kriegen!

Psychodynamik/Symbolische Aussage:

Ich suche Zärtlichkeit – ich tröste mich mit dem Essen!

Was habe ich schon noch im Leben außer dem Essen?

Eigentlich möchte ich noch ein Kind sein und von der Mutter gefüttert werden!

Wenn ich esse, spüre ich meine Angst, meine Depression, meine Unlustgefühle nicht mehr! Wer hilft mir?

Ich suche Anerkennung und Kontakt!

Eine „Fettsucht" muß immer dann angenommen werden, wenn das Idealgewicht um ca. 30% überschritten wird. Typisch für diesen Patientenkreis ist ihre Überzeugung, sie würden bestimmt weniger essen als andere! Wie kommt es nun beim neurotisch-eßsüchtigen Menschen zu einem reduzierten Sättigungsgefühl? Wir wollen uns hier ausschließlich mit den seelischen Faktoren befassen, die eine Nahrungsaufnahme „fordern". Grundsätzlich entschädigen sich diese Ich-schwachen Menschen für entgangene Geborgenheits-, Zärtlichkeits- oder Erfolgserlebnisse ersatzweise auf der oralen Ebene mit einem „zurück zur Mutterbrust"!

So wie in der Kindheit bei schmerzlichen Erlebnissen überwiegend Süßigkeiten zum Trost angeboten wurden, tröstet sich der fettsüchtige Erwachsene später nach dem gleichen Reaktionsschema durch Essen – übrigens oft durch „Süßigkeiten" – hauptsächlich in Situationen, die

1. eine Enttäuschung, einen Verlust,
   einen großen Kummer – also frustrierende Ereignisse – brachten.
2. eine Verstimmung,
   ein Angstgefühl (z. B.: vor Prüfungen oder von der Mutter getrennt zu werden),
   einen Spannungszustand,
   ein Gefühl der Leere, Alleinseins oder Langeweile –
   also Unlustgefühle – auslösten.

Man trifft diese psychosomatisch Kranken, wobei Frauen hier etwas überwiegen, besonders in jenen Familien an, in denen schon die Eltern übergewichtig waren und für die ebenfalls das Essen die Bedeutung einer Ersatzbefriedigung hatte.

Persönlichkeitsmerkmale des Fettsüchtigen:

Meist verwöhnte Einzelkinder mit ausgeprägter Mutterabhängigkeit aus konflikt-reicher Familie. Narzistische Züge, kontaktsuchend, unreif, bequem, depressiv, starke Selbstbeobachtung, in der Aggression gehemmt.

Therapie:

Fastenkuren mit noch so raffinierten Diätplänen können nur Erfolg bringen, wenn es gelingt, gleichzeitig das zu geben, was die Organsprache verlangt: Kontakt, Zuwendung, Bestätigung, Überwindung der Frustration. Gruppentherapie, Eingliederung in eine Selbsthilfegruppe!

Die „Organsprache" des Schluckens:

Psychogene
Schluckstörungen
Luftschlucken
Globus hystericus
Brechneurose
Kardiospasmus

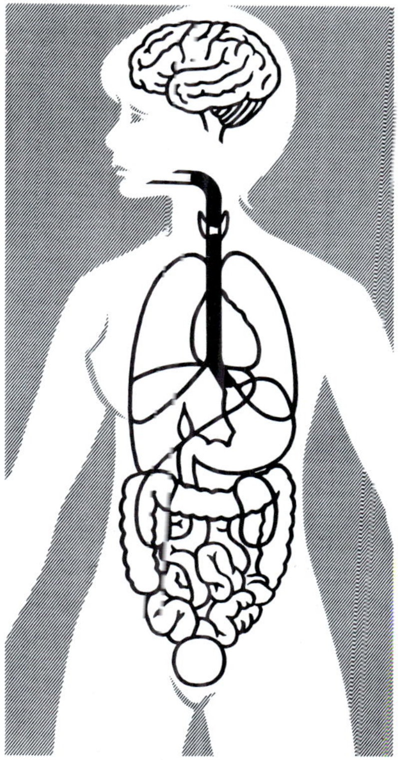

Psychosomatische Redensarten
des Volksmundes:

„Armer Schlucker"
„Täglich ein Schluck Ärger"
„Das hat er nicht mehr schlucken können"

Psychodynamik/Symbolische Aussage:

Ich bin der Situation nicht mehr gewachsen — warum hilft mir denn niemand!

Ich möchte ausbrechen, aber ich kann nicht!

Ich möchte keine erwachsene Frau werden — mir graust es vor den sexuellen Dingen!

Die ganze Lebenssituation kotzt mich an — mir dreht sich der Magen um!

Ich fühle mich gedemütigt!

Ich kann das nicht mehr verkraften — alles in mir wehrt sich!

Sobald diagnostisch abgesichert ist, daß eine Schluckstörung keine organische Ursache hat, muß sofort an eine seelische Verursachung gedacht werden.
Das sog. **Luftschlucken** (Aerophagie) tritt in erster Linie bei unbefriedigten, leicht depressiv-verstimmten Menschen auf – bei Menschen, die sich der Lebenssituation nicht mehr gewachsen fühlen, aber „hungrig" nach Anerkennung und Bestätigung sind.

Therapie:
Gesprächstherapie zur Konfliktlösung und Neuorientierung. Autogenes Training. Den Patienten dazu bringen, daß er alle Speisen nur jeweils in der Phase der Ausatmung hinunterschluckt.

Das **Globus-hystericus-Gefühl** im Hals wird durch einen erhöhten Tonus am Ringmuskel des Speiseröhreneinganges ausgelöst. Betroffen von diesem „Hals-Kloß" sind überwiegend leicht depressive Patienten mit leicht hypochondrischem Einschlag. Dieses Kloß-Gefühl gehört zu den klassischen hysterischen Symptomen – meist werden hier oralaggressive Impulse abgewehrt.

Therapie:
Aufdeckende Psychotherapie, dann Hypnose und autogenes Training.

Die **Brechneurose** ist meist unbewußter Ausdruck von Protest, Ekel oder Widerwillen besonders bei weiblichen Personen. Gerade bei jungen Mädchen tritt das Erbrechen oft im Rahmen der Pubertätsmagersucht auf und symbolisiert Abscheu gegenüber der Sexualsphäre!

Therapie:
Aufdeckende Psychotherapie, dann Hypnosetherapie.

Beim psychogenen **Kardiospasmus** oder Ösophagus-Spasmus liegen meist schwerwiegende Konflikte im sozialen Bereich vor, die nicht mehr „geschluckt" werden können. Bei ehrgeizigen Männern geht es überwiegend um Kränkungen und Demütigungen in der Arbeitswelt. Bei Frauen dagegen handelt es sich oft um die Verlagerung eines Konfliktes „von unten nach oben", von dem genitalen in den oralen Bereich! Sexuelle Wünsche werden hier durch Schuldgefühle verdrängt – das Symptom beinhaltet eine Selbstbestrafung.

Therapie:
Aufdeckende Psychotherapie, dann Hypnosetherapie.

Kindliche „Organsprache“ durch Beißen, Reißen, Knirschen und Einnässen:

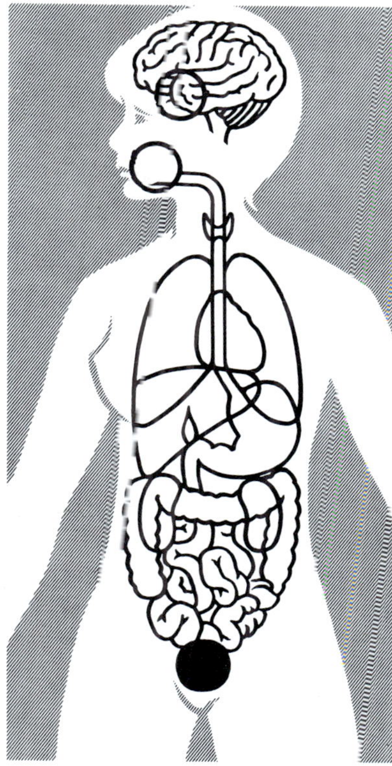

Nägelbeißen
Haare-Ausreißen
Nächtliches Zähneknirschen
Bettnässen

Psychosomatische Redensarten
<u>des Volksmundes:</u>

„Man könnte sich vor Wut selber in den H . . . beißen“
„Das ist zum Haareausreißen“
„Vor Wut mit den Zähnen knirschen“

Psychodynamik/Symbolische Aussage:

Ich fühle mich ungerecht behandelt – am liebsten würde ich zurückschlagen, aber ich traue mich nicht!

Erst wenn ich mir weh tue, weiß ich, daß ich überhaupt existiere.

Ihr verlangt so viel von mir – aber schaut doch, ich bin noch so klein, daß ich noch ins Bett mache!

Ich weiß nicht weiter, hab' mich doch lieb!

Das **nächtliche Zähneknirschen** ist häufig bei Kindern, die in Konfliktsituationen mit Autoritätspersonen leben müssen. Dieses „wütende" Knirschen symbolisiert Protest, Auflehnung, verdrängte Aggressionen gegen die Eltern (meist den Vater), einen Erzieher oder eine andere Autoritätsperson. Auch bei Erwachsenen sind die Zusammenhänge so zu sehen: z. B. innerer Protest gegen einen Vorgesetzten oder den „übermächtigen" Ehepartner! Zahnärzte können dieses Symptom immer wieder durch „Beschädigung" des Gebisses bestätigen!

Therapie:

Klimaveränderung zwischen Autoritätsperson und Patient bewirken!

Das **Haare-Ausreißen** ist ein verhältnismäßig selten zu beobachtendes Symptom – dem Verfasser ist es bisher nur bei Mädchen im Alter von 10–14 Jahren begegnet. Bei der sog. Trichotillomanie handelt es sich um eine schwere neurotische Störung, die im wesentlichen eine tief irritierte Mutter-Kind-Beziehung zum Ausdruck bringt.

Therapie:

Aufdeckende Psychotherapie.

Das **Bettnässen** tritt bei Kindern auf, die in einer neurotischen Familienatmosphäre aufwachsen müssen – meist Buben, die Streit zwischen den Eltern miterleben müssen oder aber von ehrgeizigen Eltern überfordert werden.

Therapie:

Hier gehören nicht die Kinder, sondern die Eltern behandelt!

Auch das **Nägelbeißen** ist ein äußerst symbolträchtiges Verhalten, meist im Kindesalter. Es ist ein klassischer Konfliktwegweiser, ähnlich wie das nächtliche Zähneknirschen.

Aggressive Impulse – Wut und Zorn – gegen ungerechte oder vermeintlich ungerechte Autoritätspersonen (Vater, Mutter, älterer Bruder, Lehrer) müssen unterdrückt werden und werden dann als Autoaggression an einem Ersatzobjekt, den eigenen Nägeln, abreagiert! Dieses Sich-selber-Beißen ist also ein aggressives Beißen. Dieser kindliche Beißdrang ist Folge ungelöster Auseinandersetzung mit der Umwelt.

Therapie:

Wie beim Zähneknirschen und Bettnässen muß sinnvollerweise beim Nägelbeißen die Familie in die Therapie einbezogen werden!

„Der Leib ist die Erscheinung
der Seele,
die Seele der Sinn
des lebendigen Leibes."

L. KLAGES

Psychosomatische Diagnose

Die körperliche Untersuchung, die Erhebung der somatischen Befunde, die sorgfältige Anamnese für die körperlichen Gegebenheiten muß stets, wenn sich nicht ausschließlich organische Gründe für die Erkrankung nachweisen lassen, durch eine „komplementäre" seelische „Untersuchung", durch Exploration und psychodiagnostische Techniken, durch eine Psychamnese vervollkommnet werden. Nur so kann eine ganzheitliche Diagnose erstellt werden.
Bei diesem psychosomatisch-orientierten, diagnostischen Vorgehen kommt es darauf an, zunächst die speziellen Tatbestände zu erheben, aus denen sich die neurotische Persönlichkeitsstruktur erkennen läßt. Im Mittelpunkt eines solchen anamnestischen Gesprächs steht die Frage nach den auslösenden Konfliktsituationen und nach der neurotischen Reaktionsbereitschaft. Besonders konflikt-trächtige Erlebnisbereiche sind: Liebes-, Besitz- und Geltungsstreben, also jene Zusammenhänge, die im ersten Kapitel ausführlich dargestellt wurden. Je deutlicher und gravierender die auslösende Situation, desto leichter ist die neurotische Persönlichkeitsstruktur des Patienten und umgekehrt! Eine günstige Prognose läßt sich für Kranke im Alter von 25 bis 35 Jahren stellen – während eine Erkrankung vor dem 25. Lebensjahr auf eine geringe Belastbarkeit und hohe vegetative Labilität schließen läßt, was einer schweren Neurosenstruktur entspricht!
Wie nicht oft genug betont werden kann, muß sich gerade der Allgemeinpraktiker, der im Gesundheitsdienst an „vorderster Front" stehend, als erster mit psychoreaktiven Erkrankungen konfrontiert wird, stets vor Augen halten:
Seelisch bedingte Funktionsstörungen und psychosomatische Leiden sollen möglichst in den ersten Monaten ihres Auftretens erkannt und dann unverzüglich auch psychotherapeutisch „angegangen" werden, denn sonst wird in den allermeisten Fällen aus der zunächst rein funktionellen Störung eine echte organische Veränderung, die dann oft sehr schwer zu beheben ist. Auch um den psychotherapeutischen Verfahren

optimale Wirkungsmöglichkeiten zu geben, sollte das funktionelle Symptom nicht älter als ein halbes Jahr sein, da sich mit Zunahme der Symptomdauer eine ganze Reihe psychotherapie-erschwerender Faktoren einstellen, wie z. B. Konditionierungen, iatrogene Fixierungen, negative autosuggestive Verstärkungen oder sekundärer Krankheitsgewinn. Schnelle Hilfe ist daher mehr als doppelte Hilfe!

Läßt sich also diagnostisch kein organischer Befund erkennen und nachweisen, sollte sofort an einen eventuellen seelisch bedingten Hintergrund der Krankheitserscheinungen gedacht werden. Alle störenden körperlichen Phänomene, die nicht mit einem primären pathologisch-anatomischen Befund oder einem pathologisch-physiologischen Vorgang in Verbindung gebracht werden können, sind als psychosomatische Krankheiten – Folge, Begleiterscheinung oder Aspekt seelischer besonders emotioneller Vorgänge – zu sehen, wobei die sogenannten Organneurosen sich einer „Organsprache" mit zum Teil beträchtlichem Symbolgehalt je nach Disposition und Grundgestimmtheit des Patienten bedienen.

Um die Hintergründe solcher seelisch ausgelösten Spannungen systematisch und relativ kurzfristig psycho-diagnostizieren zu können, muß man sich den Entstehungsmechanismus im Prinzip vergegenwärtigen. Erinnern wir uns an die Erklärung der psychosomatischen Hintergründe durch M. BALINT – er drückte es so aus: Eine „funktionelle" Krankheit bedeutet, daß der Patient ein psychologisches Problem hatte, das er mittels seiner Krankheit zu lösen versuchte. Die Krankheit bietet ihm die Möglichkeit, sich zu beklagen, was er zunächst nicht tun konnte.

Die Aufgabe des Therapeuten besteht in der Klärung des Problems, über das sich der Kranke ursprünglich nicht beklagen konnte und für das er die Krankheit erzeugt hat . . .

Für die Kurzdiagnostik seelisch bedingter Störungen in der Allgemeinpraxis gestaltet man die Exploration erfahrungsgemäß am sinnvollsten mit 5 Fragen, die Konflikte, Verzichts- und Versagungserlebnisse im persönlichen, sexuellen und sozialen Bereich in Vergangenheit und Gegenwart erkennen lassen:

1. **Frage nach größtem Konflikt.**
   Was ist oder war Ihre größte Schwierigkeit, Ihr größter Konflikt, Ihre

größte Enttäuschung, Ihr größter Verzicht, Ihr schlimmstes Erlebnis, Ihre negativste Erfahrung, Ihr größtes Schuldgefühl? Jetzt oder früher?

2. **Frage nach der Angst.**
   Haben Sie Angst? Wovor? Unbegründete Angst?

3. **Frage nach den Träumen.**
   Was haben Sie zuletzt geträumt? Haben Sie „Serienträume"?

4. **Frage nach dem größten Wunsch.**
   Was ist, was war immer Ihr größter Wunsch? Welche Tagträume haben Sie? Wenn Sie nochmals auf die Welt kämen, was würden Sie dann anders machen? Was würden Sie tun, wenn Sie ganz gesund wären?

5. **Frage nach Sympathien und Aversionen.**
   Wer steht Ihnen am nächsten? Was stört Sie an diesem Menschen am meisten?
   Wen können Sie am wenigsten leiden? Warum?

Mit diesem Grundgerüst von 5 Fragen läßt sich in der praktischen Psychodiagnostik in der Allgemeinpraxis oft Entscheidendes klären. Zeigen sich hier Hinweise auf größere seelische „Störfelder", auf ungelöste Konflikte, empfiehlt der Verfasser dem Patienten dann den folgenden, umfangreichen und aufschlußreichen Fragebogen – besser im Wartezimmer als zuhause – sorgfältig ausfüllen zu lassen und anschließend in einer Aussprache, also in einer echten „Sprechstunde", anhand des Fragebogens als „rotem Faden" eine Psychamnese unter Berücksichtigung der Lebensgeschichte, der Schicksalssituation und Organsprache des Patienten zu erstellen, welche auf die Spur der dahinterliegenden seelischen Stressoren und ungelösten psychischen Konflikte führen kann.
Es ist unbedingt erforderlich, dem Patienten den Fragebogen bei Übergabe kurz zu kommentieren und dabei entschieden zu konstatieren, daß alle seine Antworten völlig vertraulich behandelt werden – der ausgefüllte Fragebogen genauso behandelt wird wie das „Sündenbekenntnis" beim katholischen Seelsorger durch das absolute „Beichtgeheimnis"!

Psycho-anamnestischer

F R A G E B O G E N

zur Persönlichkeits- und Konfliktanalyse

Vertraulich!

Nur für den Arzt bestimmt!

FRAGEBOGEN

Bitte beantworten Sie im Interesse Ihrer Behandlung alle Fragen genau! Soweit die Fragen durch Ankreuzen oder Unterstreichen des Zutreffenden beantwortet werden können, dies tun! Die übrigen genau beantworten!

Name: .... **Vorname:** ....
Adresse: ....
Geb.-Datum: .... **Geburtsort:** ....
Beruf: ....
Religion: .... Ledig/verheiratet/gesch./verw.?
Körpergröße/cm: .... **Körpergewicht**/kg: ....
Wieviel eigene Kinder: ....
Sind Sie ein eheliches, uneheliches Kind? .... Adoptivkind? ....

Welche Kinderkrankheiten hatten Sie? ....
Masern? Keuchhusten? Scharlach? Diphtherie? Angina? Mumps? Röteln?

Hatten Sie als Kind (bis 14 Jahre):
Ohnmachtsanfälle? .... Magersucht? ....
Sprachstörungen? .... Operationen/Unfälle? ....
Gehirnhautentzündung? .... Atemstörungen? ....
Lähmungserscheinungen? ....
Verdauungsbeschwerden? .... Oft Durchfälle? ....
Oft Verstopfung? .... Hautausschläge? ....
Ekzeme? Allergien? .... Starke Schweißausbrüche? ....

Haben Sie als Kind:

Bettgenäßt? .... Erstmals? .... Wie lange? ....

Daumen gelutscht? .... Wie lange? ....

Nägel gebissen? .... Erstmals? .... Wie lange? ....

Zähne geknirscht? .... Erstmals? .... Wie lange? ....

Haare ausgerissen? .... Erstmals? .... Wie lange? ....

Gestottert? .... Erstmals? .... Wie lange? ....

Litten Sie im Alter über 14 Jahren und als Erwachsener an einer der nachstehend aufgeführten Krankheiten? Wann?

Rheuma? .... Blutkrankheit? ....

Geschlechtskrankheit? ....

Sexueller Störung? Impotenz? ....

Asthma? .... Allergien? ....

Tuberkulose? ....

Magen- oder Darmkrankheiten? ....

Gelbsucht? .... Glaukom? ....

Gallenblasenkrankheiten? ....

Herzkrankheiten? ....

Hoher Blutdruck? .... Niedriger Blutdruck? ....

Schlaganfall? .... Epilepsie? ....

Nierenkrankheiten? ....

Thrombosen? Embolien? ....

Managerkrankheit? .... Wann? ....

Zuckerkrankheit? .... Seit wann? ....

Steinleiden? ....

Hautkrankheiten? ....

Lungenentzündung? .... Wann? ....

Krebs? .... Seit wann? ....

Zahn- und Kieferkrankheiten? ....

Nerven- oder Geisteskrankheiten? ....

Nervenzusammenbruch? .... Wann? ....

Warum? ....

Selbstmordversuch? .... Seit wann? ....

Lähmungen? .... Wie lange? ....

Krämpfe? .... Seit wann? ....

Vergiftungen? ....

Ischias? .... Schon oft? ....
Neuralgien? Brachialgien? ....
Operationen? Unfälle? ....
Unterleibsleiden? ....
Menstruationsstörungen? ....
Tropenkrankheiten? ....

Fragen zu Ihren Gegenwartsproblemen

Wegen welcher Beschwerden kommen Sie in Behandlung? Genau beschreiben! ....
....
....
Wann sind diese Beschwerden zum ersten Male aufgetreten? ....
Öfters wiederholt? ....
Hatten schon Ihre Eltern oder Verwandte diese Beschwerden? ....
War zum Zeitpunkt des ersten Auftretens der Beschwerden ein besonderes Erlebnis, ein Konflikt, eine Krankheit? ....
Welches/welcher/welche? ....
Was glauben Sie selbst, woher diese Beschwerden kommen? ....
....
....
Was haben Sie bisher gegen diese Beschwerden unternommen? ....
....
Welche Behandlungen? ....
Mit welchem Erfolg? ....
Bei wem/wo? ....
Was haben Sie zuletzt geträumt? Genau! ....
....
....
Welcher Ihrer Träume hat sich schon öfters wiederholt? ....
....
....
Wenn Sie tagsüber so „dahinträumen", welche Tagträume haben Sie da? ....
....
Was würden Sie am liebsten tun, wenn Sie gesund wären? ....
....

Angenommen, Sie könnten nochmals auf die Welt kommen – was würden Sie dann anders machen? ....

Welche falschen Entscheidungen haben Sie im Leben getroffen? ....

Was ist gegenwärtig Ihr größtes Problem? ....

Was war in Ihrem Leben bisher die größte Enttäuschung? ....

Ihr größter Verzicht? ....

Die größte Demütigung? ....

Der größte Konflikt? ....

Was haben Sie zur Überwindung der Schwierigkeiten beigetragen? ....

Wer steht Ihnen im Leben am nächsten? ....

Wen können Sie am wenigsten ausstehen? ....

Warum? ....

Ist Ihre Ehe oder Partnerschaft bedroht? ....

Warum? ....

Würden Sie diesen Partner nochmals heiraten? ....

Wenn nein, warum nicht? ....

Würden Sie sich, wenn Sie nochmals von „vorne" anfangen könnten, noch einmal Kinder wünschen? ....

Was finden Sie an der sexuellen Gemeinschaft am schönsten? ....

Was stört Sie beim Geschlechtsverkehr an Ihrem Partner am meisten? ....

Hatten Sie auch vorehelichen Geschlechtsverkehr? ....

Haben Sie deshalb Schuldgefühle? ....

Was gefällt Ihnen im Leben am besten? ....

Was mißfällt Ihnen im Leben am meisten? ....

Was macht Ihnen gegenwärtig am meisten Sorgen? ....

Mit wem haben Sie gegenwärtig die meisten Auseinandersetzungen? ....

Was bedauern Sie in Ihrem Leben am meisten? ....

....

Was ist Ihre Hauptsorge für die Zukunft? ....

Haben Sie ein Ziel im Leben? ....

Was war Ihr größter Erfolg im Leben? ....

Wann haben Sie im Leben am meisten versagt: ....

....

Was glauben Sie, ist das „Beste“ an Ihnen? ....

Was ist Ihre schlechteste Eigenschaft? ....

Wer im Leben hatte darunter am meisten zu leiden? ....

Vertragen Sie Kritik? ....

Von wem am wenigsten? ....

Glauben Sie an Gott? ....

Sind Sie religiös „aktiv“? ....

Glauben Sie an ein Weiterleben nach dem Tod? ....

Wann haben Sie zum letzten Male gebetet? .... Warum? ....

Wer wird sich wohl nach Ihrem Tod dankbar an Sie erinnern? ....

....

Haben Sie schon einmal insgeheim jemandem den Tod gewünscht?

....

Wer meinen Sie, würde sich über Ihren Tod freuen? ....

Warum? ....

Fragen zu Ihrer Kindheit

Was ist Ihre früheste Kindheitserinnerung in Verbindung mit

1. Ihrer ersten Angst? ....

   ....

2. Ihrer ärgsten Enttäuschung? ....

   ....

3. Ihrer schwersten Bestrafung (durch Eltern, Lehrer, Geschwister)?

   ....

4. Ihrem ersten großen Kummer? ....

   ....

5. Ihrer fürchterlichsten Erfahrung? ....

   ....

6. Hätten Sie einmal am liebsten nicht mehr leben wollen? ....

   Warum? ....

7. Ihren glücklichsten Erinnerungen? ....

....

8. Wenn Sie sich in Ihrer Kindheit sehr erregen mußten – weil Sie z. B. geschimpft, bestraft oder gedemütigt wurden im Elternhaus, in der Schule, im Kindergarten oder anderswo – wie haben Sie darauf meistens reagiert? Durch:

   - ☐ Zittern?
   - ☐ Kopfschmerzen?
   - ☐ Erbrechen?
   - ☐ Bauchweh?
   - ☐ Appetitlosigkeit?
   - ☐ Heiserkeit?
   - ☐ Atembeklemmung?
   - ☐ Bettnässen?
   - ☐ Krämpfe?
   - ☐ Wutausbrüche?
   - ☐ Schweißausbruch?
   - ☐ Herzklopfen?
   - ☐ Magenweh?
   - ☐ Durchfall?
   - ☐ Essen von Süßigkeiten?
   - ☐ Sprachstörungen?
   - ☐ Onanieren?
   - ☐ Ohnmachtsanfall?
   - ☐ Hautjucken?
   - ☐ Niedergeschlagene Stimmung?

   oder in welcher anderen Form haben Sie reagiert? ....

   ....

Fragen über Ihre Eltern/Stiefeltern

1. Wie sehen Sie heute das Verhältnis zu Ihrem Vater? ....

   ....

   Wie alt war Ihr Vater bei Ihrer Geburt? ....

   Welchen Beruf übte er aus? ....

   Sind Sie sein eheliches oder uneheliches Kind? ....

   War Ihr Vater oft krank? Woran litt er? ....

   War Ihr Vater jähzornig? launisch? depressiv? herrschsüchtig? gewalttätig? unehrlich? pedantisch? geizig? oft betrunken?

   Was war seine beste Eigenschaft? ....

   Möchten Sie so sein wie er? Warum? ....

   ....

   Wodurch strafte Ihr Vater? ....

   Oft? Selten? Hart? Milde? ....

   Wie belohnte er Sie? ....

   Hatten Sie Vertrauen zu Ihrem Vater? ....

   Warum und wann verloren? ....

   Liebten Sie Ihren Vater? ....

Warum nicht oder nicht mehr?

Wann gestorben? Woran?

2. Wie sehen Sie heute das Verhältnis zu Ihrem Stiefvater?

Wie alt waren Sie als Sie den Stiefvater bekamen?

Was haben Sie da gedacht? Gefühlt?

Welchen Beruf übte er aus?

War Ihr Stiefvater oft krank? Woran litt er?

War Ihr Stiefvater jähzornig? launisch? depressiv? herrschsüchtig? gewalttätig? unehrlich? pedantisch? geizig? oft betrunken? ungerecht?

Was war seine beste Eigenschaft?

Möchten Sie so sein wie er? Warum?

Wodurch strafte Ihr Stiefvater?

Oft? Selten? Hart? Milde?

Wie belohnte er Sie?

Hatten Sie Vertrauen zu Ihrem Stiefvater?

Warum und wann verloren?

Liebten Sie Ihren Stiefvater?

Warum nicht oder nicht mehr?

Wann gestorben? Woran?

3. Wie sehen Sie heute das Verhältnis zu Ihrer Mutter?

Wie alt war Ihre Mutter bei Ihrer Geburt?

War Ihre Mutter berufstätig? Als was?

Waren Sie Ihr eheliches oder uneheliches Kind?

War Ihre Mutter oft krank? Woran litt Sie?

War Ihre Mutter launisch? rechthaberisch? ungerecht? geizig? unterwürfig? egoistisch? depressiv? pedantisch? trunksüchtig?

Was war Ihre beste Eigenschaft?

Möchten Sie so sein wie sie? Warum?

Wodurch strafte Ihre Mutter?

Strafte sie oft? selten? hart? milde?

Wie belohnte Ihre Mutter Sie?

Hatten Sie Vertrauen zu Ihrer Mutter?

Warum und wann verloren? ....
Liebten Sie Ihre Mutter? ....
Warum nicht oder nicht mehr? ....
Wann gestorben? .... Woran? ....

4. Wie sehen Sie heute das Verhältnis zu Ihrer Stiefmutter?

....

Wie alt waren Sie, als Sie die Stiefmutter bekamen? ....
Hat die Stiefmutter Kinder in die Ehe mitgebracht? ....
War Ihre Stiefmutter berufstätig? .... Als was? ....
War Ihre Stiefmutter oft krank? .... Woran litt sie? ....
War Ihre Stiefmutter ungerecht? launisch? rechthaberisch? geizig? unterwürfig? egoistisch? depressiv? pedantisch? trunksüchtig? ......
Was war ihre beste Eigenschaft? ....
Möchten Sie so sein wie sie? Warum? ....

....

Wodurch strafte Ihre Stiefmutter? ....
Strafte sie oft? selten? hart? milde? ....
Wie belohnte Ihre Stiefmutter Sie? ....
Hatten Sie Vertrauen zu Ihrer Stiefmutter? ....
Warum und wann verloren? ....
Liebten Sie Ihre Stiefmutter? ....
Warum nicht oder nicht mehr? ....
Wann gestorben? .... Woran? ....

5. Wie sehen Sie heute die Ehe Ihrer Eltern? ....

....

War die Ehe harmonisch? mittelmäßig? schlecht? ....
Leben die Eltern getrennt? .... Seit wann? .... Warum? ....

....

Waren Sie Zeuge von Tätlichkeiten? ....
Wann? .... Welcher Art? ....
Waren Sie Zeuge von Zärtlichkeiten zwischen Ihren Eltern? ....
Welcher Art waren die Zärtlichkeiten? ....
Wer hat in der Ehe dominiert? Vater? Mutter? ....
Welcher Elternteil war eifersüchtig? ....
Hat ein Elternteil zu viel getrunken? ....
Lebten noch andere Familienangehörige in der elterlichen Wohnung?

Großvater? Großmutter? Schwager? Schwägerin? andere Verwandte? ....

Gab es durch sie Probleme? .... Welche? ....

Fragen über Ihre Geschwister/Stiefgeschwister

Sind Sie als Einzelkind aufgewachsen? .... Haben Sie darunter gelitten? ....

Als wievieltes Kind wurden Sie geboren? ....

Wieviele Brüder haben Sie? .... Geburtsjahre? ....

Wieviele Stiefbrüder haben Sie? .... Geburtsjahre? ....

Mit welchem Bruder haben Sie sich am besten verstanden? ....

Mit welchem am wenigsten? .... Warum? ....

....

Wieviele Schwestern haben Sie? .... Geburtsjahre? ....

Wieviele Stiefschwestern haben Sie? .... Geburtsjahre? ....

Mit welcher Schwester haben Sie sich am besten verstanden? ....

Mit welcher am wenigsten? .... Warum? ....

....

Wen hat die Mutter bevorzugt? ....

Wen hat der Vater bevorzugt? ....

Wer wurde von der Mutter benachteiligt? ....

Wer wurde vom Vater benachteiligt? ....

Dachten Ihre Geschwister, daß Sie bevorzugt oder benachteiligt wurden? ....

Fragen zum Familienleben

Sind Sie bei anderen Verwandten, Bekannten oder im Heim aufgewachsen? ....

Von wann bis wann? .... Warum? ....

Gab es in Ihrer Kindheit ein gemeinsames Familienleben? ....

Gemeinsame Mahlzeiten? Gemeinsame Spiele? Gemeinsame Wanderungen? Gemeinsamer Kirchgang? Gemeinsame Theaterbesuche? Gemeinsamer Urlaub? ....

Durften Sie Freunde/Freundinnen/Spielkameraden in die Wohnung mitbringen? .... Wann? ....

Ablehnung? Warum? ....

Fragen zu Ihrem Lebenslauf

Geburtsdatum: .... Geburtsort: ....

Umgezogen/geflüchtet? ....

Waren Sie im Kindergarten/Heim? ....

Wie lange? .... Gerne? ....

Welche Schulen haben Sie besucht? ....

....

Waren Sie ein guter/mittelmäßiger/schlechter Schüler? ....

Hatten Sie Ärger mit einem Lehrer? .... Warum? ....

Hatten Sie Ärger mit Schulkameraden? .... Warum? ....

Kamen Sie in eine Lehre? .... Welche? ....

Waren Sie Mitglied in einer Jugendgruppe? einem Verein? ....

Pflegten Sie in Ihrer Jugend Freundschaften/Kameradschaften? ....

Wie lange? .... Mit wem? .... Durch Streit beendet? ....

Was hatten Sie in der Jugend für Hobbys? Sport? Basteln? Musik? Lesen? Andere Interessen? ....

Haben Sie als Kind „Onkel Doktor" gespielt? ....

Mit wem? ....

Von wem wurden Sie „aufgeklärt"? ....

Wie alt waren Sie da? .... Schlechtes Gewissen dabei? ....

Bei Buben: Wann hatten Sie den ersten nächtlichen Samenerguß? ....

Bei Mädchen: Erste Regelblutung? .... Waren Sie darüber von den Eltern aufgeklärt? .... Empfanden Sie Angst dabei? ....

Hatten Sie als Kind die Geschlechtsorgane eines Elternteiles, eines anderen Familienmitgliedes, Schulkameraden oder einer anderen Person gesehen? .... Von wem? .... Wie alt waren Sie da? ....

Wie reagierten Sie darauf? ....

Haben Sie in Ihrer Jugend einmal Ihre Eltern oder ein anderes Paar beim Geschlechtsverkehr beobachtet? ....

Wie reagierten Sie darauf? ....

Hatten Sie Kontakt mit Sittlichkeitsverbrechern? ....

....

Wann kam es zum ersten Mal zur Selbstbefriedigung? ....

Wer hat Sie darauf gebracht? ....

Haben Sie mit anderen zusammen onaniert? .... Mit wem? ....

Haben Sie Hilfsmittel zum Onanieren benutzt? .... Welche? ....

Welche Phantasien hatten Sie dabei? ....

....

Wie oft wöchentlich haben Sie onaniert? ....
Spürten Sie beim Onanieren Lust? Qual? ....
Haben Sie versucht, die Selbstbefriedigung aufzugeben? ....
Hatten Sie durch die Onanie Schuldgefühle? Religiöse Konflikte? ....
.... Gebeichtet? ....
Waren Sie in der Jugend dem anderen Geschlecht gegenüber besonders schüchtern? Gehemmt? ....
Wie alt waren Sie beim ersten Kuß? .... Petting? ....
Wie alt waren Sie beim ersten Geschlechtsverkehr? ....
Wie kam es dazu? ....
Mit wem? .... Wo? ....
Was empfanden Sie dabei? ....
Wie verhielt sich der Partner dabei? ....
Hatten Sie „nachher" Schuldgefühle? .... Warum? ....
Wie lange hielt diese erste Partnerschaft? ....
Haben Sie häufig den Partner gewechselt? ....
Haben Sie auch Mittel zur sexuellen Reizsteigerung versucht? ....
Welche? ....

Fragen zum Berufsleben

Wie ist Ihr beruflicher Werdegang? ....
(Studium, Schulen, Prüfungen etc.) ....

....

....

Durften Sie den Beruf erlernen, den Sie sich gewünscht haben? ....
Warum nicht? ....
Sind Sie mit Ihrem Beruf, mit Ihrer Tätigkeit zufrieden? ....
Überfordert? ....
Was würden Sie beruflich am liebsten tun? ....
Sind Sie bei Ihren Vorgesetzten beliebt? unbeliebt? Warum? ....

....

Vertragen Sie sich mit Ihren Berufskollegen gut? Schlecht? Warum?

....

Wechseln Sie oft die Stellung bzw. den Arbeitsplatz? ....
Wie lange halten Sie es durchschnittlich auf einem Posten aus? ....

....

Können Sie sich im Beruf unterordnen? Gut? Schlecht? ....

Widersprechen Sie gerne? .... Warum? ....

Können Sie sich im Beruf durchsetzen? Gut? Mittel? Schlecht? ....

Sind Sie sehr geltungssüchtig? ....

Können Sie auch Befehle geben? ....

Haben Sie Minderwertigkeitsgefühle? .... Warum? ....

....

Wem würden Sie im Beruf einmal richtig „Bescheid“ sagen? ....

Warum? ....

Wenn Sie „Chef“ wären, wen würden Sie rausschmeißen? ....

Warum? ....

Fragen zu Ihren Hobbys, Gewohnheiten und Kontakten

Was haben Sie als Erwachsener für Hobbys? ....

....

Wieviele Zigaretten rauchen Sie durchschnittlich am Tag? ....

Welche alkoholischen Getränke konsumieren Sie meist täglich? ....

Bier? Wein? Schnaps? Likör? Magenbitter? Andere Alkoholikas? ....

Welche Mengen durchschnittlich pro Tag? ....

Wieviel Tassen Bohnenkaffee trinken Sie am Tag? ....

Sind Sie ein Vegetarier? Rohköstler? Alkoholablehner? ....

Essen Sie besonders dann, wenn Sie Kummer oder Ärger haben? ....

Sind Sie in finanziellen Dingen sparsam? Geizig? Großzügig? Verschwenderisch? Unselbständig? ....

Trauen Sie sich auch Schulden zu machen? ....

Haben Sie den Mut, eine Rückzahlung zu fordern? ....

Verlaufen Ihre Kontakte zu anderen Menschen in Freundschaft oder Liebesbeziehung ungehindert? Gehemmt? ....

Warum? ....

Fühlen Sie sich einsam? ....

Warum fällt es Ihnen schwer, Kontakt aufzunehmen? ....

Woran scheitern Ihre Freundschaften/Liebesbeziehungen? ....

....

Was ist hier das Hauptproblem? ....

....

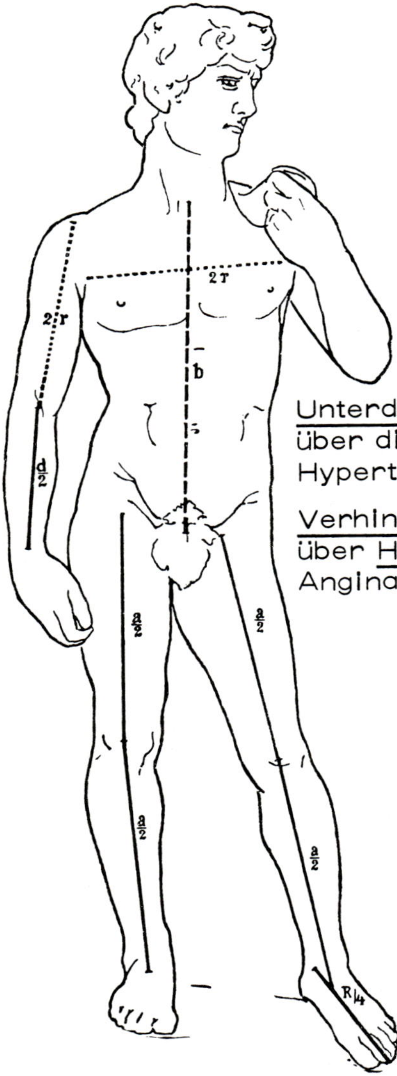

Ärger / Mißmut:
über Magen, Galle d.
Gastritis, Gallestauung

Resignation :
Pankreas durch
Pankreatitis

Existenbedrohung :
über Leber durch
Hepatitis

Unterdrückte Aggression:
über die Gefässe durch
Hypertonie, Arthritis, Migräne

Verhinderte Flucht/Anklammerung:
über Herz, Lunge, Magen durch
Angina p., Asthma br., Ulcus v.

Enttäuschung :
über Darm durch
Kolitis

Gefühlszurückhaltung:
über den Darm durch
chronische Obstipation

Sich-unrein-fühlen :
über die Haut durch
Juckreiz, Ekzeme

Dieser Zusammenstellung liegen eigene Beobachtungen zugrunde. Die Meinung des Verfassers, daß best. Konflikte die Tendenz zeigen, sich über bestimmte Organsysteme auszudrücken, wird nicht von allen psychosomatischen Schulen bzw. Theorien geteilt ! Daran muß hier erinnert werden !

„Denn es ist der größte Fehler
bei der Behandlung der Krankheiten,
daß Leib und Seele allzusehr
voneinander getrennt werden,
wobei sie doch nicht getrennt werden
können; aber das gerade
übersehen die Ärzte, und darum
entgehen ihnen so viele Krankheiten;
sie sehen nämlich niemals das Ganze.
Dem Ganzen sollten sie ihre Sorge
zuwenden, denn dort,
wo das Ganze sich übel befindet,
kann unmöglich ein Teil gesund sein."

P L A T O N
(427–347 v. Chr.)

Die 7 Lebensphasen und ihr psychischer Stress

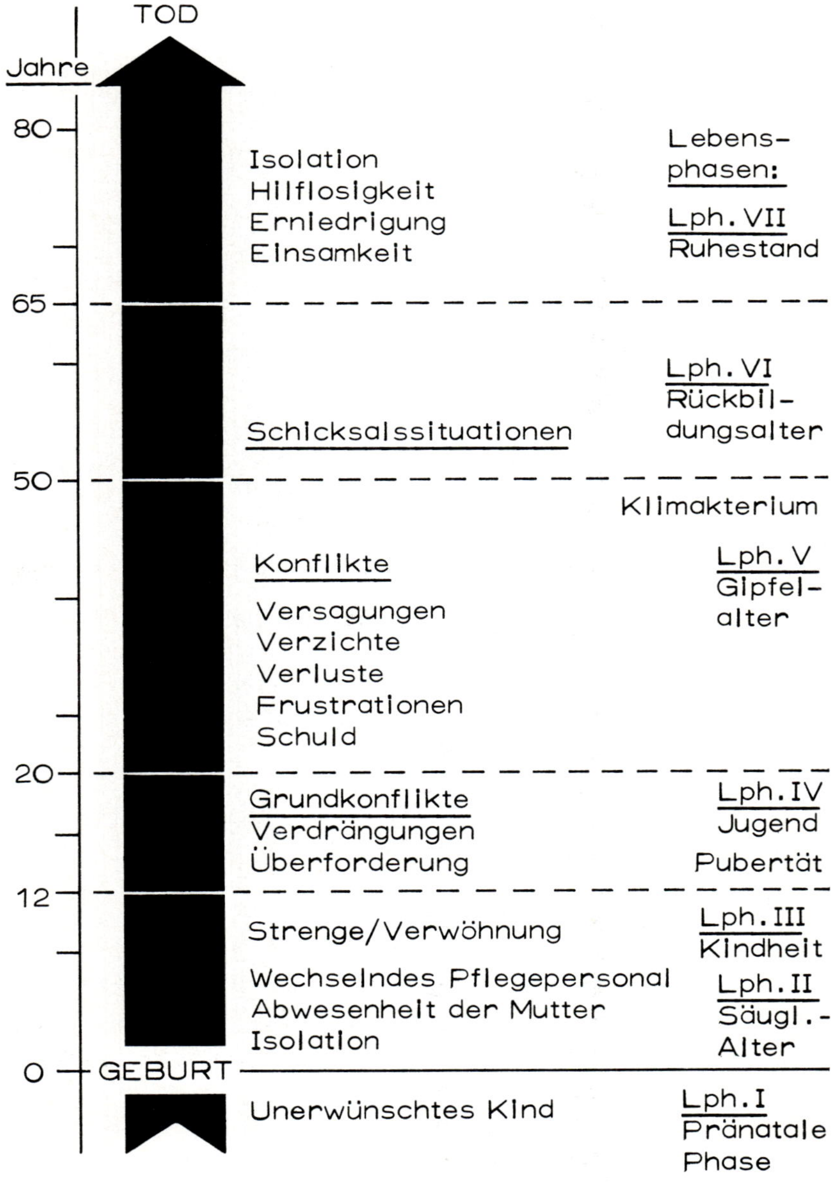

Psycho-diagnostischer Wegweiser

Der psycho-anamnestische Fragebogen soll im Zusammenwirken mit Exploration und Aussprache helfen, Einblick in die ungelösten Konflikte und seelischen Dauerbelastungen des kranken Menschen zu erhalten. Der Diagnostiker muß dabei stets durch entsprechende, „gezielte“ Zwischenfragen da „nachsetzen“, wo die Biographie oder Reaktion des Patienten Konfliktsituationen und -reaktionen signalisiert, also „fündig“ wird und Antwort geben kann, auf folgende Fragen zum „psychischen Streß“:

1. **Welche Konflikte** im persönlichen oder sozialen Bereich haben
   a) zu einer **Unterdrückung aggressiver Impulse**, feindseliger Gefühle oder anderer Affekte geführt?
   b) die **Verhinderung einer Flucht oder Anklammerung** zur Folge gehabt?

2. **Welche Konflikte** haben zur
   a) **Verleugnung** von Wünschen oder Phantasien geführt?
   b) **Abwehr** von sexuellen Triebregungen und Phantasien?
   c) **Abwehr** von Triebambivalenzen?
   d) **Abwehr** von chronischen Konflikten?
   e) **Abwehr** von Affekten?
   f) **Abwehr** von Schuldgefühlen?

3. **Welche Konflikte** (Ich/Gewissen) haben zur
   a) **Verdrängung** von sexuellen Triebenergien geführt?
   b) **Vermeidung** von Emotionalität geführt?

4. **Welchen Konfliktsituationen** im persönlichen oder sozialen Bereich kann der Patient durch seine Symptome, durch seine Krankheit, aus dem Weg gehen, durch
   a) **Vermeiden** von Streßsituationen?
   Aufregungen, Ärger, Unlustgefühlen, aversiven Situationen?

b) **Vermeiden** von Gefahrensituationen?
Angst, zu versagen oder
gedemütigt zu werden, oder
etwas „geben" zu müssen u. ä. m.?

c) **Vermeiden** von Energieverlust?
Überforderung, sich nicht gewachsen fühlen?

5. Was bietet also die **„Flucht in die Krankheit"** dem Patienten für Möglichkeiten, sich aus den aufgezeigten aversiven, unlustbesetzten Situationen „herauszuziehen" bzw. ihnen aus dem Weg gehen zu können?

6. Was kann der Patient für einen **„sekundären Krankheitsgewinn"** erlangen? Kann er z. B. die Zuwendung von Angehörigen erzwingen?

7. Welche „Klagen" drückt der Patient symbolisch über die **Organsprache** aus?
In welchen Bereichen ist der Patient ein „emotionaler Analphabet" geblieben? Welche Gefühle konnte er nicht zum Ausdruck bringen?

8. Welchem **Reaktionstypus** (Introversion/Extraversion) gehört der Patient an? Hohe vegetative Labilität?

9. Welche **traktus-gebundene Labilität** oder „Organminderwertigkeit" ist beim Patienten schon in der Kindheit/Jugend zu erkennen? Atmung? Herz? Kreislauf? Verdauung? Haut? Wirbelsäule? Sexualorgane? Und gleichzeitig:

10. Welche **somatischen Faktoren** können die vegetative Dysregulation – den gestörten Synergismus zwischen Sympathikus und Vagus – mitbedingen oder verstärken?
    a) **Konstituation?**
    b) **Fokus?**
    c) **Interne Leiden?**
    d) **Endokrine Störungen?**
    e) **Körperlicher Streß?**
    f) **Chronische Intoxikationen?**
    g) **Psychosen? Geisteskrankheiten?**
    h) **Narben?**

Zusammenstellung der körperlichen und seelischen Faktoren, welche das Vegetativum irritieren

① **Konstitution**
besonders: asthenische, sensitive, hysterische Psychopathen

② **Infektionen**
Fokalinfektionen
Tbc.

③ **Interne Leiden**
besonders:
Lebercirrhose
Rekonvaleszenz

④ **Endokrine Störungen**
Hyperthyreose
Klimakterische Ausfallerscheinungen
Tetanie
M. Addison

Vegetative Übererregbarkeit
Vegetative Dysregulation
Vegetative Dystonie

⑤ **Körperliche Streßsituation**
Überarbeitung
Übermüdung
Hungerzustand
Onanie
Sexuelle Exzesse
Coitus interruptus

⑥ **Chron. Intoxikationen**
Alkohol, Nikotin,
Koffein, Pervitin,
Arzneimittel
Würmer
Allergien

⑦ **Psychosen**
Manie
Schizophrenie u. a.

⑧ **Psychischer Streß**
Unbewältigte Konflikte
Seelische Dauerbelastung
Aufregung, Resignation

„Non hic coratur,
qui curat!"

„Keine Heilung
findet hier,
wer Sorgen hat!"

Inschrift der
Antoninischen Bäder
in Rom

Anregungen zu einer ganzheitlichen Therapie

Durch die Themenstellung dieses Buches kann es nicht darum gehen, nun auch noch alle in Frage kommenden psychotherapeutischen Verfahren zu beschreiben.

Der Leser soll immer wieder vergegenwärtigt bekommen, daß er wirklich „Ganzheitsmedizin" praktizieren, also psycho-somatisch vorgehen muß, wenn er seinen Patienten wirklich helfen will! Es kommt eben immer wieder darauf an, daß der Behandler sich stets bewußt ist, daß er nicht die Krankheit, sondern den kranken Menschen zu heilen hat! Das bedeutet: Nach sorgsamer Diagnose im psychischen und somatischen Bereich kann er zu jener notwendigen Gesamtschau gelangen, die sein therapeutisches Konzept bestimmt! So wird er therapeutisch diese beiden Bereiche „abdecken", mit dem Ziel, durch einen „komplementären Therapieplan" dem kranken Menschen wieder zum seelischen **und** körperlichen Gleichgewicht zu verhelfen!

Es wäre also einer der schwerwiegendsten Irrtümer, im Rahmen der Therapie nun durch einseitige Überbewertung des psychischen Bereiches die erforderlichen somatischen Maßnahmen zu vergessen bzw. etwaige notwendige Sofortmaßnahmen (z. B. einen chirurgischen Eingriff) zu unterlassen.

Das „komplementäre" Prinzip des psychosomatischen Therapieplanes

Der Therapeut muß seine Antwort auf die Aussagen und Klagen der Organsprache „psychosomatisch" geben: Seelische sowie körperliche „Störfelder" und „Narben" müssen durch ein zweigleisiges Vorgehen mit sinnvollen psychotherapeutischen Maßnahmen als auch somatischen Therapien ausgeräumt werden. Psycho-somatisch-therapieren heißt also: Auf die seelischen und körperlichen Befunde durch angemessene psycho- und bio-„logische" Maßnahmen eingehen!

Das Grundschema eines solchen psychosomatischen Therapieplanes finden Sie nachstehend. Das psycho-somatische „Gerüst" ist deutlich sichtbar:

Messen der vegetativen Reaktionslage durch Neurotest

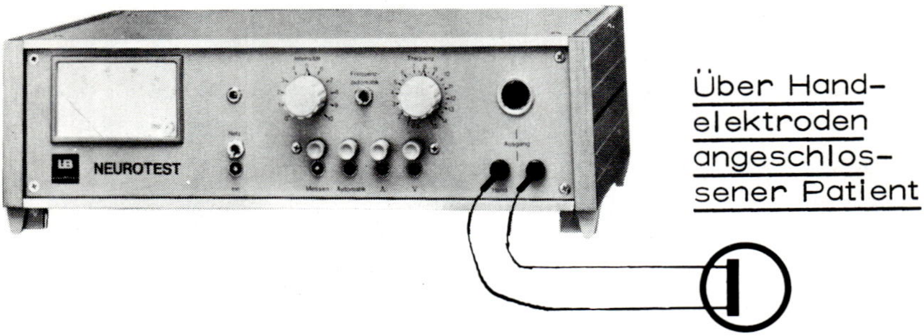

Das NEUROTEST-Gerät (G. Prochazka /Reutlingen) erlaubt , neben seiner Anwendung in der Elektro-Akupunktur und Schlaftherapie, über 2 Handelektroden eine sofortige, unkomplizierte Messung der vegetativen Reaktionslage eines Patienten. Dies Gerät ermöglicht zusätzlich: Entsprechende "sympathikotone" Meßwerte ggf. automatisch gleich durch positive, elektrische Impulse zur Norm zu reduzieren oder "vagotone" Werte durch negative Impulse bis zur Norm anzuheben !

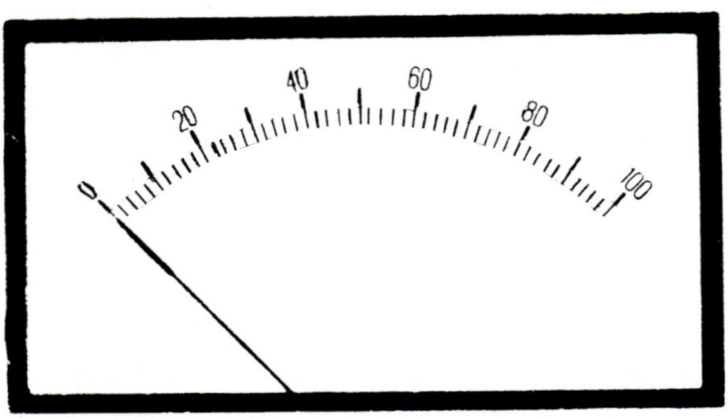

Meßwerte über 80 SKT. zeigen eine sympathikotone Reaktionslage auf .

Meßwerte unter 80 SKT. zeigen eine parasympathikotone Reaktionslage auf.

① **Maßnahmen zur vegetativen Stabilisierung**
z. B.: Elektrisch, medikamentös, neuraltherapeutisch, suggestiv

② **Neuorientierung der Lebensweise**
z. B.: Verbot von Genußgiften, Sorgen für ausreichende Bewegung in frischer Luft, Einstellung auf eine richtige Ernährung

③ **Maßnahmen zur seelischen Neuorientierung**
zur Konflikt-Aufdeckung und -Lösung sowie Streßausschaltung:

Aufdeckende psychotherapeutische Techniken
Psycho-Analyse
Hypno-Analyse
Traumanalyse
Kathathymes Bilderleben
Hypno-Katharsis
Gesprächstherapie
Stützende Psychotherapie
Hypnose-Therapie
Autogenes Training
Musiktherapie
Atemtherapie
Verhaltenstherapie
Aversionstherapie
Desensibilisierung

④ **Maßnahmen zur körperlichen Umstimmung**
z. B.:
Naturheilverfahren
(ableitend, ausleitend, umstimmend)
Sanierung der Darmflora
Akupunktur
Neuraltherapie
Diätetische Behandlung
Medikamentöse Therapie
Ergänzungstherapien
Chirurgische Maßnahmen

Grundschema des psychosomatischen Vorgehens in Diagnose und Therapie

Psycho-somatische Diagnose

psychisch | somatisch

Psycho-anamnestisches Vorgehen / Aussprache | Körperliche Untersuchg. Befunde / Anamnese

Messen der vegetativen Erregungslage ; z.B. durch NEUROTEST oder Bulbusdruckversuch !

Basistherapie zur vegetativen Stabilisierung

z.B.: Elektrisch, medikamentös, suggestiv , naturheilkundlich, neuraltherapeutisch und akupunktorisch

Elektrischer Ausgleich: NEUROTEST | Nerven-Bäder (Schlüter)

Störfeld-Ausschaltung durch Neuraltherapie

Elektrische Sedierung : DORMED | Medikamentös: Psychoneuroticum Injektionen Rödler

Suggestive Beeinflussung Hypnose | Vegetative Harmonisierung d. Akupunktur

Neuorientierung der Lebensweise des Patienten:

Rauchverbot, Einschränken von Genußgiften und Alkohol, richtige Ernährung, ggf. Gewichtsreduzierung, viel Bewegung in frischer Luft, genügend Schlaf, "Abschalten" lernen, "Darmdressur" zur regelmäßigen Stuhlentleerung, Ausgleichssport

Spezielle Therapien

Maßnahmen zur seelischen Neuorientierung zur Konfliktaufdeckung und -lösung

Aufdeckende Psychotherapie
Psycho-Analyse
Hypno-Analyse
Traumanalyse
Gesprächstherapie

Stützende Psychotherapie
Hypnosetherapie
Musiktherapie
Atemtherapie
Autogenes Training

Verhaltenstherapie
Aversionstherapie
Desensibilisierung

Maßnahmen zur körperlichen Umstimmung

Naturheilverfahren (ausleitend, ableitend, umstimmend, roborierend)

Sanierung der Darmflora,

Diätetische Behandlung, Heilfasten,

Neuraltherapie, Akupunktur,

Medikamentöse Therapie, Ergänzungstherapien, Chirurg. Eingriffe

Psychische Gesundheit

Behandlungsziel der psychosomatischen Medizin wird es immer sein, sowohl organische als auch seelische Gesundheit für den Patienten zu ermöglichen. Es ist daher in diesem Rahmen notwendig, sich über die Kriterien psychischer Gesundheit einmal klar zu werden. Fragen wir daher, wie die Kennzeichen einer erwachsenen, psychisch gesunden Persönlichkeit aussehen! Der bekannteste Versuch in dieser Richtung stammt von SODDY (Kongreß Menthal Health, London 1948). Legt man seine Gedanken zugrunde und ergänzt sie mit Überlegungen von J. H. van den BERG und FUCHS, kommt man auf folgende Kennzeichen psychischer Gesundheit:

① Der Gesunde ist fähig, zu lieben – in allen sozialen Rollen und besonders in der des Geschlechtspartners.

② Die Fähigkeit zu arbeiten und in der Arbeit Befriedigung zu finden. Beim „Normopathen" liegen die Ambitionen innerhalb des Spielraumes praktischer Verwirklichung – der „Kreative" dagegen wird im Rahmen seiner „schöpferischen Unzufriedenheit" seine Ziele immer etwas höher ansetzen, als sie sich verwirklichen lassen.
Der psychisch Gesunde hat dabei eine scharfe, kluge Einsicht in die eigene Kraft und Schwäche.

③ Der Gesunde ist zur Selbstbehauptung fähig, ohne dabei kriminelle Mittel einsetzen zu müssen. Er kann anderen behilflich sein, aber auch Hilfe annehmen. Er ist aber ggf. auch stark genug, Hilfe auszuschlagen.

④ Der Gesunde ist fähig, Freundschaften zu schließen, wo es angebracht erscheint, aber auch fähig zu aggressivem Verhalten.

⑤ Die Fähigkeit zur einsichtigen koordinierenden Zwecksteuerung, und zwar in einem weiten Lebens- und Aktionsbereich.

⑥ Dem psychisch Gesunden ist es möglich, innere Konflikte durch Kompromißbildung und Wahlentscheidung zu lösen – er verfügt so über eine ausreichende Belastungsfähigkeit.

⑦ Sein Glaube, sein Denken, alle Werte, die ihm teuer sind, werden ihm zur positiven Motivation für das Leben.

Der Eid des Hippokrates

„Ich schwöre bei Apollon, dem Arzte, bei Asklepios, Hygieia und Panakeia und bei allen Göttern und Göttinnen, indem ich sie zu Zeugen anrufe, daß ich diesen Eid und diese meine Verpflichtungen erfüllen werde, nach Vermögen und Verständnis:

1. Daß ich denjenigen, welcher mich in dieser Kunst unterwiesen hat, meinen Eltern gleichachten werde; sein Lebensschicksal zu teilen, ihm auf Verlangen dasjenige, dessen er bedarf, zu gewähren, das von ihm stammende Geschlecht gleich meinen Brüdern zu halten, sie diese Kunst, wenn sie sie lernen wollen, ohne Entgelt und Vorbehalt zu lehren und die Vorschriften, Kollegien und den ganzen übrigen Lernstoff meinen Söhnen sowie denen meines Lehrers und den Schülern, welche eingetragen und auf das ärztliche Gesetz verpflichtet sind, mitzuteilen, sonst aber niemand.

2. Diätetische Maßnahmen werde ich treffen zu Nutz und Frommen der Kranken nach meinem Vermögen und Verständnis, drohen ihnen aber Fährnis und Schaden, so werde ich sie davor zu bewahren suchen.

3. Auch werde ich keinem, und sei es auf Bitten, ein tödliches Mittel verabreichen, noch einen solchen Rat erteilen, desgleichen werde ich keiner Frau ein abtreibendes Mittel geben.

4. Lauter und fromm will ich mein Leben gestalten und meine Kunst ausüben.

5. Auch will ich bei Gott keinen Steinschnitt machen, sondern ich werde diese Verrichtung denen überlassen, in deren Beruf sie fällt.

6. In alle Häuser aber, in die ich komme, will ich gehen zu Nutz und Frommen der Patienten, mich fernhalten von jedem vorsätzlichen und schadenbringenden Unrecht, insbesondere aber von geschlechtlichem Umgange mit Männern und Weibern, Freien und Sklaven.

7. Was ich aber während der Behandlung sehe oder höre, das will ich, soweit es nicht außerhalb weitererzählt werden soll, verschweigen, indem ich es als ein Geheimnis bewahre.

Wenn ich nun diesen Eid erfülle, ohne ihn zu brechen, dann möge mir ein glückliches Leben und eine glückliche Kunstausübung beschieden sein und ich bei allen Menschen für immer in Ehren stehen. Wenn ich ihn aber übertrete und meineidig werde, dann möge das Gegenteil geschehen."

Literatur

ALEXANDER, Franz: Psychosomatische Medizin; 2. Auflage (Walter De Gruyter, Berlin 1971)

AMMON, Günter: Psychoanalyse und Psychosomatik; (R. Piper & Co. Verlag, München 1974)

BALINT, Michael: Der Arzt, sein Patient und die Krankheit (Fischer Bücherei GmbH, Frankfurt am Main und Hamburg 1970)

BALINT, Michael u. Enid: Psychotherapeutische Techniken in der Medizin (Kindler Verlag GmbH, München)

Dr. med. BÄRSCHNEIDER, Max: Kleines Diagnostikon, 14. Auflage (Gustav Fischer Verlag, Stuttgart 1964)

BENEDETTI, Gaetano: Der psychisch Leidende und seine Welt (Kindler Verlag GmbH, München 1974)

VAN DEN BERG, J. H.: Grundriß der Psychiatrie; 2. Auflage (Gustav Fischer Verlag, Stuttgart 1973)

BEUCHELT, Hellmuth: Konstitutions- und Reaktionstypen in der Medizin mit Berücksichtigung ihrer therapeutischen Auswertbarkeit in Wort und Bild; 4. Auflage (Karl F. Haug Verlag, Heidelberg 1971)

BLÜCHEL, Kurt: Die weißen Magier (C. Bertelsmann Verlag München, Gütersloh, Wien 1974)

BRÄUTIGAM, Walter und CHRISTIAN, Paul: Psychosomatische Medizin; 2. Auflage (Georg Thieme Verlag, Stuttgart 1975)

BREDE, Karola: Einführung in die psychosomatische Medizin (Athenäum Fischer Taschenbuch Verlag GmbH & Co., Frankfurt am Main 1974)

BUSER, Remo: Ausdruckspsychologie (Ernst Reinhardt Verlag, München 1973)

CANNON, Walter B.: Wut, Hunger, Angst und Schmerz (Urban & Schwarzenberg, München – Berlin – Wien 1975)

DAHMER, Jürgen: Anamnese und Befund (Georg Thieme Verlag, Stuttgart 1970)

DONDORF, Jakob: Psychologie (A. Henn Verlag, Ratingen 1967)

EICKE, Dieter: Der Körper als Partner (Kindler Verlag GmbH, München 1973)

EYSENCK, H.-J. und RACHMAN, S.: Neurosen – Ursachen und Heilmethoden 4. Auflage (VEB Deutscher Verlag der Wissenschaften, Berlin 1971)

FISCH, Guido: Akupunktur (Deutsche Verlags-Anstalt GmbH, Stuttgart 1973)

GRABER, Gustav Hans: Neue Beiträge zur Lehre und Praxis der Psychotherapie (Wilhelm Goldmann Verlag, München 1972)

GRODDECK, Georg: Verdrängen und heilen (Kindler Verlag GmbH, München 1974)

HENNENHOFER, Gerd und HEIL, Klaus D.: Angst überwinden (Deutsche Verlags-Anstalt GmbH, Stuttgart 1973)

HERZOG-DÜRCK, Johanna: Die Arbeit der Seele (Furche-Verlag H. Rennebach KG, Hamburg 1972)

HEYER, Gustav Richard: Der Organismus der Seele; 4. Auflage (Kindler Verlag GmbH, München 1958)

HORNEY, Karen: Unsere inneren Konflikte (Kindler Verlag GmbH, München 1973)

HUBER, Günther K. M.: Anti-Angst Training (Wilhelm Heyne Verlag, München 1975)

HUTH, Albert: Persönlichkeits-Diagnose (Leo Lehnen GmbH Verlag München und A. Francke AG Verlag Bern 1976)

JORES, Arthur: Der Kranke mit psychovegetativen Störungen (Verlag für Medizinische Psychologie, Göttingen 1973)

LANGEN, Dietrich: Psychodiagnostik, Psychotherapie (Georg Thieme Verlag, Stuttgart 1969)

LAUSTER, Peter: Selbstbewußtsein kann man lernen (Verlagsgruppe Bertelsmann GmbH/Bertelsmann Ratgeberverlag München, Gütersloh, Wien 1974)

LINDEMANN, Hannes: Anti-Streß-Programm (Verlagsgruppe Bertelsmann GmbH/Bertelsmann Ratgeberverlag München, Gütersloh, Wien 1974)

LUBAN-PLOZZA, B. und PÖLDINGER, W.: Der psychosomatisch Kranke in der Praxis; 2. Auflage (J. F. Lehmanns Verlag München 1973)

LUBAN-PLOZZA, Boris und KNAAK-SOMMER, Lothar: Der ganzheitliche Mensch (Wilhelm Goldmann Verlag, München 1972)

v. MENDELSSOHN, Felix: Psychiatrie am Scheideweg (R. Piper & Co. Verlag, München 1974)

MITSCHERLICH, Alexander: Krankheit als Konflikt; 6. Auflage (Suhrkamp Verlag, Frankfurt am Main 1966)

MOSER, Ulrich: Psychologie der Partnerwahl; 2. Auflage (Verlag Hans Huber, Bern 1957)

POKORNY, Richard: Über das Wesen des Ausdrucks (Kindler Verlag GmbH, München 1974)

RATTNER, Josef: Psychosomatische Medizin heute; 2. Auflage (Werner Classen Verlag, Zürich 1964 und 1969)

RILLING, Siegfried: Vagus und Sympathicus in Diagnostik und Therapie (Karl F. Haug Verlag, Ulm/Donau 1957)

RUCH, F. L. und ZIMBARDO, P. G.: Lehrbuch der Psychologie (Springer-Verlag Berlin – Heidelberg – New York 1974)

SALLER, K.: Diagnostik und Therapie für die ärztliche Praxis (Karl F. Haug Verlag, Berlin – Tübingen – Saulgau 1947)

VOM SCHEIDT, Jürgen: Innenwelt-Verschmutzung (Droemersche Verlagsanstalt Th. Knaur Nachf. München/Zürich 1973)

SCHINDLER, John A.: Die Heilkraft des seelischen Gleichgewichts (Biederstein Verlag, München 1956)

SCHMIDBAUER, Wolfgang: Psychosomatik (Selecta-Verlag Dr. Ildar Idris, Planegg vor München 1974)

SCHULTE, Dietmar: Diagnostik in der Verhaltenstherapie (Urban & Schwarzenberg, München – Berlin – Wien 1974)

SCHULTZ, J. H.: Grundfragen der Neurosenlehre (Kindler Verlag GmbH, München 1955)

SELYE, Hans: Streß – Bewältigung und Lebensgewinn (R. Piper & Co. Verlag, München 1974)

VON UEXKÜLL, Thure: Grundfragen der psychosomatischen Medizin (Rowohlt Taschenbuch Verlag, GmbH, Reinbek bei Hamburg 1963)

VELDENER SYMPOSIEN: Streß und Nervensystem (Werk-Verlag Dr. Edmund Banaschewski, München-Gräfelfing 1974)

WESIACK, Wolfgang: Grundzüge der psychosomatischen Medizin (C. H. Beck'sche Verlagsbuchhandlung, München 1974)

Moderne Hypnose-Techniken für Mediziner

Möglichkeiten und Grenzen in der Psychotherapie · Zahnheilkunde · Geburtshilfe · Chirurgie

Hubert H. Scharl

MÜLLER & STEINICKE, MÜNCHEN

2024

Abitur

Original-Prüfungsaufgaben
mit Lösungen

Hessen

Mathematik GK

STARK

19. neu bearbeitete und ergänzte Auflage
www.stark-verlag.de

Inhalt

Landesabitur 2022

Landesabitur 2023

Sobald die Original-Prüfungsaufgaben 2023 freigegeben sind, können sie als PDF auf der Plattform MyStark heruntergeladen werden (Zugangscode auf der Umschlaginnenseite).

Bei **MyStark** finden Sie:
- **Interaktives Training** zum hilfsmittelfreien Prüfungsteil
- **Jahrgang 2023**, sobald dieser zum Download bereit steht
- **Übungsaufgaben** im Stil des Landesabiturs

Den Zugangscode zu MyStark finden Sie auf der Umschlaginnenseite.

Sitzen alle mathematischen Begriffe? Im Interaktiven Training und unter www.stark-verlag.de/mathematik-glossar/ finden Sie ein kostenloses **Glossar** zum schnellen Nachschlagen aller wichtigen Definitionen mitsamt hilfreicher Abbildungen und Erläuterungen.

Kostenlose **Webinare** zur Prüfungsvorbereitung finden Sie ab Mitte März 2024 unter: www.stark-verlag.de/schule/unser-angebot/kurse/online-kurse

Autoren:

Viola Dengler:

Lösungen zum Landesabitur 2019: Teil A, Aufgabe 2;
Lösungen zum Landesabitur 2020: Aufgaben C2 (WTR/CAS);
Lösungen zum Landesabitur 2021: Aufgaben C2.1 (WTR/CAS), C2.2 (WTR/CAS);
Lösungen zum Landesabitur 2022: Aufgaben B1 (WTR), C2.2 (WTR/CAS);
Online: Übungsaufgaben Analysis 6; Stochastik 1, 2, 4, 6 – 9

Ingo Luft:

Aufgabenserie für den hilfsmittelfreien Prüfungsteil: Aufgabe W4
Online: Lösungen zum Landesabitur 2023: B1 (WTR), B2 (WTR), C2.2 (WTR/CAS)

Werner Neidhardt:

Lösungen zum Landesabitur 2019: Teil A, Aufgabe 1;
Online: Übungsaufgaben Analysis 1, 2, 8; Lineare Algebra

Ernst Payerl:

Lösungen zum Landesabitur 2019: Teil A, Aufgabe 3;
Lösungen zum Landesabitur 2020: Aufgaben B1 (WTR), B2 (WTR), B2 (CAS);
Lösungen zum Landesabitur 2021: Aufgaben B1 (WTR), B1 (CAS), B2 (CAS);
Lösungen zum Landesabitur 2022: Aufgaben B1 (CAS), B2 (WTR), B2 (CAS), C2.1 (WTR/CAS);
Online: Übungsaufgaben Analysis 5, 7, 10; Analytische Geometrie 3, 5; Stochastik 3;
Lösungen zum Landesabitur 2023: A, B1 (CAS), B2 (CAS)

Ullrich Rauch:

Lösungen zum Landesabitur 2020: Aufgaben A, B2 (WTR), C1 (WTR/CAS);
Lösungen zum Landesabitur 2021: Aufgaben A, B2 (WTR), C1 (WTR/CAS);
Lösungen zum Landesabitur 2022: Aufgaben A, C1 (WTR/CAS);
Online: Übungsaufgaben Analysis 3, 4, 9, Analytische Geometrie 1, 2, 6; Stochastik 5;
Lösungen zum Landesabitur 2023: C1 (WTR/CAS), C2.1 (WTR/CAS)

Vorwort

Liebe Schülerinnen und Schüler,

dieses Übungsbuch ist die ideale Hilfe bei der Vorbereitung auf das **Landesabitur 2024 im Fach Mathematik in Hessen**.

- Sie erhalten im ersten Teil des Buches zahlreiche **Informationen zum Abitur**, deren Kenntnis für die gezielte Vorbereitung auf die Abiturklausur hilfreich und wichtig ist. Dazu gehören u. a. eine komplette Aufstellung der für die Prüfung 2024 relevanten Themen, Hinweise zum genauen Ablauf der Prüfung sowie alles Wissenswerte zur Struktur und zu den Anforderungen der Prüfungsaufgaben.
- Sie finden darüber hinaus viele **praktische Hinweise**, die Ihnen sowohl in der Vorbereitung auf das Abitur als auch während der Prüfung dazu verhelfen, Prüfungsaufgaben gut zu lösen.
- Im Jahr 2024, also im Jahr Ihres Abiturs, wird der **Prüfungsteil ohne Hilfsmittel** eine neue Struktur mit Pflicht- und Wahlteil haben. Zur Vorbereitung finden Sie in diesem Band entsprechende Aufgabenserien, die in Format und Inhalt diesem Teil entsprechen.
- Außerdem enthält dieser Band die offiziellen, vom hessischen Kultusministerium gestellten **Original-Abituraufgaben** der Jahre **2020 bis 2022**. Zudem stehen Ihnen die Aufgaben des Jahres 2023 als PDF zum Download zur Verfügung, sobald sie zur Veröffentlichung freigegeben sind. Zu all diesen Aufgaben sind **vollständige und ausführlich kommentierte Lösungsvorschläge** von unseren Autoren vorhanden. Sie ermöglichen Ihnen, Ihre Lösungen eigenständig zu kontrollieren und die Rechenwege Schritt für Schritt nachzuvollziehen.
- Bei allen Original-Abituraufgaben, bei denen Hilfsmittel erlaubt sind, wurden von unseren Autoren **Hinweise und Tipps** ergänzt, die Ihnen Hilfestellungen für die Lösung der Aufgabe geben. Wenn Sie mit einer solchen Aufgabe nicht zurechtkommen, schauen Sie deshalb nicht gleich in die Lösungen, sondern nutzen Sie schrittweise die Lösungstipps, um selbst die Lösung zu finden.

Sollten nach Erscheinen dieses Bandes noch wichtige Änderungen in der Abitur-Prüfung 2024 vom Kultusministerium bekannt gegeben werden, finden Sie aktuelle Informationen dazu im Internet unter www.stark-verlag.de/mystark.

Die Autoren wünschen Ihnen für die Prüfungsvorbereitung und für das Abitur viel Erfolg!

Stichwortverzeichnis

I. Analysis

II. Analytische Geometrie

III. Stochastik

Hinweise und Tipps zum Landesabitur 2024

Ablauf der Prüfung

Die zentrale schriftliche Abiturprüfung

In Hessen gibt es im Fach Mathematik zentrale schriftliche Abiturprüfungen. Die Aufgaben werden im Auftrag des hessischen Kultusministeriums von einer Fachkommission erstellt. Die Beurteilung der Lösungen der Schüler/innen wird von zwei Fachlehrkräften durchgeführt. Es kann auch im Abitur 2024 möglich sein, dass die Zweitkorrektur durch Lehrkräfte anderer Schulen erfolgt. Die verbindlichen curricularen Vorgaben (Kerncurriculum Mathematik Hessen), nach denen in den drei ersten Schulhalbjahren der Qualifikationsphase der gymnasialen Oberstufe unterrichtet wird, bestimmen Inhalte und Anforderungen der Abituraufgaben. Hinzu kommt, dass die Bildungsstandards Mathematik verstärkt in den hessischen Abschlussarbeiten, also auch beim Landesabitur, in den Materialvorgaben und Fragestellungen der Aufgaben berücksichtigt werden.

Aufbau der Prüfungsaufgaben

Das hessische Landesabitur Mathematik in Hessen besteht aus zwei unterschiedlichen Abschnitten im Bereich der schriftlichen Prüfungen.

Prüfungsteil 1: Vorschlag A
Dies ist der „hilfsmittelfreie" Teil der Prüfung, d. h., die Aufgaben sind ohne Formelsammlung und ohne Taschenrechner zu lösen. Es werden dem Prüfling insgesamt neun Teilaufgaben vorgelegt: drei Pflichtaufgaben zum Niveau 1 (zu den drei Sachgebieten Analysis, Lineare Algebra/Analytische Geometrie und Stochastik), drei Wahlaufgaben zum Niveau 1 (zu den drei Sachgebieten) und drei Wahlaufgaben zum Niveau 2 (zu den drei Sachgebieten). Der Prüfling wählt aus den Wahlaufgaben zu den Niveaus 1 und 2 jeweils eine Teilaufgabe aus. Insgesamt sind also fünf Teilaufgaben zu bearbeiten, vier zu Niveau 1 und eine zu Niveau 2 (Niveau 1 beinhaltet die Anforderungsbereiche I und II und Niveau 2 auch den Anforderungsbereich III, siehe die Seiten VII bis X).

Prüfungsteil 2 (mit Hilfsmitteln): Vorschläge B, C und D
Hier müssen insgesamt drei Vorschläge bearbeitet werden. Es werden zwei Vorschläge zum Sachgebiet Analysis (B1 und B2) sowie jeweils ein Vorschlag zum Sachgebiet Lineare Algebra/Analytische Geometrie (C) und zum Sachgebiet Stochastik (D) vorgelegt. Der Prüfling wählt aus den Vorschlägen B1 und B2 einen Vorschlag aus. Die Vorschläge C und D sind Pflichtvorschläge.

Bearbeitungszeit und Ablauf der Prüfung

Die Auswahlzeit ist in die Bearbeitungszeit integriert. Der genaue Zeitpunkt der Auswahl liegt in der Verantwortung der Prüflinge. Die Gesamtbearbeitungszeit beträgt im Grundkurs 285 Minuten.

Alle Aufgabenvorschläge, sowohl der Aufgabenvorschlag zum hilfsmittelfreien Prüfungsteil 1 als auch alle Vorschläge zum Prüfungsteil 2 (Prüfungsteil mit Hilfsmitteln), werden bereits zu Beginn der Prüfung ausgeteilt. Der Prüfling entscheidet selbst, wann er Vorschlag A (hilfsmittelfreier Prüfungsteil 1) und seine Bearbeitung von Vorschlag A abgibt. Nach Abgabe von Vorschlag A erhält er die zusätzlichen Hilfsmittel für Prüfungsteil 2. Alle Vorschläge zum Prüfungsteil 2 verbleiben bis zum Ende der Bearbeitungszeit beim Prüfling.

Bewertungseinheiten (BE)

Prüfungsteil 1: Hier werden im Grundkurs 25 BE vergeben.
Prüfungsteil 2: Hier werden im Grundkurs 75 BE vergeben, verteilt auf Analysis (35 BE), Lineare Algebra/Analytische Geometrie (20 BE) und Stochastik (20 BE).

Zugelassene Hilfsmittel

Prüfungsteil 1: Wörterbuch der deutschen Rechtschreibung; Liste der fachspezifischen Operatoren
Prüfungsteil 2: Außer den Hilfsmitteln in Prüfungsteil 1 ist ein wissenschaftlich-technischer Taschenrechner (WTR) oder ein Rechner bzw. PC mit CAS-Technologie zugelassen. Hinzu kommt die im Unterricht verwendete Formelsammlung (Tafelwerk eines Schulbuchverlages). Nicht zugelassen sind schulinterne Druckwerke, mathematische Fachbücher und mathematische Lexika.
Zur Bearbeitung der Aufgaben bekommen Sie Reinschrift- und Konzeptpapier von Ihrer Schule (versehen mit dem Stempel Ihrer Schule) zur Verfügung gestellt. Sämtliche Entwürfe und Aufzeichnungen gehören zur Abiturarbeit und dürfen nur auf diesem Papier angefertigt werden, das nach Beendigung der Bearbeitungszeit wieder komplett abgegeben werden muss.

Rechnertechnologie

Zu Beginn der Jahrgangsstufe 12 geht es um die Wahl der zu verwendenden Rechnertechnologie, also

- Wissenschaftlicher Taschenrechner — WTR
- Taschenrechner mit einem Computeralgebrasystem — CAS

Diese Entscheidung treffen die jeweiligen Schüler/innen eines Kurses in Abstimmung mit ihrem/ihrer Kurslehrer/in. In der Abiturprüfung werden dem Kurs nur die entsprechenden Aufgabenvorschläge vorgelegt.

Taschenrechner der Kategorie WTR müssen über erweiterte Funktionalitäten zur numerischen Berechnung

- der Lösungen von Polynomgleichungen bis dritten Grades,
- der (näherungsweisen) Lösung von Gleichungen,
- der Lösung eindeutig lösbarer linearer Gleichungssysteme mit bis zu drei Unbekannten,
- der Ableitung an einer Stelle,
- von bestimmten Integralen,
- von Gleichungen von Regressionsgeraden,
- von 2×2- und 3×3-Matrizen (Produkt, Inverse),
- von Mittelwert und Standardabweichung bei statistischen Verteilungen,
- von Werten der Binomial- und Normalverteilung (auch inverse Fragestellung)

verfügen.
Darüber hinaus müssen Taschenrechner der Kategorie WTR über Funktionalitäten zur (numerischen) Berechnung von Wahrscheinlichkeiten (Binomialverteilung und Standardnormalverteilung) verfügen.

Wichtiger Hinweis zur Arbeit mit diesem Buch

Ob eine Aufgabe für den WTR oder für ein CAS vorliegt, können Sie der Kennzeichnung der Aufgabe in der Kopfzeile entnehmen. Beachten Sie diese Kennzeichnung bei der Arbeit mit den Aufgaben bei diesem Buch.

Inhalte und Schwerpunktthemen

In der folgenden Übersicht sind die wesentlichen Schwerpunktthemen für die zentrale Abiturprüfung 2024 stichpunktartig aufgeführt:

Analysis II

Unterrichtsinhalte	Stichworte
Einführung in die Integralrechnung	• Bedeutung des Integrals als Bestandsgröße und als orientierter Flächeninhalt: Rekonstruktion des Bestands anhand der Änderungsrate und des Anfangsbestands in Sachzusammenhängen, Veranschaulichen des Bestands als Inhalt der Fläche unter einem Funktionsgraphen, Entwickeln der Grundvorstellung des Integralbegriffs als verallgemeinerte Produktsumme • Flächen unter einem Funktionsgraphen: Approximieren von Flächeninhalten durch Rechtecksummen, Übergang zum bestimmten Integral durch Grenzwertbildung auf Basis des propädeutischen Grenzwertbegriffs • Hauptsatz der Differenzial- und Integralrechnung: geometrisch-anschauliches Begründen des Hauptsatzes als Beziehung zwischen Differenzieren und Integrieren, Stammfunktionen, grafischer Zusammenhang zwischen Funktion und Stammfunktion • Entwickeln der Integrationsregeln mithilfe der Ableitungsregeln: Stammfunktion von $f(x) = x^n$ mit $n \in \mathbb{Z} \setminus \{-1\}$, Faktor- und Summenregel, Integrieren ganzrationaler Funktionen, Integrieren von e^x, $\sin(x)$, $\cos(x)$
Anwendung der Integralrechnung	• Flächeninhaltsberechnung: Berechnen der Inhalte von Flächen, die von einem oder mehreren Funktionsgraphen und/oder Parallelen zu den Koordinatenachsen begrenzt sind (auch in Sachzusammenhängen) • bestimmte Integrale als rekonstruierter Bestand: Anwenden des Integrals für Berechnungen in Sachzusammenhängen
Vertiefung der Differenzial- und Integralrechnung	• verständiges Umgehen mit den in der Einführungsphase erarbeiteten Inhalten: Funktionen und ihre Darstellung, Ableitungsbegriff und Anwendungen, ganzrationale Funktionen, Exponentialfunktionen, trigonometrische Funktionen, Ableitungsregeln

	• Untersuchen und Integrieren von e-Funktionen, die mit ganzrationalen Funktionen verknüpft sind (Addition, Multiplikation und Verkettung), auch in Realsituationen (nur lineare Substitution, Nachweis der Stammfunktion durch Ableiten, Ermitteln der Stammfunktion durch Formansatz mit Koeffizientenvergleich) • Grenzwert von Funktionen
Funktionenscharen	• ganzrationale Funktionenscharen: Untersuchen und Integrieren von Funktionenscharen, Bedeutung des Parameters für den Graphen

Lineare Algebra/Analytische Geometrie

Unterrichtsinhalte	Stichworte
Lineare Gleichungssysteme	• Einführung und Lösungsverfahren: Beispiele für LGS (auch über- und unterbestimmte), Darstellen von LGS mithilfe von Koeffizientenmatrizen, systematisches Lösen von LGS mithilfe eines algorithmischen Verfahrens, Lösen mithilfe eines digitalen Werkzeugs, Auswahl eines geeigneten Lösungswegs für ein gegebenes LGS • Anwenden von LGS: exemplarisches Behandeln außermathematischer Fragestellungen, die auf LGS führen • geometrische Interpretation der Lösungsmengen von LGS (in Verbindung mit dem Themenfeld „Geraden und Ebenen im Raum“)
Orientieren und Bewegen im Raum	• räumliche Koordinatensysteme: Darstellen räumlicher Objekte im dreidimensionalen Koordinatensystem (insbesondere Zeichnen von Schrägbildern und Beschreiben von Punkten mithilfe von Koordinaten), auch mithilfe von Geometriesoftware • Vektoren: Beschreiben von Verschiebungen im Raum mithilfe von Vektoren, Ortsvektor eines Punktes, Rechnen mit Vektoren (Addition und Vervielfachung von Vektoren), Kollinearität zweier Vektoren, Betrag eines Vektors, Abstand zweier Punkte im Raum • Winkel: Definition des Skalarprodukts, Untersuchen der Orthogonalität von Vektoren, Bestimmen des Winkels zwischen zwei Vektoren • einfache geometrische Figuren und Körper im Raum: Untersuchen einfacher geometrischer Figuren und Körper (Seitenlängen, Parallelität, Orthogonalität, Winkelgrößen), Begründen der Eigenschaften
Geraden und Ebenen im Raum	• Parameterdarstellungen: Darstellen von Geraden und Ebenen im Raum mit Parametergleichungen, Punktprobe

	• Lagebeziehung von Geraden und Ebenen: Untersuchen der Lagebeziehung zweier Geraden, Berechnen des Schnittpunktes und des Schnittwinkels zweier Geraden, Untersuchen der Lagebeziehung von Gerade und Ebene mithilfe von Parametergleichungen, Bestimmen von Durchstoßpunkten, Berechnen des Schnittwinkels zwischen Gerade und Ebene • komplexere Problemstellungen: Untersuchen geometrischer Objekte im Raum (z. B. Pyramide), Beschreiben und Untersuchen geradliniger Bewegungen, Untersuchen von Schattenwürfen
Vertiefung der Analytischen Geometrie	• Koordinatengleichung einer Ebene: Koordinatengleichung der Ebene, Umwandeln der verschiedenen Darstellungsformen ineinander, Untersuchen der Lagebeziehung von Geraden und Ebene und Bestimmen von Durchstoßpunkten mithilfe der Koordinatengleichung, Bestimmung des Normalenvektors einer Ebene *Hinweis:* Die Untersuchung der Lagebeziehung impliziert auch die Berechnung des Winkels zwischen den geometrischen Objekten. • Abstandsbestimmung: Erarbeiten und Anwenden von Lotfußpunktverfahren zur Abstandsbestimmung von Punkt und Ebene

Stochastik

Unterrichtsinhalte	Stichworte
Grundlegende Begriffe der Stochastik	• Grundlagen der Wahrscheinlichkeitstheorie: Beschreiben von Zufallsexperimenten (Laplace-Experimente) unter Verwendung der Begriffe Ergebnis, Ergebnismenge, Ereignis und Wahrscheinlichkeit • statistischer Wahrscheinlichkeitsbegriff: absolute und relative Häufigkeit (auch konkrete Ermittlung für selbst durchgeführte Zufallsexperimente), grafische Darstellung • Bestimmen von Wahrscheinlichkeiten bei mehrstufigen Zufallsexperimenten: Baumdiagramm, Pfadregeln
Berechnung von Wahrscheinlichkeiten	• bedingte Wahrscheinlichkeiten: Identifizieren und Beschreiben bedingter Wahrscheinlichkeiten in verschiedenen Sachzusammenhängen, Darstellen und Berechnen mittels Baumdiagrammen und Vierfeldertafeln, Überprüfen von Ereignissen auf (Un-)Abhängigkeit • Bestimmen von Laplace-Wahrscheinlichkeiten mithilfe von Zählverfahren: Lösen einfacher kombinatorischer Zählprobleme (geordnete Stichproben mit /ohne Zurücklegen, ungeordnete Stichproben ohne Zurücklegen), Binomialkoeffizient

Wahrscheinlichkeitsverteilungen	• Erarbeiten grundlegender Begriffe: Zufallsgröße, Wahrscheinlichkeitsverteilungen und ihre Darstellung durch Histogramme, Erwartungswert, Varianz, Standardabweichung, Untersuchen einfacher Glücksspiele • Bernoulli-Ketten: Bernoulli-Experiment, Bernoulli-Kette, Angeben der Kenngrößen von Bernoulli-Ketten, Entwickeln und Begründen der Formel $P(X=k)=\binom{n}{k}\cdot p^k\cdot(1-p)^{n-k}$ anhand eines geeigneten Beispiels, Berechnen von Trefferwahrscheinlichkeiten in verschiedenen Sachzusammenhängen, Modellierungsgrenzen • binomialverteilte Zufallsgrößen: Erwartungswert, Varianz, Standardabweichung, Analysieren von Histogrammen hinsichtlich ihrer Eigenschaften, kumulierte Binomialverteilung (Berechnen auch mit digitalen Werkzeugen) *Hinweis:* Das Stichwort „kumulierte Binomialverteilung (Berechnen auch mit digitalen Werkzeugen)“ beinhaltet insbesondere auch die inverse Fragestellung, z. B. Bestimmung der größtmöglichen Zahl k so, dass gilt $P(X\le k)\le 0{,}05$.
Hypothesentest für binomialverteilte Zufallsgrößen	• Erarbeiten grundlegender Begriffe: Hypothesen, Alternativtest, einseitiger Hypothesentest, Verwerfungsbereich, Entscheidungsregel, Fehler erster und zweiter Art • Berechnen von Irrtumswahrscheinlichkeiten (auch mittels digitaler Werkzeuge) • Entwickeln einseitiger Hypothesentests: Festlegen der Hypothesen, Ermitteln von Entscheidungsregeln zu vorgegebenen Signifikanzniveaus (maximal zulässige Wahrscheinlichkeit des Fehlers erster Art) *Hinweis:* Hier ist auch die Bestimmung des Ablehnungsbereichs beim Hypothesentest mit dem WTR/CAS gemeint.

Anmerkung: Die thematischen Schwerpunktsetzungen in den einzelnen Abiturjahrgängen können sich unterscheiden. Pro Halbjahr sind die drei in den Tabellen jeweils zuerst genannten Themenfelder verbindlich, zusätzlich wird jeweils ein viertes Themenfeld vom Hessischen Kultusministerium festgelegt. Für Q1 (Analysis) ist dies in den Abiturprüfungen 2020 bis 2024 jeweils „Funktionenscharen“ (siehe Tabelle); für Q2 (Lineare Algebra/Analytische Geometrie) ist dies in den Jahren 2020 bis 2024 jeweils „Vertiefung der Analytischen Geometrie“ (siehe Tabelle); für Q3 (Stochastik) war dies in den Jahren 2020 und 2021 jeweils „Hypothesentest für binomialverteilte Zufallsgrößen“, in den Jahren 2022 und 2023 gab es jeweils pandemiebedingt keines, im kommenden Jahr 2024 wird dies wieder „Hypothesentest für binomialverteilte Zufallsgrößen“ (siehe Tabelle) sein.

Leistungsanforderungen und Bewertung

Ihre Prüfungsarbeit wird von zwei Fachlehrkräften bewertet. In der Regel ist Ihr Fachlehrer der Erstbeurteiler. Dieser korrigiert Ihre Arbeit und schreibt ein Gutachten mit entsprechender Benotung. Ihre Arbeit wird dann von einer zweiten Fachlehrkraft Ihrer Schule begutachtet. In Ausnahmefällen kann es vorkommen, dass die Zweitbeurteilung von einer Fachlehrkraft einer anderen Schule vorgenommen wird. In den meisten Fällen werden sich beide Fachlehrkräfte auf ein gemeinsames Gutachten und eine daraus folgende Bewertung einigen. Falls es nicht zu einer einheitlichen Beurteilung kommt, entscheidet der/die Prüfungsvorsitzende der eigenen Schule und legt abschließend die Note für Ihre Prüfungsarbeit fest.

In die Bewertung gehen zunächst einmal die **fachliche Richtigkeit** und die **Vollständigkeit** der Lösung ein. Ein weiteres wichtiges Bewertungskriterium stellt die **Darstellungsqualität** dar, in welche der richtige Einsatz der Fachsprache und die Strukturiertheit der Ausführungen einfließen. Sollten Sie in Ihrer Lösung unkonventionelle, aber richtige Wege gehen, so werden diese natürlich entsprechend gewürdigt.

Selbstverständlich geht auch die **Sprachrichtigkeit** (Rechtschreibung, Grammatik, Zeichensetzung) bei Erläuterungen, Beschreibungen etc. in die Bewertung ein.

Insgesamt können Sie 100 Bewertungseinheiten erreichen. Die Notenvergabe erfolgt nach folgendem Verteilungsschlüssel:

Prozent	unter 20	ab 20	ab 27	ab 33	ab 40	ab 45	ab 50	ab 55
Notenpunkte	0	1	2	3	4	5	6	7

Prozent	ab 60	ab 65	ab 70	ab 75	ab 80	ab 85	ab 90	ab 95
Notenpunkte	8	9	10	11	12	13	14	15

Operatoren und Anforderungsbereiche

Bei der Formulierung der zentralen Prüfungsaufgaben werden sogenannte **Operatoren** verwendet, die sicherstellen sollen, dass alle Schüler und Lehrer unter einer bestimmten Aufgabenstellung das gleiche verstehen. Damit Sie die Aufgabenstellungen korrekt erfassen können, ist es sehr zu empfehlen, sich mit diesen Operatoren auseinanderzusetzen. Die Operatoren sind in verschiedene Anforderungsbereiche untergliedert, die den Schwierigkeitsgrad der Aufgabe wiedergeben.
Im Folgenden finden Sie eine vollständige Liste dieser Operatoren. Es fällt auf, dass insbesondere die Operatoren „bestimmen", „berechnen" und „zeigen" in den Aufgabentexten sehr stark vertreten sind, gefolgt von „angeben", „beschreiben", „erläutern" und „begründen".

Anforderungsbereich I

Arbeitsauftrag	Definition	Beispiele
angeben, nennen	Sachverhalte, Begriffe oder Daten ohne Erläuterungen, Begründungen und Lösungswege aufzählen	2022 – B1 (CAS), Teilaufgabe 2.2
berechnen	Ergebnisse von einem Ansatz ausgehend durch Rechenoperationen bestimmen	2022 – B1 (WTR), Teilaufgabe 1.1

Arbeitsauftrag	Definition	Beispiele
beschreiben	Aussagen, Sachverhalte, Strukturen o. Ä. in eigenen Worten strukturiert und fachsprachlich wiedergeben	2022 – B1 (WTR), Teilaufgabe 2.1
beschriften, einzeichnen, benennen	Elemente, Sachverhalte, Begriffe oder Daten mit einer kennzeichnenden Aufschrift, Nummer oder Namensangabe versehen	2021 – B1 (WTR), Teilaufgabe 1.2
skizzieren	eine graphische Darstellung so anfertigen, dass die wesentlichen Eigenschaften deutlich werden	2022 – B1 (WTR), Teilaufgabe 1.2
überführen	eine Darstellung in eine andere Darstellungsform bringen	
zeichnen	eine hinreichend exakte graphische Darstellung anfertigen	2021 – B1 (CAS), Teilaufgabe 2.3.1
zusammenfassen	das Wesentliche in strukturierter und komprimierter Form unter Verwendung der Fachsprache herausstellen	

Anforderungsbereich II

Arbeitsauftrag	Definition	Beispiele
abschätzen	durch begründete Überlegungen Größenordnungen physikalischer Größen angeben	2020 – B2 (CAS), Teilaufgabe 1.2
analysieren	eine konkrete Materialgrundlage untersuchen, einzelne Elemente identifizieren, Beziehungen zwischen Elementen erfassen und zusammenhängend darstellen	
anwenden	einen bekannten Sachverhalt, eine bekannte Methode auf eine neue Problemstellung beziehen	
begründen	einen Sachverhalt unter Verwendung von Regeln, mathematischen Beziehungen oder Gesetzmäßigkeiten auf bekannte Aussagen bzw. Zusammenhänge zurückführen	2022 – B1 (WTR), Teilaufgabe 2.4
bestimmen, ermitteln	einen Zusammenhang oder einen möglichen Lösungsweg aufzeigen und das Ergebnis formulieren	2022 – B1 (CAS), Teilaufgabe 3.4
darstellen	Sachverhalte o. Ä. strukturiert fachsprachlich oder graphisch wiedergeben und Bezüge sowie Zusammenhänge aufzeigen	2022 – B2 (WTR), Teilaufgabe 1

Arbeitsauftrag	Definition	Beispiele
deuten	Phänomene, Strukturen, Sachverhalte oder Ergebnisse auf Erklärungsmöglichkeiten untersuchen und diese gegeneinander abwägen und auf das ursprüngliche Problem beziehen	2021 – C1 (WTR/CAS), Teilaufgabe 2.4
entscheiden	bei Alternativen sich begründet und eindeutig auf eine Möglichkeit festlegen	2022 – C2.1 (WTR/CAS), Teilaufgabe 2.3
entwerfen	Herstellen und Gestalten eines Systems von Elementen unter vorgegebener Zielsetzung	
entwickeln	Sachverhalte und Methoden zielgerichtet in einen Zusammenhang bringen, also eine Hypothese, eine Skizze oder ein Modell weiterführen und ausbauen.	2021 – C2.1 (WTR/CAS), Teilaufgabe 1.5
erklären	Sachverhalte o. Ä. unter Verwendung der Fachsprache auf fachliche Grundprinzipien oder kausale Zusammenhänge zurückführen	2021 – B2 (WTR), Teilaufgabe 2.1
erläutern	Sachverhalte o. Ä. so darlegen und veranschaulichen, dass sie verständlich werden	2022 – B1 (WTR), Teilaufgabe 1.2
formulieren	eine Fragestellung, eine Strukturformel, eine Reaktionsgleichung oder einen Reaktionsmechanismus notieren	2020 – C2 (GTR/CAS), Teilaufgabe 3.3
herleiten	einen Sachverhalt oder ein Ergebnis aus gegebenen Daten oder Gesetzmäßigkeiten entwickeln	2022 – A (hilfsmittelfrei), Teilaufgabe 4.2
modellieren	zu einem Ausschnitt der Realität ein fachliches Modell anfertigen	
ordnen, einordnen, zuordnen	Sachverhalte begründet in einen genannten Zusammenhang stellen	2022 – B1 (WTR), Teilaufgabe 2.1
prüfen	Sachverhalte, Aussagen oder Ergebnisse an Gesetzmäßigkeiten messen, verifizieren oder Widersprüche aufdecken	2022 – B1 (CAS), Teilaufgabe 3.3
untersuchen	Sachverhalte unter bestimmten Aspekten betrachten	2022 – B1 (CAS), Teilaufgabe 1.2
vergleichen, gegenüberstellen	nach vorgegebenen oder selbst gewählten Gesichtspunkten Gemeinsamkeiten, Ähnlichkeiten und Unterschiede ermitteln und darstellen	2020 – B1 (CAS), Teilaufgabe 1.2
zeigen, bestätigen	einen Sachverhalt oder eine Behauptung unter Verwendung gültiger Schlussregeln oder Berechnungen auf bekannte, gültige Aussagen zurückführen	2021 – A (hilfsmittelfrei), Teilaufgabe 2.1

Anforderungsbereich III

Arbeitsauftrag	Definition	Beispiele
beurteilen, bewerten	zu einem Sachverhalt oder einer Aussage unter Verwendung von Fachwissen und Fachmethoden eine begründete Einschätzung geben	2021 – B2 (CAS), Teilaufgabe 1.2.2
beweisen	im mathematischen Sinn zeigen, dass eine Behauptung /Aussage richtig ist, z. B. unter Verwendung bekannter mathematischer Sätze, logischer Schlüsse und Äquivalenzumformungen	
diskutieren, erörtern	zu einer Aussage, Problemstellung oder These eine Argumentation entwickeln, die zu einer begründeten Bewertung führt	2021 – C2.2 (WTR/ CAS), Teilaufgabe 1.5.1
Stellung nehmen	wie Operator „beurteilen", aber zusätzlich die eigenen Maßstäbe darlegen und begründen	

Bildungsstandards/Kompetenzen und Anforderungsbereiche

Die Aufgabenformate der Abschlussarbeiten, also auch im Landesabitur, werden sich immer stärker an den Bildungsstandards/Kompetenzen orientieren.

1. **Kompetenzbereiche im Fach Mathematik:**
   K1: Mathematisch argumentieren
   K2: Probleme mathematisch lösen
   K3: Mathematisch modellieren
   K4: Mathematische Darstellungen verwenden
   K5: Mit symbolischen, formalen und technischen Elementen der Mathematik umgehen
   K6: Kommunizieren

   (Beschreibungen hierzu: Kerncurriculum Mathematik Hessen)

2. **Anforderungsbereiche zu den mathematischen Kompetenzbereichen:**

   Anforderungsbereich I: Reproduzieren
   Dieses Niveau umfasst die Wiedergabe und direkte Anwendung von grundlegenden Begriffen, Sätzen und Verfahren in einem abgegrenzten Gebiet und einem wiederholenden Zusammenhang.

   Anforderungsbereich II: Zusammenhänge herstellen
   Dieses Niveau umfasst das Bearbeiten bekannter Sachverhalte, indem Kenntnisse, Fertigkeiten und Fähigkeiten verknüpft werden, die in der Auseinandersetzung mit Mathematik auf verschiedenen Gebieten erworben wurden.

   Anforderungsbereich III: Verallgemeinern und Reflektieren
   Dieses Niveau umfasst das Bearbeiten komplexer Gegebenheiten u. a. mit dem Ziel, zu eigenen Problemformulierungen, Lösungen, Begründungen, Folgerungen, Interpretationen oder Wertungen zu gelangen.

Die Anforderungsbereiche spiegeln sich in der Operatorenliste wider und zeigen dort, welche Anforderungen an die einzelnen Operatoren gekoppelt sind.

Vorbereitung

- Bereiten Sie sich **langfristig** (spätestens ab Januar) auf die Abiturprüfung vor und fertigen Sie sich eine Übersicht über die von Ihnen bereits bearbeiteten Themen, Inhalte und Verfahren an. Teilen Sie die Inhalte in sinnvolle Teilbereiche ein und legen Sie fest, bis wann Sie welche Teilbereiche bearbeitet haben wollen.
  Es ist zweckmäßig, alle schriftlichen Bearbeitungen dieser Aufgaben übersichtlich aufzubewahren, das erleichtert spätere Wiederholungen.
- Benutzen Sie zur Prüfungsvorbereitung neben diesem Übungsbuch Ihre **Unterrichtsaufzeichnungen** und das Lehrbuch.
- Verwenden Sie während der Prüfungsvorbereitung grundsätzlich die **Hilfsmittel**, die auch in der Prüfung zugelassen sind. Prägen Sie sich wichtige Seiten in Ihrer Formelsammlung ein und nutzen Sie Ihren Taschenrechner mit allen Funktionen.
- Oft ist der Zeitfaktor ein großes Problem. Testen Sie, ob Sie eine Aufgabe in der dafür vorgegebenen Zeit allein lösen können. **Simulieren Sie selbst eine Prüfungssituation.**
- Gehen Sie optimistisch in die Prüfung. Wer sich gut vorbereitet hat, braucht sich keine Sorgen zu machen.

Bearbeitung der Prüfung

- Allgemein sei angemerkt, dass sich aufgrund der Pandemie Abweichungen von den dargestellten Regelungen nicht ausschließen lassen.
- Die Aufgaben des **hilfsmittelfreien Teils** beziehen sich auf alle drei Stoffgebiete Analysis, Analytische Geometrie/Lineare Algebra und Stochastik. Aufgrund des vorgegebenen Zeitrahmens ist zu erwarten, dass sich diese Aufgaben auf das Abprüfen **grundlegender Fähigkeiten** aus diesen Stoffgebieten beschränken werden. Dazu gehören unter anderem Aufgaben, die sich leicht durch Anwendung einfacher Regeln (z. B. Ableitungsregeln) lösen lassen oder zu deren Lösung eine Art „Kochrezept“ (z. B. Bestimmung einer Nullstelle) angewandt werden kann. Auch die Interpretation einer Grafik bzw. der Zusammenhang zwischen dem Graphen einer Funktion und dem Funktionsterm selbst scheint in dieses Feld zu passen. Da die oben angesprochenen grundlegenden Fähigkeiten sowieso Voraussetzung sind, um sich mit komplexeren Fragestellungen auseinanderzusetzen, die im Prüfungsteil 2 kommen werden, müssen Sie nichts Zusätzliches lernen.
- Nehmen Sie sich Zeit für die **Auswahl der Aufgaben**. Lesen Sie die Aufgabenstellungen genau durch, bevor Sie eine Entscheidung treffen. Nicht immer ist die auf den ersten Blick einfachere Aufgabe tatsächlich die bessere Wahl.
- Es ist hilfreich, wenn Sie bei der Analyse der Aufgabenstellungen wichtige Angaben oder Informationen (z. B. gegebene Größen, Lösungshinweise) **farbig markieren**. Machen Sie sich klar, was gefordert ist. Beachten Sie insbesondere die verwendeten **Operatoren**.
- Gerade in den ersten Minuten macht man gerne Flüchtigkeitsfehler. Konzentrieren Sie sich hier besonders stark und kontrollieren Sie Ihre Ergebnisse noch einmal zu einem späteren Zeitpunkt.
- Um den Lösungsansatz zu einer Aufgabe zu finden oder die gegebene Problemstellung zu veranschaulichen, kann das **Anfertigen einer Skizze** nützlich sein.
- Verwenden Sie die Formelsammlung. Geben Sie immer, selbst wenn Sie die Rechnungen nicht durchführen können, die **Ansätze** an. Erläutern Sie gegebenenfalls eine Lösungsidee oder eine mögliche Vorgehensweise.

- Beachten Sie, dass in manchen Teilaufgaben **„Zwischenlösungen"** angegeben sind, die Ihnen als Kontrolle dienen bzw. mit denen Sie weiterarbeiten können. Nutzen Sie auch die häufig angegebenen Grafiken (Funktionsgraphen, Skizzen usw.). Arbeiten Sie auf alle Fälle mit der Kontrolllösung weiter, falls das von Ihnen ermittelte Ergebnis abweichen sollte.
- Bearbeiten Sie, wenn möglich, die Teilaufgaben innerhalb einer Aufgabe in der vorgegebenen Reihenfolge, da sie in der Regel zunehmend schwieriger werden. Weichen Sie nur im Notfall von dieser Regel ab. Bearbeiten Sie dann zunächst die Teilaufgaben, die Sie sicher beherrschen.
- Falls Sie mit einer Aufgabe gar nicht weiterkommen, so halten Sie sich nicht zu lange daran auf. Versuchen Sie, mit der nächsten Teilaufgabe oder mit einer Aufgabe aus einem anderen Schwerpunkt weiterzumachen. Wenn Sie die anderen Aufgaben bearbeitet haben, kommen Sie nochmals auf die angefangene Aufgabe zurück und versuchen Sie in Ruhe, eine Lösung zu finden. Vermeiden Sie jedoch, zwischen den einzelnen Themengebieten zu oft hin und her zu springen.
- Orientieren Sie sich an der angegebenen **Punktezahl**: Je mehr Punkte eine Aufgabe ergibt, desto mehr Zeit sollte für die Bearbeitung eingeplant werden.
- Achten Sie auf die **sprachliche Richtigkeit** und eine **saubere äußere Form** Ihrer Lösungen. Dies ist gerade für Sie während der Prüfung eine wertvolle Hilfe.
- Geben Sie nicht zu früh ab. Nutzen Sie die Zeit, um Ihre Ergebnisse noch einmal zu kontrollieren. Sie können sich auch nach einer kurzen Denkpause erneut an einer Aufgabenstellung versuchen.

Lösungsplan

Wegen des Umfangs und der Komplexität von Aufgaben auf Abiturniveau empfiehlt es sich, beim Lösen systematisch zu arbeiten. Folgende Vorgehensweise hilft Ihnen dabei:

Schritt 1:
Nehmen Sie sich ausreichend Zeit zum **Analysieren** der Aufgabenstellung. Stellen Sie fest, zu welchem Themenbereich die Aufgabe gehört. Sammeln Sie alle Informationen, welche direkt gegeben sind, und achten Sie darauf, ob evtl. versteckte Informationen enthalten sind.

Schritt 2:
Markieren Sie die **Operatoren** in der Aufgabenstellung. Diese geben an, was in der Aufgabe von Ihnen verlangt wird. Vergegenwärtigen Sie sich die Bedeutung der verwendeten Fachbegriffe.

Schritt 3:
Versuchen Sie, den Sachverhalt zu veranschaulichen. Fertigen Sie gegebenenfalls mithilfe der Angaben und Zwischenergebnisse aus vorherigen Teilaufgaben eine **Skizze** an.

Schritt 4:
Erarbeiten Sie nun schrittweise den **Lösungsplan**, um aus den gegebenen Größen die gesuchte Größe zu erhalten. Notieren Sie sich, welche Einzel- bzw. Zwischenschritte auf dem Lösungsweg notwendig sind. Prinzipiell haben Sie zwei Möglichkeiten, oft hilft auch eine Kombination beider Vorgehensweisen:
- Sie gehen vom Gegebenen aus und versuchen, das Gesuchte zu erschließen.
- Sie gehen von dem Gesuchten aus und überlegen „rückwärts", wie Sie zur Ausgangssituation kommen.

Bei diesem Schritt wird dann sukzessive die **Lösung dargestellt**.

Schritt 5:
Suchen Sie nach geeigneten Möglichkeiten, das Endergebnis zu **kontrollieren**. Oftmals sind bereits Überschlagsrechnungen, Punktproben oder Grobskizzen ausreichend.

Hinweise zum Lösen mit dem CAS

Schülerinnen und Schüler, die im Unterricht der gymnasialen Oberstufe mit einem Computer-Algebra-System (CAS) arbeiten, können dieses auch im Abitur einsetzen. Für das CAS werden in Hessen eigene Abituraufgaben formuliert. Damit Sie die damit verbundenen Vorteile auch effektiv nutzen können, sind hier einige Hinweise für das Lösen von Abituraufgaben mit CAS-Rechnern aufgelistet. Sie sind so formuliert, dass sie für alle Systeme Gültigkeit haben. Die in diesem Buch gelösten Abituraufgaben enthalten „Screenshots" von zwei verschiedenen CAS-Rechnern. Sie müssen diese auf Ihr eigenes System übertragen. Es ist aus nachvollziehbaren Gründen nicht möglich, alle auf dem Markt befindlichen Systeme hier einzubeziehen.

1. Es versteht sich von selbst, dass Sie vor der Prüfung alle Speicher Ihres Systems leeren, alle von Ihnen definierten Variablen und Funktionen löschen und alle Programme, die nicht zum ursprünglichen Auslieferungszustand des CAS gehören, entfernen müssen. Gönnen Sie Ihrem CAS vor der Prüfung neue Batterien und nehmen Sie zur Sicherheit noch eine Ersatzpackung mit.

2. Moderne CAS bieten die Möglichkeit, für neue Aufgaben eigene Ordner oder Arbeitsbereiche anzubieten. Dies hat den Vorteil, dass der Variablenspeicher für diesen Ordner wieder zurückgesetzt wird und damit der gleiche Variablen- bzw. Funktionsname, wie evtl. in einer anderen Aufgabe vorher, benutzt werden kann. Wechselt man dann wieder in einen alten Ordner zurück, können die Variablen mit ihren vorherigen Belegungen und die Funktionen mit ihren vorherigen Definitionen zum Fortsetzen einer zuvor unterbrochenen Aufgabe weiter benutzt werden.
   Dieses Vorgehen empfiehlt sich, da dadurch das unwissentliche Übernehmen von bereits belegten Variablen oder definierten Funktionen in andere Aufgaben vermieden werden kann. Man wird dadurch auch in die Lage versetzt, ohne aufwendiges Neueingeben eine bereits teilbearbeitete Aufgabe im späteren Verlauf zu beenden. Bei manchen CAS wird bei der Neuanlage eines Ordners auch der Bildschirminhalt gelöscht. Um die Funktionsweise seines CAS genau kennenzulernen, sollte man auf jeden Fall das Handbuch heranziehen.

3. Die Benutzung des CAS birgt die Gefahr, dass Ergebnisse zu unkritisch akzeptiert werden. Dies kann schnell katastrophale Auswirkungen haben, wenn die Ergebnisse weiterverarbeitet werden müssen. Wann immer es möglich ist, sollte man seine Ergebnisse auf Plausibilität überprüfen. Neben dem „gesunden Menschenverstand" bieten insbesondere die grafischen Möglichkeiten des CAS oft eine Gelegenheit, ein Ergebnis zu überprüfen.

4. Auch das CAS muss manchmal mit Näherungslösungen arbeiten. Nicht jede Gleichung lässt sich exakt lösen. Manchmal gibt es auch mehr Lösungen einer Gleichung, als in der Aufgabenstellung gefragt sind. Das CAS gibt hier nur wenige Lösungen an und verweist auf mögliche weitere Lösungen. Auch hier ist es unabdingbar, dass man durch Studium des Handbuchs schon im Vorfeld der Prüfung weiß, wie man in solchen Fällen vorgehen muss, um zu den Lösungen zu kommen, die im Sinne der Aufgabenstellung passend sind.

5. Das CAS bietet die Möglichkeit, sehr exakt zu arbeiten. Will man Lösungen weiterverarbeiten, sollte man nicht einfach eine dezimale Näherung aus einer Berechnung übernehmen. Rein technisch bietet sich beim CAS das Kopieren von Zwischenlösungen in eine neue Formel oder Gleichung an. Grundsätzlich muss man sich entscheiden, in welcher Darstellung die Lösungen ausgegeben werden sollen. Will man exakt arbeiten, so ist die Bruchdarstellung sicher nicht nur aus ästhetischen Gründen am besten geeignet. Benötigt man nur Näherungen oder will Koordinaten in eine Grafik

übertragen, so bietet sich die Dezimaldarstellung an. Ein Vorteil des CAS ist in diesem Zusammenhang auch, dass man jederzeit eine Berechnung mit einer anderen Grundeinstellung wiederholen kann, ohne diese neu eingeben zu müssen.

6. Die Benutzung eines CAS schützt nicht vor Fehleingaben oder falschen Ansätzen. Soweit es möglich ist, sollte jedes Ergebnis einer Plausibilitätsüberprüfung unterzogen werden. Entweder hat man eine belegbare Vorstellung vom Rahmen, innerhalb dessen sich ein Ergebnis bewegen sollte, oder man hilft sich mit dem guten alten „Bauchgefühl", in dem unbewusst immer eine Menge Erfahrung steckt. Es gibt je nach Art der Aufgabe oft auch andere Möglichkeiten, das Ergebnis in Form einer Gegenprobe zu verifizieren.

7. Es ist nützlich, die Namen und Bezeichnungen von Funktionen und Variablen so zu wählen, wie sie auch im Aufgabentext vorgegeben sind. Dies hat einen Wiedererkennungswert. Bei den Variablen gibt es außer der Gefahr, dass sie vielleicht schon zuvor mit einem Wert belegt sein könnten (siehe 2.) bei bestimmten CAS-Systemen Probleme, wenn der gleiche Buchstabe als Name für eine Variable und als Name für eine Funktion benutzt wird (z. B. f(x) und x(t)). Manche CAS-Systeme erlauben es, Variablen mit mehr als einem Buchstaben zu definieren. Das kann zu Problemen führen, wenn man eigentlich z. B. die Variable a mit der Variablen b multiplizieren will und „ab" in das CAS eingibt. Dieses interpretiert „ab" dann als neue Variable. Man muss also unbedingt „$a \times b$" schreiben und das Multiplikationssymbol benutzen.

8. Weil das CAS Ihnen viel Arbeit abnimmt, kann es passieren, dass Ihre Lösungsdarstellung zu knapp ausfällt. Gewöhnen Sie sich daran, den Lösungsweg immer so zu notieren, dass er von anderen und vor allem von Ihnen selbst nachvollzogen werden kann. Selbstverständlich und unabdingbar ist das Notieren der Lösungsansätze. Die Stellen, an denen Sie das CAS für Berechnungen einsetzen, sollten Sie entsprechend markieren. Besonders in den Klausuren kann das für Ihren Lehrer oder Ihre Lehrerin eine durchaus nützliche Information sein. Notieren Sie Zwischenergebnisse. Das hilft auch Ihnen beim Nachvollziehen eines Gedankengangs und eventuellen Korrekturen. Benutzen Sie in Ihrer Lösung und bei der Dokumentation des Lösungsweges die mathematische Fachsprache und nicht die manchmal sehr spezielle Sprache Ihres CAS.

9. Beachten Sie, dass durch die Operatoren in der Aufgabenstellung deutlich wird, ob eine ausführliche, vielleicht auch symbolische Berechnung ohne den Einsatz des CAS verlangt wird oder nicht. Fordern Sie Ihre Lehrerin bzw. Ihren Lehrer auf, Ihnen für jeden Operator Beispiele anzugeben.

10. Abschließend sei insbesondere auf die Webseiten des Hessischen Kultusministeriums hingewiesen. Hier gibt es unter dem Menüpunkt „Landesabitur" neben den Operatoren und Erlassen auch Handreichungen und Arbeitsmaterialien, die laufend erneuert und ergänzt werden.

Hessen – Grundkurs Mathematik
Hilfsmittelfreier Prüfungsteil – Aufgabenserie zum Pflichtteil

P1 – Analysis (aus: Landesabitur 2019, Teil A, Aufgabe 1)

1 In Material 1 sind der Graph der Funktion g mit $g(x) = \frac{1}{3}x^2 - \frac{2}{3}x + \frac{4}{3}$ sowie der Graph einer weiteren Funktion f dargestellt.

1.1 Berechnen Sie $\int_0^3 g(x)\,dx$ und zeichnen Sie die Fläche, deren Inhalt mit dem Integral berechnet wird, in Material 1. **(3 BE)**

1.2 Entscheiden Sie nur anhand der Abbildung in Material 1, ob der Wert des Integrals $\int_2^5 (f(x) - g(x))\,dx$ eine positive Zahl, eine negative Zahl oder gleich null ist. **(2 BE)**

Material 1

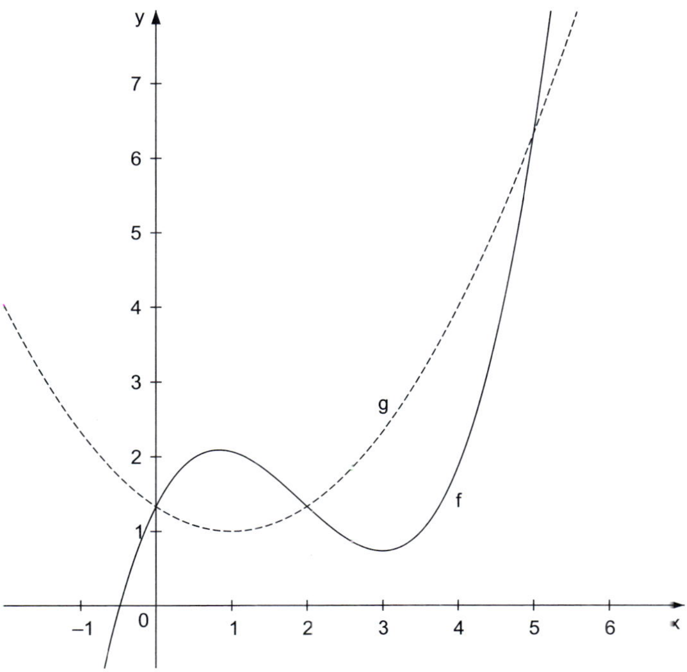

P2 – Lineare Algebra / Analytische Geometrie (aus: Landesabitur 2019, Teil A, Aufgabe 3)

2 Gegeben sind die Punkte $A(5|7|2)$, $B(3|10|3)$, $C(4|7|7)$ und $D(6|4|6)$.

2.1 Zeigen Sie, dass das Viereck ABCD ein Parallelogramm, aber kein Rechteck ist. **(3 BE)**

2.2 Bestimmen Sie die Koordinaten des Mittelpunkts M der Diagonalen $\overline{AC}$. **(2 BE)**

P3 – Stochastik (aus: Landesabitur 2019, Teil A, Aufgabe 2)

3 In einem Behälter befinden sich 2 blaue und 3 weiße Kugeln.

3.1 Zwei Kugeln werden nacheinander zufällig ohne Zurücklegen gezogen.
Geben Sie für die folgenden Ereignisse jeweils einen Term zur Berechnung der Wahrscheinlichkeit an:
A: „Beide Kugeln sind blau.“
B: „Mindestens eine Kugel ist weiß.“
C: „Eine Kugel ist weiß und eine blau.“ **(3 BE)**

3.2 Bestimmen Sie, wie viele grüne Kugeln zusätzlich in den Behälter gelegt werden müssen, damit die Wahrscheinlichkeit, beim einmaligen Ziehen zufällig eine grüne Kugel zu ziehen, $\frac{2}{3}$ beträgt. **(2 BE)**

Lösung

1.1 Berechnung des Integrals mit dem Hauptsatz der Differenzial- und Integralrechnung:

$$\int_0^3 \left(\frac{1}{3}\cdot x^2 - \frac{2}{3}\cdot x^1 + \frac{4}{3}\right) dx = \left[\frac{1}{9}\cdot x^3 - \frac{1}{3}\cdot x^2 + \frac{4}{3}\cdot x^1\right]_0^3$$

$$= \frac{1}{9}\cdot 3^3 - \frac{1}{3}\cdot 3^2 + \frac{4}{3}\cdot 3 - (0 - 0 + 0) = 3 - 3 + 4 = 4$$

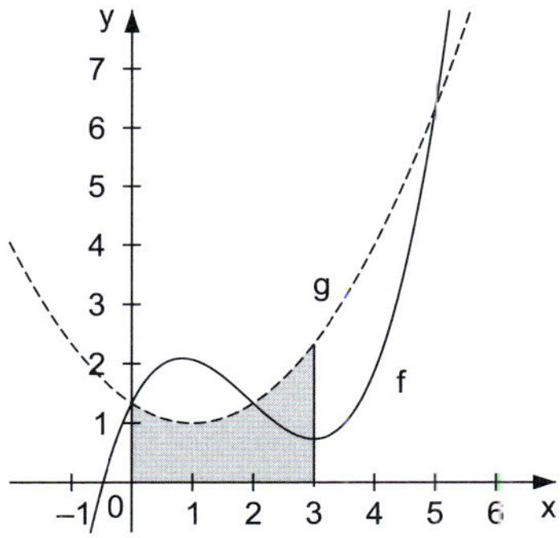

1.2 Der Graph von f verläuft im Inneren des zu untersuchenden Intervalls [2; 5] ausschließlich unterhalb des Graphen von g. Daher ist die zu ihm gehörende Flächenmaßzahl kleiner als die entsprechende Maßzahl von g und der Wert des Integrals ist somit negativ.

2.1 Das Viereck ABCD ist ein Parallelogramm, wenn für die Seitenvektoren gilt:

$$\overrightarrow{AB} = \overrightarrow{DC}$$

Alternativ kann man auch $\overrightarrow{AD}$ und $\overrightarrow{BC}$ auf Gleichheit überprüfen.

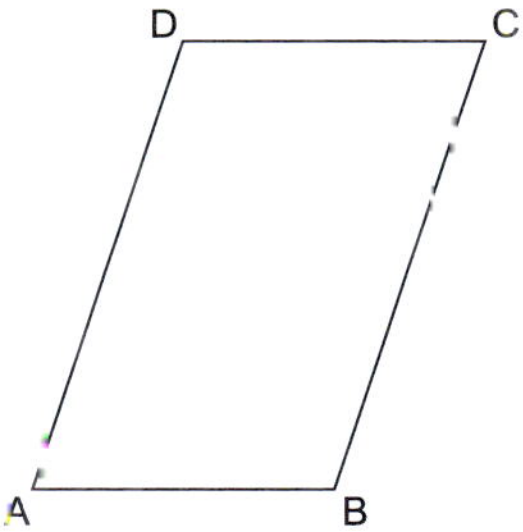

$$\overrightarrow{AB} = \begin{pmatrix} 3 \\ 10 \\ 3 \end{pmatrix} - \begin{pmatrix} 5 \\ 7 \\ 2 \end{pmatrix} = \begin{pmatrix} -2 \\ 3 \\ 1 \end{pmatrix} \text{ und } \overrightarrow{DC} = \begin{pmatrix} 4 \\ 7 \\ 7 \end{pmatrix} - \begin{pmatrix} 6 \\ 4 \\ 6 \end{pmatrix} = \begin{pmatrix} -2 \\ 3 \\ 1 \end{pmatrix}$$

Also gilt $\overrightarrow{AB} = \overrightarrow{DC}$ und ABCD ist ein Parallelogramm.

Das Parallelogramm ist kein Rechteck, wenn irgendein Innenwinkel kein rechter Winkel ist. Das ist zum Beispiel der Fall, wenn das Skalarprodukt von $\overrightarrow{AB}$ und $\overrightarrow{AD}$ ungleich null ist.

Mit $\overrightarrow{AD} = \begin{pmatrix} 6 \\ 4 \\ 6 \end{pmatrix} - \begin{pmatrix} 5 \\ 7 \\ 2 \end{pmatrix} = \begin{pmatrix} 1 \\ -3 \\ 4 \end{pmatrix}$ gilt:

$$\overrightarrow{AB} \circ \overrightarrow{AD} = \begin{pmatrix} -2 \\ 3 \\ 1 \end{pmatrix} \circ \begin{pmatrix} 1 \\ -3 \\ 4 \end{pmatrix} = -2\cdot 1 + 3\cdot(-3) + 1\cdot 4 = -7 \neq 0$$

Damit liegt also kein Rechteck vor.

2.2 Für den Mittelpunkt M als Schnittpunkt der Diagonalen gilt:

$$\overrightarrow{OM} = \overrightarrow{OA} + \frac{1}{2}(\overrightarrow{AD} + \overrightarrow{DC}) = \begin{pmatrix} 5 \\ 7 \\ 2 \end{pmatrix} + \frac{1}{2}\left(\begin{pmatrix} 1 \\ -3 \\ 4 \end{pmatrix} + \begin{pmatrix} -2 \\ 3 \\ 1 \end{pmatrix}\right) = \begin{pmatrix} 5 \\ 7 \\ 2 \end{pmatrix} + \frac{1}{2}\begin{pmatrix} -1 \\ 0 \\ 5 \end{pmatrix} = \begin{pmatrix} \frac{9}{2} \\ 7 \\ \frac{9}{2} \end{pmatrix}$$

$M\left(\frac{9}{2} \mid 7 \mid \frac{9}{2}\right)$ ist also der Mittelpunkt der Diagonalen.

3 Informationsentnahme:
Im Behälter befinden sich 5 Kugeln, davon sind 2 blau und 3 weiß.

3.1 Zwei Kugeln werden ohne Zurücklegen gezogen.

Es ist nur die Angabe der entsprechenden Terme verlangt, eine weitere Rechnung ist, genau wie eine Begründung, nicht notwendig.

Ereignis A: Beim ersten Ziehen sind 2 von 5 Kugeln blau, beim zweiten Ziehen ist nur noch eine von 4 verbliebenen Kugeln blau. Daher gilt:

$$P(A) = P(\text{„beide Kugeln sind blau“}) = \frac{2}{5} \cdot \frac{1}{4} \left(= \frac{1}{10} \right)$$

Ereignis B:

$$P(B) = P(\text{„mindestens eine Kugel ist weiß“}) = 1 - P(\text{„keine Kugel ist weiß“})$$
$$= 1 - P(\text{„beide Kugeln sind blau“}) = 1 - \frac{2}{5} \cdot \frac{1}{4} \left(= 1 - \frac{1}{10} = \frac{9}{10} \right)$$

Alternativ:

$$P(B) = P(\text{„mindestens eine Kugel ist weiß“})$$
$$= \frac{3}{5} \cdot \frac{2}{4} + \frac{2}{5} \cdot \frac{3}{4} + \frac{3}{5} \cdot \frac{2}{4} \left(= 3 \cdot \frac{3 \cdot 2}{5 \cdot 4} = \frac{9}{10} \right)$$

Erläuterung: Zum Ereignis B gehören folgende Ergebnisse: Die erste gezogene Kugel ist weiß und die zweite ist blau *oder* die erste ist blau und die zweite ist weiß *oder* beide gezogenen Kugeln sind weiß.

Ereignis C: Entweder ist die erste gezogene Kugel weiß oder die zweite Kugel; zwei gleichfarbige Kugel sollen nicht vorkommen. Daher gilt:

$$P(C) = P(\text{„eine Kugel ist weiß und eine Kugel ist blau“})$$
$$= \frac{3}{5} \cdot \frac{2}{4} + \frac{2}{5} \cdot \frac{3}{4} \left(= 2 \cdot \frac{3}{5} \cdot \frac{1}{2} = \frac{3}{5} \right)$$

3.2 Hier ist die Anzahl n der zusätzlichen grünen Kugeln gesucht, die hinzugefügt werden müssen, damit die Wahrscheinlichkeit für das Ziehen einer grünen Kugel beim einmaligen Ziehen $\frac{2}{3}$ ist.

Die neue Anzahl aller Kugeln ist nun also $5+n$. Daher muss $\frac{n}{5+n}=\frac{2}{3}$ gelten. Durch die Umformungen

$$\frac{n}{5+n}=\frac{2}{3} \qquad |\cdot(5+n)\cdot 3$$

$$\Leftrightarrow \quad 3\cdot n = 2\cdot(5+n)$$

$$\Leftrightarrow \quad 3\cdot n = 10+2\cdot n \qquad |-2\cdot n$$

$$\Leftrightarrow \quad n = 10$$

ergibt sich, dass 10 grüne Kugeln hinzugefügt werden müssen.

Anhand des Ansatzes $\frac{n}{5+n}=\frac{2}{3}$ kann man auch argumentieren, dass $n=10$ die Anzahl von grünen Kugeln ist, die diese Verhältnisgleichung erfüllt. Da zwei Anteile n Stück sind und $5+n$ Stück drei Anteilen entsprechen müssen, muss $n=2\cdot 5=10$ sein.

W1 – Analysis (aus: Landesabitur 2020, Teil A, Aufgabe 2)

1 Gegeben ist die Funktion f mit $f(x) = (x^2 - x) \cdot e^x$.

1.1 Entscheiden Sie, welcher der drei dargestellten Graphen zur Funktion f gehört.

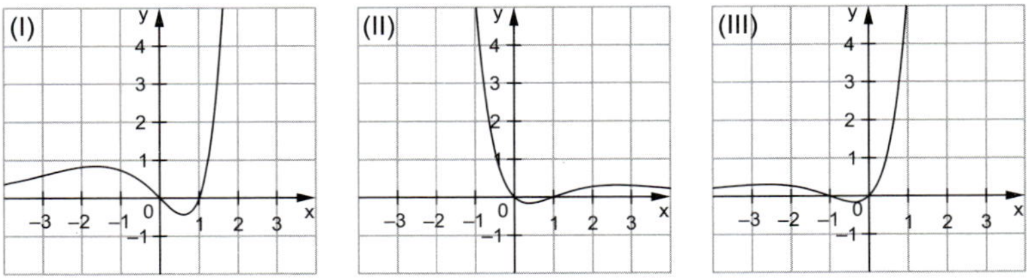

(3 BE)

1.2 Ermitteln Sie die Funktionsgleichung der Ableitungsfunktion f'.
Hinweis: Ein Vereinfachen des Funktionsterms ist nicht erforderlich. **(2 BE)**

W2 – Lineare Algebra / Analytische Geometrie (aus: Landesabitur 2020, Teil A, Aufgabe 3)

2 Berechnen Sie die Lösung des folgenden linearen Gleichungssystems:

$$\begin{array}{lrcl} \text{I} & 2x - 3y + 2z & = & 0 \\ \text{II} & -2x + y - z & = & -1 \\ \text{III} & 6x - 10y + 2z & = & -14 \end{array}$$

(5 BE)

W3 – Stochastik (aus: Landesabitur 2022, Teil A, Aufgabe 2)

3 Zwei Schützen zielen auf eine Scheibe.

3.1 Schütze 1 trifft die Scheibe mit einer Trefferwahrscheinlichkeit von $p_1 = \frac{2}{3}$. Berechnen Sie die Wahrscheinlichkeit dafür, dass er bei drei Schüssen die Scheibe mindestens zweimal trifft. **(3 BE)**

3.2 Bei Schütze 2 beträgt die Wahrscheinlichkeit, dass er bei zwei Schüssen die Scheibe beide Male trifft, $\frac{9}{25}$. Bestimmen Sie seine Trefferwahrscheinlichkeit p_2. **(2 BE)**

Lösung

1.1 Ein Unterscheidungskriterium könnten die Nullstellen sein, die sich ausgehend vom Ansatz $f(x) = 0$ berechnen lassen:

$$(x^2 - x) \cdot e^x = 0$$

Da e^x nie null ist, muss gelten:

$$x^2 - x = 0$$
$$x \cdot (x - 1) = 0$$
$$x_1 = 0 \text{ und } x_2 = 1$$

Graph (III) kann daher nicht zu f gehören.

Man benötigt ein weiteres Kriterium, da noch zwei Graphen zur Auswahl stehen: Diese unterscheiden sich zum Beispiel in ihrem Verhalten für $x \to \infty$.

Für $x \to \infty$ wächst sowohl e^x wie auch $(x^2 - x)$ ins (positiv) Unendliche. Damit wächst auch deren Produkt $(x^2 - x) \cdot e^x$ ins Unendliche. Lediglich Graph (I) weist dieses Verhalten auf und gehört somit zur Funktion f.

1.2 Da es sich bei dem Funktionsterm um ein Produkt handelt, muss die Produktregel angewendet werden:

$$f(x) = (x^2 - x) \cdot e^x \quad \Rightarrow \quad u(x) = x^2 - x, \quad v(x) = e^x$$
$$u'(x) = 2x - 1, \quad v'(x) = e^x$$

Ausgehend von $f' = u'v + uv'$ erhält man:

$$f'(x) = (2x - 1) \cdot e^x + (x^2 - x) \cdot e^x$$

Eine Vereinfachung des Terms ist explizit nicht gefordert.

2 Man erhält die Lösung des Gleichungssystems, indem man die Variablen schrittweise eliminiert. So bietet es sich bei den vorgegebenen Gleichungen an, zunächst die Variable x zu entfernen.

$$\begin{array}{lrcl} \text{I} & 2x - 3y + 2z &=& 0 \\ \text{II} & -2x + y - z &=& -1 \\ \text{III} & 6x - 10y + 2z &=& -14 \end{array}$$

Addiert man die ersten beiden Gleichungen, (I) + (II), so erhält man:

$$\text{IV} \quad -2y + z = -1$$

Und $-3 \cdot$ (I) + (III) ergibt:

$$\text{V} \quad -y - 4z = -14$$

Nun lässt sich y eliminieren, indem man (IV) $- 2 \cdot$ (V) rechnet und dann erhält:

$$9z = 27$$
$$z = 3$$

$z = 3$ eingesetzt in (IV) liefert:

$$-2y + 3 = -1$$
$$y = 2$$

y = 2 und z = 3 eingesetzt in (II) liefert:

$$-2x + 2 - 3 = -1$$
$$x = 0$$

Die Lösung des Gleichungssystems ist also x = 0, y = 2, z = 3.

3.1 Mithilfe des nebenstehenden (verkürzten) Baumdiagramms ermittelt man (T: Schütze 1 trifft die Scheibe):

$$P(\text{drei Treffer}) = \frac{2}{3} \cdot \frac{2}{3} \cdot \frac{2}{3} = \frac{8}{27}$$

$$P(\text{zwei Treffer}) = 3 \cdot \frac{2 \cdot 2 \cdot 1}{3 \cdot 3 \cdot 3} = \frac{12}{27}$$

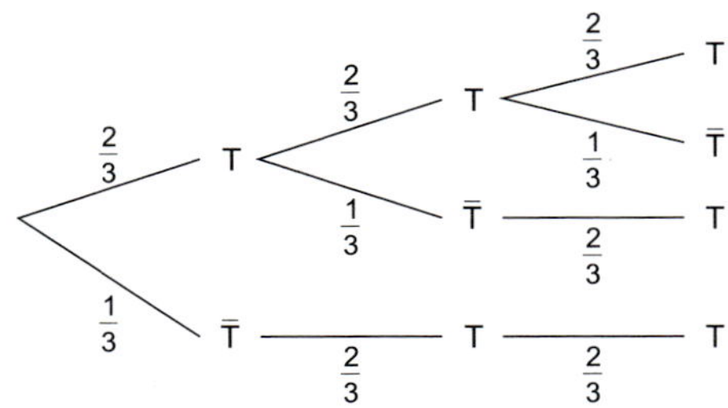

Damit ist:

$$P(\text{mindestens zwei Treffer}) = P(\text{zwei Treffer}) + P(\text{drei Treffer}) = \frac{12}{27} + \frac{8}{27} = \frac{20}{27}$$

3.2 Bei einer Trefferwahrscheinlichkeit von p_2 für Schütze 2 gilt:

$$P(\text{zwei Treffer}) = p_2 \cdot p_2 = p_2^2 = \frac{9}{25}$$

Damit ist:

$$p_2 = \sqrt{\frac{9}{25}} = \frac{3}{5}$$

W4 – Analysis

4 Gegeben ist die Funktionenschar $f_a(x) = -\frac{1}{a}x^2 + ax$ für $a > 0$.

4.1 Begründen Sie, dass der Graph von f_a für alle $a > 0$ genau ein Maximum besitzt. **(1 BE)**

4.2 Berechnen Sie a so, dass der Graph von f_a exakt an der Stelle $x = 8$ ein solches Maximum besitzt. **(4 BE)**

W5 – Lineare Algebra/Analytische Geometrie (aus: Landesabitur 2020, Teil A, Aufgabe 4)

5 Gegeben ist die Ebene E mit der Koordinatengleichung E: $x + z = -3$.

5.1 Bestimmen Sie die Koordinaten der Schnittpunkte von E mit den Koordinatenachsen und geben Sie die besondere Lage von E im Koordinatensystem an. **(3 BE)**

5.2 Gegeben ist weiterhin die Gerade g: $\vec{x} = \begin{pmatrix} 0 \\ 0 \\ 1 \end{pmatrix} + t \cdot \begin{pmatrix} -1 \\ 0 \\ 1 \end{pmatrix}$, $t \in \mathbb{R}$. Untersuchen Sie die besondere Lage von g sowohl zu E als auch im Koordinatensystem. **(2 BE)**

W6 – Stochastik (aus: Landesabitur 2021, Teil A, Aufgabe 4)

6 In einem Kindergarten mit 120 Kindern, darunter 68 Mädchen und 52 Jungen, befinden sich 14 Mädchen und 10 Jungen, die eine Brille tragen.
Eine Umfrage unter den Eltern aller Kinder ergibt, dass bei 30 Kindern beide Elternteile eine Brille tragen. Unter diesen 30 Kindern tragen 8 eine Brille.

6.1 Ermitteln Sie den Anteil der Kinder, die eine Brille tragen, unter allen Kindern dieses Kindergartens. **(2 BE)**

6.2 Prüfen Sie die beiden folgenden Ereignisse A und B auf stochastische Unabhängigkeit:

A: Beide Elternteile tragen eine Brille.
B: Kind trägt eine Brille.

Hinweis: Zwei Ereignisse A und B sind stochastisch unabhängig, falls gilt:
$P(B) = P_A(B)$ bzw. $P(A \cap B) = P(A) \cdot P(B)$ **(3 BE)**

Lösung

4.1 An der Funktionsgleichung kann man erkennen, dass es sich hierbei um eine Parabel handelt. Da der Parameter a nur positive Werte annehmen kann, wird der gesamte Vorfaktor $-\frac{1}{a}$ in jedem Fall ein negatives Vorzeichen besitzen. Daher ist die Parabel nach unten geöffnet und hat in jedem Fall genau ein Maximum.

4.2 Notwendige Bedingung für ein Maximum: $f_a'(x) = 0$

$$f_a'(x) = -\frac{2}{a}x + a$$

$$0 = -\frac{2}{a}x + a \qquad \Big| -a$$

$$-a = -\frac{2}{a}x \qquad \Big| : \left(-\frac{2}{a}\right)$$

$$x = \frac{a^2}{2}$$

Mit der Bedingung $x = 8$ ergibt sich unter Beachtung von $a > 0$:

$$8 = \frac{a^2}{2} \quad \Leftrightarrow \quad a = 4$$

5.1 Ein Schnittpunkt mit einer der Koordinatenachsen liegt vor, wenn zwei Koordinaten null sind. Der Schnittpunkt mit der x-Achse hat zum Beispiel die Koordinaten $P_x(x\,|\,0\,|\,0)$. Damit lassen sich die Schnittpunkte berechnen.

Für den Schnittpunkt mit der x-Achse ist $y = 0$ und $z = 0$. Setzt man diese Koordinaten in die Ebenengleichung E: $x + z = -3$ ein, so erhält man:

$$x + 0 = -3$$
$$x = -3$$

Der Schnittpunkt mit der x-Achse ist also $P_x(-3\,|\,0\,|\,0)$.

Analog erhält man für den Schnittpunkt mit der y-Achse $x = 0$ und $z = 0$. Dies liefert:

$$0 + 0 = -3$$

$0 = -3$ ist eine falsche Aussage. Die Ebene hat also keinen Schnittpunkt mit der y-Achse.

Für den Schnittpunkt mit der z-Achse ergibt sich mit $x = 0$ und $y = 0$:

$$0 + z = -3$$
$$z = -3$$

Der Schnittpunkt mit der z-Achse ist demnach $P_z(0\,|\,0\,|\,-3)$.

Aus dem Nachweis, dass die Ebene E die y-Achse nicht schneidet, ergibt sich, dass E parallel zur y-Achse liegt.

5.2 Zunächst soll untersucht werden, ob die Gerade g die Ebene E schneidet.

Setzt man die der Geradengleichung entnommenen Komponenten x, y und z in die Koordinatengleichung der Ebene ein, erhält man:

$$(0-t)+(1+t)=-3$$
$$1=-3$$

Dies ist eine falsche Aussage. Die Gerade und die Ebene haben keine gemeinsamen Punkte. Die Gerade g verläuft daher parallel zur Ebene E.

Die besondere Lage der Geraden im Koordinatensystem wird an der y-Komponente des Richtungsvektors $\begin{pmatrix}-1\\0\\1\end{pmatrix}$ deutlich. Da keine Ablenkung in y-Richtung vorliegt, muss die Gerade parallel zur x-z-Ebene liegen oder sogar in ihr enthalten sein.

Zur Unterscheidung der Fälle genügt es, zu untersuchen, ob der Aufpunkt $A(0\,|\,0\,|\,1)$ der Geraden in der x-z-Ebene liegt. Damit ein Punkt in der x-z-Ebene liegt, muss seine y-Koordinate null sein. Dies ist hier der Fall. Der Aufpunkt und damit die komplette Gerade liegen in der x-z-Ebene.

6.1 Dem einleitenden Aufgabentext ist zu entnehmen, dass 14 Mädchen und 10 Jungen eine Brille tragen. Insgesamt tragen also 24 von 120 Kindern eine Brille und man erhält für den gesuchten Anteil:

$$P(\text{Kind trägt Brille})=\frac{24}{120}=\frac{1}{5}$$

6.2 Stellt man die im einleitenden Aufgabentext enthaltenen Informationen in einer Vierfeldertafel zusammen, so erhält man:

	A: Eltern tragen beide eine Brille.	$\overline{A}$: Mindestens ein Elternteil trägt keine Brille.	
B: Kind trägt Brille.	8		$14+10$
$\overline{B}$: Kind trägt keine Brille.			
	30		120

Daraus ergibt sich:

$$P(A)=\frac{30}{120}=\frac{1}{4};\qquad P(B)=\frac{24}{120}=\frac{1}{5}\quad \text{(vgl. Teilaufgabe 6.1)}$$

$$P(A\cap B)=\frac{8}{120}=\frac{1}{15};\quad P_A(B)=\frac{8}{30}=\frac{4}{15}$$

Mit den in der Aufgabenstellung formulierten Hinweisen ergibt sich

$$P(B)=\frac{24}{120}=\frac{1}{5}=\frac{3}{15}\neq\frac{4}{15}=P_A(B)$$

oder alternativ:

$$P(A\cap B)=\frac{8}{120}=\frac{1}{15}\neq\frac{1}{20}=\frac{1}{4}\cdot\frac{1}{5}=P(A)\cdot P(B)$$

Die beiden Merkmale sind also nicht stochastisch unabhängig.

Hessen – Grundkurs Mathematik
2020 – A: hilfsmittelfreier Teil

Stochastik – Niveau 1

1 Eine Urne enthält 3 rote und 5 gelbe Kugeln.

1.1 Es werden nacheinander zwei Kugeln ohne Zurücklegen gezogen.
Berechnen Sie die Wahrscheinlichkeit p_1, dass die beiden Kugeln gelb sind.
Geben Sie die Wahrscheinlichkeit p_2 dafür an, dass die zweite Kugel gelb ist, wenn die erste Kugel bereits gelb war. **(2 BE)**

1.2 Es werden nacheinander 5 Kugeln mit Zurücklegen gezogen.
Erläutern Sie im Sachzusammenhang, was mit dem folgenden Term berechnet wird.
Gehen Sie dabei auf die einzelnen Faktoren des Terms ein.

$$\binom{5}{2}\cdot\left(\frac{3}{8}\right)^2\cdot\left(\frac{5}{8}\right)^3$$ **(3 BE)**

Analysis – Niveau 1

2 Gegeben ist die Funktion f mit $f(x) = (x^2 - x)\cdot e^x$.

2.1 Entscheiden Sie, welcher der drei dargestellten Graphen zur Funktion f gehört.

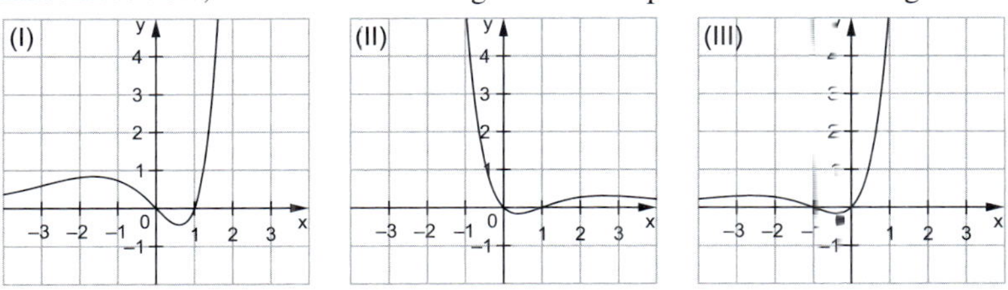

(3 BE)

2.2 Ermitteln Sie die Funktionsgleichung der Ableitungsfunktion f'.
Hinweis: Ein Vereinfachen des Funktionsterms ist nicht erforderlich. **(2 BE)**

Lineare Algebra / Analytische Geometrie – Niveau 1

3 Berechnen Sie die Lösung des folgenden linearen Gleichungssystems:

$$\begin{array}{lrcl} \text{I} & 2x - 3y + 2z & = & 0 \\ \text{II} & -2x + y - z & = & -1 \\ \text{III} & 6x - 10y + 2z & = & -14 \end{array}$$ **(5 BE)**

Lineare Algebra / Analytische Geometrie – Niveau 2

4 Gegeben ist die Ebene E mit der Koordinatengleichung E: $x + z = -3$.

4.1 Bestimmen Sie die Koordinaten der Schnittpunkte von E mit den Koordinatenachsen und geben Sie die besondere Lage von E im Koordinatensystem an. **(3 BE)**

4.2 Gegeben ist weiterhin die Gerade g: $\vec{x} = \begin{pmatrix}0\\0\\1\end{pmatrix} + t\cdot\begin{pmatrix}-1\\0\\1\end{pmatrix}$, $t \in \mathbb{R}$. Untersuchen Sie die besondere Lage von g sowohl zu E als auch im Koordinatensystem. **(2 BE)**

Lösung

1.1 Einen Überblick über alle möglichen Spielverläufe liefert das nebenstehende Baumdiagramm (r = rot, g = gelb).

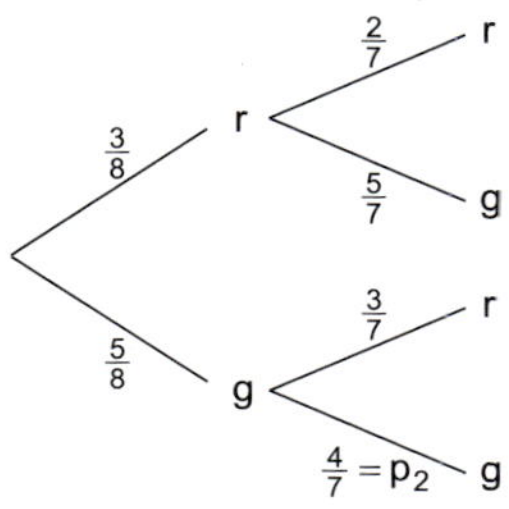

Damit ergibt sich für die gesuchte Wahrscheinlichkeit p_1:

$$p_1 = P(\text{gelb-gelb}) = \frac{5}{8} \cdot \frac{4}{7} = \frac{20}{56} = \frac{5}{14}$$

Die Wahrscheinlichkeit p_2 lässt sich direkt dem Baumdiagramm entnehmen als:

$$p_2 = \frac{4}{7}$$

1.2 Der Term liefert das Ergebnis für genau zwei Erfolge bei einer binomialverteilten Zufallsgröße X mit n = 5 und $p = \frac{3}{8}$. Im Sachzusammenhang bedeutet das, dass der Term die Wahrscheinlichkeit angibt, dass beim Ziehen von fünf Kugeln (mit Zurücklegen) genau zwei rote Kugeln gezogen werden. Dabei gibt $\binom{5}{2}$ die Anzahl der Möglichkeiten an, wie sich die beiden roten Kugeln auf die fünf Ziehungen verteilen können (z. B. rrggg, rgrgg, ...). Die Wahrscheinlichkeit einer dieser Kombinationen beträgt $\left(\frac{3}{8}\right)^2 \cdot \left(\frac{5}{8}\right)^3$, denn die Wahrscheinlichkeit für das Ziehen einer roten Kugel beträgt $\frac{3}{8}$ und diese muss zweimal eintreten und die Wahrscheinlichkeit für das Ziehen einer gelben Kugel beträgt $\frac{5}{8}$ und diese muss dreimal eintreten.

2.1 Ein Unterscheidungskriterium könnten die Nullstellen sein, die sich ausgehend vom Ansatz $f(x) = 0$ berechnen lassen:

$$(x^2 - x) \cdot e^x = 0$$

Da e^x nie null ist, muss gelten:

$$x^2 - x = 0$$
$$x \cdot (x - 1) = 0$$
$$x_1 = 0 \text{ und } x_2 = 1$$

Graph (III) kann daher nicht zu f gehören.

Man benötigt ein weiteres Kriterium, da noch zwei Graphen zur Auswahl stehen: Diese unterscheiden sich zum Beispiel in ihrem Verhalten für $x \to \infty$.

Für $x \to \infty$ wächst sowohl e^x wie auch $(x^2 - x)$ ins (positiv) Unendliche. Damit wächst auch deren Produkt $(x^2 - x) \cdot e^x$ ins Unendliche. Lediglich Graph (I) weist dieses Verhalten auf und gehört somit zur Funktion f.

2.2 Da es sich bei dem Funktionsterm um ein Produkt handelt, muss die Produktregel angewendet werden:

$$f(x) = (x^2 - x) \cdot e^x \quad \Rightarrow \quad u(x) = x^2 - x, \qquad v(x) = e^x$$
$$u'(x) = 2x - 1, \qquad v'(x) = e^x$$

Ausgehend von $f' = u'v + uv'$ erhält man:

$$f'(x) = (2x - 1) \cdot e^x + (x^2 - x) \cdot e^x$$

Eine Vereinfachung des Terms ist explizit nicht gefordert.

3 Man erhält die Lösung des Gleichungssystems, indem man die Variablen schrittweise eliminiert. So bietet es sich bei den vorgegebenen Gleichungen an, zunächst die Variable x zu entfernen.

$$\begin{array}{lrcl} \text{I} & 2x - 3y + 2z & = & 0 \\ \text{II} & -2x + y - z & = & -1 \\ \text{III} & 6x - 10y + 2z & = & -14 \end{array}$$

Addiert man die ersten beiden Gleichungen, (I) + (II), so erhält man:

$$\text{IV} \quad -2y + z = -1$$

Und $-3 \cdot (\text{I}) + (\text{III})$ ergibt:

$$\text{V} \quad -y - 4z = -14$$

Nun lässt sich y eliminieren, indem man $(\text{IV}) - 2 \cdot (\text{V})$ rechnet und dann erhält:

$$9z = 27$$
$$z = 3$$

$z = 3$ eingesetzt in (IV) liefert:

$$-2y + 3 = -1$$
$$y = 2$$

$y = 2$ und $z = 3$ eingesetzt in (II) liefert:

$$-2x + 2 - 3 = -1$$
$$x = 0$$

Die Lösung des Gleichungssystems ist also $x = 0$, $y = 2$, $z = 3$.

4.1 Ein Schnittpunkt mit einer der Koordinatenachsen liegt vor, wenn zwei Koordinaten null sind. Der Schnittpunkt mit der x-Achse hat zum Beispiel die Koordinaten $P_x(x\,|\,0\,|\,0)$. Damit lassen sich die Schnittpunkte berechnen.

Für den Schnittpunkt mit der x-Achse ist $y = 0$ und $z = 0$. Setzt man diese Koordinaten in die Ebenengleichung E: $x + z = -3$ ein, so erhält man:

$$x + 0 = -3$$
$$x = -3$$

Der Schnittpunkt mit der x-Achse ist also $P_x(-3\,|\,0\,|\,0)$.

Analog erhält man für den Schnittpunkt mit der y-Achse $x = 0$ und $z = 0$. Dies liefert:

$$0 + 0 = -3$$

$0 = -3$ ist eine falsche Aussage. Die Ebene hat also keinen Schnittpunkt mit der y-Achse.

Für den Schnittpunkt mit der z-Achse ergibt sich mit $x = 0$ und $y = 0$:

$$0 + z = -3$$
$$z = -3$$

Der Schnittpunkt mit der z-Achse ist demnach $P_z(0\,|\,0\,|\,-3)$.

Aus dem Nachweis, dass die Ebene E die y-Achse nicht schneidet, ergibt sich, dass E parallel zur y-Achse liegt.

4.2 Zunächst soll untersucht werden, ob die Gerade g die Ebene E schneidet.

Setzt man die der Geradengleichung entnommenen Komponenten x, y und z in die Koordinatengleichung der Ebene ein, erhält man:

$$\begin{aligned} (0 - t) + (1 + t) &= -3 \\ 1 &= -3 \end{aligned}$$

Dies ist eine falsche Aussage. Die Gerade und die Ebene haben keine gemeinsamen Punkte. Die Gerade g verläuft daher parallel zur Ebene E.

Die besondere Lage der Geraden im Koordinatensystem wird an der y-Komponente des Richtungsvektors $\begin{pmatrix} -1 \\ 0 \\ 1 \end{pmatrix}$ deutlich. Da keine Ablenkung in y-Richtung vorliegt, muss die Gerade parallel zur x-z-Ebene liegen oder sogar in ihr enthalten sein.

Zur Unterscheidung der Fälle genügt es, zu untersuchen, ob der Aufpunkt $A(0\,|\,0\,|\,1)$ der Geraden in der x-z-Ebene liegt. Damit ein Punkt in der x-z-Ebene liegt, muss seine y-Koordinate null sein. Dies ist hier der Fall. Der Aufpunkt und damit die komplette Gerade liegen in der x-z-Ebene.

Hessen – Grundkurs Mathematik
2020 – B1: Analysis (WTR)

Die Tabellen in Material 1 zeigen die Entwicklung der Weltbevölkerung über einen Zeitraum von 60 Jahren. In Material 2 sind die Wertepaare für ausgewählte Zeitpunkte als Punkte eingezeichnet (Weltbevölkerung in Milliarden Menschen, gerundet auf zwei Nachkommastellen, Zeit t in Jahren nach Beginn des Jahres 1960).

1.1 Zeigen Sie anhand der Tabellenwerte in Material 1, dass die Entwicklung der Weltbevölkerung im Zeitraum von 1960 bis 1985 als exponentieller Wachstumsprozess modelliert werden kann. **(4 BE)**

1.2 Ein Wissenschaftler schlägt vor, die Entwicklung der Weltbevölkerung durch die Funktion f mit $f(t) = 3{,}02 \cdot e^{0{,}019 \cdot t}$ (f(t) in Milliarden Menschen, Zeit t in Jahren nach Beginn des Jahres 1960) zu modellieren. Geben Sie die Funktionswerte in der folgenden Wertetabelle an und zeichnen Sie den Graphen der Funktion f für $0 \le t \le 60$ in das Koordinatensystem in Material 2.

t	0	10	20	30	40	50	60
f(t)							

Geben Sie die Weltbevölkerung an, die der Wissenschaftler bei dieser Modellierung für den Beginn des Jahres 2020 prognostiziert. **(5 BE)**

1.3 Zeichnen Sie die Wertepaare der Tabelle (Material 1) für die Jahre 1990 bis 2020 als Punkte in das Koordinatensystem in Material 2.
Beurteilen Sie, inwieweit der in Aufgabe 1.2 genannte Modellierungsvorschlag geeignet ist, die tatsächliche Bevölkerungsentwicklung in der Zeit vor und nach 1990 zu beschreiben. **(5 BE)**

1.4 Berechnen Sie den Wert des Terms $\frac{1}{20} \cdot \int_5^{25} 3{,}02 \cdot e^{0{,}019 \cdot t}\, dt$ und deuten Sie das Ergebnis im Sachzusammenhang. **(6 BE)**

2 Für die Zeit ab 1985 wird eine neue Modellierung für die Entwicklung der Weltbevölkerung vorgeschlagen. Dabei wird davon ausgegangen, dass sich die momentane Änderungsrate der Bevölkerungsentwicklung durch eine Funktion g' mit $g'(t) = d \cdot e^{k \cdot t}$ modellhaft beschreiben lässt.
Im Gegensatz zur Funktion f aus Aufgabe 1 wird für die Funktion g' der Zeitpunkt $t = 0$ auf den Beginn des Jahres 1985 festgelegt.

2.1 Für den Beginn des Jahres 1985 geht man von einer momentanen Änderungsrate von 0,0891 Milliarden Menschen pro Jahr aus, während für den Beginn des Jahres 2020 nur noch eine Änderungsrate von 0,078 Milliarden Menschen pro Jahr angenommen wird. Berechnen Sie auf dieser Grundlage die Werte der Parameter d und k und geben Sie die Funktionsgleichung von g' an. **(5 BE)**

Im Folgenden soll die momentane Änderungsrate der Bevölkerungsentwicklung durch die Gleichung $g'(t) = 0{,}0891 \cdot e^{-0{,}004 \cdot t}$ beschrieben werden.

2.2 Die Funktion g soll die Entwicklung der Weltbevölkerung ab 1985 modellhaft beschreiben.
Berechnen Sie eine Funktionsgleichung der Funktion g so, dass der Funktionswert von g

für den Beginn des Jahres 1985 mit dem Tabellenwert dieses Jahres übereinstimmt.
[zur Kontrolle: $g(t) = 27{,}125 - 22{,}275 \cdot e^{-0{,}004 \cdot t}$] **(5 BE)**

2.3 Untersuchen Sie anhand des Funktionsterms von g, wie sich die Weltbevölkerung nach diesem Modell langfristig entwickelt. **(3 BE)**

2.4 Berechnen Sie den Zeitpunkt, ab dem die Weltbevölkerung nach diesem Modell um weniger als 0,08 Milliarden Menschen pro Jahr zunimmt. **(3 BE)**

3 Untersuchen Sie anhand der Werte für die Jahre 1995, 2005 und 2020, ob sich die Funktion g zur Modellierung der Entwicklung der Weltbevölkerung für den Zeitraum von 1995 bis 2020 besser eignet als die Funktion f. **(4 BE)**

Material 1

Entwicklung der Weltbevölkerung von 1960 bis 1985

Jahr	1960	1965	1970	1975	1980	1985
Weltbevölkerung (Milliarden Menschen, gerundet auf zwei Nachkommastellen)	3,02	3,32	3,68	4,06	4,44	4,85

Entwicklung der Weltbevölkerung von 1985 bis 2020

Jahr	1985	1990	1995	2000	2005	2010	2015	2020
Weltbevölkerung (Milliarden Menschen, gerundet auf zwei Nachkommastellen)	4,85	5,31	5,74	6,13	6,52	6,93	7,35	7,78

Daten nach: United Nations – Department of Economic and Social Affairs, Population Division (2015): World Population Prospects: The 2015 Revision

Material 2

graphische Darstellung der Entwicklung der Weltbevölkerung

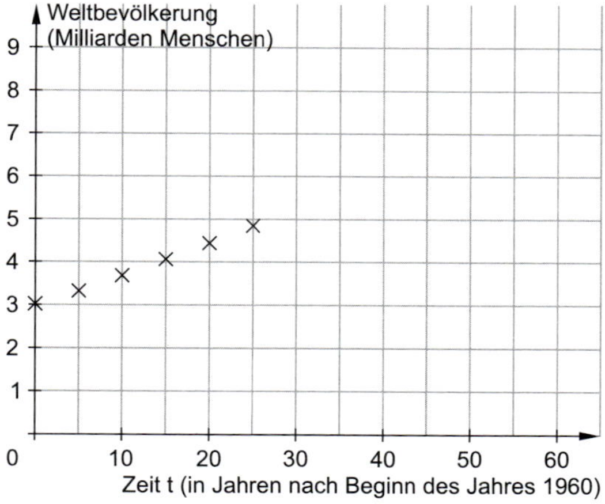

Hinweise und Tipps

Teilaufgabe 1.1

- Ein exponentieller Wachstumsprozess wird durch eine Funktion $f(t) = a \cdot e^{k \cdot t}$ modelliert.
- Dividiert man zwei aufeinanderfolgende Funktionswerte (festes Zeitintervall), so erhält man den Wachstumsfaktor k. Dieser muss bei gleichen Zeitintervallen eine Konstante sein.

Teilaufgabe 1.2

- Benutzen Sie Ihren WTR zur Berechnung der Funktionswerte.
- Tragen Sie die Funktionswerte und die Zeichnung direkt in die Vorlage ein.
- Denken Sie daran, dass $t = 0$ dem Beginn des Jahres 1960 entspricht.

Teilaufgabe 1.3

- Achten Sie auf die Abweichungen vor und nach $t = 30$ Jahren.

Teilaufgabe 1.4

- Berechnen Sie den Wert durch Ermittlung einer Stammfunktion und Einsetzen der Integrationsgrenzen.
- Es wird über 20 Jahre integriert und dann durch 20 dividiert. Denken Sie an einen Durchschnitt und formulieren Sie im Sachzusammenhang.

Teilaufgabe 2.1

- Bestimmen Sie d und k durch Einsetzen der gegebenen Werte und Funktionswerte für g'.
- Vergessen Sie nicht, die Gleichung für die Funktion g' am Ende hinzuschreiben.

Teilaufgabe 2.2

- g(t) bestimmt sich durch das Integral über die Funktion g'.
- Denken Sie an die Integrationskonstante.
- Berechnen Sie die Integrationskonstante durch Einsetzen des Tabellenwertes für $t = 0$ (1985).

Teilaufgabe 2.3

- Langfristig heißt: $t \to \infty$
- Wie ist das Verhalten des Exponentialterms für $t \to \infty$?

Teilaufgabe 2.4

- Setzen Sie $g'(t) = 0{,}08$ und lösen Sie die entstehende Gleichung.

Teilaufgabe 3

- Bestimmen Sie die Funktionswerte mit dem WTR.
- Denken Sie daran, dass der Beginn des Jahres 1985 identisch ist mit $t = 0$ bezogen auf die Funktion g.

Lösung

1.1 Man muss zeigen, dass das prozentuale Wachstum in den hier aufgeführten Intervallen in etwa konstant geblieben ist. Das prozentuale Wachstum im Zeitraum von 5 Jahren ergibt sich aus der Division von jeweils zwei aufeinanderfolgenden Werten der Tabelle des Materials 1:

Wachstum zwischen 1960 und 1965: $\dfrac{3,32}{3,02} \approx 1,099$

Das bedeutet also ein Wachstum von etwa 9,9 %.

Für die anderen Wachstumsraten ergibt sich gerundet auf drei Nachkommastellen:

1965 auf 1970: $\dfrac{3,68}{3,32} \approx 1,108$

1970 auf 1975: $\dfrac{4,06}{3,68} \approx 1,103$

1975 auf 1980: $\dfrac{4,44}{4,06} \approx 1,094$

1980 auf 1985: $\dfrac{4,85}{4,44} \approx 1,092$

Die Schwankung der Wachstumsraten beträgt also maximal 1,6 %. Das berechtigt, von einem exponentiellen Wachstumsmodell auszugehen.

1.2

t	0	10	20	30	40	50	60
f(t)	3,02	3,65	4,42	5,34	6,46	7,81	9,44

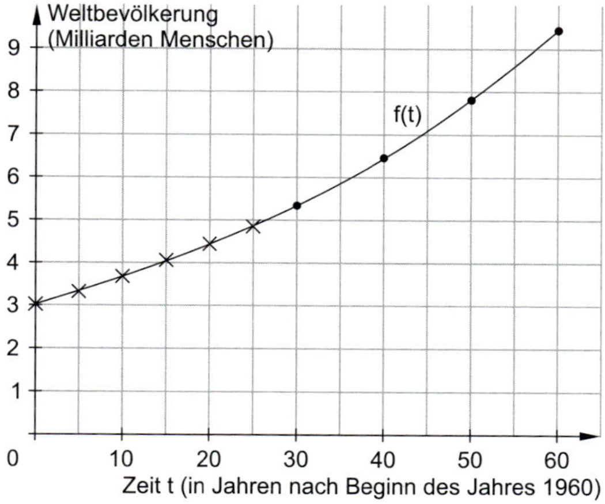

Bei diesem Modell wird für den Beginn des Jahres 2020 eine Bevölkerung von 9,44 Milliarden Menschen vorhergesagt.

1.3

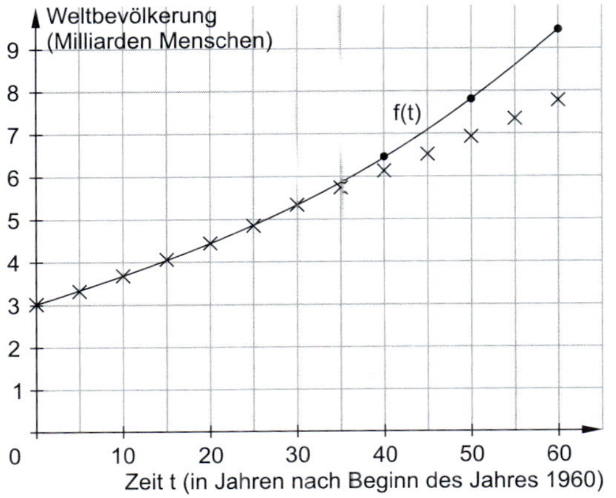

Wie man sieht, stimmen die Tabellenwerte mit den Funktionswerten der Funktion f(t) etwa bis zum Jahre 1990 (t = 30) gut überein. Danach aber liegen die Tabellenwerte mit immer größer werdenden Abständen unterhalb der Funktionswerte, sodass die Modellfunktion nur innerhalb des Zeitraums von 1960 bis 1990 geeignet erscheint.

1.4 $$\frac{1}{20}\cdot\int_5^{25} 3{,}02\cdot e^{0{,}019\cdot t}\,dt = \frac{1}{20}\cdot\left[\frac{3{,}02}{0{,}019}\cdot e^{0{,}019\cdot t}\right]_5^{25} = \frac{1}{20}\cdot\frac{3{,}02}{0{,}019}\cdot\left(e^{0{,}019\cdot 25} - e^{0{,}019\cdot 5}\right)$$
$$\approx 4{,}04$$

Das Ergebnis gibt auf Basis der Modellfunktion f(t) die durchschnittliche Bevölkerungszahl der Weltbevölkerung zwischen dem Beginn des Jahres 1965 und dem Beginn des Jahres 1985 an. Sie beträgt etwa 4,04 Milliarden Menschen.

2.1 Für $t = 0$, also den Beginn des Jahres 1985, beträgt die Änderungsrate pro Jahr 0,0891, also $g'(0) = d\cdot e^{k\cdot 0} = 0{,}0891$. Daraus folgt $d = 0{,}0891$.

Der Beginn des Jahres 2020 entspricht $t = 35$ (mit 1985 als neuem Zeitnullpunkt). Daraus folgt unter Verwendung von $d = 0{,}0891$:

$$g'(35) = 0{,}0891\cdot e^{k\cdot 35} \text{ und } g'(35) = 0{,}078 \quad\Rightarrow\quad 0{,}0891\cdot e^{k\cdot 35} = 0{,}078$$

Division durch 0,0891 und anschließendes Logarithmieren ergibt:

$$\ln(e^{k\cdot 35}) = k\cdot 35 = \ln\left(\frac{0{,}078}{0{,}0891}\right)$$

Daraus folgt:

$$k = \frac{1}{35}\cdot\ln\left(\frac{0{,}078}{0{,}0891}\right) \approx -0{,}0038$$

Damit lautet die gesuchte Funktionsgleichung:

$$g'(t) = 0{,}0891\cdot e^{-0{,}0038\cdot t}$$

2.2 Man erhält g(t) durch Integration von g'(t). Die Integrationskonstante wird mithilfe der Forderung g(0) = 4,85 (Tabellenwert für den Beginn des Jahres 1985) bestimmt.

$$g(t) = \int 0{,}0891 \cdot e^{-0{,}004 \cdot t}\, dt = \frac{0{,}0891}{-0{,}004} \cdot e^{-0{,}004 \cdot t} + C$$

Berechnung von C:

$$g(0) = \frac{0{,}0891}{-0{,}004} \cdot e^{-0{,}004 \cdot 0} + C \quad \text{und} \quad g(0) = 4{,}85 \quad \Rightarrow \quad \frac{0{,}0891}{-0{,}004} + C = 4{,}85$$

Daraus folgt C = 27,125.

Für die Funktionsgleichung von g ergibt sich somit:

$$g(t) = \frac{0{,}0891}{-0{,}004} \cdot e^{-0{,}004 \cdot t} + 27{,}125 = -22{,}275 \cdot e^{-0{,}004 \cdot t} + 27{,}125$$

2.3 Nimmt man g(t) als Modell für die Entwicklung der Weltbevölkerung, so erhält man eine langfristige Prognose, indem man die Zeit t gegen unendlich gehen lässt.

Es gilt $\lim\limits_{t \to \infty} g(t) = 27{,}125$, da der Exponentialterm für $t \to \infty$ gegen 0 geht.

Nach diesem Modell nähert sich die Zahl der Weltbevölkerung langfristig an 27,125 Milliarden Menschen an.

2.4 Die Zunahme der Weltbevölkerung wird nach diesem Modell durch die Funktionsgleichung von g'(t) beschrieben. Gesucht ist der Zeitpunkt, zu dem der Funktionswert dieser Funktion gleich 0,08 ist:

$$g'(t) = 0{,}08$$
$$0{,}0891 \cdot e^{-0{,}004 \cdot t} = 0{,}08$$
$$e^{-0{,}004 \cdot t} = \frac{0{,}08}{0{,}0891}$$

Logarithmieren ergibt:

$$\ln\left(e^{-0{,}004 \cdot t}\right) = \ln\left(\frac{0{,}08}{0{,}0891}\right)$$
$$-0{,}004 \cdot t = \ln\left(\frac{0{,}08}{0{,}0891}\right)$$
$$t = \frac{1}{-0{,}004} \cdot \ln\left(\frac{0{,}08}{0{,}0891}\right) \approx 26{,}93$$

Das heißt, dass die Bevölkerung ab dem Beginn des Jahres 27, also zu Beginn des Jahres 2012, um weniger als 80 Millionen Menschen pro Jahr zunimmt.

3 Für die Funktion g gilt für die Jahre 1995, 2005 und 2020:

$$g(10) \approx 5{,}72, \quad g(20) \approx 6{,}56, \quad g(35) \approx 7{,}76$$

Diese Werte stimmen sehr gut mit den Tabellenwerten überein. Sie sind in jedem Fall besser als die entsprechenden Werte der Funktion f, wie in den Teilaufgaben 1.2 und 1.3 dargestellt.

Fazit: Die Funktion g eignet sich für die Modellierung der Weltbevölkerung im Zeitraum von 1995 bis 2020 besser als die Funktion f.

Hessen – Grundkurs Mathematik
2020 – B1: Analysis (CAS)

Die Tabellen im Material zeigen die Entwicklung der Weltbevölkerung über einen Zeitraum von 60 Jahren.

1.1 Zeigen Sie anhand der Tabellenwerte im Material, dass die Entwicklung der Weltbevölkerung im Zeitraum von 1960 bis 1985 als exponentieller Wachstumsprozess modelliert werden kann. **(4 BE)**

1.2 Ein Wissenschaftler schlägt vor, die Entwicklung der Weltbevölkerung durch die Funktion f mit $f(t) = 3{,}02 \cdot e^{0{,}019 \cdot t}$ (f(t) in Milliarden Menschen, Zeit t in Jahren nach Beginn des Jahres 1960) zu modellieren.
Bestimmen Sie die Weltbevölkerung, die der Wissenschaftler bei dieser Modellierung für den Beginn des Jahres 2020 prognostiziert. Vergleichen Sie das Ergebnis mit der im Material prognostizierten Weltbevölkerung zu diesem Zeitpunkt. **(3 BE)**

1.3 Begründen Sie, dass bei der Modellierungsfunktion f die Weltbevölkerung kontinuierlich und mit wachsender Geschwindigkeit zunimmt.
Ermitteln Sie den Zeitpunkt, ab dem die momentane Wachstumsrate den Wert von 80 Millionen Menschen pro Jahr übersteigt. **(7 BE)**

1.4 Berechnen Sie den Wert des Terms $\frac{1}{20} \cdot \int_5^{25} 3{,}02 \cdot e^{0{,}019 \cdot t}\, dt$ und deuten Sie das Ergebnis im Sachzusammenhang. **(6 BE)**

2 Ein alternativer Modellierungsvorschlag geht davon aus, dass sich die momentane Änderungsrate der Bevölkerungsentwicklung durch eine Funktion g' mit $g'(t) = d \cdot e^{k \cdot t}$ modellhaft beschreiben lässt (t in Jahren nach Beginn des Jahres 1960).

2.1 Für den Beginn des Jahres 1985 geht man von einer momentanen Änderungsrate von 0,0891 Milliarden Menschen pro Jahr aus, während für den Beginn des Jahres 2020 nur noch eine Änderungsrate von 0,078 Milliarden Menschen pro Jahr angenommen wird.
Berechnen Sie auf dieser Grundlage die Werte der Parameter d und k und geben Sie die Funktionsgleichung von g' an. **(6 BE)**

Im Folgenden soll die momentane Änderungsrate der Bevölkerungsentwicklung durch die Gleichung $g'(t) = 0{,}098 \cdot e^{-0{,}004 \cdot t}$ beschrieben werden.

2.2 Berechnen Sie eine Funktionsgleichung der Funktion g so, dass der Funktionswert von g für den Beginn des Jahres 1985 mit dem Tabellenwert dieses Jahres übereinstimmt.
[zur Kontrolle: $g(t) = 27{,}02 - 24{,}5 \cdot e^{-0{,}004 \cdot t}$] **(5 BE)**

2.3 Untersuchen Sie anhand des Funktionsterms von g, wie sich die Weltbevölkerung nach diesem Modell langfristig entwickelt. **(3 BE)**

3.1 Geben Sie an, welche der beiden Funktionen f und g sich für die Zeit bis zum Beginn des Jahres 1980 besser zur Modellierung der Weltbevölkerungsentwicklung eignet und welche für die Zeit ab Beginn des Jahres 1985 besser geeignet ist. **(2 BE)**

3.2 Es gilt: $f(t) > g(t)$ für alle $t \in \mathbb{R}$
Für den Übergang von der einen Modellfunktion zur anderen soll derjenige Zeitpunkt betrachtet werden, zu dem sich die Funktionswerte von f und g am wenigsten unterscheiden.
Bestimmen Sie diesen Zeitpunkt. **(4 BE)**

Material

Entwicklung der Weltbevölkerung von 1960 bis 1985

Jahr	1960	1965	1970	1975	1980	1985
Weltbevölkerung (Milliarden Menschen, gerundet auf zwei Nachkommastellen)	3,02	3,32	3,68	4,06	4,44	4,85

Entwicklung der Weltbevölkerung von 1985 bis 2020

Jahr	1985	1990	1995	2000	2005	2010	2015	2020
Weltbevölkerung (Milliarden Menschen, gerundet auf zwei Nachkommastellen)	4,85	5,31	5,74	6,13	6,52	6,93	7,35	7,78

Daten nach: United Nations – Department of Economic and Social Affairs, Population Division (2015): World Population Prospects: The 2015 Revision

Hinweise und Tipps

Teilaufgabe 1.1

- Ein exponentieller Wachstumsprozess wird durch eine Funktion $f(t) = a \cdot e^{k \cdot t}$ modelliert.
- Dividiert man zwei aufeinanderfolgende Funktionswerte (festes Zeitintervall), so erhält man den Wachstumsfaktor k. Dieser muss bei gleichen Zeitintervallen eine Konstante sein.

Teilaufgabe 1.2

- Denken Sie daran, dass $t = 0$ dem Beginn des Jahres 1960 entspricht.

Teilaufgabe 1.3

- Weisen Sie nach, dass sowohl die Werte der Modellfunktion f als auch die Werte der Ableitung dieser Funktion (Wachstumsgeschwindigkeit) kontinuierlich wachsen, die entsprechenden Funktionen also streng monoton steigend sind. Benutzen Sie für den Nachweis einer strengen Monotonie entsprechende Zusammenhänge zwischen der Funktion f und ihrer Ableitungsfunktion f'.
- Die Wachstumsrate wird durch die Funktion f' definiert.

Teilaufgabe 1.4

- Berechnen Sie den Wert durch Ermittlung einer Stammfunktion und Einsetzen der Integrationsgrenzen.
- Es wird über 20 Jahre integriert und dann durch 20 dividiert. Denken Sie an einen Durchschnitt und formulieren Sie im Sachzusammenhang.

Teilaufgabe 2.1

- Bestimmen Sie d und k durch Einsetzen der gegebenen Werte und Funktionswerte für g' und geeignete Kombination der sich ergebenden Gleichungen.
- Vergessen Sie nicht, die Gleichung für die Funktion g' am Ende hinzuschreiben.

Teilaufgabe 2.2

- g(t) bestimmt sich durch das Integral über die Funktion g'.
- Denken Sie an die Integrationskonstante.
- Berechnen Sie die Integrationskonstante durch Einsetzen des Tabellenwertes für $t = 25$.

Teilaufgabe 2.3

- Langfristig heißt: $t \to \infty$
- Wie ist das Verhalten des Exponentialterms für $t \to \infty$?
- Sie können natürlich auch das CAS für die Grenzwertbestimmung nutzen.

Teilaufgabe 3.1

- Erstellen Sie Wertetabellen mithilfe des CAS oder nehmen Sie bestimmte Funktionswerte, die Sie für aussagekräftig halten.

Teilaufgabe 3.2

- Bilden Sie eine Differenzfunktion und bestimmen Sie ein Minimum mithilfe des CAS.
- Vergessen Sie nicht, die Art des Extremwertes zu überprüfen.

Lösung

1.1 Man muss zeigen, dass das prozentuale Wachstum in den hier aufgeführten Intervallen in etwa konstant geblieben ist. Das prozentuale Wachstum im Zeitraum von 5 Jahren ergibt sich aus der Division von jeweils zwei aufeinanderfolgenden Werten der Tabelle des Materials:

Wachstum zwischen 1960 und 1965: $\frac{3,32}{3,02} \approx 1,099$

Das bedeutet also ein Wachstum von etwa 9,9 %.

Für die anderen Wachstumsraten ergibt sich gerundet auf drei Nachkommastellen:

1965 auf 1970: $\frac{3,68}{3,32} \approx 1,108$

1970 auf 1975: $\frac{4,06}{3,68} \approx 1,103$

1975 auf 1980: $\frac{4,44}{4,06} \approx 1,094$

1980 auf 1985: $\frac{4,85}{4,44} \approx 1,092$

```
3.32/3.02
                1.099337748
3.68/3.32
                1.108433735
4.06/3.68
                 1.10326087
4.44/4.06
                1.093596059
4.85/4.44
                1.092342342
```

Die Schwankung der Wachstumsraten beträgt also maximal 1,6 %. Das berechtigt, von einem exponentiellen Wachstumsmodell auszugehen.

1.2 Der Beginn des Jahres 2020 entspricht t = 60, da der Zeitpunkt t = 0 zu Beginn des Jahres 1960 festgelegt wurde.

$$f(60) = 3,02 \cdot e^{0,019 \cdot 60} \approx 9,44$$

```
3.02*e^(0.019*60)
                9.442840463
```

Zu Beginn des Jahres 2020 wird also eine Weltbevölkerung von circa 9,44 Milliarden Menschen prognostiziert. Das ist erheblich mehr als die 7,78 Milliarden Menschen, die in der Tabelle angegeben sind.

1.3 Dier erste Ableitung von f ergibt:

$$f'(t) = 3,02 \cdot 0,019 \cdot e^{0,019 \cdot t}$$

Diese Funktionswerte (von f') sind immer größer als 0, also ist die Funktion f streng monoton steigend im gesamten Definitionsbereich. Die Funktionswerte (von f) nehmen deswegen mit wachsendem t kontinuierlich zu.

Die zweite Ableitung ergibt:

$$f''(t) = 3,02 \cdot 0,019 \cdot 0,019 \cdot e^{0,019 \cdot t}$$

Diese Funktionswerte (von f'') sind ebenfalls immer größer als 0. Somit nimmt auch die Wachstumsgeschwindigkeit (also f') kontinuierlich zu.

Löst man die Gleichung f'(t) = 0,08 nach t auf, so erhält man den Zeitpunkt, ab dem die Wachstumsgeschwindigkeit den Wert von 80 Millionen Menschen pro Jahr übersteigt. Die mit dem CAS ermittelte Lösung lautet:

$$t \approx 17,49$$

```
Define f(t)=3.02*e^(0.019*t)
                       done
solve(d/dt(f(t))=0.08,t)
            {t=17.49109601}
```

Das bedeutet, dass die momentane Wachstumsrate von 80 Millionen Menschen im Laufe des Jahres 1977 (= 1960 + 17) überschritten wird.

1.4 $\frac{1}{20}\cdot\int_5^{25} 3{,}02\cdot e^{0{,}019\cdot t}\,dt=\frac{1}{20}\cdot\left[\frac{3{,}02}{0{,}019}\cdot e^{0{,}019\cdot t}\right]_5^{25}=\frac{1}{20}\cdot\frac{3{,}02}{0{,}019}\left(e^{0{,}019\cdot 25}-e^{0{,}019\cdot 5}\right)$

$\approx 4{,}04$

Das Ergebnis gibt auf Basis der Modellfunktion f(t) die durchschnittliche Bevölkerungszahl der Weltbevölkerung zwischen dem Beginn des Jahres 1965 und dem Beginn des Jahres 1985 an. Sie beträgt etwa 4,04 Milliarden Menschen.

2.1 Für $t=25$, also den Beginn des Jahres 1985, beträgt die Änderungsrate pro Jahr 0,0891, also $g'(25)=d\cdot e^{k\cdot 25}=0{,}0891$.

Der Beginn des Jahres 2020 entspricht $t=60$. Daraus folgt:

$$g'(60)=d\cdot e^{k\cdot 60}=0{,}078$$

Dividiert man beide Gleichungen durcheinander, so erhält man:

$$\frac{g'(60)}{g'(25)}=\frac{d\cdot e^{k\cdot 60}}{d\cdot e^{k\cdot 25}}=\frac{0{,}078}{0{,}0891}$$

Daraus folgt:

$$e^{k\cdot 60}\cdot e^{-k\cdot 25}=e^{k\cdot(60-25)}=e^{k\cdot 35}=\frac{0{,}078}{0{,}0891}$$

Durch Logarithmieren erhält man:

$$\ln(e^{k\cdot 35})=k\cdot 35=\ln\left(\frac{0{,}078}{0{,}0891}\right)$$

Für k ergibt sich somit:

$$k=\frac{1}{35}\cdot\ \ln\left(\frac{0{,}078}{0{,}0891}\right)\approx -0{,}0038$$

Setzt man diesen Wert für k in die Gleichung $d\cdot e^{k\cdot 25}=0{,}0891$ ein, so erhält man:

$$d\cdot e^{-0{,}0038\cdot 25}=0{,}0891$$

Nach d aufgelöst berechnet sich d zu:

$$d=0{,}0891\cdot e^{0{,}0038\cdot 25}\approx 0{,}098$$

Damit lautet die gesuchte Funktionsgleichung:

$$g'(t)=0{,}098\cdot e^{-0{,}0038\cdot t}$$

2.2 Man erhält g(t) durch Integration von g'(t). Die Integrationskonstante wird mithilfe der Forderung $g(25)=4{,}85$ (Tabellenwert für den Beginn des Jahres 1985) bestimmt.

$$g(t)=\int 0{,}098\cdot e^{-0{,}004\cdot t}\,dt=\frac{0{,}098}{-0{,}004}\cdot e^{-0{,}004\cdot t}+C=-24{,}5\cdot e^{-0{,}004\cdot t}+C$$

Berechnung von C:

$$g(25)=-24{,}5\cdot e^{-0{,}004\cdot 25}+C=4{,}85$$

Daraus folgt für C:

$$C=4{,}85+24{,}5\cdot e^{-0{,}004\cdot 25}\approx 27{,}02$$

Für die Funktionsgleichung von g ergibt sich somit:

$$g(t)=-24{,}5\cdot e^{-0{,}004\cdot t}+27{,}02$$

2.3 Nimmt man g(t) als Modell für die Entwicklung der Weltbevölkerung, so erhält man eine langfristige Prognose, indem man die Zeit t gegen unendlich gehen lässt.

Es gilt $\lim\limits_{t \to \infty} g(t) = 27{,}02$, da der Exponentialterm für $t \to \infty$ gegen 0 geht.

$$\lim_{t \to \infty} \left(-24.5 * e^{-0.004*t} + 27.02\right) \qquad 27.02$$

Nach diesem Modell nähert sich die Zahl der Weltbevölkerung langfristig an 27,02 Milliarden Menschen an.

3.1 Mithilfe der Tabellen der Funktionswerte erkennt man, dass sich für die Zeit bis 1980 (t = 20) die Funktion f besser zur Modellierung der Weltbevölkerung eignet und nach diesem Zeitpunkt aber die Funktion g besser mit den Werten der Weltbevölkerung übereinstimmt.

Statt der hier benutzten Tabellenkalkulation, die im CAS integriert ist, kann man dieses Ergebnis auch durch einfache Berechnung weniger Funktionswerte bekommen. Schon die Funktionswerte für t = 0 und t = 60 sind hier aussagekräftig.

Da der Operator hier „Angeben“ lautet, darf man auch raten.

	A	B	C
1	t	f(t)	g(t)
2	0	3.02	2.52
3	5	3.32097	3.00513
4	10	3.65193	3.48066
5	15	4.01588	3.94677
6	20	4.41610	4.40365
7	25	4.85620	4.85148
8	30	5.34017	5.29045
9	35	5.87236	5.72072
10	40	6.45759	6.14248
11	45	7.10115	6.55588
12	50	7.80884	6.96110
13	55	8.58706	7.35829
14	60	9.44284	7.74762

3.2 Die Funktionswerte von f und g unterscheiden sich dort am wenigsten, wo die Differenzfunktion h mit der Gleichung $h(t) = f(t) - g(t)$ ein Minimum besitzt.

Mit dem Ansatz $h'(t) = 0$ erhält man mithilfe des CAS den Wert $t \approx 23{,}27$ (Jahre nach 1960).

Eingesetzt in die 2. Ableitung h''(t) erhält man $h''(23{,}27) \approx 0{,}002 > 0$.

Also liegt nach etwa 23,27 Jahren, das ist im Laufe des Jahres 1983 (1960 ist der gewählte Nullzeitpunkt) ein Minimum der Differenz der beiden Funktionen f und g vor.

Define $g(t) = -24.5 * e^{-0.004*t} + 27.02$ done

Define $h(t) = f(t) - g(t)$ done

$\text{solve}\left(\frac{d}{dt}(h(t)) = 0, t\right)$ $\{t = 23.27268122\}$

$\frac{d^2}{dt^2}(h(t)) \mid t = 23.27268122$ 2.053643825E-3

Hessen – Grundkurs Mathematik
2020 – B2: Analysis (WTR)

1 Gegeben sind die Funktion f mit $f(t) = 0{,}25 \cdot t^4 - 2 \cdot t^3 + 4 \cdot t^2$ und ihr Graph (Material 1).

1.1 Berechnen Sie die Nullstellen von f. Bestimmen Sie die lokalen Extrempunkte und Wendepunkte des Graphen von f.
Hinweis: Die Untersuchung der notwendigen Bedingung ist jeweils ausreichend.
Geben Sie in Material 1 die Skalierung der Achsen des Koordinatensystems an. **(8 BE)**

1.2 Skizzieren Sie den Graphen der Ableitungsfunktion f' der Funktion f in das Koordinatensystem in Material 1. Begründen Sie anhand von drei Eigenschaften den Verlauf des Graphen von f' mithilfe des Verlaufs des Graphen von f. **(6 BE)**

1.3 Die Funktion f gehört zur Funktionenschar f_a mit $f_a(t) = \frac{1}{a} \cdot (t^4 - 8 \cdot t^3 + 16 \cdot t^2)$, $a > 0$.

1.3.1 Geben Sie den Wert des Parameters a an, der zu f gehört. **(1 BE)**

1.3.2 Zeigen Sie, dass alle Scharfunktionen f_a dieselben Nullstellen besitzen. **(3 BE)**

1.3.3 Die Abbildung in Material 2 zeigt den Verlauf der Graphen der Scharfunktionen $f_{0,5}$, f_1 und f_2. Ordnen Sie die Funktionen den jeweiligen Graphen zu und begründen Sie Ihre Zuordnung. **(3 BE)**

Bei einem Sportler wird vor einem Wettkampf ein Lungenfunktionstest durchgeführt, bei dem sowohl das Luftvolumen in der Lunge als auch die momentane Änderungsrate des Luftvolumens in der Lunge, die sogenannte Atemgeschwindigkeit, in Abhängigkeit von der Zeit gemessen wird. Der Sportler atmet nach Anweisung des Arztes durch ein Mundstück ein und aus. Im Folgenden soll vereinfachend davon ausgegangen werden, dass sich zu Beginn der Messung keine Luft in der Lunge befindet.

2 Die Funktion f mit $f(t) = 0{,}25 \cdot t^4 - 2 \cdot t^3 + 4 \cdot t^2$ aus Aufgabe 1 beschreibt in den ersten vier Sekunden nach Beginn der Messung modellhaft den zeitlichen Verlauf des Luftvolumens in der Lunge einer Sportlerin während eines Lungenfunktionstests. Dabei wird $t \in [0; 4]$ in Sekunden nach Beginn der Messung und f(t) in Liter angegeben.

2.1 Beschreiben Sie im Sachzusammenhang die Entwicklung des Luftvolumens in der Lunge der Sportlerin während des Lungenfunktionstests. **(4 BE)**

2.2 Berechnen Sie f(1,5) und f'(1,5).
Deuten Sie die beiden Werte im Sachzusammenhang. **(4 BE)**

2.3 Bestimmen Sie unter Angabe einer Stammfunktion den Wert des Terms $\frac{1}{4} \cdot \int_0^4 f(t)\,dt$ und deuten Sie das Ergebnis im Sachzusammenhang. **(5 BE)**

3 Die momentane Änderungsrate des Luftvolumens in der Lunge (Atemgeschwindigkeit) eines Spitzensportlers wird in den ersten fünf Sekunden eines Lungenfunktionstests durch die Funktion g mit $g(t) = 4{,}4 \cdot \sin\left(\frac{2}{5} \cdot \pi \cdot t\right)$ modelliert. Dabei wird $t \in [0; 5]$ in Sekunden nach Beginn der Messung und g(t) in Liter pro Sekunde angegeben.
Die Abbildung in Material 3 zeigt den Graphen der Funktion g.

3.1 Es gilt $\int_0^5 g(t)\,dt = 0$.

Deuten Sie dies im Sachzusammenhang. **(2 BE)**

3.2 Bestätigen Sie, dass G mit $G(t) = \frac{11}{\pi} \cdot \left(1 - \cos\left(\frac{2}{5} \cdot \pi \cdot t\right)\right)$ diejenige Stammfunktion von g ist, für die gilt: $G(0) = 0$

Bestimmen Sie G(2,5) und deuten Sie den Wert im Sachzusammenhang. **(4 BE)**

Material 1

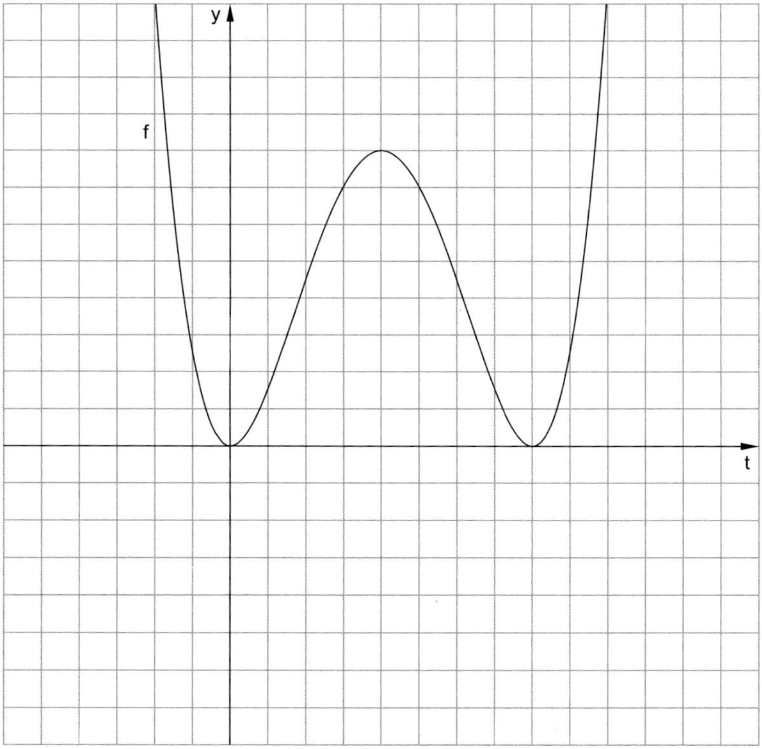

Material 2

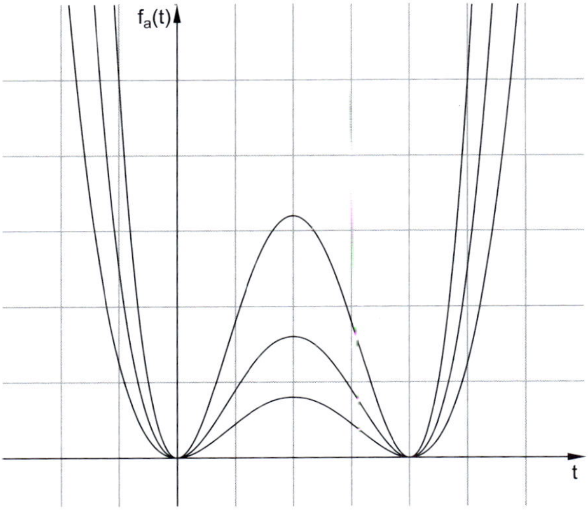

Material 3

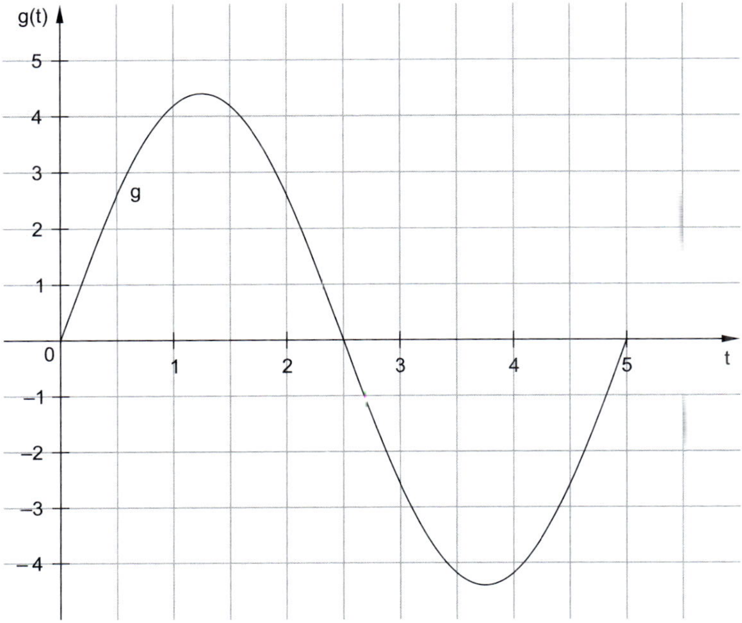

Hinweise und Tipps

Teilaufgabe 1.1

- Es werden Aspekte einer „klassischen“ Funktionsuntersuchung gefordert.
- Beachten Sie bei der Berechnung der Nullstellen, dass Sie den Funktionsterm durch Ausklammern von t^2 faktorisieren können.
- Extrem- und Wendestellen können mit den erweiterten Funktionalitäten des Taschenrechners bestimmt werden (Operator „bestimmen“).

Teilaufgabe 1.2

- Klären Sie zunächst die Zusammenhänge zwischen Ausgangs- und Ableitungsfunktion.
- Welches Steigungsverhalten liegt in den Extrem- und Wendepunkten vor?
- Zeichnen Sie die sich daraus ergebenden markanten Punkte ein und verbinden Sie sie.

Teilaufgabe 1.3.1

- Wie muss a gewählt werden, damit die Koeffizienten vor t^4 übereinstimmen?
- Überprüfen Sie Ihr Ergebnis für die übrigen Koeffizienten.

Teilaufgabe 1.3.2

- Formulieren Sie den allgemeinen Ansatz und zeigen Sie, dass das Ergebnis unabhängig von a ist. Sie können dazu auch auf Ihr Ergebnis aus Teilaufgabe 1.1 zurückgreifen.

Teilaufgabe 1.3.3

- $\frac{1}{a}$ wirkt als Streckfaktor auf den Graphen.
- Ermitteln Sie zu den gegebenen Werten für a jeweils den konkreten Streckfaktor und ordnen Sie die Graphen nach der Regel zu: „Je größer der Betrag des Streckfaktors, umso größer die Ausschläge des Graphen.“

Teilaufgabe 2.1

- Machen Sie sich anhand des Aufgabentextes (der noch vor Teilaufgabe 2 steht) die Bedeutung der Funktion f klar.
- Beschreiben Sie die in der Abbildung erkennbaren Abschnitte und gehen Sie auf markante Punkte (Nullstellen, Extremstellen) ein.

Teilaufgabe 2.2

- Berechnen Sie die beiden Werte mithilfe des Taschenrechners.
- Beachten Sie den Unterschied zwischen der im Text zu Teilaufgabe 2 beschriebenen Funktion und ihrer Ableitungsfunktion.

Teilaufgabe 2.3

- Berechnen Sie mithilfe der erweiterten Funktionalitäten des Taschenrechners den gesuchten Wert. Vergessen Sie nicht, trotzdem eine Stammfunktion anzugeben.
- Allgemein liefert der Term $\frac{1}{b-a} \cdot \int_a^b f(x)\,dx$ den durchschnittlichen Funktionswert im Intervall [a; b].

Teilaufgabe 3.1

- Das angegebene Integral kann als Summe aller Funktionswerte im Intervall [0; 5] interpretiert werden.
- Machen Sie sich anhand des Textes zu Teilaufgabe 3 die Bedeutung der Funktion g klar.
- Was bedeutet es nun, wenn man all diese Werte addiert?

Teilaufgabe 3.1

- Zeigen Sie unter Verwendung der Ableitungsregeln, dass $G'(t) = g(t)$ gilt, und berechnen Sie mithilfe des Taschenrechners G(0) und G(2,5).
- Verwenden Sie Ihre Deutung aus Teilaufgabe 3.1 und den als Material 3 gegebenen Graphen, um den Wert G(2,5) zu deuten.

Lösung

1.1 **Nullstellen**

Der allgemeine Ansatz $f(t)=0$ liefert:

$$0,25t^4 - 2t^3 + 4t^2 = 0 \qquad |\cdot 4$$

$$t^4 - 8t^3 + 16t^2 = 0$$

$$t^2 \cdot (t^2 - 8t + 16) = 0$$

Da ein Produkt null ist, wenn einer der Faktoren null ist, gilt:

$$t^2 = 0 \text{ oder } t^2 - 8t + 16 = 0$$

Die erste Gleichung liefert die (doppelte) Nullstelle $t_{N_1} = 0$.

Unter Verwendung der pq-Formel liefert die zweite Gleichung

$$t_{N_2} = -\frac{-8}{2} \pm \sqrt{\frac{(-8)^2}{4} - 16} = 4 \pm \sqrt{16 - 16}$$

und damit die (doppelte) Nullstelle $t_{N_2} = 4$.

Ableitungen

Zur Berechnung der Extrem- und Wendepunkte werden die erste und zweite Ableitung benötigt. Man ermittelt:

$$f'(t) = t^3 - 6t^2 + 8t; \quad f''(t) = 3t^2 - 12t + 8$$

Extrempunkte

Der allgemeine Ansatz $f'(t)=0$ („notwendige Bedingung") liefert:

$$t^3 - 6t^2 + 8t = 0$$

Der Operator „bestimmen" lässt die Lösung dieser Gleichung mithilfe des Taschenrechners zu und man erhält die Lösungen:

$$t_{E_1} = 0, \; t_{E_2} = 2 \text{ und } t_{E_3} = 4$$

Bereits bekannt ist $f(4)=0$ und $f(0)=0$. Man berechnet:

$$f(2) = 0,25 \cdot 2^4 - 2 \cdot 2^3 + 4 \cdot 2^2 = 4$$

Damit liegen die Extrempunkte $E_{P_1}(0\,|\,0)$, $E_{P_2}(2\,|\,4)$ und $E_{P_3}(4\,|\,0)$ vor.

Wendepunkte

Der allgemeine Ansatz $f''(t)=0$ („notwendige Bedingung") liefert:

$$3t^2 - 12t + 8 = 0$$

Auch hier ist die Lösung der Gleichung mithilfe des Taschenrechners zulässig und man erhält die Lösungen:

$$t_{W_1} \approx 0,85 \text{ und } t_{W_2} \approx 3,15$$

Man berechnet

$$f(0,85) \approx 0,25 \cdot 0,85^4 - 2 \cdot 0,85^3 + 4 \cdot 0,85^2 \approx 1,79 \text{ sowie}$$

$$f(3,15) \approx 0,25 \cdot 3,15^4 - 2 \cdot 3,15^3 + 4 \cdot 3,15^2 \approx 1,79$$

und erhält damit die Wendepunkte $W_{P_1}(0,85\,|\,1,79)$ und $W_{P_2}(3,15\,|\,1,79)$.

Die exakten Werte lauten (nicht verlangt): $W_{P_1}\left(2 - \frac{2}{3}\sqrt{3} \,\middle|\, \frac{16}{9}\right)$, $W_{P_2}\left(2 + \frac{2}{3}\sqrt{3} \,\middle|\, \frac{16}{9}\right)$

Damit lassen sich die Achsen im Koordinatensystem skalieren und man erhält:

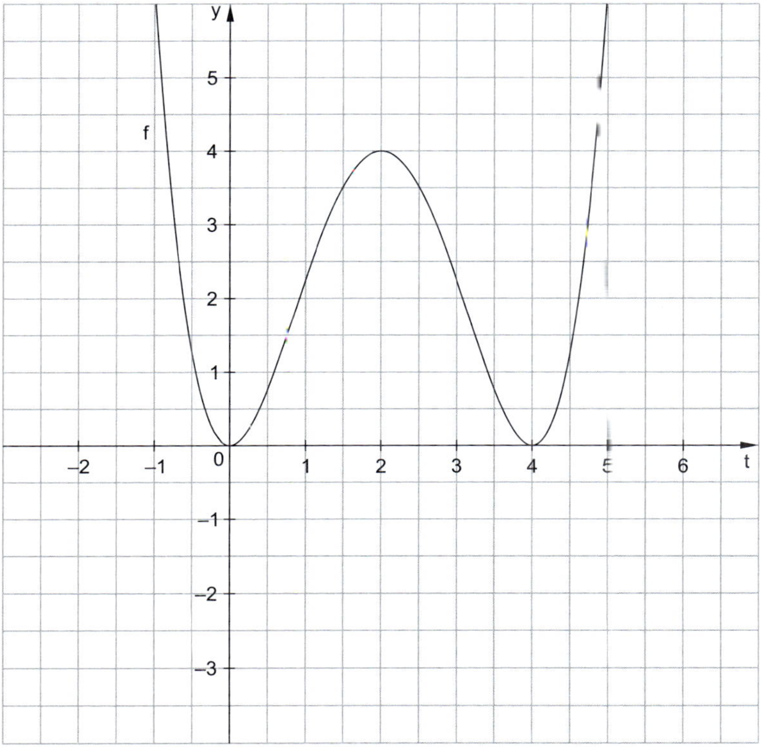

1.2 Die geforderte Begründung sollte mindestens drei der im Folgenden aufgeführten Zusammenhänge beinhalten:

- Die Ableitung f' beschreibt die Steigung der Ausgangsfunktion f.
- Bis zur ersten Nullstelle fällt der Graph von f, die Ableitung ist damit negativ.
- An der Stelle $t = 0$ liegt ein Tiefpunkt vor, dort hat der Graph von f die Steigung null. Daher hat f' an dieser Stelle eine Nullstelle.
- Nun steigt der Graph von f, bis er im Wendepunkt die größte Steigung erreicht; hier hat der Graph von f' ein Maximum.
- Danach steigt der Graph von f weiter, jedoch nimmt die Steigung immer weiter ab, bis sie im Hochpunkt wieder null ist.
- An der Stelle $t = 2$ hat der Graph von f' daher wieder eine Nullstelle.
- Nach dem Hochpunkt fällt der Graph bis zum nächsten Tiefpunkt. Der Graph der Ableitung liefert für diesen Bereich negative Werte und an der Stelle $t = 4$ liegt erneut eine Nullstelle vor, da der Graph von f dort einen Tiefpunkt besitzt.
- Im zweiten Wendepunkt ist das Gefälle maximal. Der Graph der Ableitungsfunktion hat an dieser Stelle daher einen Tiefpunkt.
- Nach dem zweiten Tiefpunkt steigt der Graph von f zunehmend an, die Ableitungsfunktion liefert daher für diesen Bereich immer größer werdende positive Werte.

Daraus ergibt sich für den Verlauf von f':

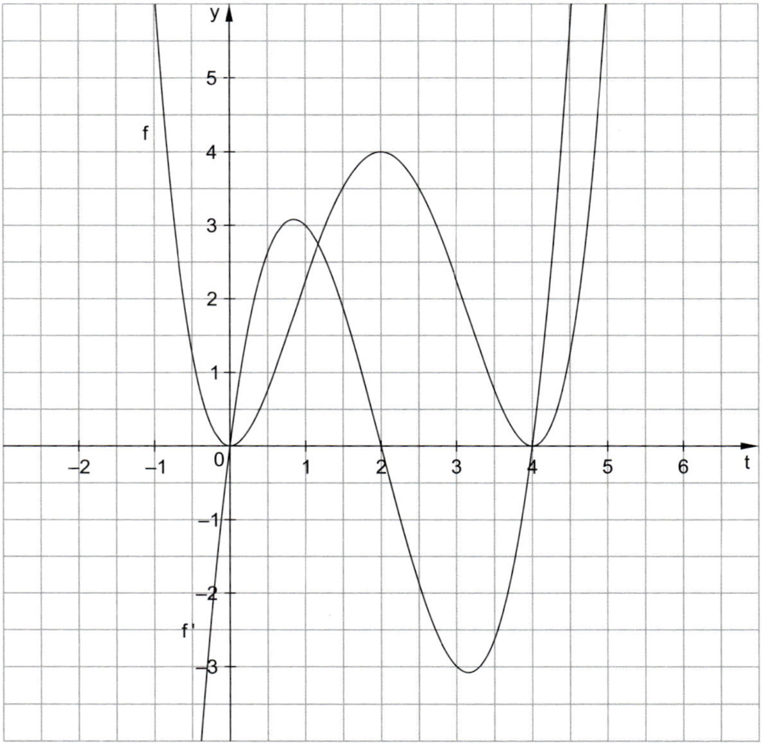

Beachten Sie: Gefordert ist lediglich eine Skizze des Graphen. Diese sollte aber in der Lage der Nullstellen und der Extremstellen mit der obigen Musterlösung übereinstimmen. Zudem sollte an der ersten Wendestelle ein Hochpunkt und an der zweiten Wendestelle ein Tiefpunkt im Graphen der Ableitungsfunktion vorliegen.

1.3.1 Die Umformung des Funktionsterms der Funktion f liefert:

$$f(t) = 0,25 \cdot t^4 - 2 \cdot t^3 + 4 \cdot t^2 = 0,25 \cdot (t^4 - 8t^3 + 16t^2)$$

Der Vergleich mit dem Term der Funktionenschar zeigt, dass der Klammerterm gleich ist. Setzt man für $a = 4$, erhält man:

$$f_4(t) = \frac{1}{4} \cdot (t^4 - 8t^3 + 16t^2) = f(t)$$

1.3.2 Der allgemeine Ansatz $f_a(t) = 0$ liefert:

$$\frac{1}{a} \cdot (t^4 - 8t^3 + 16t^2) = 0$$

Die Nullstellen des Klammerterms wurden bereits in Teilaufgabe 1.1 berechnet. Diese sind unabhängig von a. Der Faktor $\frac{1}{a}$ im Funktionsterm liefert keine weiteren Nullstellen. Alle Funktionen der Funktionenschar haben damit die Nullstellen $t_{N_1} = 0$ und $t_{N_2} = 4$.

1.3.3 Der Faktor $\frac{1}{a}$ streckt bzw. staucht die Graphen der Funktionenschar. Für $a = 0{,}5$ beträgt der Streckfaktor $\frac{1}{0{,}5} = 2$, für $a = 1$ beträgt der Streckfaktor $\frac{1}{1} = 1$ und für $a = 2$ beträgt der Streckfaktor $\frac{1}{2} = 0{,}5$. Daher ist folgende Zuordnung vorzunehmen:

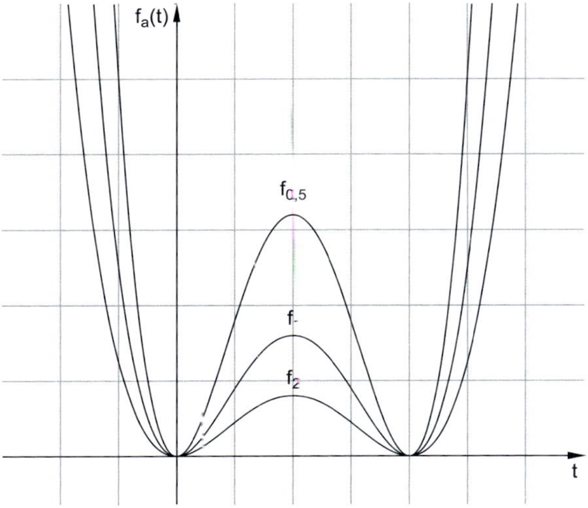

2.1 Zum Zeitpunkt $t = 0$ ist das Luftvolumen in der Lunge der Sportlerin null. Es folgt das Einatmen im Zeitraum von $t = 0$ bis $t = 2$. Zum Zeitpunkt $t = 2$ befinden sich 4 Liter Luft in der Lunge, dies ist auch das maximale Luftvolumen. Nun beginnt das Ausatmen und nach zwei weiteren Sekunden, also zum Zeitpunkt $t = 4$, ist das Luftvolumen in der Lunge wieder null.

2.2 Man berechnet

$$f(1{,}5) = 0{,}25 \cdot 1{,}5^4 - 2 \cdot 1{,}5^3 + 4 \cdot 1{,}5^2 = \frac{225}{64} \approx 3{,}52$$

und mit der in Teilaufgabe 1.1 gebildeten Ableitungsfunktion f':

$$f'(1{,}5) = 1{,}5^3 - 6 \cdot 1{,}5^2 + 8 \cdot 1{,}5 = \frac{15}{8} = 1{,}875$$

Der Wert $f(1{,}5) \approx 3{,}52$ gibt an, dass sich zum Zeitpunkt $t = 1{,}5$ ungefähr 3,52 Liter Luft in der Lunge befinden.

Der Wert $f'(1{,}5) = 1{,}875$ beschreibt dagegen die momentane Veränderung des Luftvolumens in der Lunge zum Zeitpunkt $t = 1{,}5$. Das Luftvolumen nimmt mit einer Geschwindigkeit von 1,875 Liter pro Sekunde zu.

2.3 Der Operator „bestimmen“ lässt die Berechnung des Wertes mithilfe des Taschenrechners zu. Dieser liefert:

$$\frac{1}{4} \cdot \int_0^4 (0{,}25t^4 - 2t^3 + 4t^2)\,dt = \frac{32}{15} = 2{,}1\overline{3}$$

Als eine Stammfunktion ermittelt man:

$$F(t)=\frac{0,25}{5}\cdot t^5-\frac{2}{4}t^4+\frac{4}{3}t^3=0,05t^5-0,5t^4+\frac{4}{3}t^3$$

Der Wert $2,1\overline{3}$ (Liter) gibt das durchschnittliche Luftvolumen in der Lunge im Zeitraum von $t=0$ bis $t=4$ an.

3.1 Da die Funktion g die momentane Änderungsrate des Luftvolumens in der Lunge angibt, liefert das angegebene Integral die Summe all dieser Veränderungen – also die Gesamtveränderung – innerhalb der ersten fünf Sekunden. Anhand des Graphen wird deutlich, dass der Sportler im Intervall [0; 2,5] einatmet und im Intervall [2,5; 5] ausatmet. Der Integralwert null bedeutet nun, dass genauso viel Luft eingeatmet wie ausgeatmet wurde.

3.2 Damit G eine Stammfunktion von g ist, muss $G'(t)=g(t)$ gelten.

Bildet man die erste Ableitung von G, so erhält man unter Beachtung der Faktorregel, der Kettenregel und der Tatsache, dass $(\cos(x))'=-\sin(x)$:

$$G'(t)=\frac{11}{\pi}\cdot\left(\frac{2}{5}\pi\cdot\sin\left(\frac{2}{5}\pi\cdot t\right)\right)=\frac{22}{5}\cdot\sin\left(\frac{2}{5}\pi\cdot t\right)=4,4\cdot\sin\left(\frac{2}{5}\pi\cdot t\right)=g(t)$$

Die Berechnung für $t=0$ liefert:

$$G(0)=\frac{11}{\pi}\cdot\left(1-\cos\left(\frac{2}{5}\pi\cdot 0\right)\right)=\frac{11}{\pi}\cdot(1-\cos(0))=\frac{11}{\pi}\cdot(1-1)=0$$

Dies war zu zeigen.

Für $t=2,5$ liefert der Taschenrechner:

$$G(2,5)=\frac{11}{\pi}\cdot\left(1-\cos\left(\frac{2}{5}\pi\cdot 2,5\right)\right)\approx 7$$

Anknüpfend an das Ergebnis aus Teilaufgabe 3.1 und anhand des Graphen lässt sich begründen, dass der Spitzensportler in den ersten 2,5 Sekunden 7 Liter Luft einatmet, denn es ist:

$$\int_0^{2,5} g(t)\,dt=\left[G(t)\right]_0^{2,5}=G(2,5)-G(0)\approx 7-0=7$$

Hessen – Grundkurs Mathematik
2020 – B2: Analysis (CAS)

Bei der Dampfpfeife handelt es sich um eine technische Vorrichtung, bei der durch hochkomprimierten Wasserdampf ein akustisches Signal erzeugt wird. Dampfpfeifen werden beispielsweise bei Dampfschiffen oder Dampflokomotiven eingesetzt. Über eine Änderung der Dosierung des durchströmenden Wasserdampfs können unterschiedliche Pfeifsignale erzeugt werden.
Zur Untersuchung verschieden erzeugter Pfeifsignale kann mithilfe einer speziellen Messvorrichtung der sogenannte Wasserdampfstrom bestimmt werden. Darunter versteht man das Volumen des ausströmenden Wasserdampfs pro Zeiteinheit.
Die im Folgenden verwendeten Funktionen g, f und m sowie die Funktionenschar f_k modellieren jeweils den gemessenen Wasserdampfstrom für unterschiedliche Pfeifsignale. Hierbei gibt t die Zeit in Sekunden seit Beobachtungsbeginn an; die Funktionswerte beschreiben den Wasserdampfstrom in $\frac{\text{Liter}}{\text{Sekunde}}\left(\frac{\ell}{\text{s}}\right)$.

1 In Material 1 sind der Graph der Funktion g im Intervall [0; 3,5] sowie die hellgrauen Rechtecke der Obersumme $\overline{S}_7$ und ein dunkelgraues Rechteck der Untersumme $\underline{S}_7$ dargestellt.

1.1 Zeichnen Sie die fehlenden Rechtecke der Untersumme $\underline{S}_7$ in das Koordinatensystem in Material 1. **(2 BE)**

1.2 Berechnen Sie die Obersumme $\overline{S}_7$ sowie die Untersumme $\underline{S}_7$ unter Verwendung der Wertetabelle in Material 2.
Schätzen Sie den Inhalt der Fläche A ab, die der Graph der Funktion g mit der t-Achse im Intervall [0; 3,5] einschließt. **(5 BE)**

1.3 Erklären Sie unter Verwendung der Einheiten, warum der Flächeninhalt der Rechtecke aus Aufgabe 1.2 im Sachzusammenhang ein Volumen beschreibt. **(3 BE)**

2.1 Der Wasserdampfstrom eines weiteren Pfeifsignals kann im Intervall [0; 2,6] durch eine ganzrationale Funktion f dritten Grades modelliert werden.
Hierbei soll gelten: Zu den Zeitpunkten $t=0$ s und $t=2{,}6$ s beträgt der Wasserdampfstrom jeweils $0\,\frac{\ell}{\text{s}}$, bei $t=0{,}5$ s beträgt der Wasserdampfstrom $2{,}45\,\frac{\ell}{\text{s}}$. Zum Zeitpunkt $t=2{,}6$ s besitzt die Funktion ein lokales Minimum.
Ermitteln Sie die Gleichung der Funktion f. Geben Sie hierzu die Koeffizienten auf zwei Nachkommastellen gerundet an. **(7 BE)**

Betrachtet wird im Folgenden die Funktionenschar f_k mit $f_k(t)=1{,}12\cdot t^3-k\cdot t^2+7{,}54\cdot t$, $k\in\mathbb{R}^+$, im Intervall $I=[0;\,2{,}6]$.

2.2 Für $k=5{,}8$ modelliert die zugehörige Funktion den Wasserdampfstrom des Pfeifsignals aus Aufgabe 2.1. Bestimmen Sie den Zeitpunkt des maximalen Wasserdampfstroms sowie den maximalen Wasserdampfstrom. **(3 BE)**

2.3 Berechnen Sie für die Modellierung mit der Funktion $f_{5,8}$ das Volumen des insgesamt im Zeitraum von 0 bis 2,6 Sekunden ausgeströmten Wasserdampfs. **(3 BE)**

2.4 Beschreiben Sie den Einfluss des Parameters k auf die Lage und den Wert des jeweiligen lokalen Maximums der Funktionenschar f_k, indem Sie k zwischen 5,6 und 6 variieren. Stellen Sie Ihr Ergebnis auch durch eine Skizze dar.
Begründen Sie, warum zum Beispiel f_6 zur Modellierung des Wasserdampfstroms eines Pfeifsignals nicht geeignet ist. **(5 BE)**

3 In Material 3 sind Ausschnitte der Graphen der Funktionen m, M_1 und M_2 dargestellt.

3.1 Bestätigen Sie durch Angabe von drei unterschiedlichen Argumenten, dass M_1 und M_2 mögliche Stammfunktionen von m sind. **(3 BE)**

Der Wasserdampfstrom eines weiteren Pfeifsignals mit einer Dauer von 2,65 Sekunden kann durch die Funktion m modelliert werden. Für M_1 und M_2 gilt im Intervall [0; 2,65]:
$M_1(t) = 0{,}36 \cdot t^4 - 2{,}54 \cdot t^3 + 5{,}04 \cdot t^2$ und $M_2(t) = 0{,}36 \cdot t^4 - 2{,}54 \cdot t^3 + 5{,}04 \cdot t^2 + 1$

3.2 Begründen Sie, warum M_2 nicht geeignet ist, das Volumen des bis zu einem beliebigen Zeitpunkt ausgeströmten Wasserdampfs dieses Pfeifsignals zu modellieren.
Geben Sie $M_1(2)$ an und erklären Sie die Bedeutung dieses Werts im Sachzusammenhang. **(4 BE)**

3.3 Erläutern Sie die Bedeutung der Zeilen (1) und (2) im Kasten.

(1)	$M_1'(t) = 1{,}44 \cdot t^3 - 7{,}62 \cdot t^2 + 10{,}08 \cdot t$
(2)	$1{,}44 \cdot t^3 - 7{,}62 \cdot t^2 + 10{,}08 \cdot t \geq 3$

Bestimmen Sie die Lösungen der Ungleichung in Zeile (2) und deuten Sie diese im Sachzusammenhang. **(5 BE)**

Material 1

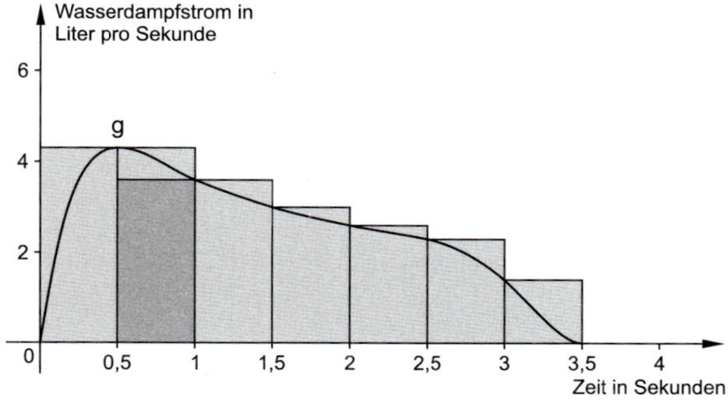

Material 2

t	0	0,5	1	1,5	2	2,5	3	3,5
g(t)	0	4,3	3,6	3	2,6	2,3	1,4	0

Material 3

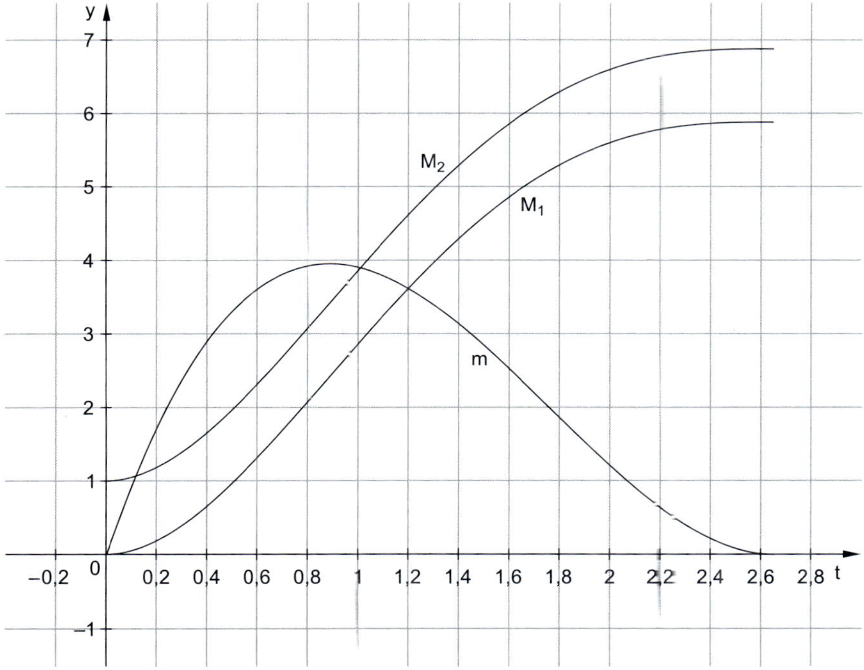

Hinweise und Tipps

Teilaufgabe 1.1

- Es sind fünf Rechtecke, die alle unterhalb der Kurve liegen müssen.

Teilaufgabe 1.2

- Die Rechtecke haben alle dieselbe Breite. Die Höhe ist durch die Funktionswerte gegeben (siehe Wertetabelle).
- Ein guter Schätzwert wäre so etwas wie die „goldene" Mitte.

Teilaufgabe 1.3

- Die Einheit der Fläche ergibt sich aus den Einheiten der t-Achse und der y-Achse.

Teilaufgabe 2.1

- Notieren Sie eine allgemeine ganzrationale Funktion 3. Grades mit 4 unbekannten Koeffizienten und daraus folgend ihre Ableitung.
- Setzen Sie die Angaben des Textes in mathematische Gleichungen um. Da es 4 Koeffizienten zu bestimmen gibt, müssen es auch 4 Gleichungen sein.

Teilaufgabe 2.2

- Gesucht wird ein lokales Maximum. Was sind die Bedingungen hierfür? Nutzen Sie Ihr CAS.
- Vergessen Sie nicht, den Funktionswert anzugeben.

Teilaufgabe 2.3

- Beachten Sie die Teilaufgabe 1.3.
- Man muss also eine Fläche berechnen (integrieren).
- Sie dürfen das CAS nur für einfache Berechnungen benutzen!

Teilaufgabe 2.4

- Zeichnen Sie sich mithilfe des CAS drei Kurven ($k=5{,}6$, $k=5{,}8$ und $k=6$).
- Orientieren Sie sich für die letzte Frage am Sachzusammenhang und dem Vorzeichen der Funktionswerte.

Teilaufgabe 3.1

- Beziehen Sie Aussagen über Monotonie, Wende- und Hochpunkte in Ihre Argumentation ein.
- Bedenken Sie die Definition einer Stammfunktion.

Teilaufgabe 3.2

- Beachten Sie den Zeitpunkt $t=0$.
- Orientieren Sie sich bei der Bedeutung des Wertes an Teilaufgabe 2.3.

Teilaufgabe 3.3

- Geben Sie die Bedeutung der Zeilen zuerst rein mathematisch wieder.
- Für den Sachzusammenhang in Zeile (2) ist von Bedeutung, dass $M_1'(t) = m(t)$ ist.

Lösung

1.1

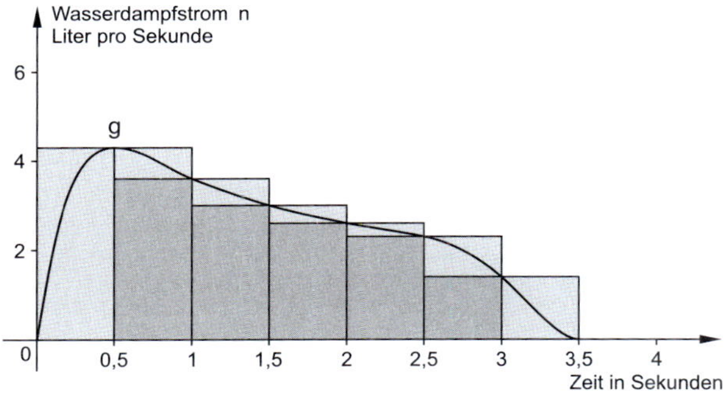

1.2 Für die Obersumme $\overline{S}_7$ gilt:

$$\overline{S}_7 = 0{,}5 \cdot 4{,}3 + 0{,}5 \cdot 4{,}3 + 0{,}5 \cdot 3{,}6 + 0{,}5 \cdot 3 + 0{,}5 \cdot 2{,}6 + 0{,}5 \cdot 2{,}3 + 0{,}5 \cdot 1{,}4 = 10{,}75$$

Für die Untersumme $\underline{S}_7$ gilt:

$$\underline{S}_7 = 0{,}5 \cdot 3{,}6 + 0{,}5 \cdot 3 + 0{,}5 \cdot 2{,}6 + 0{,}5 \cdot 2{,}3 + 0{,}5 \cdot 1{,}4 = 6{,}45$$

Wie die Grafik zeigt, ist die Obersumme größer als die tatsächliche Fläche unter der Kurve, während die Untersumme kleiner ist. Für die tatsächliche Fläche A gilt also die Abschätzung $6{,}45 < A < 10{,}75$.
Will man einen Schätzwert angeben, so könnte man den Mittelwert von Ober- und Untersumme bilden und als Näherungswert nehmen:

$$A \approx \frac{10{,}75 + 6{,}45}{2} = 8{,}6$$

1.3 Die physikalische Einheit der Fläche ergibt sich aus den Einheiten der beiden Achsen. Die Höhe des Rechtecks wird in $\frac{\text{Liter}}{\text{Sekunde}}$ angegeben, die Breite beträgt in diesem Fall immer 0,5 Sekunden. Die Multiplikation (Höhe $\times$ Breite) ergibt somit die Einheit Liter, also ein Volumenmaß.

2.1 Die allgemeine Gleichung einer ganzrationalen Funktion 3. Grades lautet:

$$f(t) = a \cdot t^3 + b \cdot t^2 + c \cdot t + d \text{ mit den Parametern a, b, c, } d \in \mathbb{R} \text{ und } a \neq 0$$

Für die erste Ableitung erhält man:

$$f'(t) = 3a \cdot t^2 + 2b \cdot t + c$$

Im Text werden drei Punkte festgelegt, durch die der Graph von f(t) gehen soll: $(0\,|\,0)$, $(2{,}6\,|\,0)$ und $(0{,}5\,|\,2{,}46)$. Daraus erhält man die folgenden Gleichungen:

$$f(0) = 0$$

$$f(2{,}6) = 0$$

$$f(0{,}5) = 2{,}46$$

Da die Funktion an der Stelle $t = 2{,}6$ Sekunden ein lokales Minimum besitzt, gilt weiterhin:

$$f'(2{,}6) = 0$$

Mithilfe des CAS erhält man gerundet auf zwei Nachkommastellen:

$$a \approx 1{,}12$$
$$b \approx -5{,}80$$
$$c \approx 7{,}54$$
$$d = 0$$

Die Funktionsgleichung lautet somit:

$$f(t) = 1{,}12 \cdot t^3 - 5{,}8 \cdot t^2 + 7{,}54 \cdot t$$

```
Define f(t)=a*t^3+b*t^2+c*t+d
                                                   done
{f(0)=0
 f(2.6)=0
 f(0.5)=2.46
 d/dt(f(t))=0|t=2.6 |a,b,c,d
{a=1.115646259, b=-5.801360544, c=7.541768707, d=0}
```

2.2 Gesucht wird das lokale Maximum der Funktion $f_{5,8}$ mit:

$$f_{5,8}(t) = 1{,}12 \cdot t^3 - 5{,}8 \cdot t^2 + 7{,}54 \cdot t$$

An der gesuchten Maximumstelle muss die 1. Ableitung null und die 2. Ableitung kleiner als null sein ($f_{5,8}'(t) = 0 \wedge f_{5,8}''(t) < 0$).

Setzt man die 1. Ableitung gleich null, so erhält man die Werte:

$$t_1 \approx 0{,}87 \text{ und } t_2 \approx 2{,}58$$

Die 2. Ableitungen ergeben:

$$f_{5,8}''(t_1) < 0 \text{ und } f_{5,8}''(t_2) > 0$$

Also liegt zum Zeitpunkt $t_1 \approx 0{,}87$ Sekunden ein maximaler Wasserdampfstrom vor, der ungefähr 2,91 Liter pro Sekunde beträgt ($f_{5,8}(t_1) \approx 2{,}91$).

```
Define f(t)=1.12t^3-5.8t^2+7.54t
                                        done
solve(d/dt(f(t))=0,t)
{t=0.8684691106, t=2.583911842}
d²/dt²(f(t))|t=0.8684691106
                                -5.763887577
d²/dt²(f(t))|t=2.583911842
                                 5.763887578
f(0.8684691106)
                                  2.90731011
```

2.3 Das Volumen ergibt sich als Fläche unter dem Graphen von $f_{5,8}$ im Intervall [0; 2,6]:

$$\int_0^{2,6} f_{5,8}(t)\,dt = \int_0^{2,6} \left(1{,}12 \cdot t^3 - 5{,}8 \cdot t^2 + 7{,}54 \cdot t\right) dt$$

$$= \left[\frac{1{,}12}{4} \cdot t^4 - \frac{5{,}8}{3} \cdot t^3 + \frac{7{,}54}{2} \cdot t^2\right]_0^{2,6}$$

$$= \frac{1{,}12}{4} \cdot 2{,}6^4 - \frac{5{,}8}{3} \cdot 2{,}6^3 + \frac{7{,}54}{2} \cdot 2{,}6^2 - 0 \approx 4{,}30$$

Das Volumen des in der Zeit von 0 bis 2,6 Sekunden ausgeströmten Wasserdampfs beträgt also in etwa 4,3 Liter.

2.4 Wie man aus der Grafik erkennt, tritt das Maximum bei zunehmendem k früher auf und besitzt einen kleineren Wert.

Das Minimum wiederum tritt später auf und hat für k = 6 einen negativen Wert.

Negative Funktionswerte ergeben im Sachzusammenhang keinen Sinn. f_6 ist also als Modell zur Darstellung des Wasserdampfstroms nicht geeignet.

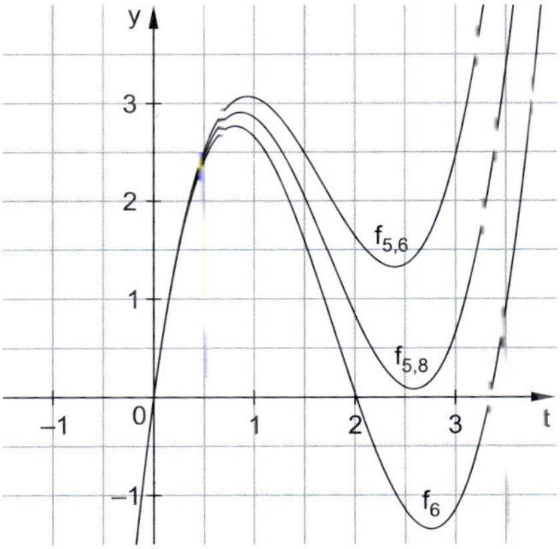

3.1 Ist M eine Stammfunktion von m, so muss gelten: $M' = m$. Daraus ergeben sich die folgenden Argumente:

- Da die Funktionswerte von m im Intervall [0; 2,6] immer größer oder gleich null sind, sind M_1 und M_2 monoton oder streng monoton steigend. Dies wird in der Grafik bestätigt.
- Dort, wo die Graphen von M_1 und M_2 einen Wendepunkt besitzen ($t \approx 0{,}9$), hat die Funktion m einen Hochpunkt.
- An den Stellen, an denen die Steigung von M_1 und M_2 gleich 0 ist ($t = 0$ und $t > 2{,}6$), sind die Funktionswerte von m gleich 0.

3.2 Da zum Zeitpunkt $t = 0$ Sekunden noch kein Wasserdampf ausgetreten ist, muss für eine Funktion M als geeignete Stammfunktion auf jeden Fall $M(0) = 0$ gelten. Es ist aber $M_2(0) = 1$. Deswegen ist M_2 nicht als Modell geeignet.

$M_1(2)$ ist das Gesamtvolumen an Wasserdampf, das in den ersten beiden Sekunden ausgeströmt ist. Das Volumen beträgt $M_1(2) = 5{,}6$ Liter.

```
Define M₁(t)=0.36*t^4-2.54*t^3+5.04*t^2
                                   done
M₁(2)
                                    5.6
```

3.3 Zeile (1) ist die Ableitung der Funktion M_1, die das ab dem Zeitpunkt $t = 0$ ausgeströmte Dampfvolumen angibt. Die Ableitung ($M_1' = m$) gibt also den Wasserdampfstrom in Liter pro Sekunde ($\frac{\text{Liter}}{\text{Sekunde}}$) für einen bestimmten Zeitpunkt an.

Zeile (2) stellt die Frage, für welchen Zeitraum die Ableitung $M_1'(t)$ größer oder gleich 3 ist bzw. – im Sachzusammenhang – für welchen Zeitraum der Wasserdampfstrom größer oder gleich $3\,\frac{\text{Liter}}{\text{Sekunde}}$ beträgt.

Mithilfe des CAS erhält man als Lösungen auf zwei Nachkommastellen gerundet:

$$0{,}42 \le t \le 1{,}44 \quad \text{bzw.} \quad t \ge 3{,}43$$

```
solve(1.44*t^3-7.62*t^2+10.08*t≥3,t)
{0.4208749169≤t≤1.444867157,3.425924592≤t▸
```

Da im Vortext zu der Teilaufgabe 3.2 der Definitionsbereich [0; 2,65] beträgt, liegt die zweite Lösung außerhalb dieses Bereiches. Also beträgt der Wasserdampfstrom im Bereich von etwa 0,42 bis 1,44 Sekunden mindestens 3 Liter pro Sekunde.

Hessen – Grundkurs Mathematik
2020 – C1: Lineare Algebra / Analytische Geometrie (WTR / CAS)

1 Der „PeaQ-Tanztempel“ in Mainz-Hechtsheim (Material 1) ist eine Lokalität, die man für Veranstaltungen mieten kann.
Material 2 zeigt einen Planungsentwurf für ein ähnliches Gebäude, das aus einer quadratischen Pyramide mit einer Grundseite der Länge 40 m und einem parallel zur x-Achse ausgerichteten Vorbau mit rechteckiger Grundfläche und symmetrischem Dach besteht. Der Ursprung des Koordinatensystems liegt in der Mitte der Grundfläche der Pyramide. Es sind der Punkt $D(20\,|\,-20\,|\,0)$ der Grundfläche und die Spitze $S(0\,|\,0\,|\,30)$ der Pyramide gegeben. Alle Einheiten sind in Meter angegeben.

1.1 Geben Sie die Koordinaten der Punkte A und C an. **(2 BE)**

1.2 Berechnen Sie das Volumen der Pyramide. **(2 BE)**

1.3 Entlang der vier Seitenkanten der Pyramide werden Lichterketten angebracht. Berechnen Sie die Gesamtlänge der Lichterketten. **(3 BE)**

1.4 Berechnen Sie den Winkel an der Spitze eines Seitendreiecks der Pyramide.
[zur Kontrolle: $\sphericalangle DSA \approx 58°$] **(3 BE)**

1.5 Die Spitze der Pyramide ist mit Metall verkleidet. Die Seitenkanten dieser ebenfalls quadratischen Pyramide sind 4 m lang (Material 2). Berechnen Sie die Größe der Fläche, die mit Metall verkleidet ist. **(4 BE)**

1.6 Die Seitenfläche der Pyramide mit den Eckpunkten A, S und D liegt in der Ebene E_{ASD}. Geben Sie eine Parameterform der Ebene E_{ASD} an und bestimmen Sie eine zugehörige Koordinatengleichung.
[zur Kontrolle: Eine mögliche Koordinatengleichung lautet E_{ASD}: $3x + 2z = 60$.] **(6 BE)**

2 Im Folgenden wird das Dach des Vorbaus in Material 2 betrachtet. Von der Vorderseite dieses Daches sind die Punkte $M(40\,|\,0\,|\,15)$ und $H(40\,|\,5\,|\,12{,}5)$ gegeben.

2.1 Zeigen Sie, dass der Punkt $M'(10\,|\,0\,|\,15)$ auf der Ebene E_{ASD} liegt, und begründen Sie ohne weitere Rechnung, dass es sich bei dem Punkt M' um denjenigen Punkt handeln muss, in dem der (durch den Punkt M verlaufende) Dachfirst des Vorbaus auf die Pyramide trifft. Beschriften Sie den Punkt M' in Material 2. **(4 BE)**

2.2 Berechnen Sie die Koordinaten des Punktes H', bei dem die Dachkante des Vorbaus, die durch den Punkt H verläuft, auf die Pyramide trifft.
$\left[\text{zur Kontrolle: } H'\left(\frac{35}{3}\,\middle|\,5\,\middle|\,\frac{25}{2}\right)\right]$ **(4 BE)**

2.3 Untersuchen Sie, um welche Art von Viereck es sich bei der Dachfläche H H' M' M handelt, und bestimmen Sie den Flächeninhalt der Dachfläche H H' M' M. **(6 BE)**

3 Ein Besucher nähert sich dem Pyramideneingang entlang der x-Achse aus positiver Richtung. Die Augenhöhe des Besuchers ist 1,60 m über dem Boden. Erläutern Sie die Rechnung in den Zeilen (1) bis (3) im untenstehenden Kasten und erklären Sie die Bedeutung des Punktes P aus Zeile (4) im Sachzusammenhang.

(1) $M(40|0|15), S(0|0|30) \Rightarrow g_{MS}: \vec{x} = \begin{pmatrix} 40 \\ 0 \\ 15 \end{pmatrix} + r \cdot \begin{pmatrix} -40 \\ 0 \\ 15 \end{pmatrix}, r \in \mathbb{R}$

(2) $1{,}6 = 15 + r \cdot 15 \Leftrightarrow r = -\frac{67}{75}$

(3) $\vec{x} = \begin{pmatrix} 40 \\ 0 \\ 15 \end{pmatrix} - \frac{67}{75} \cdot \begin{pmatrix} -40 \\ 0 \\ 15 \end{pmatrix} = \begin{pmatrix} \frac{1136}{15} \\ 0 \\ \frac{8}{5} \end{pmatrix} \approx \begin{pmatrix} 75{,}73 \\ 0 \\ 1{,}6 \end{pmatrix}$

(4) $P(75{,}73|0|0)$

(6 BE)

Material 1
Der „PeaQ-Tanztempel“ in Mainz-Hechtsheim

© Pyramide Mainz

Material 2
Planungsentwurf

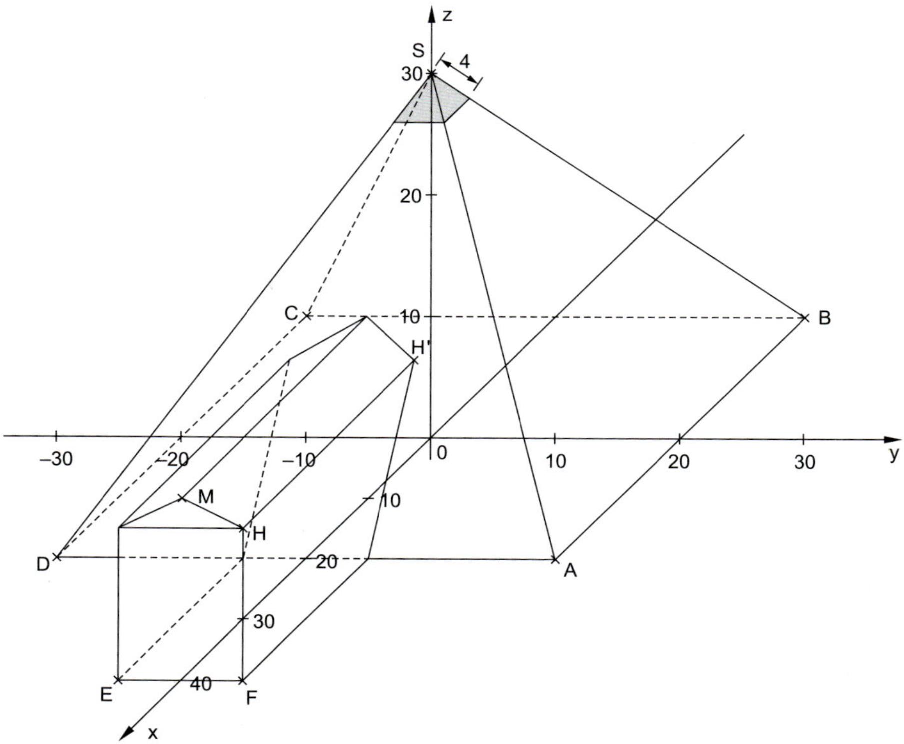

Hinweise und Tipps

Teilaufgabe 1.1

- Laufen Sie den Weg zu den gesuchten Punkten in Gedanken ab. Wie weit müssen Sie sich in x-Richtung, in y-Richtung und in z-Richtung bewegen?

Teilaufgabe 1.2

- Entnehmen Sie die Formel zur Berechnung des Volumens der Formelsammlung. Die benötigten Größen lassen sich ohne großen Rechenaufwand bestimmen.

Teilaufgabe 1.3

- Seitenkanten sind z. B. $\overline{AS}$ oder $\overline{DS}$. Alle Seitenkanten sind gleich lang.
- Beschreiben Sie eine dieser Kanten vektoriell und berechnen Sie die Länge dieses Vektors.
- Multiplizieren Sie die Länge mit 4.

Teilaufgabe 1.4

- Verwenden Sie die Formel zur Berechnung des Winkels zwischen zwei Vektoren. Machen Sie sich klar, welche Vektoren den gesuchten Winkel aufspannen.
- Einen Hinweis können Sie auch dem Kontrollergebnis entnehmen.

Teilaufgabe 1.5

- Skizzieren Sie das Dreieck und machen Sie sich klar, welche Größen des Dreiecks Ihnen schon bekannt sind.
- Zerlegen Sie das Dreieck in zwei rechtwinklige Dreiecke und berechnen Sie mithilfe von Sinus und Cosinus die Längen, die Sie benötigen, um den Flächeninhalt auszurechnen.

Teilaufgabe 1.6

- Dies ist eine Standardaufgabe. Stellen Sie mithilfe der drei Punkte A, S und D die Parametergleichung auf. Sie benötigen dazu einen Stütz- und zwei Richtungsvektoren.
- Zur Überführung in die Koordinatengleichung benötigen Sie einen Normalenvektor, der senkrecht auf den beiden Richtungsvektoren steht.

Teilaufgabe 2.1

- Zunächst ist eine Punktprobe gefordert. Dies ist eine Standardaufgabe. Setzen Sie dazu die Koordinaten des Punktes in die Koordinatengleichung ein.
- Die Lage des Punktes ist im Aufgabentext beschrieben. Zeichnen Sie den Punkt ein.
- Verwenden Sie die Skizze und die dort erkennbaren Zusammenhänge, um zu begründen, dass der Punkt tatsächlich dort liegen muss.

Teilaufgabe 2.2

- Dies ist eine Standardaufgabe. Stellen Sie die Parametergleichung der Gerade auf, die durch H geht und die beschriebene Richtung hat, und berechnen Sie den Schnittpunkt dieser Geraden mit der Ebene aus Teilaufgabe 1.6.

Teilaufgabe 2.3

- Die Form des Vierecks lässt sich anhand der Zeichnung bereits erkennen. Begründen Sie oder weisen Sie rechnerisch nach, dass diese Form tatsächlich vorliegt. Entnehmen Sie die entsprechende Formel zur Berechnung des Flächeninhalts der Formelsammlung.
- Beschreiben Sie die benötigten Kanten vektoriell und berechnen Sie die Längen dieser Vektoren.
- Setzen Sie danach die Längen in die Formel ein.

Teilaufgabe 3

- (1) Beschreiben Sie, welches geometrische Objekt durch die Gleichung g_{MS} beschrieben wird.
- (2) Wo taucht in der Aufgabenstellung 1,6 [m] auf? Wo taucht $15 + 15r$ auf? Was bedeutet es, wenn der Parameter einer Geradengleichung ermittelt wird?
- (3) Was ergibt sich, wenn ein Parameterwert in die Geradengleichung eingesetzt wird?
- (4) Beachten Sie, dass im Vergleich zu (3) nun die z-Komponente 0 ist. Was bedeutet das?

Machen Sie sich anhand der Zeichnung klar, welcher Punkt berechnet wurde, und beschreiben Sie die Besonderheiten dieses Punktes hinsichtlich des Blicks des Besuchers auf die Pyramidenspitze S.

Lösung

1.1 Läuft man in Gedanken den Weg vom Ursprung zum Punkt A ab, so muss man 20 Meter in x-Richtung und 20 Meter in y-Richtung gehen. Der Punkt liegt in der x-y-Ebene und hat daher die z-Koordinate 0. Man erhält also $A(20\,|\,20\,|\,0)$.

Analog ergibt sich $C(-20\,|\,-20\,|\,0)$.

1.2 Der Formelsammlung entnimmt man, dass für das Volumen V einer Pyramide gilt:

$$V = \frac{1}{3} \cdot G \cdot h$$

Die Grundfläche G der Pyramide ist quadratisch. Die Grundseite hat laut Aufgabenstellung eine Länge von 40 m. Also ist $G = 40 \cdot 40 = 1\,600\,[m^2]$.

Die Höhe h der Pyramide entnimmt man den ebenfalls gegebenen Koordinaten der Pyramidenspitze $S(0\,|\,0\,|\,30)$ als $h = 30\ [m]$.

Damit ergibt sich ein Volumen von:

$$V = \frac{1}{3} \cdot 1\,600 \cdot 30 = 16\,000\,[m^3]$$

1.3 Die Seitenkanten werden durch die Vektoren $\overrightarrow{AS}$, $\overrightarrow{BS}$, $\overrightarrow{CS}$ und $\overrightarrow{DS}$ beschrieben, die alle die gleiche Länge haben. Man berechnet:

$$|\overrightarrow{AS}| = \left| \begin{pmatrix} 0 \\ 0 \\ 30 \end{pmatrix} - \begin{pmatrix} 20 \\ 20 \\ 0 \end{pmatrix} \right| = \left| \begin{pmatrix} -20 \\ -20 \\ 30 \end{pmatrix} \right| = \sqrt{(-20)^2 + (-20)^2 + 30^2} = \sqrt{1\,700} \approx 41{,}23\,[m]$$

Für alle vier Seitenkanten benötigt man Lichterketten mit einer Gesamtlänge von ca. $4 \cdot 41{,}23\ m = 164{,}92\ m$.

Hinweis: Sollten Sie sich bei Ihrem Ergebnis aus Teilaufgabe 1.1 nicht sicher sein, dann verwenden Sie zur Berechnung der Seitenkanten die in der Aufgabenstellung gegebenen Punkte D und S.

1.4 Die Winkel an den Spitzen der vier Seitendreiecke sind gleich. Der Angabe in der Kontrolllösung folgend wird der Winkel α an der Pyramidenspitze S betrachtet, der von den Vektoren $\overrightarrow{AS}$ und $\overrightarrow{DS}$ eingeschlossen wird.

$\overrightarrow{AS}$ ist aus Teilaufgabe 1.3 bekannt; für $\overrightarrow{DS}$ erhält man:

$$\overrightarrow{DS} = \begin{pmatrix} 0 \\ 0 \\ 30 \end{pmatrix} - \begin{pmatrix} 20 \\ -20 \\ 0 \end{pmatrix} = \begin{pmatrix} -20 \\ 20 \\ 30 \end{pmatrix}$$

Setzt man die beiden Vektoren in die Formel zur Berechnung des Winkels zwischen zwei Vektoren ein, so erhält man:

$$\cos\alpha = \frac{\overrightarrow{AS} \circ \overrightarrow{DS}}{|\overrightarrow{AS}| \cdot |\overrightarrow{DS}|} = \frac{\begin{pmatrix} -20 \\ -20 \\ 30 \end{pmatrix} \circ \begin{pmatrix} -20 \\ 20 \\ 30 \end{pmatrix}}{\sqrt{1\,700} \cdot \sqrt{1\,700}} = \frac{400 - 400 + 900}{1\,700} = \frac{9}{17}$$

Daraus ergibt sich:

$$\alpha = \arccos\frac{9}{17} \approx 58°$$

1.5 Die nebenstehende Skizze für die Metallverkleidung erhält man unter Verwendung des in Teilaufgabe 1.4 berechneten Winkels $\alpha \approx 58°$. Für das obere Dreieck ergibt sich:

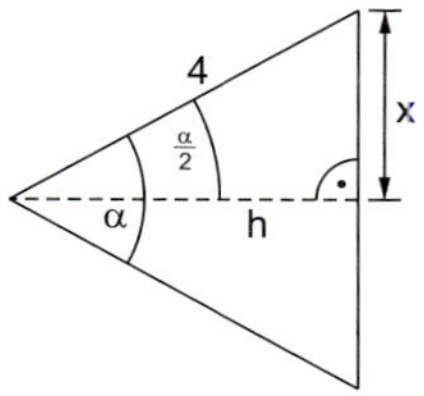

$$\text{(1)}\quad \sin\frac{\alpha}{2} = \frac{x}{4} \quad \Rightarrow \quad x \approx 4 \cdot \sin 29° \approx 1{,}94\ [\text{m}]$$

$$\text{(2)}\quad \cos\frac{\alpha}{2} = \frac{h}{4} \quad \Rightarrow \quad h \approx 4 \cdot \cos 29° \approx 3{,}5\ [\text{m}]$$

Unter Berücksichtigung, dass x nur die Hälfte der Länge der Grundseite des Dreiecks angibt und dass es insgesamt vier solcher Dreiecke gibt, erhält man für die Gesamtfläche der Metallverkleidung:

$$A = 4 \cdot \frac{1}{2} \cdot g \cdot h = 2 \cdot 2x \cdot h \approx 2 \cdot 2 \cdot 1{,}94 \cdot 3{,}5 \approx 27{,}16\,[\text{m}^2]$$

1.6 Wählt man $\overrightarrow{OS}$ als Stützvektor sowie $\overrightarrow{SA}$ und $\overrightarrow{SD}$ als Richtungsvektoren, so erhält man unter Verwendung der bisherigen Ergebnisse:

$$E_{ASD}\colon\ \vec{x} = \overrightarrow{OS} + r \cdot \overrightarrow{SA} + s \cdot \overrightarrow{SD} = \begin{pmatrix} 0 \\ 0 \\ 30 \end{pmatrix} + s \cdot \begin{pmatrix} 20 \\ 20 \\ -30 \end{pmatrix} + r \cdot \begin{pmatrix} 20 \\ -20 \\ -30 \end{pmatrix} \quad \text{mit } r, s \in \mathbb{R}$$

Zur Überführung in die Koordinatengleichung benötigt man einen Normalenvektor der Ebene. Dieser muss senkrecht auf den beiden Richtungsvektoren der Ebene stehen. Mit dem Ansatz $\vec{n} = \begin{pmatrix} n_1 \\ n_2 \\ n_3 \end{pmatrix}$ und der Aussage „Stehen zwei Vektoren senkrecht aufeinander, so ist ihr Skalarprodukt 0“ erhält man:

$$\text{(I)}\quad \begin{pmatrix} n_1 \\ n_2 \\ n_3 \end{pmatrix} \circ \begin{pmatrix} 20 \\ 20 \\ -30 \end{pmatrix} = 0 \quad \Leftrightarrow \quad 20n_1 + 20n_2 - 30n_3 = 0$$

$$\text{(II)}\quad \begin{pmatrix} n_1 \\ n_2 \\ n_3 \end{pmatrix} \circ \begin{pmatrix} 20 \\ -20 \\ -30 \end{pmatrix} = 0 \quad \Leftrightarrow \quad 20n_1 - 20n_2 - 30n_3 = 0$$

Rechnet man nun (I) – (II), so erhält man:

$$40n_2 = 0 \quad \Rightarrow \quad n_2 = 0$$

$n_2 = 0$ eingesetzt in (I) liefert:

$$20n_1 - 30n_3 = 0 \quad \Rightarrow \quad n_1 = \frac{3}{2}n_3$$

Gesucht ist eine partielle Lösung des Gleichungssystems; daher wählt man z. B. $n_3 = 2$ und erhält $n_1 = 3$. Damit ist ein Normalenvektor gefunden als:

$$\vec{n} = \begin{pmatrix} 3 \\ 0 \\ 2 \end{pmatrix}$$

Setzt man $\vec{n}$ und z. B. $\overrightarrow{OA}$ in die Formel $\vec{n} \circ \vec{x} = \vec{n} \circ \vec{a}$ für die Koordinatengleichung ein, so erhält man

$$\begin{pmatrix} 3 \\ 0 \\ 2 \end{pmatrix} \circ \begin{pmatrix} x \\ y \\ z \end{pmatrix} = \begin{pmatrix} 3 \\ 0 \\ 2 \end{pmatrix} \circ \begin{pmatrix} 20 \\ 20 \\ 0 \end{pmatrix}$$

und damit:

$$E_{ASD}\colon 3x + 2z = 60$$

2.1 Zunächst ist eine „klassische" Punktprobe gefordert. Das Einsetzen der Koordinaten von M' in die Koordinatengleichung der Ebene liefert die wahre Aussage:

$$3 \cdot 10 + 2 \cdot 15 = 60$$

M' liegt also auf der Ebene E_{ASD}.

Der Abbildung ist zu entnehmen, dass der Punkt, in dem der Dachfirst des Vorbaus auf die Pyramide trifft, der Schnittpunkt der Geraden durch den Punkt M, die parallel zur x-Achse verläuft, mit der Ebene E_{ASD} ist. Der Punkt M' ist dieser Schnittpunkt, denn er liegt einerseits, wie eben gezeigt, auf der Ebene E_{ASD}. Andererseits hat M' dieselbe y- und dieselbe z-Koordinate wie M und liegt daher auch auf der Geraden durch M, die parallel zur x-Achse verläuft.

Der Punkt M' wird gemäß der Beschreibung im Aufgabentext in die gegebene Zeichnung eingezeichnet.

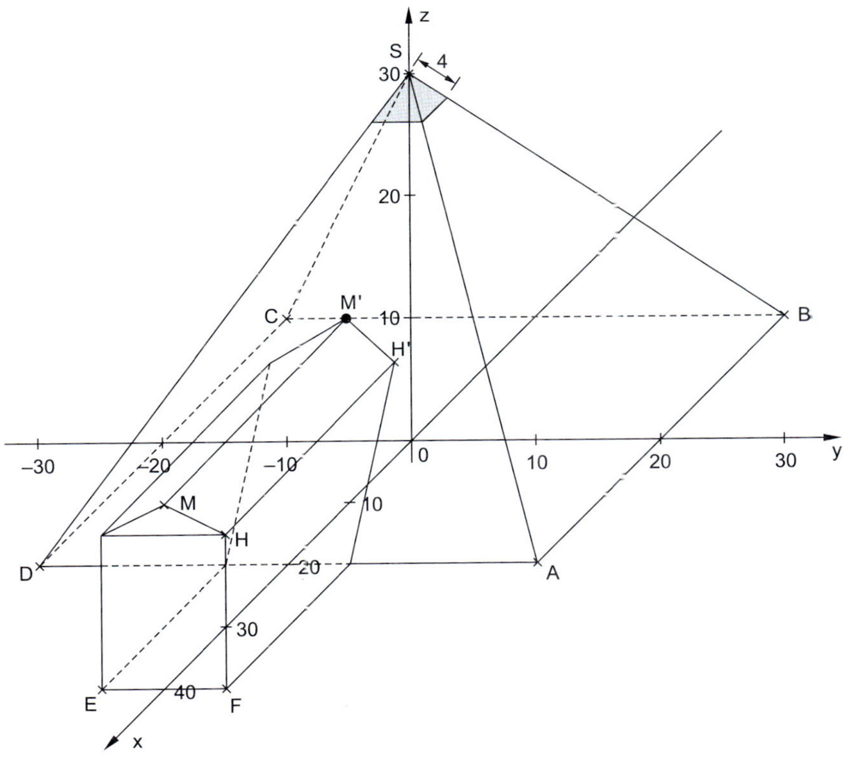

2.2 Zur Berechnung von H' benötigt man die Gerade h durch H, die parallel zur x-Achse verläuft. H' ist der Schnittpunkt dieser Geraden mit der Ebene E_{ASD}

$$h\colon\ \vec{x} = \begin{pmatrix} x \\ y \\ z \end{pmatrix} = \begin{pmatrix} 40 \\ 5 \\ 12{,}5 \end{pmatrix} + r \cdot \begin{pmatrix} 1 \\ 0 \\ 0 \end{pmatrix}$$

Zur Berechnung des Schnittpunktes setzt man nun die x-, y- und z-Komponenten der Parametergleichung von h in die Koordinatengleichung der Ebene E_{ASD} ein und erhält:

$$3\cdot(40+1\cdot r)+2\cdot(12{,}5+0\cdot r)=60$$
$$3r=60-120-25$$
$$r=-\frac{85}{3}$$

Mit $r=-\frac{85}{3}$ erhält man den Ortsvektor zum Punkt H' über

$$\overrightarrow{OH'}=\begin{pmatrix}40\\5\\12{,}5\end{pmatrix}-\frac{85}{3}\cdot\begin{pmatrix}1\\0\\0\end{pmatrix}=\begin{pmatrix}\frac{35}{3}\\5\\12{,}5\end{pmatrix}$$

und damit:

$$H'\left(\frac{35}{3}\,\middle|\,5\,\middle|\,12{,}5\right)$$

2.3 Im Viereck H H' M' M ist:

$$\overrightarrow{MM'}=\begin{pmatrix}10\\0\\15\end{pmatrix}-\begin{pmatrix}40\\0\\15\end{pmatrix}=\begin{pmatrix}-30\\0\\0\end{pmatrix}\text{ und }\overrightarrow{HH'}=\begin{pmatrix}\frac{35}{3}\\5\\12{,}5\end{pmatrix}-\begin{pmatrix}40\\5\\12{,}5\end{pmatrix}=\begin{pmatrix}-\frac{85}{3}\\0\\0\end{pmatrix}$$

Da $\overrightarrow{MM'}$ ein Vielfaches von $\overrightarrow{HH'}$ ist (Streckfaktor $a=\frac{18}{17}$), zeigen die beiden Vektoren in dieselbe Richtung. Die Kanten $\overline{MM'}$ und $\overline{HH'}$ sind parallel.

Hinweis: Dieser rechnerische Nachweis kann durch den Hinweis auf die Lage der beiden Kanten ersetzt werden: Da die beiden Kanten parallel zur x-Achse verlaufen, müssen sie parallel sein.

Zudem ist:

$$\overrightarrow{MH}=\begin{pmatrix}40\\5\\12{,}5\end{pmatrix}-\begin{pmatrix}40\\0\\15\end{pmatrix}=\begin{pmatrix}0\\5\\-2{,}5\end{pmatrix}\text{ und }\overrightarrow{M'H'}=\begin{pmatrix}\frac{35}{3}\\5\\12{,}5\end{pmatrix}-\begin{pmatrix}10\\0\\15\end{pmatrix}=\begin{pmatrix}\frac{5}{3}\\5\\-2{,}5\end{pmatrix}$$

Da $\overrightarrow{MH}$ kein Vielfaches von $\overrightarrow{M'H'}$ ist (es gibt keinen Streckfaktor a, für den $0\cdot a=\frac{5}{3}$ gilt), zeigen die beiden Vektoren in unterschiedliche Richtungen. Die Kanten $\overline{MH}$ und $\overline{M'H'}$ sind nicht parallel.

Es liegt ein Viereck mit genau einem Paar paralleler Seiten vor. Es handelt sich also um ein Trapez, das an der Ecke H einen rechten Winkel aufweist.

Zur Berechnung des Flächeninhaltes des Trapezes benötigt man die Längen der parallelen Kanten $\overline{HH'}$ und $\overline{MM'}$ sowie die Höhe des Trapezes, die hier der Kantenlänge $\overline{MH}$ entspricht.

$$a=|\overrightarrow{MM'}|=\sqrt{(-30)^2+0^2+0^2}=30$$

$$b=|\overrightarrow{HH'}|=\sqrt{\left(-\frac{85}{3}\right)^2+0^2+0^2}=\frac{85}{3}$$

$$h=|\overrightarrow{MH}|=\sqrt{0^2+5^2+(-2{,}5)^2}=\sqrt{31{,}25}$$

Unter Verwendung der Formel für den Flächeninhalt eines Trapezes aus der Formelsammlung erhält man damit:

$$A = \frac{1}{2} \cdot (a+b) \cdot h = \frac{1}{2} \cdot \left(30 + \frac{85}{3}\right) \cdot \sqrt{31,25} \approx 163,05\,[m^2]$$

3 (1) Die Gerade durch die Punkte M und S wird durch eine Parametergleichung beschrieben.

(2) Der Parameterwert r wird so bestimmt, dass die z-Koordinate 1,6 beträgt.

(3) Durch Einsetzen des Parameterwertes wird der Ortsvektor zu dem Punkt Q auf der Geraden bestimmt, der die z-Koordinate 1,6 besitzt.

Da in (4) – bei sonst gleichen Koordinaten wie in (3) – die z-Koordinate null gesetzt wird, handelt es sich bei dem Punkt P um den Punkt in der x-y-Ebene, der unter Q liegt. Steht der Besucher also im Punkt P und blickt auf die Pyramide, so liegen die Punkte M und S hintereinander. Die Pyramidenspitze wird also durch den Punkt M verdeckt. Ab diesem Punkt ist die Pyramidenspitze für den Besucher nicht mehr sichtbar, wenn er sich ihr weiter nähert.

Hessen – Grundkurs Mathematik
2020 – C2: Stochastik (WTR/CAS)

1 Das Postunternehmen Q stellt 95 % aller Briefe am ersten Werktag nach ihrer Einlieferung zu. Für 2 000 zufällig ausgewählte Briefe, die unabhängig voneinander befördert werden, wird untersucht, ob sie am ersten Werktag nach ihrer Einlieferung zugestellt werden.

1.1 Begründen Sie, dass die Binomialverteilung dafür geeignet ist, Vorhersagen zum Ergebnis der Untersuchung zu treffen. **(2 BE)**

1.2 Bestimmen Sie unter Angabe einer geeigneten Zufallsvariablen X die Wahrscheinlichkeiten der folgenden Ereignisse:
A: „Genau 1 900 der Briefe werden am ersten Werktag nach ihrer Einlieferung zugestellt."
B: „Mindestens 1 900 der Briefe werden am ersten Werktag nach ihrer Einlieferung zugestellt."
C: „Mehr als 100 der Briefe werden nicht am ersten Werktag nach ihrer Einlieferung zugestellt." **(7 BE)**

1.3 Entscheiden Sie für jede der beiden Wahrscheinlichkeiten P(B) und P(C) aus Aufgabe 1.2, ob sie in Material 1 als dunkle Balkenfläche dargestellt wird. Begründen Sie jeweils Ihre Entscheidung. **(3 BE)**

1.4 Die Zufallsvariable Y sei binomialverteilt mit den Parametern $n=2\,000$ und $p=0{,}05$; die Zufallsvariable Z sei binomialverteilt mit den Parametern $n=2\,000$ und $p=0{,}95$. Entscheiden Sie für jeden der beiden Terme I und II, ob er die Wahrscheinlichkeit dafür angibt, dass mindestens 100 der ausgewählten Briefe nicht am ersten Werktag nach ihrer Einlieferung zugestellt werden. Begründen Sie jeweils Ihre Entscheidung.

I: $P(Y \leq 100) = F(2\,000;\, 0{,}05;\, 100)$

II: $P(Z \leq 1\,900) = F(2\,000;\, 0{,}95;\, 1\,900)$ **(3 BE)**

1.5 Berechnen Sie den Erwartungswert für die Anzahl der Briefe, die am ersten Werktag nach ihrer Einlieferung zugestellt werden. **(2 BE)**

1.6 Ermitteln Sie, wie viele Briefe zufällig ausgewählt werden müssten, damit die Standardabweichung für die Anzahl der Briefe, die am ersten Werktag nach ihrer Einlieferung zugestellt werden, doppelt so groß ist wie bei 2 000 Briefen. **(3 BE)**

2 Eine große Firma versendet einen Teil ihrer Briefe mit dem Postunternehmen Q aus Aufgabe 1, den anderen Teil mit einem anderen Postunternehmen. Ein Brief der Firma wird zufällig ausgewählt und daraufhin untersucht, ob er am ersten Werktag nach seiner Einlieferung zugestellt wird (Ereignis E). Die Abbildung in Material 2 stellt den Sachverhalt dar.

2.1 Berechnen Sie für $a=0{,}25$ die Wahrscheinlichkeit dafür, dass der ausgewählte Brief nicht am ersten Werktag nach seiner Einlieferung zugestellt wird. **(3 BE)**

2.2 Prüfen Sie für $a=0{,}25$, ob die Ereignisse „der ausgewählte Brief wird vom Postunternehmen Q befördert" und „der ausgewählte Brief wird am ersten Werktag nach seiner Einlieferung zugestellt" stochastisch unabhängig sind. **(3 BE)**

2.3 Der ausgewählte Brief wird nicht am ersten Werktag nach seiner Einlieferung zugestellt. Leiten Sie einen vom Parameter a abhängigen Term für die Wahrscheinlichkeit her, dass er vom Postunternehmen Q befördert wurde. **(3 BE)**

3 Das Konkurrenzunternehmen R behauptet, eine bessere Zustellquote zu besitzen als das Unternehmen Q aus Aufgabe 1. Diese Behauptung soll mithilfe eines Hypothesentests überprüft werden. Dabei wird für 200 zufällig ausgewählte, von R zugestellte Briefe untersucht, ob sie am ersten Werktag nach ihrer Einlieferung zugestellt werden. Bei diesem Test wird festgelegt, dass die Wahrscheinlichkeit für einen Fehler 1. Art höchstens 5 % betragen soll.
Die kritische Zahl k gibt an, wie viele der im Rahmen des Tests untersuchten Briefe mindestens am ersten Werktag nach ihrer Einlieferung zugestellt werden müssen, damit die Hypothese H_0 zugunsten von H_1 verworfen wird.

3.1 Geben Sie die Hypothesen H_0 und H_1 für diesen Test an. **(2 BE)**

3.2 Bei Unternehmen Q erwartet man, dass durchschnittlich 190 von 200 Briefen am ersten Werktag nach ihrer Einlieferung zugestellt werden. Begründen Sie ohne Rechnung, dass die kritische Zahl k bei dem angegebenen Hypothesentest größer als 190 sein muss. **(2 BE)**

3.3 Ermitteln Sie die kritische Zahl k für diesen Hypothesentest und formulieren Sie eine Entscheidungsregel im Sachzusammenhang. **(5 BE)**

3.4 Beschreiben Sie den Fehler 1. Art im Sachzusammenhang. **(2 BE)**

Material 1

Binomialverteilung für n = 2000 und p = 0,95

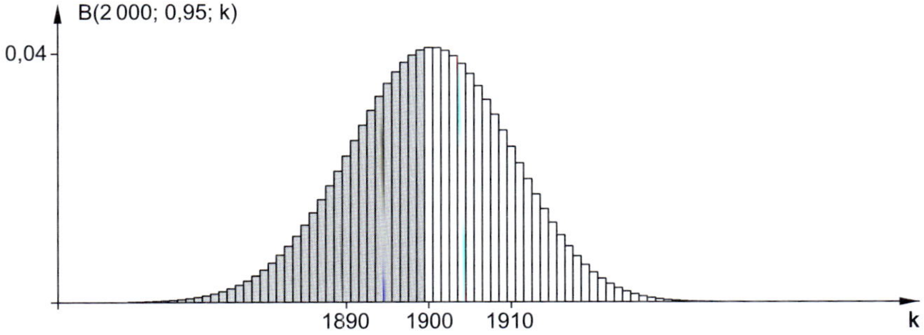

Material 2

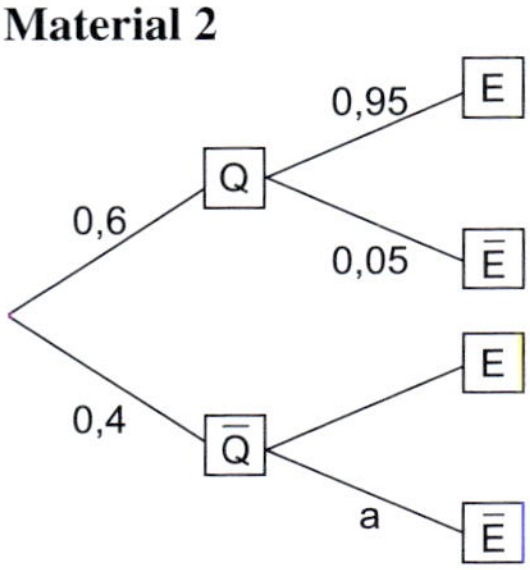

Hinweise und Tipps

Teilaufgabe 1.1

- Welche Bedingungen müssen erfüllt sein, damit die Binomialverteilung verwendet werden kann?

Teilaufgabe 1.2

- Legen Sie eine geeignete Zufallsvariable fest. Formulieren Sie die Wahrscheinlichkeiten der beschriebenen Ereignisse mithilfe der Zufallsvariablen.
- In welchem Fall ist der Übergang zum Gegenereignis nützlich?

Teilaufgabe 1.3

- Setzen Sie die Bereiche des Diagramms mit den Ereignissen B und C in Beziehung.

Teilaufgabe 1.4

- Untersuchen Sie den Zusammenhang der angegebenen Terme mit den Ereignissen aus Teilaufgabe 1.2.

Teilaufgabe 1.5

- Es ist der Erwartungswert für die Verteilung der Zufallsvariablen X gesucht.

Teilaufgabe 1.6

- Verwenden Sie die Standardabweichung der ursprünglichen Verteilung, um ohne größeren Aufwand die neue Anzahl der zu prüfenden Briefe zu bestimmen.

Teilaufgabe 2.1

- Hier ist die totale Wahrscheinlichkeit des Gegenereignisses der im einleitenden Text beschriebenen Situation gesucht. Werten Sie das gegebene Baumdiagramm mit dem gegebenen Wert für a aus.

Teilaufgabe 2.2

- Was muss gelten, wenn die Ereignisse Q und E stochastisch unabhängig sind?

Teilaufgabe 2.3

- Hier wird eine bedingte Wahrscheinlichkeit gesucht. Welche Bedingung ist bekannt?
- Verwenden Sie zur Lösung das Baumdiagramm mit allgemeinem a.

Teilaufgabe 3.1

- Formulieren Sie die Rahmenbedingungen des Hypothesentests sorgfältig.

Teilaufgabe 3.2

- Welche Bedeutung hat der gegebene Erwartungswert für die kritische Zahl, die der Entscheidungsregel zugrunde gelegt wird?

Teilaufgabe 3.3

- Achten Sie bei der Formulierung der Entscheidungsregel auf die Bedeutung der kritischen Zahl, die Sie gefunden haben, in Bezug auf den Sachzusammenhang.

Teilaufgabe 3.4

- Welches Versuchsergebnis würde dazu führen, dass man die Nullhypothese zu Unrecht ablehnt?

Lösung

Vorbemerkung: Die Aufgabenstellung gilt für die Rechnertechnologien WTR bzw. CAS. Aufgrund der verwendeten Operatoren ergibt sich bei der Verwendung eines CAS kein wesentlicher Unterschied bzw. Vorteil im Vergleich zur Verwendung eines WTR.

1 Die Wahrscheinlichkeit für die Zustellung eines Briefs am ersten Werktag nach Einlieferung soll 95 % betragen. Dies soll anhand von 2 000 Briefen untersucht werden.

1.1 Wie im Text beschrieben wird, werden die Briefe zufällig und unabhängig voneinander ausgewählt. Daher kann man den Vorgang als Bernoulli-Kette auffassen, da die Versuchsstufen unabhängig voneinander sind und die Wahrscheinlichkeit für die oben beschriebene Zustellgeschwindigkeit für jede Versuchsstufe gleich bleibt.

Also ist die Binomialverteilung für die Untersuchung geeignet.

1.2 X sei die Anzahl der Briefe, die am ersten Werktag nach Einlieferung zugestellt werden. Es kann angenommen werden, dass X mit $n = 2\,000$ und $p = 0{,}95$ binomialverteilt ist. Dann gilt:

$$P(A) = P(X = 1900) = \binom{2\,000}{1\,900} \cdot 0{,}95^{1\,900} \cdot 0{,}05^{100} \approx 0{,}0409 = 4{,}09\ \%$$

$$P(B) = P(X \geq 1\,900) = 1 - P(X < 1\,900) = 1 - P(X \leq 1\,899)$$

$$= 1 - \sum_{i=0}^{1899} \binom{2\,000}{i} \cdot 0{,}95^{i} \cdot 0{,}05^{2\,000-i} \approx 1 - 0{,}4734 = 0{,}5266 = 52{,}66\ \%$$

Wenn mehr als 100 Briefe nicht am ersten Werktag nach Einlieferung zugestellt werden, werden demnach höchstens 1899 Briefe „pünktlich" ausgeliefert. Dann gilt also:

$$P(C) = P(X \leq 1\,899) = 1 - P(B)$$

$$= \sum_{i=0}^{1899} \binom{2\,000}{i} \cdot 0{,}95^{i} \cdot 0{,}05^{2\,000-i} \approx 0{,}4734 = 47{,}34\ \%$$

Alternativ: Definition einer anderen Zufallsvariablen X*, die die Anzahl der Briefe beschreibt, die nicht „pünktlich" zugestellt werden. X* ist dann mit $n = 2\,000$ und $q = 0{,}05$ binomialverteilt und es ergibt sich:

$$P(C) = P(X^* > 100) = 1 - P(X^* \leq 100)$$

$$= 1 - \sum_{i=0}^{100} \binom{2\,000}{i} \cdot 0{,}05^{i} \cdot 0{,}95^{2\,000-i} \approx 1 - 0{,}5266 = 0{,}4734 = 47{,}34\ \%$$

1.3 Die dunkel gefärbten Balken des Histogramms entsprechen der Wahrscheinlichkeit für das Ereignis „höchstens 1 899 pünktlich zugestellte Briefe" und damit auch der Wahrscheinlichkeit für „mindestens 100 nicht pünktlich zugestellte Briefe", also der Wahrscheinlichkeit für Ereignis C.

P(B) wird durch die hellen Teile des Histogramms dargestellt.

1.4 Die angegebene Zufallsvariable Y entspricht der oben festgelegten Zufallsvariablen X*, und Z ist mit X aus Teilaufgabe 1.2 identisch.

Der erste Term beschreibt die Wahrscheinlichkeit dafür, dass höchstens 100 Briefe nicht pünktlich zugestellt werden, da für Y die Verteilung mit n = 2 000 und p = 0,05 angegeben ist.

Term 2 beschreibt die Wahrscheinlichkeit dafür, dass höchstens 1 900 Briefe pünktlich geliefert werden und damit mindestens 100 nicht pünktlich geliefert werden.

Daher steht Term 2 für die im Text beschriebene Wahrscheinlichkeit.

1.5 Der Erwartungswert für die Zufallsvariable X ist:

$$E(X) = n \cdot p = 2\,000 \cdot 0{,}95 = 1900$$

1.6 Zunächst muss die Standardabweichung für die bisher verwendete Verteilung von X bestimmt werden:

$$\sigma_{alt} = \sqrt{n \cdot p \cdot q} = \sqrt{2\,000 \cdot 0{,}95 \cdot 0{,}05} = \sqrt{95} \approx 9{,}75$$

Die Standardabweichung bei der neuen Anzahl von untersuchten Briefen soll doppelt so groß sein. Also muss für die Standardabweichung der neuen Untersuchung gelten:

$$\sigma = 2 \cdot \sigma_{alt} = 2 \cdot \sqrt{2\,000 \cdot 0{,}95 \cdot 0{,}05} = \sqrt{4 \cdot 2\,000 \cdot 0{,}95 \cdot 0{,}05} = \sqrt{8\,000 \cdot 0{,}95 \cdot 0{,}05}$$

Daher müssten 8 000 Briefe untersucht werden.

2.1 E beschreibt das Ereignis, dass ein Brief pünktlich zugestellt wird. Daher wird hier die totale Wahrscheinlichkeit für das Gegenereignis $\overline{E}$ gesucht.

$\overline{Q}$ beschreibt das Ereignis, dass ein Brief von dem anderen Postunternehmen befördert wird.

$$P(\overline{E}) = P(Q \cap \overline{E}) + P(\overline{Q} \cap \overline{E}) = P(Q) \cdot P_Q(\overline{E}) + P(\overline{Q}) \cdot P_{\overline{Q}}(\overline{E})$$

Konkret ergibt sich mit dem gegebenen Wert a = 0,25:

$$P(\overline{E}) = 0{,}6 \cdot 0{,}05 + 0{,}4 \cdot 0{,}25 = 0{,}13 = 13\,\%$$

2.2 Als Konsequenz aus dem Ergebnis von Teilaufgabe 2.1 ist $P(E) = 0{,}87$.

Q und E sind stochastisch unabhängig, wenn $P(Q) \cdot P(E) = P(Q) \cdot P_Q(E)$ erfüllt ist bzw. wenn $P(E) = P_Q(E)$ ist. Dies ist nicht der Fall.

Alternative Rechnung: Mit den bekannten Daten ist einerseits $P(Q) \cdot P_Q(E) = 0{,}6 \cdot 0{,}95 = 0{,}57$ und andererseits $P(Q) \cdot P(E) = 0{,}6 \cdot 0{,}87 = 0{,}522$.
Da sich die berechneten Werte unterscheiden, sind P und E stochastisch abhängig.

2.3 Gegeben ist, dass das Ereignis $\overline{E}$ auftritt. Gesucht ist hier ein Term für die bedingte Wahrscheinlichkeit dafür, dass dieser Brief vom Unternehmen Q befördert wurde, also $P_{\overline{E}}(Q)$.

Wegen $P(\overline{E} \cap Q) = P(\overline{E}) \cdot P_{\overline{E}}(Q) = P(Q) \cdot P_Q(\overline{E})$ lautet der Term für $P_{\overline{E}}(Q)$ folgendermaßen:

$$P_{\overline{E}}(Q) = \frac{P(Q) \cdot P_Q(\overline{E})}{P(\overline{E})}$$

Konkret ergibt sich:

$$P_{\overline{E}}(Q) = \frac{0,6 \cdot 0,05}{0,6 \cdot 0,05 + 0,4 \cdot a} = \frac{0,03}{0,03 + 0,4 \cdot a}$$

Dabei ist $P(\overline{E}) = 0,6 \cdot 0,05 + 0,4 \cdot a$ die totale Wahrscheinlichkeit für das Ereignis $\overline{E}$ für allgemeines a.

3 Die Behauptung des Unternehmens R, eine bessere Zustellquote als Q zu haben, soll anhand von 200 Briefen auf einem Signifikanzniveau von 5 % getestet werden.

3.1 Die Nullhypothese besagt, dass R nicht pünktlicher ist als Q.

X sei, wie oben festgelegt, die Anzahl der pünktlich gelieferten Briefe.

Nullhypothese H_0: X ist mit $n = 200$ und $p_0 \leq 0,95$ binomialverteilt.

Gegenhypothese H_1: X ist mit $n = 200$ und $p_1 > 0,95$ binomialverteilt.

3.2 Da R behauptet besser als Q zu sein, muss die kritische Zahl größer als der Erwartungswert für pünktlich zugestellte Briefe der Firma Q für 200 Briefe sein.

3.3 Getestet wird die Nullhypothese. Daher wird die Wahrscheinlichkeit bestimmt, dass Ereignisse eintreten, die gegen H_0 sprechen.

$$\begin{aligned} & P(X \geq k) \leq 0,05 & \\ \Leftrightarrow\quad & 1 - P(X < k) \leq 0,05 & \\ \Leftrightarrow\quad & 1 - P(X \leq k-1) \leq 0,05 & \big| -1 \\ \Leftrightarrow\quad & -P(X \leq k-1) \leq -0,95 & \big| \cdot (-1) \\ \Leftrightarrow\quad & P(X \leq k-1) \geq 0,95 & \end{aligned}$$

Konkretisiert:

$$P(X \leq k-1) \geq 0,95 \quad \Rightarrow \quad \sum_{i=0}^{k-1} \binom{200}{i} \cdot 0,95^i \cdot 0,05^{200-i} \geq 0,95$$

Aus dem Vergleich der Werte für $k - 1 = 195$ mit $P(X \leq 195) \approx 0,9736$ und $k - 1 = 194$ mit $P(X \geq 194) \approx 0,9377$ ergibt sich, dass man für die kritische Zahl $k = 196$ wählen muss.

Der Annahmebereich für H_0 ist also das Intervall [0; 195] und der Ablehnungsbereich ist [196; 200]. Wenn 196 oder mehr Briefe pünktlich geliefert werden, kann man H_0 auf dem 5 %-Niveau ablehnen und würde annehmen, dass Firma R tatsächlich besser liefert als Firma Q.

3.4 Einen Fehler 1. Art würde man begehen, wenn man aufgrund eines entsprechenden Versuchsergebnisses – also bei 196 oder mehr pünktlich gelieferten Briefen – die Nullhypothese ablehnen und daraus schließen würde, dass R besser ist als Q, obwohl dies in der Realität nicht so ist. H_0 würde also zu Unrecht verworfen.

Analysis – Niveau 1

1 Gegeben ist die Funktion f mit $f(x) = 2x^3 - 6x$. Der Graph von f ist in der Abbildung im Material dargestellt.

1.1 Berechnen Sie $\int_0^2 f(x)\,dx$ und begründen Sie mithilfe der Abbildung, warum der Wert dieses Integrals negativ ist. **(4 BE)**

1.2 Geben Sie den Wert des Integrals $\int_{-a}^{a} f(x)\,dx$ an. **(1 BE)**

Material

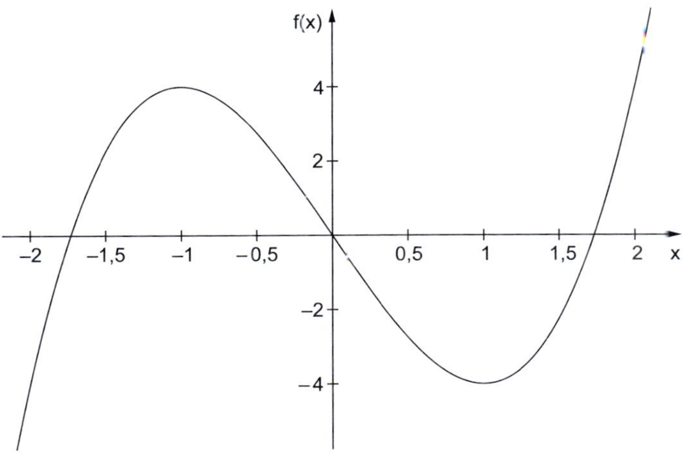

Lineare Algebra / Analytische Geometrie – Niveau 1

2 Gegeben ist das Dreieck ABC mit den Punkten $A(2\,|\,3\,|\,-4)$, $B(-1\,|\,1\,|\,0)$ und $C(2\,|\,1\,|\,-4)$.

2.1 Zeigen Sie rechnerisch, dass das Dreieck im Punkt C einen rechten Winkel hat. **(3 BE)**

2.2 Berechnen Sie den Flächeninhalt der Dreiecksfläche. **(2 BE)**

Stochastik – Niveau 1

3 Feline besitzt eine Kiste mit den sechs gleichartigen Kugeln ① ❷ ❸ ④ ❺ ❻ und führt zwei verschiedene Experimente durch.

3.1 Sie zieht zweimal hintereinander zufällig eine Kugel und legt jede Kugel nach dem Zug wieder zurück in die Kiste. Berechnen Sie die Wahrscheinlichkeit für das Ereignis
A: Mindestens eine Kugel ist mit einer geraden Zahl beschriftet. **(2 BE)**

3.2 Sie zieht dreimal hintereinander zufällig eine Kugel, ohne diese zurückzulegen. Berechnen Sie die Wahrscheinlichkeit für das Ereignis
B: Unter den gezogenen Kugeln ist genau eine weiße Kugel. **(3 BE)**

Stochastik – Niveau 2

4 In einem Kindergarten mit 120 Kindern, darunter 68 Mädchen und 52 Jungen, befinden sich 14 Mädchen und 10 Jungen, die eine Brille tragen.
Eine Umfrage unter den Eltern aller Kinder ergibt, dass bei 30 Kindern beide Elternteile eine Brille tragen. Unter diesen 30 Kindern tragen 8 eine Brille.

4.1 Ermitteln Sie den Anteil der Kinder, die eine Brille tragen, unter allen Kindern dieses Kindergartens. **(2 BE)**

4.2 Prüfen Sie die beiden folgenden Ereignisse A und B auf stochastische Unabhängigkeit:

A: Beide Elternteile tragen eine Brille.
B: Kind trägt eine Brille.

Hinweis: Zwei Ereignisse A und B sind stochastisch unabhängig, falls gilt:
$P(B) = P_A(B)$ bzw. $P(A \cap B) = P(A) \cdot P(B)$ **(3 BE)**

Lösung

1.1 Als Stammfunktion der Funktion f ermittelt man:

$$F(x) = 2 \cdot \frac{1}{4}x^4 - 6 \cdot \frac{1}{2}x^2 = \frac{1}{2}x^4 - 3x^2$$

Die Berechnung des Integralwertes liefert:

$$\int_0^2 (2x^3 - 6x)\,dx = \left[\frac{1}{2}x^4 - 3x^2\right]_0^2 = \left(\frac{1}{2}\cdot 2^4 - 3\cdot 2^2\right) - \left(\frac{1}{2}\cdot 0^4 - 3\cdot 0^2\right)$$
$$= 8 - 12 - (0 - 0) = -4$$

Der Integralwert zeigt die Flächenbilanz der beiden Teilflächen über dem Intervall [0; 2]. Dabei ist die negativ orientierte Teilfläche unterhalb der x-Achse größer als die positiv orientierte Teilfläche oberhalb der x-Achse. Der Wert ist daher negativ.

1.2 Die Abbildung zeigt, dass der Graph der Funktion f punktsymmetrisch bezüglich des Ursprungs ist. Die orientierten Flächen rechts und links der y-Achse heben sich in der Bilanz auf. Es gilt daher:

$$\int_{-a}^{a} (2x^3 - 6x)\,dx = 0$$

2.1 Der rechte Winkel soll bei C liegen. Man benötigt also die Kantenvektoren $\overrightarrow{CA}$ und $\overrightarrow{CB}$. Man erhält:

$$\overrightarrow{CA} = \begin{pmatrix} 2 \\ 3 \\ -4 \end{pmatrix} - \begin{pmatrix} 2 \\ 1 \\ -4 \end{pmatrix} = \begin{pmatrix} 0 \\ 2 \\ 0 \end{pmatrix} \quad \text{und} \quad \overrightarrow{CB} = \begin{pmatrix} -1 \\ 1 \\ 0 \end{pmatrix} - \begin{pmatrix} 2 \\ 1 \\ -4 \end{pmatrix} = \begin{pmatrix} -3 \\ 0 \\ 4 \end{pmatrix}$$

Zwei Vektoren stehen senkrecht zueinander, wenn ihr Skalarprodukt null ist. Die Berechnung des Skalarprodukts liefert:

$$\overrightarrow{CA} \circ \overrightarrow{CB} = \begin{pmatrix} 0 \\ 2 \\ 0 \end{pmatrix} \circ \begin{pmatrix} -3 \\ 0 \\ 4 \end{pmatrix} = 0\cdot(-3) + 2\cdot 0 + 0\cdot 4 = 0 + 0 + 0 = 0$$

Damit liegt im Punkt C ein rechter Winkel vor.

2.2 Wählt man die Dreiecksseite $\overline{AC}$ als Grundseite g des Dreiecks, dann entspricht die Länge der Dreiecksseite $\overline{CB}$ der Höhe h des Dreiecks (siehe Nachweis der Rechtwinkligkeit in Teilaufgabe 2.1). Für die Längen dieser Seiten erhält man:

$$g = |\overrightarrow{CA}| = \left|\begin{pmatrix} 0 \\ 2 \\ 0 \end{pmatrix}\right| = \sqrt{0^2 + 2^2 + 0^2} = \sqrt{4} = 2$$

$$h = |\overrightarrow{CB}| = \left|\begin{pmatrix} -3 \\ 0 \\ 4 \end{pmatrix}\right| = \sqrt{(-3)^2 + 0^2 + 4^2} = \sqrt{9+16} = \sqrt{25} = 5$$

Mit der Flächenformel für Dreiecke erhält man damit:

$$A = \frac{1}{2}gh = \frac{1}{2}\cdot 2\cdot 5 = 5$$

Das Dreieck hat einen Flächeninhalt von 5 FE.

3.1 Da die gezogene Kugel zurückgelegt wird und je drei der sechs Kugeln gerade bzw. ungerade Zahlen zeigen, gilt für jeden Zug:

$$P(\text{gerade}) = \frac{3}{6} = \frac{1}{2} \quad \text{und} \quad P(\text{ungerade}) = \frac{3}{6} = \frac{1}{2}$$

Damit erhält man:

$$P(A) = P(\text{gerade-ungerade}) + P(\text{ungerade-gerade}) + P(\text{gerade-gerade})$$
$$= \frac{1}{2} \cdot \frac{1}{2} + \frac{1}{2} \cdot \frac{1}{2} + \frac{1}{2} \cdot \frac{1}{2} = \frac{1}{4} + \frac{1}{4} + \frac{1}{4} = \frac{3}{4} = 0{,}75 = 75\,\%$$

Alternativ lässt sich die gesuchte Wahrscheinlichkeit auch über die Wahrscheinlichkeit des Gegenereignisses berechnen und man erhält:

$$P(A) = 1 - P(\text{ungerade-ungerade}) = 1 - \frac{1}{2} \cdot \frac{1}{2} = 1 - \frac{1}{4} = \frac{3}{4} = 0{,}75 = 75\,\%$$

3.2 Das Ereignis B umfasst die Kombinationsmöglichkeiten weiß-schwarz-schwarz (WSS), schwarz-weiß-schwarz (SWS) und schwarz-schwarz-weiß (SSW). Die Kugeln werden nicht zurückgelegt, sodass sich mit jedem Zug die Wahrscheinlichkeiten verändern. Man erhält:

$$P(WSS) = \frac{2}{6} \cdot \frac{4}{5} \cdot \frac{3}{4} = \frac{1}{5}; \quad P(SWS) = \frac{4}{6} \cdot \frac{2}{5} \cdot \frac{3}{4} = \frac{1}{5}; \quad P(SSW) = \frac{4}{6} \cdot \frac{3}{5} \cdot \frac{2}{4} = \frac{1}{5}$$

Damit ergibt sich für die gesuchte Wahrscheinlichkeit:

$$P(B) = P(WWS) + P(WSW) + P(SWW) = \frac{1}{5} + \frac{1}{5} + \frac{1}{5} = \frac{3}{5} = 0{,}6 = 60\,\%$$

4.1 Dem einleitenden Aufgabentext ist zu entnehmen, dass 14 Mädchen und 10 Jungen eine Brille tragen. Insgesamt tragen also 24 von 120 Kindern eine Brille und man erhält für den gesuchten Anteil:

$$P(\text{Kind trägt Brille}) = \frac{24}{120} = \frac{1}{5}$$

4.2 Stellt man die im einleitenden Aufgabentext enthaltenen Informationen in einer Vierfeldertafel zusammen, so erhält man:

	A: Eltern tragen beide eine Brille.	$\overline{A}$: Mindestens ein Elternteil trägt keine Brille.	
B: Kind trägt Brille.	8		14 + 10
$\overline{B}$: Kind trägt keine Brille.			
	30		120

Daraus ergibt sich:

$$P(A) = \frac{30}{120} = \frac{1}{4}; \qquad P(B) = \frac{24}{120} = \frac{1}{5} \quad \text{(vgl. Teilaufgabe 4.1)}$$

$$P(A \cap B) = \frac{8}{120} = \frac{1}{15}; \quad P_A(B) = \frac{8}{30} = \frac{4}{15}$$

Mit den in der Aufgabenstellung formulierten Hinweisen ergibt sich

$$P(B) = \frac{24}{120} = \frac{1}{5} = \frac{3}{15} \neq \frac{4}{15} = P_A(B)$$

oder alternativ:

$$P(A \cap B) = \frac{8}{120} = \frac{1}{15} \neq \frac{1}{20} = \frac{1}{4} \cdot \frac{1}{5} = P(A) \cdot P(B)$$

Die beiden Merkmale sind also nicht stochastisch unabhängig.

Hessen – Grundkurs Mathematik
2021 – B1: Analysis (WTR)

An einem geradlinig verlaufenden Fluss steht ein Deich älteren Baujahres, der erhöht werden soll, um den Hochwasserschutz zu verbessern. Das horizontale ebene Gelände links und rechts des Deichs liegt bei der folgenden Modellierung auf der Höhe der x-Achse. Die Funktionswerte der folgenden Funktionen geben die Höhen des Deichs in Bezug auf dieses ebene Gelände an. Eine Einheit im Koordinatensystem entspricht einem Meter.

1 Die obere Profillinie des alten Deichs wird für $0 \le x \le 20$ durch den Graphen der Funktion f mit $f(x) = \frac{3}{4} \cdot x \cdot e^{1-\frac{1}{4}x}$ beschrieben (Material 1). Für $20 \le x \le x_N$ wird die obere Profillinie des Deichs durch die Tangente t an den Graphen von f im Punkt $P(20 \mid f(20))$ beschrieben, wobei x_N die Nullstelle der Tangente t bezeichnet.

1.1 Berechnen Sie die Funktionsgleichung der Tangente t.
Zeigen Sie, dass der Deich eine Breite von 25 m besitzt.
Zeichnen Sie die Tangente im Bereich $20 \le x \le x_N$ in das Koordinatensystem im Material 1.
[zur Kontrolle: $t(x) = -\frac{3}{e^4} \cdot x + \frac{75}{e^4}$] **(9 BE)**

1.2 Berechnen Sie den höchsten Punkt der Profillinie des Deichs. Die Untersuchung der notwendigen Bedingung ist hierbei ausreichend.
Beschriften Sie die y-Achse im Koordinatensystem im Material 1 mit einer geeigneten Skalierung. **(4 BE)**

1.3 Berechnen Sie mithilfe des Formansatzes $F(x) = (a \cdot x + b) \cdot e^{1-\frac{1}{4}x}$ eine Stammfunktion der Funktion f.
[zur Kontrolle: $F(x) = (-3 \cdot x - 12) \cdot e^{1-\frac{1}{4}x}$] **(5 BE)**

1.4 Berechnen Sie das Volumen des gesamten Erdreichs, das zum Bau des 1 km langen alten Deichs aufgeschüttet wurde. **(5 BE)**

2 Der alte Deich soll nun durch einen neuen, gleich langen, aber höheren Deich ersetzt werden, dessen obere Profillinie für $0 \le x \le 25$ durch den Graphen einer Funktion g beschrieben wird, wobei g eine Funktion der Funktionenschar g_k mit $g_k(x) = \frac{k}{1000} \cdot x \cdot (x-25)^2$ für $k > 0$ ist. Die Hochpunkte der Graphen der Funktionenschar g_k liegen in Abhängigkeit vom Parameter k bei $H\left(\frac{25}{3} \,\middle|\, \frac{125}{54}k\right)$.

2.1 Geben Sie an, welchen Einfluss der Parameter k auf die Höhe und auf die Breite des neuen Deichs besitzt. Berücksichtigen Sie dabei auch die Lage der Nullstellen.
Berechnen Sie, wie der Parameter k gewählt werden muss, damit der neue Deich höher als 3 m ist. **(3 BE)**

2.2 Zeigen Sie, dass die Graphen der Funktionenschar g_k unabhängig vom Parameter k einen Wendepunkt an der Stelle $x_W = \frac{50}{3}$ besitzen.
[zur Kontrolle: $g_k'(x) = \frac{3 \cdot k}{1000} \cdot x^2 - \frac{k}{10} \cdot x + \frac{5 \cdot k}{8}$] **(6 BE)**

2.3 Moderne Deiche werden mit einem möglichst flachen Gefälle auf der Flussseite konstruiert. Für den Steigungswinkel α des (flussseitigen) Deichprofils gegenüber der Horizontalen soll $|\alpha| \leq 30°$ gelten.
Berechnen Sie, für welchen Wert des Parameters k der Graph der Funktionenschar g_k die Bedingung $|\alpha| = 30°$ an der steilsten Stelle des (flussseitigen) Deichprofils erfüllt. **(4 BE)**

2.4 Für die Profillinie des neuen Deichs wird die Funktion g mit $g(x) = g_2(x)$ gewählt und die Rechnung im unten stehenden Kasten durchgeführt. Erläutern Sie mithilfe von Material 2 die Rechenschritte und deuten Sie das Ergebnis in Zeile (2) im Sachzusammenhang.

(1) $g(x) = f(x) \Leftrightarrow \frac{2}{1\,000} \cdot x \cdot (x-25)^2 = \frac{3}{4} \cdot x \cdot e^{1-\frac{1}{4}x} \Rightarrow x_1 = 0,\ x_2 \approx 3\ (x_3 \approx 23,\ x_4 \approx 26)$

(2) $\Rightarrow V = 1\,000 \cdot \int_0^3 (f(x) - g(x))\,dx \approx 889$

(4 BE)

Material 1

Der alte Deich

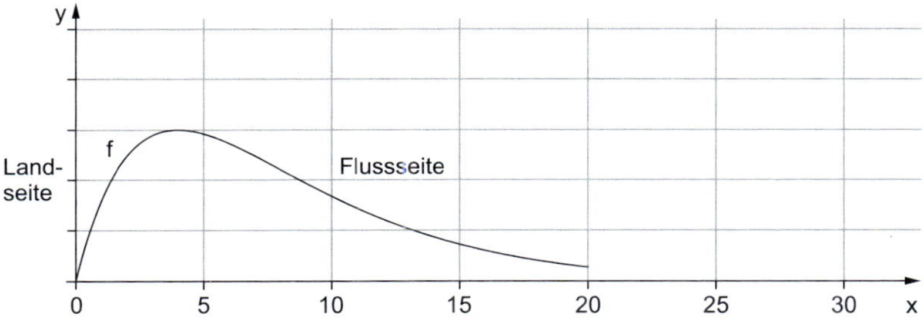

Material 2

Profillinien des alten und des neuen Deichs

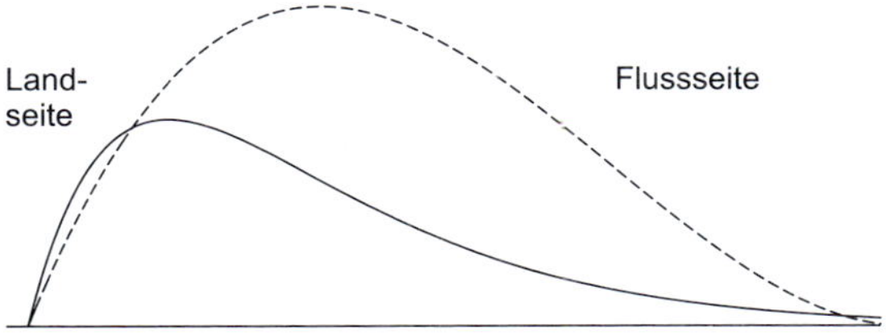

Hinweise und Tipps

Teilaufgabe 1.1

- Die Tangente ist eine Gerade der Form $t(x) = m \cdot x + b$, wobei $m = f'(20)$ ist.
- Die Tangente geht durch den Punkt $P(20 \mid f(20))$.
- Die Breite des Deichs ist bestimmt durch die Nullstelle von f und die Nullstelle von t.

Teilaufgabe 1.2

- Der höchste Punkt des Deichs ist der Hochpunkt des Graphen von f.
- Für die notwendige Bedingung muss die 1. Ableitung null gesetzt werden.

Teilaufgabe 1.3

- Da F eine Stammfunktion ist, gilt: $F'(x) = f(x)$
- Die Koeffizienten a und b erhält man durch den Vergleich der beiden Terme.

Teilaufgabe 1.4

- Bestimmen Sie zuerst die Fläche zwischen der Profillinie und der x-Achse.
- Beachten Sie, dass die Profillinie aus zwei Teilen (f(x) und t(x)) besteht.
- Das Volumen erhält man durch Multiplikation mit der Deichlänge.

Teilaufgabe 2.1

- Für die Breite des Deichs sind die beiden Nullstellen maßgebend. Hängen diese von k ab?
- Der Einfluss von k auf die Deichhöhe ergibt sich aus der y-Koordinate des Hochpunkts.

Teilaufgabe 2.2

- Multiplizieren Sie den Term von $g_k(x)$ aus.
- Die notwendige Bedingung für eine Wendestelle x_W ist $g_k''(x_W) = 0$ und die hinreichende Bedingung ist $g_k'''(x_W) \neq 0$.

Teilaufgabe 2.3

- Die steilste Stelle des Graphen (unabhängig vom Vorzeichen) liegt an der Wendestelle vor.
- Gesucht ist derjenige Parameter k, für den $g_k'(x_W) = \tan(-30°)$ gilt.

Teilaufgabe 2.4

- Hier werden Schnittstellen bestimmt. Vergleichen Sie (1) mit dem Material 2.
- Um den Deich mit der neuen Profillinie zu bauen, muss offensichtlich ein Teil des alten Deichs abgetragen werden.

Lösung

1.1 Die Funktionsgleichung der Tangente ist eine Geradengleichung der Form $t(x) = m \cdot x + b$. Hierbei ist die Steigung m die Ableitung der Funktion f an der Stelle 20, also $m = f'(20)$.

Aus $f(x) = \frac{3}{4} \cdot x \cdot e^{1 - \frac{1}{4}x}$ folgt mittels der Produktregel und der Kettenregel der Differenzialrechnung:

$$f'(x) = \frac{3}{4} \cdot e^{1 - \frac{1}{4}x} + \frac{3}{4} \cdot x \cdot e^{1 - \frac{1}{4}x} \cdot \left(-\frac{1}{4}\right) = \frac{3}{4} \cdot e^{1 - \frac{1}{4}x} \cdot \left(1 - \frac{1}{4} \cdot x\right)$$

Durch Einsetzen von $x = 20$ erhält man:

$$f'(20) = \frac{3}{4} \cdot e^{1 - \frac{1}{4} \cdot 20} \cdot \left(1 - \frac{1}{4} \cdot 20\right) = \frac{3}{4} \cdot e^{-4} \cdot (-4) = -3 \cdot e^{-4} = -\frac{3}{e^4}$$

Damit ist $m = -\frac{3}{e^4}$.

Die gesuchte Tangente ist die Tangente an den Graphen von f im Punkt $P(20 \,|\, f(20))$:

$$f(20) = \frac{3}{4} \cdot 20 \cdot e^{1 - \frac{1}{4} \cdot 20} = 15 \cdot e^{-4} = \frac{15}{e^4}$$

Einsetzen der Koordinaten des Punktes P und der Steigung m in die Tangentengleichung $t(x) = m \cdot x + b$ ergibt zusammen mit der Bedingung $f(20) = t(20)$

$$f(20) = t(20) \quad \Rightarrow \quad \frac{15}{e^4} = -\frac{3}{e^4} \cdot 20 + b$$

Löst man nach b auf, erhält man:

$$b = \frac{15}{e^4} + \frac{60}{e^4} = \frac{75}{e^4}$$

Damit lautet die komplette Tangentengleichung:

$$t(x) = -\frac{3}{e^4} \cdot x + \frac{75}{e^4}$$

Für die Breite des Deichs benötigt man die Nullstelle der Tangente. Aus $t(x) = 0$ erhält man durch Auflösen nach x:

$$-\frac{3}{e^4} \cdot x + \frac{75}{e^4} = 0 \quad \Rightarrow \quad -\frac{3}{e^4} \cdot x = -\frac{75}{e^4} \quad \Rightarrow \quad x = \frac{e^4}{3} \cdot \frac{75}{e^4} = 25$$

Der Deich ist also 25 Meter breit.

Das Einzeichnen der Tangente (Material 1) ergibt die folgende Abbildung.

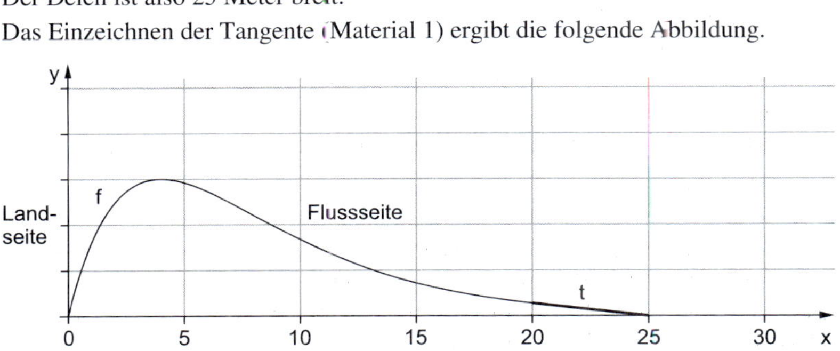

1.2 Der höchste Punkt des Deichs ist der Hochpunkt von f(x). Hierzu muss die 1. Ableitung null gesetzt werden (notwendige Bedingung; laut Aufgabenstellung ist diese auch ausreichend). Die 1. Ableitung wurde bereits in Teilaufgabe 1.1 berechnet, also:

$$f'(x) = 0 \quad \Rightarrow \quad \frac{3}{4} \cdot e^{1-\frac{1}{4}x} \cdot \left(1 - \frac{1}{4} \cdot x\right) = 0$$

Da der Exponentialterm nicht null werden kann, ist f'(x) nur dann gleich null, wenn die Klammer null wird: Aus $1 - \frac{1}{4} \cdot x = 0$ erhält man $x = 4$ als Extremstelle.

Eingesetzt in die Funktionsgleichung f(x) bekommt man die y-Koordinate:

$$f(4) = \frac{3}{4} \cdot 4 \cdot e^{1-\frac{1}{4} \cdot 4} = 3 \cdot e^0 = 3$$

Der höchste Punkt ist damit H(4 | 3).

Der Deich ist also 3 Meter hoch und erreicht diese Höhe an der Stelle 4 Meter.

Die geeignete Skalierung der y-Achse zeigt die folgende Abbildung.

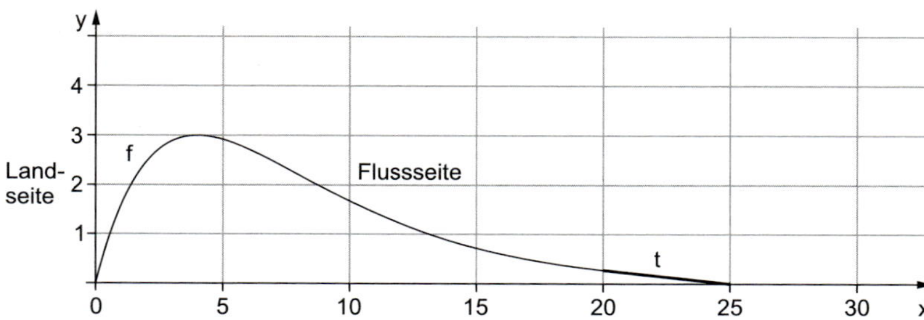

1.3 Da F eine Stammfunktion von f sein soll, muss F'(x) = f(x) gelten. Die Koeffizienten a und b ergeben sich dann durch Vergleich der beiden Terme.

Durch Anwendung der Produktregel und der Kettenregel erhält man:

$$F'(x) = a \cdot e^{1-\frac{1}{4}x} + (a \cdot x + b) \cdot e^{1-\frac{1}{4}x} \cdot \left(-\frac{1}{4}\right) = a \cdot e^{1-\frac{1}{4}x} - \left(\frac{1}{4} \cdot a \cdot x + \frac{1}{4} \cdot b\right) \cdot e^{1-\frac{1}{4}x}$$

Durch Ausklammern erhält man:

$$F'(x) = \left(-\frac{1}{4} \cdot a \cdot x + a - \frac{1}{4} \cdot b\right) \cdot e^{1-\frac{1}{4}x}$$

Da weiterhin $f(x) = \frac{3}{4} \cdot x \cdot e^{1-\frac{1}{4}x}$ und F'(x) = f(x) gilt, ergibt der Vergleich der beiden Terme für die Koeffizienten:

$$-\frac{1}{4} \cdot a = \frac{3}{4} \quad \text{und} \quad a - \frac{1}{4} \cdot b = 0$$

Daraus folgt $a = -3$ und $b = -12$. Damit lautet die gesuchte Stammfunktion:

$$F(x) = (-3 \cdot x - 12) \cdot e^{1-\frac{1}{4}x}$$

1.4 Die Profillinie des Deiches besteht aus zwei Teilen, der Kurve f(x) im Bereich zwischen 0 m und 20 m sowie der Gerade (Tangente) zwischen 20 m und 25 m.

Für die Berechnung des Volumens muss man beide Flächen berechnen und mit der Länge des Deichs (1 000 m) multiplizieren.

Für die erste Fläche gilt:

$$A_1 = \int_0^{20} f(x)\,dx = \int_0^{20} \left(\frac{3}{4}\cdot x\cdot e^{1-\frac{1}{4}x}\right)dx = [F(x)]_0^{20} = \left[(-3\cdot x-12)\cdot e^{1-\frac{1}{4}x}\right]_0^{20}$$

$$= -72\cdot e^{-4} - (-12\cdot e) \approx 31{,}30$$

Die zweite Fläche ist ein rechtwinkliges Dreieck mit den Seitenlängen 5 und $f(20) = \frac{15}{e^4}$ (wurde bereits in Teilaufgabe 1.1 berechnet). Für die Fläche A_2 erhält man somit:

$$A_2 = \frac{1}{2}\cdot 5\cdot \frac{15}{e^4} \approx 0{,}69$$

Alle Einheiten sind Quadratmeter.

Die gesamte Querschnittsfläche $A_1 + A_2$ beträgt also etwa 31,99 Quadratmeter.

Multipliziert mit der Deichlänge von 1 000 Metern erhält man also ein Volumen von etwa 31 990 Kubikmetern.

2.1 Der Deich ist umso höher, je größer der Wert von k ist. Auf die Breite des Deichs hat der Wert von k keinen Einfluss, da die Nullstellen immer bei $x=0$ und $x=25$ liegen, unabhängig von k.

Damit der Deich höher als 3 m wird, muss die y-Koordinate des Hochpunkts größer als 3 sein. Daraus folgt der Ansatz:

$$\frac{125}{54}\cdot k > 3$$

Aufgelöst nach k erhält man:

$$k > 3\cdot\frac{54}{125} = 1{,}296$$

2.2 An der Stelle x_W liegt ein Wendepunkt vor, wenn die 2. Ableitung an dieser Stelle gleich 0 und die 3. Ableitung ungleich 0 ist.

Um die Ableitung zu erhalten, kann man entweder den Term $\frac{k}{1000}\cdot x\cdot(x-25)^2$ zuerst ausmultiplizieren und dann ableiten, oder man kann die Ableitung mithilfe der Produktregel bilden. Da man dreimal ableiten muss, ist der Aufwand bei vorherigem Ausmultiplizieren weitaus geringer.

$$g_k(x) = \frac{k}{1000}\cdot x\cdot(x-25)^2 = \frac{k}{1000}\cdot x\cdot(x^2-50\cdot x+625)$$

$$= \frac{k}{1000}\cdot(x^3-50\cdot x^2+625\cdot x)$$

Damit erhält man:

$$g_k'(x) = \frac{k}{1000}\cdot(3\cdot x^2-100\cdot x+625)$$

$$g_k''(x) = \frac{k}{1000}\cdot(6\cdot x-100)$$

$$g_k'''(x) = \frac{k}{1000}\cdot 6$$

Aus

$$g_k''(x) = 0 \quad \Leftrightarrow \quad \frac{k}{1\,000} \cdot (6 \cdot x - 100) = 0$$

folgt $6 \cdot x - 100 = 0$, da $k > 0$, und daraus:

$$x = \frac{100}{6} = \frac{50}{3}$$

Für die hinreichende Bedingung gilt:

$$g_k'''\left(\frac{50}{3}\right) = \frac{k}{1\,000} \cdot 6 > 0, \text{ da } k > 0$$

Also ist $x_W = \frac{50}{3}$ Wendewert und außerdem unabhängig vom Parameter k.

2.3 Die steilste Stelle des Deichs auf der Flussseite stimmt mit der Wendestelle x_W des Profilgraphen überein. Da die Ableitung der Funktion für jede Stelle des Graphen den Tangens des Steigungswinkels angibt und die Steigungen auf der Flussseite alle negativ sind, lautet die Bedingung:

$$g_k'(x_W) = \tan(-30°) \quad \Rightarrow \quad \frac{k}{1\,000} \cdot (3 \cdot x_W^2 - 100 \cdot x_W + 625) \approx -0{,}577$$

Setzt man für $x_W = \frac{50}{3}$ ein, so erhält man:

$$\frac{k}{1\,000} \cdot \left(3 \cdot \left(\frac{50}{3}\right)^2 - 100 \cdot \frac{50}{3} + 625\right) \approx -0{,}577$$

Durch Vereinfachung ergibt sich:

$$\frac{k}{1\,000} \cdot \left(\frac{2\,500}{3} - \frac{5\,000}{3} + \frac{1\,875}{3}\right) \approx -0{,}577$$

$$\frac{k}{1\,000} \cdot \left(-\frac{625}{3}\right) \approx -0{,}577$$

$$-\frac{5}{24} \cdot k \approx -0{,}577$$

Daraus folgt $k \approx 2{,}77$.

2.4 In (1) werden die Stellen berechnet, an denen sich die alte und die neue Profillinie des Deichs schneiden. Es ergeben sich vier Schnittstellen, wobei die Stellen x_3 und x_4 außerhalb des Definitionsbereichs von f liegen.

In (2) wird die Fläche zwischen den beiden Profillinien innerhalb der ersten beiden Schnittstellen $x_1 = 0$ und $x_2 \approx 3$ berechnet. Multipliziert mit der Länge des Deichs von 1 000 m ergibt sich die Materialmenge, die weggenommen werden muss, um die alte Profillinie an die neue anzugleichen. Diese Menge hat etwa ein Volumen von 889 m^3.

Hessen – Grundkurs Mathematik
2021 – B1: Analysis (CAS)

An einem geradlinig verlaufenden Fluss steht ein Deich älteren Baujahres, der erhöht werden soll, um den Hochwasserschutz zu verbessern. Das horizontale ebene Gelände links und rechts des Deichs liegt bei der folgenden Modellierung auf der Höhe der x-Achse. Die Funktionswerte der folgenden Funktionen geben die Höhen des Deichs in Bezug auf dieses ebene Gelände an. Eine Einheit im Koordinatensystem entspricht einem Meter.

1 Die obere Profillinie des alten Deichs wird für $0 \le x \le 20$ durch den Graphen der Funktion f mit $f(x) = \frac{3}{4} \cdot x \cdot e^{1 - \frac{1}{4}x}$ beschrieben. Für $20 \le x \le x_N$ wird die obere Profillinie des Deichs durch die Tangente t an den Graphen von f im Punkt $P(20 \mid f(20))$ beschrieben, wobei x_N die Nullstelle der Tangente t bezeichnet.

1.1 Bestimmen Sie die Funktionsgleichung der Tangente t.
Zeigen Sie, dass der Deich eine Breite von 25 m besitzt.
Zeichnen Sie die Profillinie des gesamten Deichs in ein geeignetes Koordinatensystem.
[zur Kontrolle: $t(x) = -\frac{3}{e^4} \cdot x + \frac{75}{e^4}$] **(8 BE)**

1.2 Berechnen Sie den höchsten Punkt der Profillinie des Deichs. **(4 BE)**

1.3 Berechnen Sie mithilfe des Formansatzes $F(x) = (a \cdot x + b) \cdot e^{1 - \frac{1}{4}x}$ eine Stammfunktion der Funktion f. **(5 BE)**

1.4 Berechnen Sie das Volumen des gesamten Erdreichs, das zum Bau des 1 km langen alten Deichs aufgeschüttet wurde. **(5 BE)**

2 Der alte Deich soll nun durch einen neuen, gleich langen, aber höheren Deich ersetzt werden, dessen obere Profillinie für $0 \le x \le 25$ durch den Graphen einer Funktion g beschrieben wird, wobei g eine Funktion der Funktionenschar g_k mit $g_k(x) = \frac{k}{1000} \cdot x \cdot (x - 25)^2$ für $k > 0$ ist.

2.1 Untersuchen Sie, welchen Einfluss der Parameter k auf die Höhe und auf die Breite des neuen Deichs besitzt. Berechnen Sie, wie der Parameter k gewählt werden muss, damit der neue Deich höher als 3 m ist. **(6 BE)**

2.2 Moderne Deiche werden mit einem möglichst flachen Gefälle auf der Flussseite konstruiert. Die Flussseite liegt in der Modellierung rechts bzw. in Richtung der positiven x-Achse.
Für den Steigungswinkel α des (flussseitigen) Deichprofils gegenüber der Horizontalen soll $|\alpha| \le 30°$ gelten.
Ermitteln Sie, für welchen Wert des Parameters k der Graph der Funktionenschar g_k die Bedingung $|\alpha| = 30°$ an der steilsten Stelle des (flussseitigen) Deichprofils erfüllt. **(4 BE)**

2.3 Für die Profillinie des neuen Deichs wird die Funktion g mit $g(x) = g_2(x)$ gewählt.

2.3.1 Zeichnen Sie den Graphen der Funktion g in das Koordinatensystem aus Aufgabe 1.1 ein. **(2 BE)**

2.3.2 Untersuchen Sie, in welchem Bereich für den Bau des neuen Deichs Erde vom alten Deich abgetragen werden muss und in welchem Bereich Erde neu aufgeschüttet werden muss. Die abgetragene Erde wird bei der Erneuerung wieder eingesetzt. Bestimmen Sie das Volumen der Erde, die zusätzlich zur abgetragenen Erde benötigt wird, um den Deich auf der gesamten Länge von 1 km zu erneuern. **(6 BE)**

Hinweise und Tipps

Teilaufgabe 1.1

- Die Tangente ist eine Gerade der Form $t(x) = m \cdot x + b$, wobei $m = f'(20)$ ist.
- Die Tangente geht durch den Punkt $P(20 \mid f(20))$.
- Die Breite des Deichs ist bestimmt durch die Nullstelle von f und die Nullstelle von t.

Teilaufgabe 1.2

- Der höchste Punkt des Deichs ist der Hochpunkt des Graphen von f.
- Für die notwendige Bedingung muss die 1. Ableitung null gesetzt werden.
- Beachten Sie, dass auch die hinreichende Bedingung $f''(x) \neq 0$ geprüft werden muss.

Teilaufgabe 1.3

- Da F eine Stammfunktion ist, gilt: $F'(x) = f(x)$
- Die Koeffizienten a und b erhält man durch den Vergleich der beiden Terme.

Teilaufgabe 1.4

- Bestimmen Sie zuerst die Fläche zwischen der Profillinie und der x-Achse.
- Beachten Sie, dass die Profillinie aus zwei Teilen (f(x) und t(x)) besteht.
- Das Volumen erhält man durch Multiplikation mit der Deichlänge.

Teilaufgabe 2.1

- Für die Breite des Deichs sind die beiden Nullstellen maßgebend. Hängen diese von k ab?
- Der Einfluss von k auf die Deichhöhe ergibt sich aus der y-Koordinate des Hochpunkts.

Teilaufgabe 2.2

- Die steilste Stelle des Graphen (unabhängig vom Vorzeichen) liegt an der Wendestelle x_W vor.
- Gesucht ist derjenige Parameter k, für den $|g_k'(x_W)| = \tan(30°)$ gilt.

Teilaufgabe 2.3.2

- Bestimmen Sie die Schnittstellen und daraus die Querschnittsflächen, an denen abgetragen bzw. hinzugefügt werden muss.
- Beachten Sie, dass der zweite Teil der ursprünglichen Profillinie aus einer Tangente besteht.
- Das Volumen ergibt sich aus dem Produkt der Querschnittsflächen und der Länge des Deichs.

Lösung

1.1 Die Funktionsgleichung der Tangente ist eine Geradengleichung der Form $t(x) = m \cdot x + b$. Hierbei ist die Steigung m die Ableitung der Funktion f an der Stelle 20, also $m = f'(20)$. Mithilfe das CAS erhält man:

$$f'(x) = -\frac{1}{16} \cdot (3 \cdot x - 12) \cdot e^{1 - \frac{1}{4}x} \quad \text{und} \quad f'(20) = -\frac{3}{e^4}$$

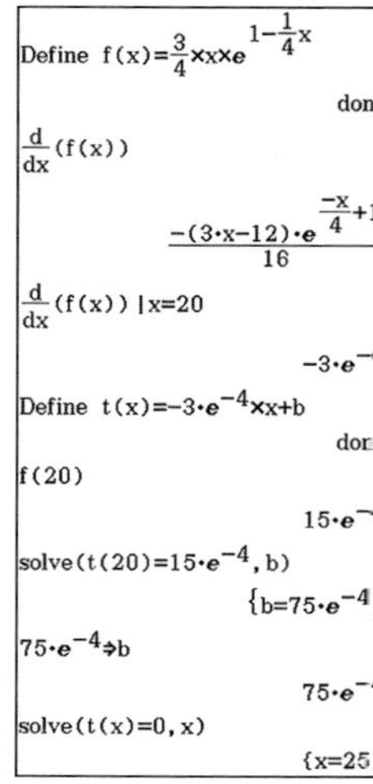

Damit ist $m = -\frac{3}{e^4}$.

Die gesuchte Tangente ist die Tangente an den Graphen von f im Punkt $P(20\,|\,f(20))$. Daher gilt:

$$f(20) = t(20), \text{ also } \frac{15}{e^4} = -\frac{3}{e^4} \cdot 20 + b$$

Löst man diese Gleichung mithilfe des CAS nach b auf, so ergibt sich $b = \frac{75}{e^4}$.

Damit lautet die komplette Tangentengleichung:

$$t(x) = -\frac{3}{e^4} \cdot x + \frac{75}{e^4}$$

Für die Breite des Deiches benötigt man die Nullstelle der Tangente. Aus $t(x) = 0$ erhält man die Gleichung

$$-\frac{3}{e^4} \cdot x + \frac{75}{e^4} = 0$$

und daraus $x = 25$ als Nullstelle. Der Deich ist also 25 Meter breit.

Die Profillinie des gesamten Deichs setzt sich aus zwei Teilen zusammen, die in der folgenden Abbildung dargestellt sind.

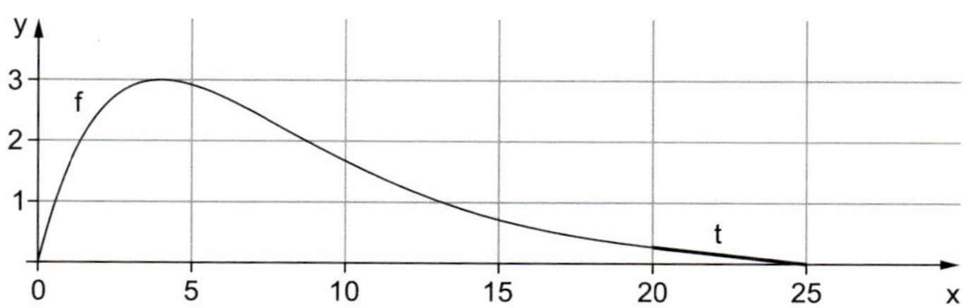

1.2 Der höchste Punkt des Deichs ist der Hochpunkt von f(x). Hierzu muss die 1. Ableitung null gesetzt werden (notwendige Bedingung). Die 1. Ableitung wurde bereits in Teilaufgabe 1.1 berechnet, also:

$$f'(x) = 0 \;\Rightarrow\; -\frac{1}{16} \cdot (3 \cdot x - 12) \cdot e^{1 - \frac{1}{4}x} = 0$$

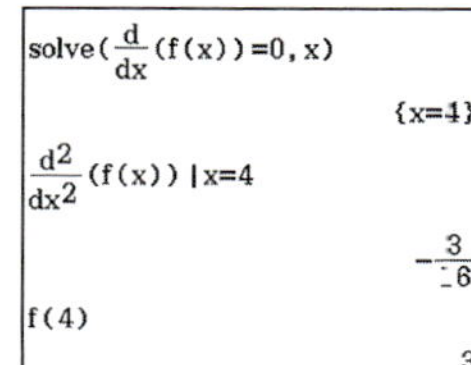

Mithilfe des CAS erhält man $x = 4$ als mögliche Extremstelle. Dort liegt ein Maximum vor, wenn die 2. Ableitung an dieser Stelle kleiner als 0 ist (hinreichende Bedingung). Mittels des CAS erhält man:

$$f''(4) = -\frac{3}{16} < 0$$

Eingesetzt in die Funktionsgleichung f(x) bekommt man die y-Koordinate $f(4) = 3$.
Der höchste Punkt ist damit $H(4 \mid 3)$.

Der Deich ist also 3 Meter hoch und erreicht diese Höhe an der Stelle 4 Meter.

1.3 Da F eine Stammfunktion von f sein soll, muss $F'(x) = f(x)$ gelten. Die Koeffizienten a und b ergeben sich dann durch Vergleich der beiden Terme.

Durch Anwendung der Produktregel und der Kettenregel erhält man:

$$F'(x) = a \cdot e^{1-\frac{1}{4}x} + (a \cdot x + b) \cdot e^{1-\frac{1}{4}x} \cdot \left(-\frac{1}{4}\right) = a \cdot e^{1-\frac{1}{4}x} - \left(\frac{1}{4} \cdot a \cdot x + \frac{1}{4} \cdot b\right) \cdot e^{1-\frac{1}{4}x}$$

Durch Ausklammern erhält man:

$$F'(x) = \left(-\frac{1}{4} \cdot a \cdot x + a - \frac{1}{4} \cdot b\right) \cdot e^{1-\frac{1}{4}x}$$

Da weiterhin $f(x) = \frac{3}{4} \cdot x \cdot e^{1-\frac{1}{4}x}$ und $F'(x) = f(x)$ gilt, ergibt der Vergleich der beiden Terme für die Koeffizienten:

$$-\frac{1}{4} \cdot a = \frac{3}{4} \quad \text{und} \quad a - \frac{1}{4} \cdot b = 0$$

Daraus folgt $a = -3$ und $b = -12$. Damit lautet die gesuchte Stammfunktion:

$$F(x) = (-3 \cdot x - 12) \cdot e^{1-\frac{1}{4}x}$$

1.4 Die Profillinie des Deiches besteht aus zwei Teilen, der Kurve f(x) im Bereich zwischen 0 m und 20 m sowie der Gerade (Tangente) zwischen 20 m und 25 m.

Für die Berechnung des Volumens muss man beide Flächen berechnen und mit der Länge des Deichs (1 000 m) multiplizieren.

Für die erste Fläche gilt:

$$A_1 = \int_0^{20} f(x)\,dx = \int_0^{20} \left(\frac{3}{4} \cdot x \cdot e^{1-\frac{1}{4}x}\right) dx = \left[F(x)\right]_0^{20} = \left[(-3 \cdot x - 12) \cdot e^{1-\frac{1}{4}x}\right]_0^{20}$$

$$= -72 \cdot e^{-4} - (-12 \cdot e) \approx 31{,}30$$

Die zweite Fläche ist ein rechtwinkliges Dreieck mit den Seitenlängen 5 und $f(20) = \frac{15}{e^4}$ (wurde bereits in Teilaufgabe 1.1 berechnet). Für die Fläche A_2 erhält man somit:

$$A_2 = \frac{1}{2} \cdot 5 \cdot \frac{15}{e^4} \approx 0{,}69$$

Alle Einheiten sind Quadratmeter.

Die gesamte Querschnittsfläche $A_1 + A_2$ beträgt also etwa 31,99 Quadratmeter.

Multipliziert mit der Deichlänge von 1 000 Metern erhält man ein Volumen von etwa 31 990 Kubikmetern.

Da in dieser Aufgabe der Operator „Berechnen“ benutzt wird, muss man ohne Anwendung des CAS auskommen. Man kann ihn allerdings zur Bestätigung des Ergebnisses einsetzen.

$$\int_0^{20} f(x)dx + \int_{20}^{25} t(x)dx$$

31.9374924

2.1 Die Breite des Deichs wird durch die Nullstellen der Funktionen g_k bestimmt. Wie man aus dem Ansatz

$$g_k(x) = 0 \quad \Rightarrow \quad \frac{k}{1\,000} \cdot x \cdot (x-25)^2 = 0$$

erkennt, liegen die Nullstellen unabhängig von k immer bei $x_1 = 0$ und $x_2 = 25$. Der neue Deich besitzt also immer eine Breite von 25 m.

Für die Höhe des Deichs müssen die Hochpunkte bestimmt werden. Das Vorgehen ist analog dem in der Teilaufgabe 1.1, es hat sich nur die Funktion geändert. Man setzt also die 1. Ableitung von $g_k(x)$ gleich 0 und bestätigt das Vorliegen eines Hochpunkts durch das Vorzeichen der 2. Ableitung.

Mithilfe des CAS erhält man $x = 25$ und $x = \frac{25}{3}$ als mögliche Extremstellen. Einsetzen in die 2. Ableitung ergibt:

$$g_k''(25) = \frac{k}{20} > 0 \text{ und } g_k''\left(\frac{25}{3}\right) = -\frac{k}{20} < 0$$

Der Hochpunkt liegt also an der Stelle $x = \frac{25}{3}$ vor.

Für die y-Koordinate erhält man:

$$g_k\left(\frac{25}{3}\right) = \frac{125}{54}k$$

Das heißt, dass der Deich umso höher ist, je größer k ist. Die Höhe des Deichs steigt proportional zu k.

Damit der Deich höher als 3 m wird, muss die y-Koordinate des Hochpunkts größer als 3 sein. Daraus folgt der Ansatz:

$$\frac{125}{54} \cdot k > 3$$

Aufgelöst nach k erhält man:

$$k > 3 \cdot \frac{54}{125} = 1,296$$

Define $g(x,k)=\frac{k}{1000}\times x\times(x-25)^2$
done

solve$\left(\frac{d}{dx}(g(x,k))=0,x\right)|k>0$
$\left\{x=25,\ x=\frac{25}{3}\right\}$

$\frac{d^2}{dx^2}(g(x,k))|x=25$
$\frac{k}{20}$

$\frac{d^2}{dx^2}(g(x,k))|x=\frac{25}{3}$
$\frac{-k}{20}$

$g\left(\frac{25}{3},k\right)$
$\frac{125\cdot k}{54}$

2.2 Die steilste Stelle des Deichs auf der Flussseite stimmt mit der Wendestelle x_W des Graphen von g_k überein. Man sucht also eine Stelle x, für die $g_k''(x) = 0$ und $g_k'''(x) \neq 0$ gilt.

Mithilfe des CAS erhält man aus dem Ansatz $g_k''(x) = 0$ die Lösung:

$$x = \frac{50}{3}$$

Die 3. Ableitung ist an dieser Stelle $\frac{3k}{500} > 0$, da $k > 0$ vorausgesetzt ist.

Der Tangens des Steigungswinkels ist gleich der 1. Ableitung an der Stelle $x = \frac{50}{3}$. Man sucht also den Parameter k, für den gilt:

$$\left| g_k'\left(\frac{50}{3}\right) \right| = \tan(30°) \quad \Rightarrow \quad \frac{5k}{24} = \tan(30°)$$

Daraus folgt $k \approx 2,77$.

solve$\left(\frac{d^2}{dx^2}(g(x,k))=0,x\right)$
$\left\{x=\frac{50}{3}\right\}$

$\frac{d^3}{dx^3}(g(x,k))|x=\frac{50}{3}$
$\frac{3\cdot k}{500}$

$\left|\frac{d}{dx}(g(x,k))|x=\frac{50}{3}\right||k>0$
$\frac{5\cdot k}{24}$

solve$\left(\frac{5k}{24}=\tan(30),k\right)$
{k=2.771281292}

2.3.1 Der Graph von g wird in das Koordinatensystem aus Teilaufgabe 1.1 eingezeichnet. Für die nachfolgende Teilaufgabe 2.3.2 wird außerdem die Schnittstelle x_2 markiert.

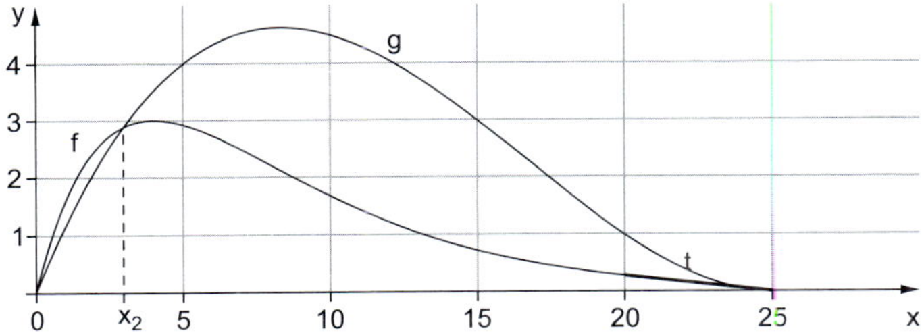

2.3.2 Die Schnittstellen der beiden Profillinien sind $x_1 = 0$, $x_2 \approx 2{,}97$ und $x_3 = 25$. Die weiteren vom CAS ermittelten Schnittstellen sind nicht relevant, da sie im Bereich der Tangente ($x \approx 23{,}26$) bzw. außerhalb des Definitionsbereichs ($x \approx 26{,}21$) liegen. Hierbei ist zu beachten, dass die erste Profillinie aus zwei Teilen besteht, der Funktion f(x) im Bereich zwischen 0 und 20 sowie der Tangente t(x) im Bereich zwischen 20 und 25.

Define $g(x)=\frac{2}{1000}\cdot x\cdot(x-25)^2$ — done

solve(f(x)=g(x), x)

{x=0, x=2.967586381, x=23.25537164, x=26.20612337}

$\int_{2.97}^{20} g(x)-f(x)\,dx+\int_{20}^{25} g(x)-t(x)\,dx-\int_{0}^{2.97} f(x)-g(x)\,dx$ — 33.11367427

Wie man an den Graphen in Teilaufgabe 2.3.1 erkennt, muss zwischen x_1 und x_2 etwas vom alten Damm abgetragen werden und zwischen x_2 und x_3 etwas hinzugefügt werden. Um das Volumen des zusätzlichen Erdreichs zu bestimmen, berechnet man die Flächen zwischen den Graphen, zieht die kleinere Fläche von der größeren ab und multipliziert das Ergebnis mit der Länge des Deichs von 1 000 m

Mithilfe des CAS ergibt sich eine zu ergänzende Querschnittsfläche von etwa $33{,}12\ m^2$ und damit ein Volumen von etwa $33\,120\ m^3$, das für den neuen Deich zusätzlich benötigt wird.

1 In einem Zoo wird ein Giraffenweibchen mit einer Körpergröße von 1,80 Metern geboren. Die Wachstumsphase des Giraffenweibchens beginnt unmittelbar mit der Geburt und endet nach sechs Jahren. Die Funktion g mit $g(t) = -2{,}5t^3 + 22{,}5t^2 - 60t + 90$ beschreibt im Intervall $0 \leq t \leq 6$ in sehr guter Näherung die Wachstumsgeschwindigkeit des Giraffenweibchens (in cm pro Jahr) in Abhängigkeit von der Zeit t (in Jahren nach der Geburt). Der Graph von g ist in Material 1 dargestellt.

1.1 Berechnen Sie g(0) und g(6).
Erläutern Sie die Bedeutung dieser beiden Werte im Sachzusammenhang und beschriften Sie die Achsen in Material 1. **(6 BE)**

1.2 Berechnen Sie zunächst ohne Beachtung des Sachkontexts die Koordinaten der Extrempunkte des Graphen von g.
Hinweis: Die Untersuchung der notwendigen Bedingung ist ausreichend. **(5 BE)**

1.3 Erläutern Sie nun, warum die in Aufgabe 1.2 für t berechneten Werte in Bezug auf die gesamte Wachstumsphase des Giraffenweibchens nicht diejenigen sind, an denen die Wachstumsgeschwindigkeit am größten bzw. am kleinsten ist. **(2 BE)**

1.4 Berechnen Sie den Wert des Terms $\frac{1}{3} \cdot \int_1^4 g(t)\,dt$.
Deuten Sie das Ergebnis im Sachzusammenhang. **(6 BE)**

1.5 Für $0 \leq t \leq 6$ stellt die Funktion G die Größe des Giraffenweibchens (in cm) in Abhängigkeit von der Zeit t (in Jahren nach der Geburt) dar.
Geben Sie eine Funktionsgleichung von G an und erläutern Sie die Bedeutung des Wertes von G zum Zeitpunkt $t = 0$. **(3 BE)**

1.6 Begründen Sie mithilfe des Verlaufs des Graphen von g, dass der Graph der Funktion G im betrachteten Intervall monoton steigend ist, und erklären Sie, wie viele Wendepunkte der Graph von G besitzt. **(3 BE)**

2 In einem anderen Zoo wird zur selben Zeit wie das Weibchen in Aufgabe 1 ein Giraffenmännchen mit einer Körpergröße von 1,95 Metern geboren. Das Weibchen wird 4,50 Meter groß, das Männchen erreicht dagegen am Ende seiner sechsjährigen Wachstumsphase eine Größe von 6 Metern.
Es wird angenommen, dass die Wachstumsgeschwindigkeit des Männchens für $0 \leq t \leq 6$ durch eine Funktion der Schar f_a mit $f_a(t) = a \cdot g(t)$ beschrieben wird, wobei der Parameter a eine positive reelle Zahl ist.

2.1 Erklären Sie den Einfluss des Parameters a auf den Verlauf des Graphen von f_a und beschreiben Sie, was $a > 1$ in Bezug auf das Wachstum des Giraffenmännchens bedeutet. **(3 BE)**

2.2 Untersuchen Sie den Einfluss des Parameters a auf die jeweilige Lage des Wendepunktes der Graphen der Schar f_a. **(3 BE)**

2.3 Erläutern Sie die Ergebnisse der Berechnungen in Zeile (1) und (2) im Sachzusammenhang.
Zeigen Sie mithilfe des folgenden Kastens, dass $a = 1{,}5$ gelten muss.
Geben Sie an, um wieviel Prozent die Wachstumsgeschwindigkeit des Männchens größer ist als die des Weibchens.

(1) $\int_0^6 a \cdot g(t)\,dt = 600 - 195 = 405$

(2) $\int_0^6 g(t)\,dt = 450 - 180 = 270$

(3) Es gilt: $\int_0^6 a \cdot g(t)\,dt = a \cdot \int_0^6 g(t)\,dt$

(5 BE)

3 Der Größenunterschied zwischen Männchen und Weibchen wird für $0 \le t \le 6$ durch die Funktion D mit $D(t) = -0{,}3125t^4 + 3{,}75t^3 - 15t^2 + 45t + 15$ beschrieben. Der Graph von D ist in Material 2 abgebildet.
Die Fläche unter dem Graphen von D soll wie in der Abbildung dargestellt in ein flächeninhaltsgleiches Rechteck gleicher Breite umgewandelt werden.

Es gilt daher $\int_0^6 D(t)\,dt = m \cdot 6$, wobei m die Höhe des Rechtecks angibt.

Bestimmen Sie den Wert von m und deuten Sie das Ergebnis im Sachzusammenhang.

(4 BE)

Material 1

Verlauf der Wachstumsgeschwindigkeit des Giraffenweibchens

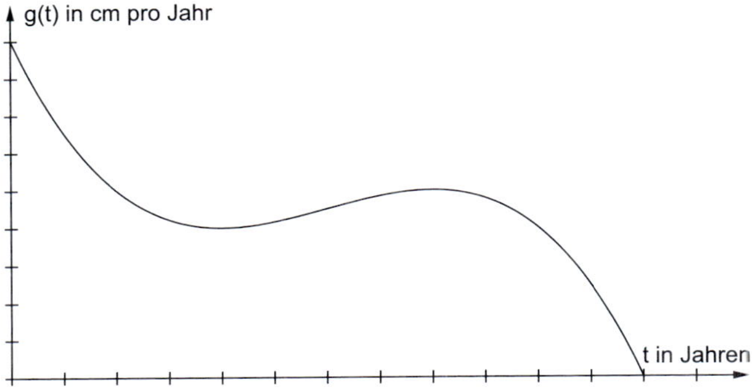

Material 2

Größenunterschied von Giraffenmännchen und Giraffenweibchen

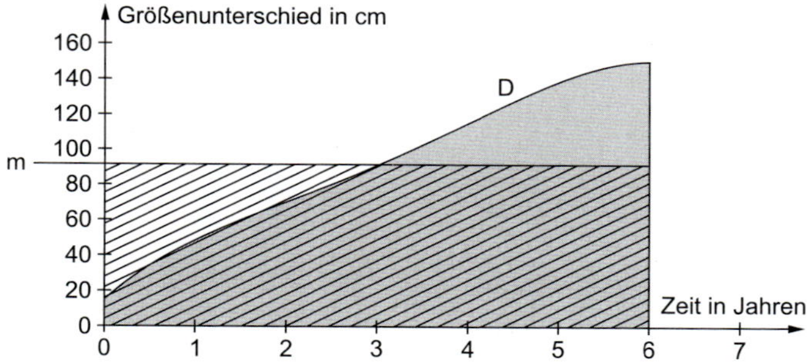

Hinweise und Tipps

Teilaufgabe 1.1

Berechnen Sie die gesuchten Werte und beachten Sie die Informationen zur Funktion g im Aufgabentext.

Teilaufgabe 1.2

Die Berechnung von Extrempunkten ist eine Standardaufgabe aus dem Bereich der Funktionsuntersuchungen. Beachten Sie, dass Sie ausschließlich die notwendige Bedingung untersuchen sollen. Vergessen Sie aber nicht, die y-Koordinaten der Extrempunkte zu berechnen.

Teilaufgabe 1.3

Lokalisieren Sie die in Teilaufgabe 1.2 berechneten Punkte in Material 1 und begründen Sie, dass an diesen Punkten weder der maximale noch der minimale Funktionswert vorliegt. Geben Sie die Punkte an, die den maximalen bzw. minimalen Funktionswert liefern.

Teilaufgabe 1.4

Finden Sie eine Stammfunktion von g und führen Sie die notwendigen Schritte zur Berechnung des Integrals durch. Vergessen Sie nicht den Faktor $\frac{1}{3}$.

Der Term $\frac{1}{m-n} \cdot \int_n^m f(x)\,dx$ liefert den Mittelwert der Funktionswerte im Intervall [n; m]. Deuten Sie dies im Sachzusammenhang.

Teilaufgabe 1.5

Die Stammfunktionen der Funktion g unterscheiden sich in der Integrationskonstanten. Gesucht ist nun diejenige Stammfunktion, die für den Zeitpunkt der Geburt die vorgegebene Körpergröße liefert.

Teilaufgabe 1.6

Beachten Sie, dass die vorgegebene Funktion g die Ableitungsfunktion von G ist. Beachten Sie, dass der Graph von g ausschließlich im I. Quadranten verläuft, und formulieren Sie die Schlussfolgerung hinsichtlich des Steigungsverhaltens von G.

Die Anzahl der Wendepunkte von G ergibt sich aus dem Zusammenhang zwischen den Wendepunkten im Ausgangsgraphen und den Extrempunkten im Graphen der 1. Ableitungsfunktion.

Teilaufgabe 2.1

Nutzen Sie Ihre Kenntnis darüber, wie das Hinzufügen eines konstanten Faktors den Verlauf des Graphens verändert, z. B. für $f(x) = x^2$ und $g(x) = 2x^2$. Stellen Sie den Zusammenhang zu den unterschiedlichen Wachstumsgeschwindigkeiten von Giraffenweibchen und -männchen her.

Teilaufgabe 2.2

Verwenden Sie Ihre Ergebnisse aus Teilaufgabe 2.1. Betrachten Sie die x- und die y-Koordinaten der Wendepunkte separat. Die Berechnung der Wendepunkte wird nicht von Ihnen erwartet.

Teilaufgabe 2.3

- Stellen Sie die Zusammenhänge mit den im Aufgabentext gegebenen Informationen her. Beachten Sie, dass Werte in den Zeilen (1) und (2) in cm angegebenen sind, die Werte im Aufgabentext jedoch in m. Der Parameterwert für a lässt sich berechnen, indem Sie die Integralwerte aus (1) und (2) in die Gleichung in Zeile (3) einsetzen.
- Für welches prozentuale Wachstum steht der Wachstumsfaktor 1,5?

Teilaufgabe 3

- Verwenden Sie den Taschenrechner zur Bestimmung des Integralwertes und berechnen Sie damit m. Auch hier wird der Mittelwert der Funktionswerte betrachtet (vgl. Teilaufgabe 1.4). Nutzen Sie die im Aufgabentext gegebenen Informationen zur verwendeten Funktion.

Lösung

1.1 Man berechnet:

$$g(0) = -2{,}5 \cdot 0^3 + 22{,}5 \cdot 0^2 - 60 \cdot 0 + 90 = 90$$

$$g(6) = -2{,}5 \cdot 6^3 + 22{,}5 \cdot 6^2 - 60 \cdot 6 + 90 = 0$$

Mithilfe dieser Informationen lassen sich die Achsen im Material beschriften:

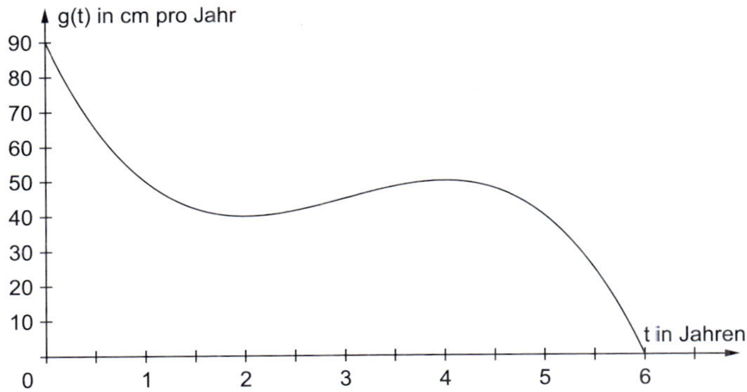

Da die Funktion g laut Aufgabentext die Wachstumsgeschwindigkeit des Giraffenweibchens beschreibt, bedeuten diese Werte, dass die Wachstumsgeschwindigkeit des Giraffenweibchen

- zum Zeitpunkt seiner Geburt (also $t = 0$) 90 cm pro Jahr
- und am Ende der Wachstumsphase (also zum Zeitpunkt $t = 6$) 0 cm pro Jahr beträgt.

1.2 Laut Aufgabenstellung ist zur Berechnung der Extrempunkte die Untersuchung der notwendigen Bedingung ausreichend. Man benötigt also nur die erste Ableitung der Funktion g und erhält:

$$g'(t) = -2{,}5 \cdot 3 \cdot t^2 + 22{,}5 \cdot 2 \cdot t - 60 = -7{,}5t^2 + 45t - 60$$

Damit ein Extrempunkt vorliegt, muss $g'(t) = 0$ gelten. Der Operator „berechnen" fordert die Durchführung und Dokumentation der einzelnen Berechnungsschritte. Der Ansatz

$$-7{,}5t^2 + 45t - 60 = 0$$

führt zu:

$$t^2 - 6t + 8 = 0$$

Die pq-Formel liefert:

$$t_{1/2} = 3 \pm \sqrt{9-8} \quad \Rightarrow \quad t_1 = 3 - 1 = 2 \text{ und } t_2 = 3 + 1 = 4$$

Die Berechnungen

$$g(2) = -2{,}5 \cdot 2^3 + 22{,}5 \cdot 2^2 - 60 \cdot 2 + 90 = 40 \text{ und}$$

$$g(4) = -2{,}5 \cdot 4^3 + 22{,}5 \cdot 4^2 - 60 \cdot 4 + 90 = 50$$

liefern die zugehörigen y-Koordinaten.

Damit erhält man die Extrempunkte $E_1(2\,|\,40)$ und $E_2(4\,|\,50)$.

1.3 Ausgehend von den bisherigen Ergebnissen und dem vorliegenden Funktionsgraphen (Material 1) lässt sich erkennen, dass es sich bei den in Teilaufgabe 1.2 berechneten Extrempunkten lediglich um relative Extrema handelt. Das absolute Maximum der Wachstumsgeschwindigkeit liegt zum Zeitpunkt $t=0$ mit $g(0)=90$ und das absolute Minimum der Wachstumsgeschwindigkeit zum Zeitpunkt $t=6$ mit $g(6)=0$ vor.

1.4 Zur Berechnung des gesuchten Integralwertes benötigt man eine Stammfunktion G von g. Man ermittelt:

$$G(t) = -2{,}5 \cdot \frac{1}{4}t^4 + 22{,}5 \cdot \frac{1}{3}t^3 - 60 \cdot \frac{1}{2}t^2 + 90t = -0{,}625t^4 + 7{,}5t^3 - 30t^2 + 90t$$

Damit lässt sich nun der Wert des Integrals berechnen:

$$\frac{1}{3} \cdot \int_1^4 (-2{,}5t^3 + 22{,}5t^2 - 60t + 90)\,dt = \frac{1}{3} \cdot \left[-0{,}625t^4 + 7{,}5t^3 - 30t^2 + 90t\right]_1^4$$

$$= \frac{1}{3} \cdot \left(-0{,}625 \cdot 4^4 + 7{,}5 \cdot 4^3 - 30 \cdot 4^2 + 90 \cdot 4 - (-0{,}625 \cdot 1^4 + 7{,}5 \cdot 1^3 - 30 \cdot 1^2 + 90 \cdot 1)\right)$$

$$= \frac{1}{3} \cdot (200 - 66{,}875) = 44{,}375$$

Dieser Wert beschreibt das durchschnittliche Wachstum des Giraffenweibchens im Zeitraum von $t=1$ bis $t=4$: Das Weibchen wächst in dieser Zeit durchschnittlich 44,375 cm pro Jahr.

1.5 Alle Stammfunktionen von g lassen sich angeben in der Form:

$$G_C(t) = -0{,}625t^4 + 7{,}5t^3 - 30t^2 + 90t + C$$

Die Stammfunktion aus Aufgabe 1.4 mit $C=0$ beschreibt den Gesamtzuwachs des Giraffenweibchens seit seiner Geburt bis zum Zeitpunkt t, daher gilt für diese Stammfunktion $G_0(0)=0$.

Gesucht ist nun diejenige Stammfunktion, die für die Größe des Giraffenweibchens zum Zeitpunkt seiner Geburt $G_C(0)=180$ liefert. Dafür muss $C=180$ gelten.

Die gesuchte Funktion ist daher:

$$G_{180}(t) = -0{,}625t^4 + 7{,}5t^3 - 30t^2 + 90t + 180$$

1.6 Der abgebildete Graph zeigt die Funktion g, also die Ableitung von G. Da die Ableitung g die Steigung des Ausgangsgraphen G angibt und im Intervall [0; 6] (von $g(6)=0$ abgesehen) ausschließlich positive Werte vorliegen, bedeutet das, dass der Graph von G in diesem Intervall streng monoton steigend sein muss.

Wendepunkte im Ausgangsgraphen werden zu Extrempunkten im Graph der Ableitungsfunktion. Da die Funktion g – wie in Teilaufgabe 1.2 berechnet – zwei Extrempunkte besitzt, muss der Graph von G zwei Wendepunkte besitzen.

2.1 Der Faktor a in der Funktionsgleichung $f_a(t) = a \cdot g(t)$ bewirkt, dass der Graph der Funktion g aus Teilaufgabe 1 in y-Richtung gestreckt bzw. gestaucht wird.

In Bezug auf das Wachstum des Giraffenmännchens bedeutet $a > 1$, dass der Graph gestreckt wird, dass also die Wachstumsgeschwindigkeit des Männchens stets um den Faktor a über der Wachstumsgeschwindigkeit des Weibchens liegt. Das Männchen wächst schneller.

2.2 Ausgehend von den Überlegungen in Teilaufgabe 2.1 ergibt sich, dass sich die Extremstellen nicht verändern, da der Graph in y-Richtung gestreckt bzw. gestaucht wird. Lediglich die y-Koordinaten der Extrempunkte werden durch die Streckung bzw. Stauchung verändert.

2.3 Zeile (1): Betrachtet wird das Wachstum des Giraffenmännchens im Zeitraum von $t=0$ bis $t=6$. Dem Aufgabentext ist zu entnehmen, dass das Männchen mit einer Körpergröße von 195 cm geboren wird und am Ende der sechsjährigen Wachstumsphase 600 cm groß ist. Das Gesamtwachstum, das mit dem angegebenen Integral berechnet werden kann, beträgt damit 405 cm.

Zeile (2): Betrachtet wird das Wachstum des Giraffenweibchens im Zeitraum von $t=0$ bis $t=6$. Dem Aufgabentext ist zu entnehmen, dass das Weibchen mit einer Körpergröße von 180 cm geboren wird und am Ende der sechsjährigen Wachstumsphase 450 cm groß ist. Das Gesamtwachstum, das mit dem angegebenen Integral berechnet werden kann, beträgt damit 270 cm.

Aus Zeile (3) folgt mit den Ergebnissen aus (1) und (2):

$$405 = a \cdot 270$$

Damit ergibt sich:

$$a = \frac{405}{270} = 1{,}5$$

Die Wachstumsgeschwindigkeit des Männchens ist also 50 % größer als die des Weibchens.

3 Laut Aufgabenstellung gilt:

$$\int_0^6 (-0{,}3125t^4 + 3{,}75t^3 - 15t^2 + 45t + 15)\,dt = m \cdot 6$$

Der Operator „bestimmen“ lässt die Verwendung der erweiterten Funktionalität des Taschenrechners zu. Diese liefert:

$$\int_0^6 (-0{,}3125t^4 + 3{,}75t^3 - 15t^2 + 45t + 15)\,dt = 549$$

Daraus folgt

$$549 = m \cdot 6,$$

also:

$$m = \frac{549}{6} = 91{,}5$$

Der Wert m gibt den durchschnittlichen Größenunterschied zwischen Giraffenmännchen und -weibchen in der sechsjährigen Wachstumsphase von $t=0$ bis $t=6$ an: Das Männchen ist in dieser Zeit im Durchschnitt um 91,5 cm größer als das Weibchen.

Hessen – Grundkurs Mathematik
2021 – B2: Analysis (CAS)

Der Ederstausee in Hessen ist bezogen auf sein Volumen der drittgrößte Stausee in Deutschland und wird unter anderem dazu genutzt, die Schifffahrt auf der Weser in den Sommermonaten sicherzustellen. Sein maximales Fassungsvermögen beträgt rund 200 Millionen Kubikmeter Wasser. Über eine Staumauer wird der Pegelstand und somit die Füllmenge reguliert. Für die Monate Januar (t = 0) bis Oktober 2019 konnten folgende Füllmengen ermittelt werden:

Zeit t in Monaten	0	1	2	3	4	5	6	7	8	9
Füllmenge in Mio. m^3	22	120	180	198	185	155	115	75	40	25

Dabei beziehen sich die Zeitpunkte t jeweils auf die Monatsmitte, die Füllmengen sind Mittelwerte der jeweiligen Monate. Vereinfachend wird angenommen, dass jeder Monat mit 30 Tagen gleich lang ist.

1 Die Füllmenge des Stausees (in Mio. m^3) soll in Abhängigkeit von der Zeit t (in Monaten) näherungsweise durch verschiedene Funktionen modelliert werden.

1.1 Zeichnen Sie die gegebenen Datenpunkte in ein skaliertes und beschriftetes Koordinatensystem ein. **(3 BE)**

1.2 Die Füllmenge des Stausees soll durch zwei ganzrationale Funktionen dritten Grades, f und g, modelliert werden.

1.2.1 Bestimmen Sie die Funktionsgleichung der Funktion f, deren Graph durch die vier Datenpunkte zu den Zeitpunkten t = 0, 3, 6 und 9 verläuft. **(4 BE)**

1.2.2 Erläutern Sie den folgenden Lösungsansatz zur Rekonstruktion der Funktion g. Beurteilen Sie, ob er geeignet ist.

(1) $g(1) = 120$

(2) $g(6) = 115$

(3) $g''(6) = 0$ **(4 BE)**

1.3 Eine andere Näherungsfunktion für die Modellierung der Füllmenge des Stausees ist die Funktion i mit $i(t) = 1{,}525t^3 - 28t^2 + 129t + 21$.
Bestimmen Sie mithilfe der Funktionsgleichung unter Angabe aller notwendigen Ableitungen die Extrem- und Wendepunkte des Graphen von i und deuten Sie die Ergebnisse im Sachzusammenhang. **(8 BE)**

1.4 Berechnen Sie die mittlere Füllmenge des Stausees in den Monaten April bis Oktober, die sich aus den Datenpunkten der zu Beginn der Aufgabe gegebenen Tabelle ergibt. Entscheiden Sie begründet ohne weitere Rechnung, mit welchem der nachfolgenden Terme die mittlere Füllmenge des Stausees in dem betrachteten Zeitraum näherungsweise berechnet werden kann und mit welchem nicht.

(1) $\frac{1}{6}\int_{3}^{9} i(t)\,dt$ (2) $\frac{1}{7}\int_{2,5}^{9,5} i(t)\,dt$ **(5 BE)**

2 Am Fuße der Staumauer befindet sich das Kraftwerk Hemfurth I, welches aus dem herabströmenden Wasser Strom erzeugt. Die Zuflussgeschwindigkeit durch den Fluss „Eder" in den Stausee beträgt konstant $5{,}2\,\frac{m^3}{s}$. Durch den zusätzlichen Zulauf durch Bäche ist die tatsächliche Zuflussgeschwindigkeit allerdings um 10 % höher. Für die Stromerzeugung wird täglich in der Zeit von 17.00 Uhr bis 21.15 Uhr Wasser abgegeben. Die Abflussgeschwindigkeit aus dem Stausee beträgt hierbei konstant $36\,\frac{m^3}{s}$. Untersuchen Sie anhand einer geeigneten Rechnung die Auswirkungen der Zu- und Abflüsse auf die tägliche Füllmenge des Stausees. **(4 BE)**

3 Zum Schutz vor Hochwasser wird im Stausee ein sogenannter Hochwasserschutzraum mit einem Volumen von 30 Mio. m^3 freigehalten. Nach starken Regenfällen kann die Zuflussgeschwindigkeit des Wassers in den Stausee innerhalb der ersten 72 Stunden durch die Funktion z mit $z(t) = -\frac{1}{600}(t-30)^2 + 1{,}5$ und die Abflussgeschwindigkeit nach dem Öffnen von Notschleusen durch die Funktion a mit $a(t) = -\frac{1}{1620}(t-36)^2 + 0{,}8$ dargestellt werden (Material 1). Hierbei gibt t jeweils die Zeit in Stunden ab dem Beginn des Zu- bzw. Abflusses an und z(t) bzw. a(t) die Fließgeschwindigkeit in Mio. $\frac{m^3}{h}$. Dabei sind die Funktionen z und a nur in Intervallen mit positiven Funktionswerten definiert, sonst seien die Funktionswerte konstant null.

3.1 Erläutern Sie die folgende Rechnung im Sachzusammenhang.
Begründen Sie, dass die getroffene Schlussfolgerung nicht richtig sein muss.

$$\int_0^{60} z(t)\,dt - \int_0^{72} a(t)\,dt = 60 - 38{,}4 = 21{,}6$$

Der Hochwasserschutzraum von 30 Mio. m^3 ist ausreichend, da in dem betrachteten Zeitraum nur 21,6 Mio. m^3 mehr zu- als abfließen. **(3 BE)**

3.2 Ermitteln Sie den Zeitpunkt, zu dem die Füllmenge des Hochwasserschutzraums in den betrachteten 72 Stunden maximal ist. **(3 BE)**

4 Die maximale Füllhöhe h über dem tiefsten Punkt des Sees beträgt ca. 40 m, die maximale Füllmenge 200 Mio. m^3. Der zugehörige Füllgraph, der die Füllmenge V des Sees in Mio. m^3 in Abhängigkeit von der Höhe h der Wasseroberfläche über dem tiefsten Punkt des Sees in Meter beschreibt, ist in Material 2 abgebildet und kann durch eine quadratische Funktion V beschrieben werden.

4.1 In Material 3 sind zwei stark vereinfachte Formen eines Seebeckens vorgegeben. Entscheiden Sie, welche der Formen zum Füllgraph V gehört, und welche nicht. Begründen Sie jeweils Ihre Entscheidung unter Bezugnahme auf Material 3. **(4 BE)**

4.2 Durch das Fluten des Edersees befinden sich heute einige Gebäude, Straßen und Brücken je nach Füllmenge des Sees unter Wasser. Beträgt die Füllmenge des Sees nur ca. 80 Mio. m^3, kommt der alte Friedhof wieder zum Vorschein.
Ermitteln Sie mithilfe von Material 2 die zugehörige Höhe h der Wasseroberfläche über dem tiefsten Punkt des Sees. **(2 BE)**

Material 1

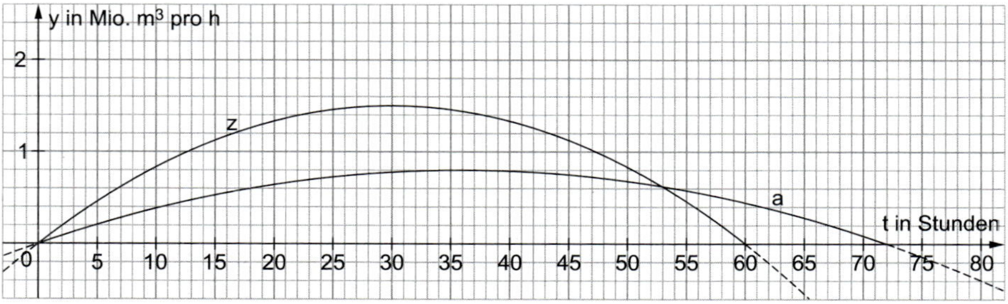

Material 2

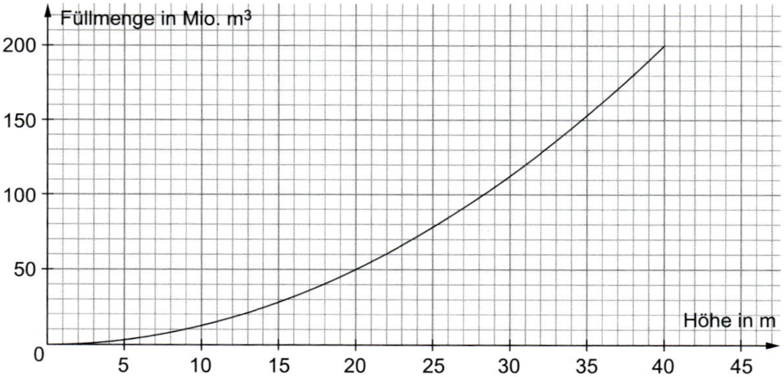

Material 3

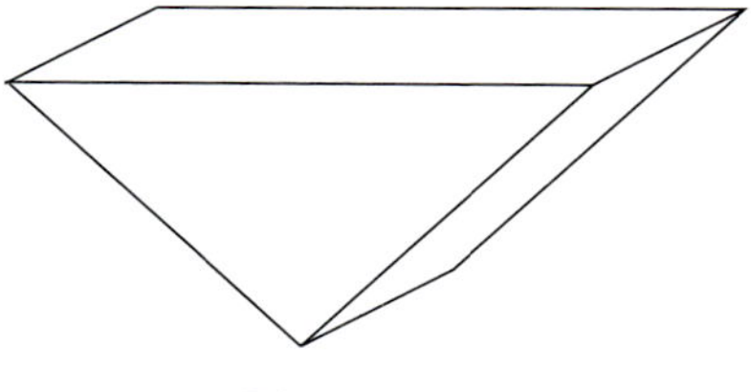

Prisma

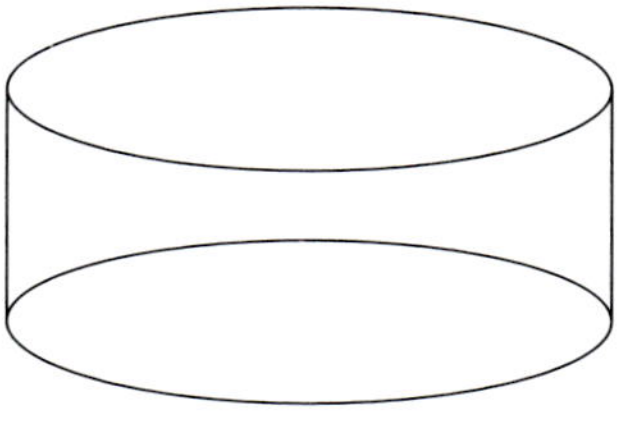

Zylinder

Hinweise und Tipps

Teilaufgabe 1.1

- Orientieren Sie sich bei der Achseneinteilung und der Größe der Zeichnung an den maximalen Werten von t und der Füllmenge.

Teilaufgabe 1.2.1

- Sie benötigen als Ansatz die allgemeine Form einer ganzrationalen Funktion 3. Grades.
- Setzen Sie die Koordinaten der Punkte in die allgemeine Gleichung der Funktion ein.
- Lassen Sie Ihr CAS das lineare Gleichungssystem lösen.

Teilaufgabe 1.2.2

- Überlegen Sie, wie viele Parameter ermittelt werden müssen und wie viele Bedingungen Sie hierfür benötigen.

Teilaufgabe 1.3

- Benutzen Sie zur Ermittlung der Ableitungen Ihr CAS.
- Bedenken Sie, dass bei der Ermittlung der Extrempunkte und der Wendepunkte sowohl die notwendigen als auch die hinreichenden Bedingungen erwartet werden.
- Vergessen Sie nicht, Ihre Ergebnisse im Sachzusammenhang darzustellen.

Teilaufgabe 1.4

- Ermitteln Sie einen Durchschnitt. Denken Sie daran, dass die Tabelle mit dem Monat 0 beginnt.
- In welchem Term wird effektiv ein Zeitraum von 7 Monaten betrachtet?

Teilaufgabe 2

- Bestimmen Sie den Zufluss und den Abfluss innerhalb von 24 Stunden.
- Wie viele Millionen m^3 befinden sich am Ende des Tages mehr bzw. weniger im Stausee?

Teilaufgabe 3.1

- Bedenken Sie, dass die hier ermittelte Zahl nur den Zustand am Ende der Zeitperiode wiedergibt. Was kann in der Zwischenzeit passieren?

Teilaufgabe 3.2

- Wo befindet sich in der Grafik der Zeitpunkt, an dem genauso viel abfließt wie zufließt?
- Lesen Sie das Ergebnis an der Grafik ab oder führen Sie mithilfe des CAS eine kleine Rechnung durch.

Teilaufgabe 4.1

- Denken Sie darüber nach, inwieweit sich die Zunahme der Höhe auf die Vergrößerung der Wasseroberfläche auswirkt.

Teilaufgabe 4.2

- Lesen Sie das Ergebnis am Material ab.

Lösung

1.1

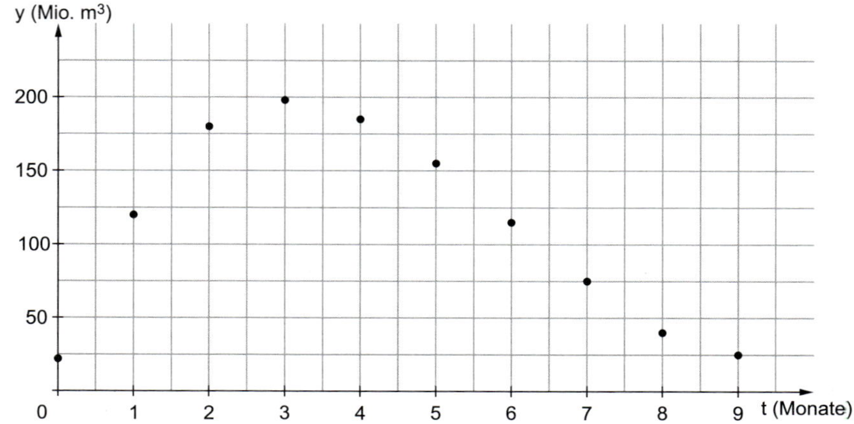

1.2.1 Der Ansatz für eine ganzrationale Funktion 3. Grades lautet $f(t) = a \cdot t^3 + b \cdot t^2 + c \cdot t + d$. Durch Einsetzen der Koordinaten der vier Punkte ergeben sich insgesamt vier Gleichungen mit vier Unbekannten. Dieses lineare Gleichungssystem löst man mithilfe des CAS.

Als Lösungen erhält man für die vier Parameter:

$$a = \frac{14}{9}, \quad b = -\frac{511}{18}, \quad c = \frac{779}{6}, \quad d = 22$$

Damit ergibt sich für die Funktionsgleichung f(t):

$$f(t) = \frac{14}{9} \cdot t^3 - \frac{511}{18} \cdot t^2 + \frac{779}{6} \cdot t + 22$$

Define $f(x)=a\times x^3+b\times x^2+c\times x+d$

done

$\begin{cases} f(0)=22 \\ f(3)=198 \\ f(6)=115 \\ f(9)=25 \end{cases} \Big| a,b,c,d$

$\left\{a=\frac{14}{9}, b=-\frac{511}{18}, c=\frac{779}{6}, d=22\right\}$

1.2.2 Der Lösungsansatz bedeutet, dass die Funktion g durch die beiden Punkte (1 | 120) und (6 | 115) gehen soll und dass weiterhin an der Stelle $t = 6$ ein Wendepunkt vorliegen könnte. Da dies nur drei Bedingungen sind, die Funktion g aber 3. Grades sein soll, also vier Parameter enthält (siehe Ansatz für f(t) in Teilaufgabe 1.2.1), ist das lineare Gleichungssystem mit drei Gleichungen und vier Unbekannten unterbestimmt. Es besitzt damit keine eindeutige Lösung. Der Ansatz ist somit ungeeignet.

1.3 Für die Ableitungen von i(t) erhält man:

$$i'(t) = \frac{183 \cdot t^2 - 2\,240 \cdot t + 5\,160}{40}$$

$$i''(t) = \frac{183 \cdot t - 1120}{20}$$

$$i'''(t) = \frac{183}{20}$$

Define $i(x)=1.525x^3-28x^2+129x+21$

done

$\frac{d}{dx}(i(x))$

$\frac{183\cdot x^2-2240\cdot x+5160}{40}$

$\frac{d^2}{dx^2}(i(x))$

$\frac{183\cdot x-1120}{20}$

$\frac{d^3}{dx^3}(i(x))$

$\frac{183}{20}$

Daraus folgt für die möglichen Extrempunkte mit dem Ansatz $i'(t) = 0$:

$t_1 \approx 3{,}08$ und $t_2 \approx 9{,}16$

Einsetzen in die 2. Ableitung ergibt:

$i''(3{,}08) \approx -27{,}8 < 0$ und $i''(9{,}16) \approx 27{,}8 > 0$

Es liegt also im Punkt P(3,08 | 197,26) ein Hochpunkt und im Punkt Q(9,16 | 25,36) ein Tiefpunkt vor.

Für die Wendepunkte erhält man mit dem Ansatz $i''(t) = 0$ als Lösung $t \approx 6{,}12$. Weiter gilt:

$i'''(6{,}12) = 9{,}15 \neq 0$

Damit ist auch die hinreichende Bedingung für das Vorliegen eines Wendepunktes W(6,12 | 111,32) erfüllt.

Im Sachverhalt bedeutet dies, dass der Edersee seinen Höchststand im April erreicht, wobei das maximale Füllvolumen etwa 197 Millionen m^3 beträgt. Der Tiefststand ergibt sich im Oktober mit einer Füllmenge von etwa 25 Millionen m^3.

Dazwischen erhält man im Monat Juli die stärkste Abnahme des Füllvolumens. Zu diesem Zeitpunkt beträgt der Füllstand etwa 111 Millionen m^3.

$$\text{solve}\left(\frac{d}{dx}(i(x))=0,x\right) \quad \{x=3.077135579, x=9.163301579\}$$
$$\frac{d^2}{dx^2}(i(x))\,|\,x=3.08 \quad -27.818$$
$$\frac{d^2}{dx^2}(i(x))\,|\,x=9.16 \quad 27.814$$
$$i(3.08) \quad 197.2584208$$
$$i(9.16) \quad 25.3605264$$
$$\text{solve}\left(\frac{d^2}{dx^2}(i(x))=0,x\right) \quad \{x=6.120213579\}$$
$$\frac{d^3}{dx^3}(i(x))\,|\,x=6.12 \quad 9.15$$
$$i(6.12) \quad 111.3137152$$

1.4 Die mittlere Füllmenge ergibt sich durch Addition der Füllmengen von April ($t = 3$) bis Oktober ($t = 9$), dividiert durch die Zahl der betrachteten 7 Monate. Als Ergebnis erhält man eine mittlere Füllmenge von etwa 113,3 Millionen m^3.

$$\frac{198+185+155+115+75+40+25}{7} \quad 113.2857143$$

Der erste Term gibt die mittlere Füllmenge nicht richtig wieder, da durch 6 dividiert wird und das Intervall von $t = 3$ bis $t = 9$ auch nur die Zeit von Mitte April bis Mitte Oktober (also nur 6 Monate) betrachtet.

Der zweite Term betrachtet das Intervall von Anfang April ($t = 2{,}5$) bis Ende Oktober ($t = 9{,}5$) und es wird auch durch die richtige Zahl an Monaten (7) dividiert. Der zweite Term ist deswegen als Näherung der durchschnittlichen Füllmenge zwischen April und Oktober geeignet.

2 Zwischen 0 Uhr und 17 Uhr fließen jede Sekunde $5{,}2\ m^3 + 0{,}52\ m^3 = 5{,}72\ m^3$ in den Stausee, ohne dass Wasser abgegeben wird. Das sind 17 Stunden bzw. $17 \cdot 3\,600\ s = 61\,200\ s$. Daraus erhält man eine Zuflussmenge von $5{,}72\ m^3 \cdot 61\,200 = 350\,064\ m^3$.

$$17 \times 3600 \quad 61200$$
$$5.72 \times 61200 \quad 350064$$

Um 17 Uhr ist die Füllmenge des Stausees also 350 064 m^3 höher als um 0 Uhr.

Von 17 Uhr bis 21.15 Uhr werden jede Sekunde 36 m^3 abgegeben. Der Zeitraum beträgt 255 Minuten bzw. $255 \cdot 60\ s = 15\,300\ s$. Die abgeflossene Wassermenge beträgt somit $36\ m^3 \cdot 15\,300 = 550\,800\ m^3$. Da im gleichen Zeitraum $5{,}72\ m^3 \cdot 15\,300 = 87\,516\ m^3$ hinzufließen, bleibt eine Differenz von 463 284 m^3, die bis 21.15 Uhr insgesamt abfließen.

$$255 \times 60 \quad 15300$$
$$36 \times 15300 \quad 550800$$
$$5.72 \times 15300 \quad 87516$$
$$550800 - 87516 \quad 463284$$

Da aber ab 0 Uhr bis 17 Uhr 350 064 m^3 zugeflossen sind, verbleibt eine Differenz von 113 220 m^3, die um 21.15 Uhr weniger im See sind als um Mitternacht.

```
463284-350064
                 113220
165×60
                   9900
5.72×9900
                  56628
113220-56628
                  56592
```

Von 21.15 Uhr bis 0 Uhr füllt sich der See wieder mit 5,72 m^3 in der Sekunde. Das sind 165 Minuten bzw. $165 \cdot 60\ s = 9\,900\ s$. Es fließen also von 21.15 Uhr bis 0 Uhr $5{,}72\ m^3 \cdot 9\,900 = 56\,628\ m^3$ zu, ohne dass etwas abgelassen wird.

Insgesamt befinden sich damit am Ende des Tages etwa

$$113\,220\ m^3 - 56\,628\ m^3 = 56\,592\ m^3$$

weniger Wasser im Stausee als zu Beginn des Tages.

3.1 Hier wird berechnet, wieviel zusätzliches Wasser nach 72 Stunden in den Stausee geflossen ist. Hier wird das zugeflossene Volumen nach 60 Stunden ermittelt. Dieses beträgt 60 Millionen m^3. Davon abgezogen wird das abgeflossene Wasservolumen nach 72 Stunden. Dieses beträgt 38,4 Millionen m^3. Als Ergebnis erhält man eine effektiv zugeflossene Wassermenge von 21,6 Millionen m^3.

Da der Hochwasserschutzraum 30 Millionen m^3 beträgt, reicht er scheinbar aus. Es wird aber nicht berücksichtigt, dass es innerhalb der betrachteten 60 Stunden durchaus einen Zeitpunkt geben könnte, in dem die effektiv zugeflossene Wassermenge diese 30 Millionen m^3 übersteigt.

3.2 *1. Möglichkeit:* Wie man aus der Grafik erkennt, fließt bis zu einem Zeitpunkt von etwa 53 Stunden mehr Wasser zu als ab. Ab diesem Zeitpunkt nimmt der Füllstand wieder ab.

2. Möglichkeit: Man ermittelt die Schnittstelle von z(t) und a(t) rechnerisch. Mit dem CAS erhält man aus dem Ansatz $z(t) = a(t)$ die Lösungen $t = 0$ und $t \approx 52{,}9$.

```
Define z(t)=-1/600 (t-30)^2+1.5
                                done
Define a(t)=-1/1620 (t-36)^2+0.8
                                done
solve(z(t)=a(t),t)
               {t=0,t=52.94117647}
```

Die Füllmenge des Hochwasserschutzraums ist also nach etwa 52,9 Stunden maximal.

4.1 Im Falle des zylindrischen Beckens sind Füllvolumen und Füllhöhe zueinander proportional ($V = \pi r^2 h$), der Füllgraph müsste also eine Gerade sein.

Im Falle des Prismas steigert sich die Wasserfläche quadratisch mit der Höhe. Das bedeutet, dass sich auch das Volumen quadratisch mit der Höhe steigert. Beispiel: Verdoppelt man die Höhe, verdoppelt man auch die Länge der die Fläche begrenzenden Seiten, also vervierfacht man die Wasseroberfläche, die sich aus dem Produkt der Seitenlängen ergibt.

Das Prisma ist also hier als einziger Körper geeignet, um einen solchen Füllgraphen zu generieren.

4.2 Die zum Füllstand von 80 Millionen m^3 gehörende Höhe der Wasseroberfläche kann man am Graphen in Material 2 ablesen. Die Ablesung ergibt etwa 25 m.

Hessen – Grundkurs Mathematik
2021 – C1: Lineare Algebra/Analytische Geometrie (WTR/CAS)

In Südtirol ragt im aufgestauten Reschensee ein versunkener Kirchturm empor (Material 1). Zur Beschreibung des Kirchturms wird ein räumliches Koordinatensystem gewählt. Die Wasseroberfläche liegt in der x-y-Ebene. Eine Einheit in dem Koordinatensystem entspricht einem Meter.

1 Der Kirchturm besteht aus einem 22 m hohen, quaderförmigen unteren Teil mit 36 m^2 großer quadratischer Grundfläche. Darüber befindet sich ein 9 m hohes, symmetrisches Dach in Form einer Pyramide. Je nach Wasserstand ragt der Turm unterschiedlich weit aus dem Reschensee empor.

1.1 Zu einem bestimmten Zeitpunkt befindet sich die Grundfläche ABCD des Turmes 7 m unter der Wasseroberfläche (Material 2). Die Kante AE liegt auf der z-Achse.
Geben Sie die Koordinaten der Punkte A, B, G, H und S in Material 2 an. **(5 BE)**

1.2 Für eine Restaurierung im Jahr 2009 wurde das Dach erneuert.
Berechnen Sie den Flächeninhalt der Dachfläche. **(4 BE)**

2 Zur Untersuchung des Reschensees wurden zwei Tauchroboter R1 und R2 eingesetzt, die sich mit konstanten Geschwindigkeiten auf geradlinigen Bahnen unter Wasser fortbewegen und Daten an eine Forschungsstation senden. Im Verlauf des ersten Tauchgangs werden folgende Ortungsdaten gesendet:

Ortungsdaten von R1:	zum Zeitpunkt t_1:	$P_1(24\|8\|-1)$
	zum Zeitpunkt t_2:	$P_2(20\|5\|-3)$
Ortungsdaten von R2:	zum Zeitpunkt t_1:	$Q_1(15\|0\|-5{,}5)$
	zum Zeitpunkt t_2:	$Q_2(9\|-2\|-8{,}5)$

2.1 Bestimmen Sie die Parametergleichungen der beiden Geraden, die die Tauchbahnen der Roboter modellieren. **(4 BE)**

2.2 Ermitteln Sie den Schnittpunkt T der beiden Geraden aus Aufgabe 2.1.
[zur Kontrolle: $T(12|-1|-7)$] **(4 BE)**

2.3 Die beiden Roboter starten gleichzeitig vom Punkt P_1 bzw. Q_1 zum Zeitpunkt t_1 und bewegen sich auf ihren Tauchbahnen zum Schnittpunkt T.
Begründen Sie, dass der Schnittpunkt T auf dem Weg des Roboters R1 nicht zwischen P_1 und P_2 liegt, und ermitteln Sie die Koordinaten des Punktes U, an dem sich R1 befindet, wenn der Tauchroboter R2 am Schnittpunkt T angelangt ist. **(4 BE)**

2.4 Berechnen Sie den Winkel α zwischen den beiden Vektoren $\vec{n} = \begin{pmatrix} 0 \\ 0 \\ -1 \end{pmatrix}$ und $\overrightarrow{P_1P_2}$.
Deuten Sie den Winkel $\beta = 90° - \alpha$ im Sachzusammenhang.

Bei den folgenden Aufgaben werden die Tauchroboter als punktförmig angesehen.

2.5 Bei einem zweiten Tauchgang kann man ab einem bestimmten Zeitpunkt die Tauchbahnen der beiden Tauchroboter R1 und R2 folgendermaßen beschreiben:

$$R1: \vec{x} = \begin{pmatrix} 15 \\ -22 \\ -2 \end{pmatrix} + t \cdot \begin{pmatrix} -7 \\ 11 \\ -3 \end{pmatrix} \quad \text{und} \quad R2: \vec{x} = \begin{pmatrix} 27 \\ -6 \\ -6 \end{pmatrix} + t \cdot \begin{pmatrix} -10 \\ 7 \\ -2 \end{pmatrix}$$

Dabei ist $t \geq 0$ die Zeit in Minuten ab diesem Zeitpunkt.

Die Vektorgleichung $\begin{pmatrix} 15 \\ -22 \\ -2 \end{pmatrix} + t \cdot \begin{pmatrix} -7 \\ 11 \\ -3 \end{pmatrix} = \begin{pmatrix} 27 \\ -6 \\ -6 \end{pmatrix} + t \cdot \begin{pmatrix} -10 \\ 7 \\ -2 \end{pmatrix}$ besitzt die Lösung $t = 4$.

Deuten Sie diese Lösung im Sachzusammenhang. **(3 BE)**

3 Im Reschensee befindet sich ein feinmaschiges ebenes Netz. Das Netz verläuft durch die Punkte $N_1(-19\,|\,-5\,|\,-5{,}5)$, $N_2(-23\,|\,-7\,|\,-1{,}5)$ und $N_3(-16\,|\,-3\,|\,-5{,}5)$.

3.1 Geben Sie eine Parametergleichung der Ebene N an, in der das Netz liegt, und bestimmen Sie eine Koordinatengleichung dieser Ebene N.
[Eine mögliche Koordinatengleichung von N lautet: $8x - 12y + 2z = -103$] **(6 BE)**

3.2 Ein weiterer Tauchroboter R3 ist mit Sensoren ausgestattet, die bei einer Abstandsunterschreitung von 2 Metern zu einem Hindernis Alarm auslösen. Der Roboter R3 befindet sich im Punkt $P_3(-9\,|\,6\,|\,-6)$ in der Nähe des Netzes.
Zeigen Sie, dass die Sensoren an diesem Punkt keinen Alarm auslösen. **(6 BE)**

Material 1

Material 2

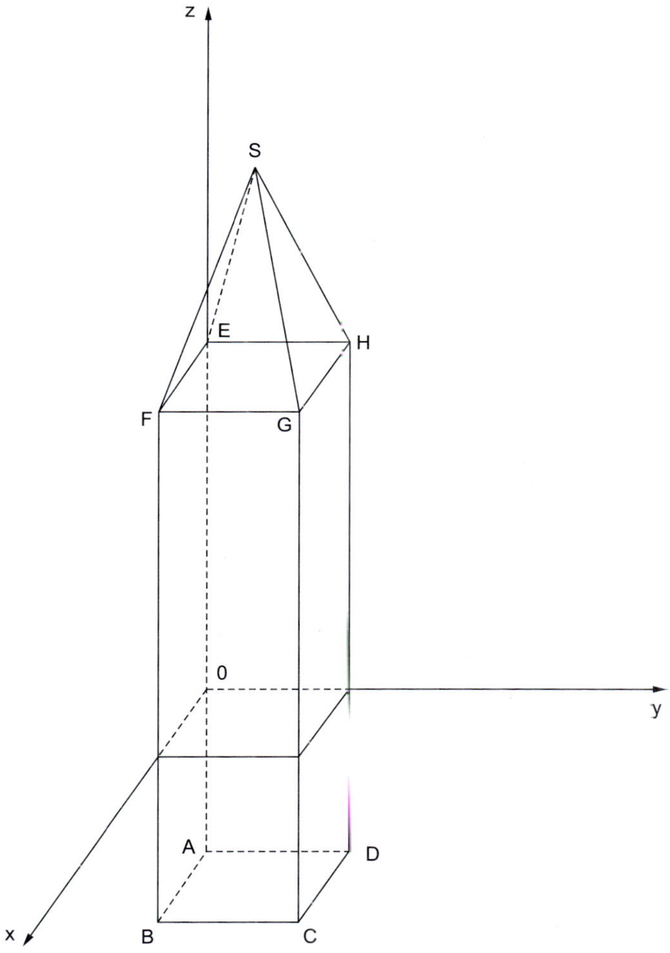

Hinweise und Tipps

Teilaufgabe 1.1

Laufen Sie in Gedanken den Weg zu den einzelnen Eckpunkten ab. Geben Sie an, wie weit Sie jeweils in x-, y- und z-Richtung gehen müssen. Berücksichtigen Sie, dass die Grundfläche des Turms 7 m unter der Wasseroberfläche liegt.

Teilaufgabe 1.2

Die Dachfläche setzt sich aus vier gleichgroßen Dreiecksflächen zusammen. Zur Berechnung einer dieser Dreiecksflächen benötigen Sie die Länge der Grundseite und die Höhe. Beachten Sie, dass die Höhe des Dreiecks und die Höhe des Dachs nicht identisch sind.

Teilaufgabe 2.1

Für die Parametergleichung einer Geraden benötigen Sie einen Stützvektor und einen Richtungsvektor.

Teilaufgabe 2.2

Setzen Sie die Parametergleichungen aus Teilaufgabe 2.1 gleich. Zur Lösung des entstehenden Gleichungssystems darf die erweiterte Funktionalität des Taschenrechners verwendet werden (Operator „Ermitteln“). Den Schnittpunkt erhalten Sie durch Einsetzen der so berechneten Parameterwerte in die Parametergleichungen.

Teilaufgabe 2.3

Eine Strecke lässt sich durch Einschränkung der zulässigen Parameterwerte in der Parametergleichung einer Geraden beschreiben. Formulieren Sie diese Einschränkung und zeigen Sie, dass der in Teilaufgabe 2.2 berechnete Parameterwert außerhalb des zulässigen Bereichs liegt.

Roboter R1 erreicht den Punkt U zu dem Zeitpunkt, zu dem R2 Punkt T erreicht. Die Zeitspannen werden durch die in Teilaufgabe 2.2 berechneten Parameterwerte beschrieben. Verwenden Sie die Geradengleichung, die die Tauchbahn von R2 beschreibt, und ermitteln Sie durch Einsetzen des entsprechenden Parameterwertes den Ort, an dem sich Roboter R1 befindet.

Teilaufgabe 2.4

Verwenden Sie die Grundformel zur Berechnung des Winkels zwischen zwei Vektoren.

Verdeutlichen Sie sich die Situation mithilfe einer Skizze: Wohin zeigen die beiden verwendeten Vektoren? Welche Rolle spielt der rechte Winkel? β muss nicht berechnet werden.

Teilaufgabe 2.5

Deuten Sie zunächst die gegebene Vektorgleichung und die Information, dass es eine (eindeutige) Lösung gibt. Welche Bedeutung hat es, dass auf beiden Seiten der Parameter t verwendet wird?

Teilaufgabe 3.1

Für die Parametergleichung einer Ebene benötigen Sie einen Stützvektor und zwei Richtungsvektoren.

Zur Überführung in die Koordinatengleichung benötigen Sie einen Vektor, der senkrecht auf den beiden Richtungsvektoren der Ebene steht. Setzen Sie dann den Normalenvektor und einen Stützvektor in den Ansatz zur Ermittlung der Koordinatengleichung ein.

Teilaufgabe 3.2

Lösen Sie das Abstandsproblem Punkt-Ebene durch Anwenden des Lotfußpunktverfahrens.

Vergessen Sie nicht, die Schlussfolgerung zu formulieren.

Lösung

1.1 Aus der im Text angegebenen Grundfläche von 36 m^2 lässt sich ableiten, dass die Kantenlänge der quadratischen Grundfläche a = 6 m beträgt. Zu beachten ist ferner, dass die Grundfläche 7 m unter der Wasseroberfläche, also unterhalb der x-y-Ebene liegt. Der Turmschacht ragt damit 15 m aus dem Wasserspiegel heraus. Bis zur Turmspitze sind es (vom Wasserspiegel aus) insgesamt 15 m + 9 m = 24 m.

Damit ergeben sich folgende Punktkoordinaten, die sich durch das gedankliche Ablaufen des Weges vom Ursprung zum jeweiligen Punkt bestätigen lassen:

$A(0\,|\,0\,|\,{-7})$ $\quad B(6\,|\,0\,|\,{-7})$ $\quad G(6\,|\,6\,|\,15)$ $\quad H(0\,|\,6\,|\,15)$ $\quad S(3\,|\,3\,|\,24)$

1.2 Die Dachfläche setzt sich aus vier gleichgroßen Dreiecken zusammen. Zur Berechnung einer solchen Fläche, z. B. des Dreiecks FGS, benötigt man die Länge der Grundseite FG sowie die Höhe h des Dreiecks.

Bereits bekannt ist, dass $|\overrightarrow{FG}| = 6\,[m]$.

Die Höhe des Dreiecks lässt sich mithilfe des Satzes des Pythagoras ermitteln. Dazu kann z. B. das nebenstehend dargestellte rechtwinklige Dreieck verwendet werden.

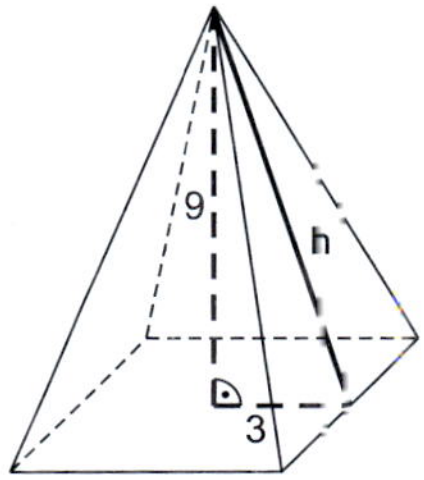

Für das eingezeichnete Dreieck gilt $h^2 = 9^2 + 3^2$ und man erhält:

$$h = \sqrt{90} \approx 9{,}49\,[m]$$

Daraus ergibt sich für die Fläche des Dreiecks FGS:

$$A = \frac{1}{2}gh = \frac{1}{2} \cdot 6 \cdot \sqrt{90} \approx 28{,}46\,[m^2]$$

Das gesamte Dach hat eine Fläche von ca. $4 \cdot 28{,}46 = 113{,}84\,[m^2]$.

2.1 Wählt man die Ortsvektoren zu P_1 bzw. Q_1 als Stützvektoren und $\overrightarrow{P_1P_2}$ bzw. $\overrightarrow{Q_1Q_2}$ als Richtungsvektoren, so erhält man mit

$$\overrightarrow{P_1P_2} = \begin{pmatrix} 20 \\ 5 \\ -3 \end{pmatrix} - \begin{pmatrix} 24 \\ 8 \\ -1 \end{pmatrix} = \begin{pmatrix} -4 \\ -3 \\ -2 \end{pmatrix} \quad \text{und} \quad \overrightarrow{Q_1Q_2} = \begin{pmatrix} 9 \\ -2 \\ -8{,}5 \end{pmatrix} - \begin{pmatrix} 15 \\ 0 \\ -5{,}5 \end{pmatrix} = \begin{pmatrix} -6 \\ -2 \\ -3 \end{pmatrix}$$

die Parametergleichungen:

$$g_{P_1P_2}\colon \vec{x} = \overrightarrow{OP_1} + r \cdot \overrightarrow{P_1P_2} = \begin{pmatrix} 24 \\ 8 \\ -1 \end{pmatrix} + r \cdot \begin{pmatrix} -4 \\ -3 \\ -2 \end{pmatrix}$$

$$g_{Q_1Q_2}\colon \vec{x} = \overrightarrow{OQ_1} + s \cdot \overrightarrow{Q_1Q_2} = \begin{pmatrix} 15 \\ 0 \\ -5{,}5 \end{pmatrix} + s \cdot \begin{pmatrix} -6 \\ -2 \\ -3 \end{pmatrix}$$

2.2 Aus den in Teilaufgabe 2.1 ermittelten Parameterdarstellungen der beiden Geraden erhält man den Ansatz zur Schnittpunktbestimmung:

$$\begin{pmatrix} 24 \\ 8 \\ -1 \end{pmatrix} + r \cdot \begin{pmatrix} -4 \\ -3 \\ -2 \end{pmatrix} = \begin{pmatrix} 15 \\ 0 \\ -5{,}5 \end{pmatrix} + s \cdot \begin{pmatrix} -6 \\ -2 \\ -3 \end{pmatrix}$$

Dies liefert das lineare Gleichungssystem:

$$\left| \begin{array}{l} 24 - 4r = 15 - 6s \\ \;\;8 - 3r = -2s \\ -1 - 2r = -5{,}5 - 3s \end{array} \right|$$

Vereinfachungen führen zu:

$$\left| \begin{array}{l} -4r + 6s = -9 \\ -3r + 2s = -8 \\ -2r + 3s = -4{,}5 \end{array} \right|$$

Der Operator „Ermitteln" lässt die Verwendung der erweiterten Funktionalitäten des Taschenrechners zu. Zur Ermittlung zweier Unbekannten benötigt man zwei Gleichungen. Reduziert man das Gleichungssystem auf die ersten beiden Gleichungen, so erhält man für

$$\left| \begin{array}{l} -4r + 6s = -9 \\ -3r + 2s = -8 \end{array} \right|$$

mithilfe des Taschenrechners das Ergebnis $r = 3$ und $s = 0{,}5$.

Überprüft werden muss nun, ob auch die dritte Gleichung damit erfüllt ist. Das Einsetzen der Werte liefert die wahre Aussage:

$$-2 \cdot 3 + 3 \cdot 0{,}5 = -4{,}5$$

Damit kann der Ortsvektor zum Schnittpunkt T berechnet werden:

$$\overrightarrow{OT} = \begin{pmatrix} 24 \\ 8 \\ -1 \end{pmatrix} + 3 \cdot \begin{pmatrix} -4 \\ -3 \\ -2 \end{pmatrix} = \begin{pmatrix} 12 \\ -1 \\ -7 \end{pmatrix}$$

Der gesuchte Schnittpunkt ist also $T(12 \mid -1 \mid -7)$.

2.3 Die Strecke $\overline{P_1P_2}$ lässt sich über die Einschränkung der zulässigen Parameterwerte in der Geradengleichung beschreiben. Damit ein Punkt auf dieser Strecke liegt, darf man ausgehend von P_1 den Richtunsgvektor $\overrightarrow{P_1P_2}$ höchstens einmal (und mindestens null Mal) ablaufen. Für den Parameter r in der Gleichung

$$g_{P_1P_2}\colon \vec{x} = \overrightarrow{OP_1} + r \cdot \overrightarrow{P_1P_2} = \begin{pmatrix} 24 \\ 8 \\ -1 \end{pmatrix} + r \cdot \begin{pmatrix} -4 \\ -3 \\ -2 \end{pmatrix}$$

muss also $0 \le r \le 1$ gelten. In Teilaufgabe 2.2 wurde ermittelt, dass für den Ortsvektor zu T $r = 3$ gilt. Dies liegt außerhalb des zulässigen Bereichs.

T liegt damit nicht auf der Strecke $\overline{P_1P_2}$.

Aus der Vorgabe, dass die Roboter gleichzeitig starten, und dem Ergebnis aus Teilaufgabe 2.2, dass Roboter R2 mit $s = 0{,}5$ Punkt T erreicht, folgt, dass Roboter R1 auf seiner Bahn mit $r = 0{,}5$ Punkt U erreicht. Daraus ergibt sich

$$\overrightarrow{OU} = \begin{pmatrix} 24 \\ 8 \\ -1 \end{pmatrix} + 0{,}5 \cdot \begin{pmatrix} -4 \\ -3 \\ -2 \end{pmatrix} = \begin{pmatrix} 22 \\ 6{,}5 \\ -2 \end{pmatrix}$$

Der gesuchte Punkt ist also $U(22 \mid 6{,}5 \mid -2)$.

2.4 Das Einsetzen der Vektoren in die Grundformel zur Berechnung von Winkeln zwischen zwei Vektoren liefert:

$$\cos\alpha = \frac{\vec{n} \circ \overrightarrow{P_1P_2}}{|\vec{n}| \cdot |\overrightarrow{P_1P_2}|} = \frac{\begin{pmatrix} 0 \\ 0 \\ -1 \end{pmatrix} \circ \begin{pmatrix} -4 \\ -3 \\ -2 \end{pmatrix}}{\sqrt{0^2+0^2+(-1)^2} \cdot \sqrt{(-4)^2+(-3)^2+(-2)^2}}$$

$$= \frac{0 \cdot (-4) + 0 \cdot (-3) + (-1) \cdot (-2)}{\sqrt{1} \cdot \sqrt{29}} = \frac{2}{\sqrt{29}}$$

Damit ist:

$$\alpha = \arccos\left(\frac{2}{\sqrt{29}}\right) \approx 68{,}2°$$

Laut Vorgabe in der Aufgabenstellung ist $\beta = 90° - \alpha$ und man erhält $\beta \approx 21{,}8°$ (die Berechnung von β ist nicht gefordert).

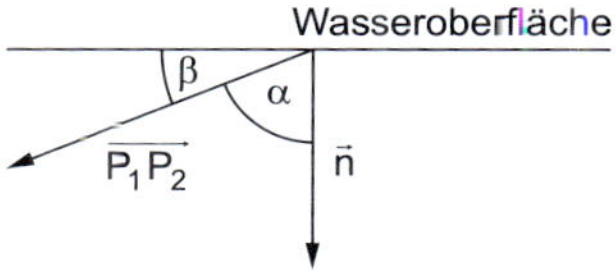

Nebenstehender Skizze ist zu entnehmen, dass β den Winkel zwischen der Bahn des Tauchroboters und der Wasseroberfläche beschreibt.

2.5 Mit dem in der Aufgabenstellung angegebenen Ansatz wird der Schnittpunkt der beiden Tauchbahnen ermittelt. In beiden Parameterdarstellungen wird der Parameter t verwendet. Dieser Wert beschreibt für beide Roboter die Zeit in Minuten nach dem gleichzeitigen Start. Die Angabe, dass $t = 4$ Lösung der angegebenen Vektorgleichung ist, bedeutet, dass sich die Bahnen schneiden und dass die beiden Tauchroboter zum selben Zeitpunkt diesen Schnittpunkt erreichen: Die beiden Roboter würden dort also kollidieren.

3.1 Wählt man $\overrightarrow{ON_1}$ als Stützvektor sowie $\overrightarrow{N_1N_2}$ und $\overrightarrow{N_1N_3}$ als Richtungsvektoren, so erhält man mit

$$\overrightarrow{N_1N_2} = \begin{pmatrix} -23 \\ -7 \\ -1{,}5 \end{pmatrix} - \begin{pmatrix} -19 \\ -5 \\ -5{,}5 \end{pmatrix} = \begin{pmatrix} -4 \\ -2 \\ 4 \end{pmatrix} \quad \text{und} \quad \overrightarrow{N_1N_3} = \begin{pmatrix} -16 \\ -3 \\ -5{,}5 \end{pmatrix} - \begin{pmatrix} -19 \\ -5 \\ -5{,}5 \end{pmatrix} = \begin{pmatrix} 3 \\ 2 \\ 0 \end{pmatrix}$$

die Parametergleichung:

$$N\colon\ \vec{x} = \overrightarrow{ON_1} + r \cdot \overrightarrow{N_1N_2} + s \cdot \overrightarrow{N_1N_3} = \begin{pmatrix} -19 \\ -5 \\ -5{,}5 \end{pmatrix} + r \cdot \begin{pmatrix} -4 \\ -2 \\ 4 \end{pmatrix} + s \cdot \begin{pmatrix} 3 \\ 2 \\ 0 \end{pmatrix}$$

Zur Überführung in die Koordinatengleichung benötigt man einen Normalenvektor der Ebene. Dieser muss senkrecht auf den beiden Richtungsvektoren der Ebene stehen. Mit dem Ansatz $\vec{n} = \begin{pmatrix} n_1 \\ n_2 \\ n_3 \end{pmatrix}$ und der Aussage „Stehen zwei Vektoren senkrecht aufeinander, so ist ihr Skalarprodukt 0“ erhält man:

$$\text{(I)} \quad \begin{pmatrix} n_1 \\ n_2 \\ n_3 \end{pmatrix} \circ \begin{pmatrix} -4 \\ -2 \\ 4 \end{pmatrix} = 0 \quad \Leftrightarrow \quad -4n_1 - 2n_2 + 4n_3 = 0$$

$$\text{(II)} \quad \begin{pmatrix} n_1 \\ n_2 \\ n_3 \end{pmatrix} \circ \begin{pmatrix} 3 \\ 2 \\ 0 \end{pmatrix} = 0 \quad \Leftrightarrow \quad 3n_1 + 2n_2 = 0$$

Aus (II) ergibt sich unmittelbar:

$$n_1 = -\frac{2}{3} n_2$$

Gesucht ist eine partielle Lösung des Gleichungssystems. Orientiert am Kontrollergebnis wählt man $n_2 = -12$, dann ist $n_1 = -\frac{2}{3} \cdot (-12) = 8$. Damit ergibt sich mit (I):

$$\begin{aligned} -4 \cdot 8 - 2 \cdot (-12) + 4n_3 &= 0 \\ 4n_3 &= 8 \\ n_3 &= 2 \end{aligned}$$

Damit ist ein Normalenvektor gefunden als:

$$\vec{n} = \begin{pmatrix} 8 \\ -12 \\ 2 \end{pmatrix}$$

Setzt man $\vec{n}$ und z. B. $\overrightarrow{ON_1}$ in die Formel $\vec{n} \circ \vec{x} = \vec{n} \circ \vec{a}$ für die Koordinatengleichung ein, so erhält man:

$$\begin{pmatrix} 8 \\ -12 \\ 2 \end{pmatrix} \circ \begin{pmatrix} x \\ y \\ z \end{pmatrix} = \begin{pmatrix} 8 \\ -12 \\ 2 \end{pmatrix} \circ \begin{pmatrix} -19 \\ -5 \\ -5{,}5 \end{pmatrix}$$

Das Berechnen der Skalarprodukte liefert:

$$8x - 12y + 2z = 8 \cdot (-19) + (-12) \cdot (-5) + 2 \cdot (-5{,}5)$$

Schließlich erhält man das angegebene Kontrollergebnis:

$$N\colon\ 8x - 12y + 2z = -103$$

3.2 Gesucht ist der Abstand des Punktes P_3 zur Ebene, in der das Netz liegt. Dieser Abstand lässt sich mit dem Lotfußpunktverfahren ermitteln.

Nebenstehende Skizze soll die weitere Argumentation verdeutlichen. Sie ist aber nicht Bestandteil der Lösung, die erwartet wird.

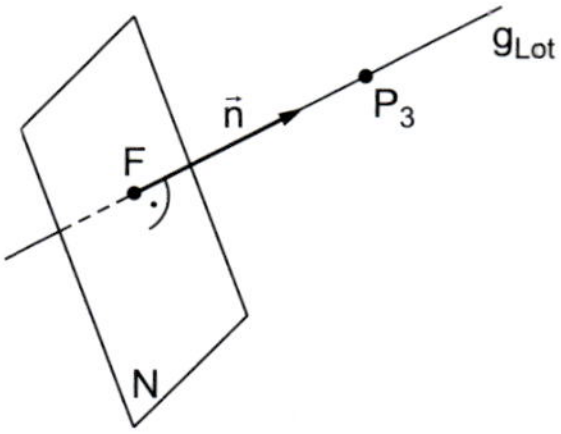

Als Lotgerade durch P_3 erhält man durch Verwendung des Stützvektors $\overrightarrow{OP_3}$ und des Normalenvektors $\vec{n}$ aus Teilaufgabe 3.1:

$$g_{Lot}\colon\ \vec{x} = \begin{pmatrix} x \\ y \\ z \end{pmatrix} = \begin{pmatrix} -9 \\ 6 \\ -6 \end{pmatrix} + r \cdot \begin{pmatrix} 8 \\ -12 \\ 2 \end{pmatrix}$$

Der Lotfußpunkt ist der Schnittpunkt der Lotgeraden mit der Ebene, in der das Netz liegt.

Der Parameterdarstellung der Lotgerade entnimmt man:

$$\begin{aligned} x &= -9 + 8r \\ y &= 6 - 12r \\ z &= -6 + 2r \end{aligned}$$

Setzt man dies in die Koordinatengleichung der Ebene N ein, erhält man:

$$\begin{aligned} 8\cdot(-9+8r)-12\cdot(6-12r)+2\cdot(-6+2r) &= -103 \\ -72+64r-72+144r-12+4r &= -103 \\ 212r &= 53 \\ r &= 0,25 \end{aligned}$$

Damit ermittelt man den Ortsvektor zum Lotfußpunkt F als:

$$\overrightarrow{OF} = \begin{pmatrix} -9 \\ 6 \\ -6 \end{pmatrix} + 0,25 \cdot \begin{pmatrix} 8 \\ -12 \\ 2 \end{pmatrix} = \begin{pmatrix} -7 \\ 3 \\ -5,5 \end{pmatrix}$$

Der Abstand des Punktes P_3 zum Netz entspricht dem Abstand von P_3 zum Lotfußpunkt F und man erhält:

$$|\overrightarrow{FP_3}| = \left| \begin{pmatrix} -9 \\ 6 \\ -6 \end{pmatrix} - \begin{pmatrix} -7 \\ 3 \\ -5,5 \end{pmatrix} \right| = \left| \begin{pmatrix} -2 \\ 3 \\ -0,5 \end{pmatrix} \right| = \sqrt{(-2)^2 + 3^2 + (-0,5)^2} = \sqrt{13,25} \approx 3,64$$

Laut Vorgabe lösen die Sensoren nur dann Alarm aus, wenn der Abstand eines Objektes zum Netz geringer als 2 m ist. P_3 ist ca. 3,64 m vom Netz entfernt. Damit wird kein Alarm ausgelöst.

Hessen – Grundkurs Mathematik
2021 – C2.1: Stochastik (WTR/CAS)

1 In einem großen Unternehmen werden Elektronikgeräte hergestellt. Erfahrungsgemäß sind 3 % der hergestellten Geräte defekt.

1.1 Bestimmen Sie die Wahrscheinlichkeiten der folgenden Ereignisse.
A: Von 500 zufällig ausgewählten Geräten sind genau 10 defekt.
B: Von 750 zufällig ausgewählten Geräten sind maximal 25 defekt.
C: Von 400 zufällig ausgewählten Geräten funktionieren mindestens 381 einwandfrei.
(6 BE)

1.2 Geben Sie im vorliegenden Sachzusammenhang ein Ereignis D an, für das gilt:

$$P(D) = \binom{100}{3} \cdot 0{,}03^3 \cdot 0{,}97^{100-3} + \binom{100}{4} \cdot 0{,}03^4 \cdot 0{,}97^{100-4} + \binom{100}{5} \cdot 0{,}03^5 \cdot 0{,}97^{100-5}$$

(2 BE)

1.3 Berechnen Sie die Anzahl der Geräte, die man mindestens überprüfen muss, um mit einer Wahrscheinlichkeit von mindestens 99 % mindestens ein defektes Gerät zu erhalten.
(4 BE)

1.4 Man testet 300 zufällig ausgewählte Geräte.
Berechnen Sie den Erwartungswert für die Anzahl der defekten Geräte. **(2 BE)**

1.5 Das Unternehmen hat ein neues Bauteil entwickelt, das in viele Elektronikgeräte eingebaut wurde. Es wird vermutet, dass sich dadurch der Anteil der defekten Geräte verringert hat.
Zur Überprüfung dieser Vermutung werden 300 zufällig ausgewählte Geräte auf ihre Funktionstüchtigkeit getestet. Entwickeln Sie einen linksseitigen Hypothesentest auf einem Signifikanzniveau von 5 %. Formulieren Sie eine Entscheidungsregel im Sachzusammenhang. **(6 BE)**

2 In einem großen Unternehmen sind 77 % aller Beschäftigten mit der Höhe ihres Gehalts zufrieden. 5 % aller Beschäftigten sind in der Werbeabteilung tätig und nicht zufrieden mit der Höhe ihres Gehalts. Insgesamt gehören der Werbeabteilung 12 % aller Beschäftigten an.

2.1 Stellen Sie den Sachzusammenhang in einer vollständig ausgefüllten Vierfeldertafel dar.
(3 BE)

2.2 Untersuchen Sie, ob der Anteil der Beschäftigten, die mit ihrem Gehalt nicht zufrieden sind, in der Werbeabteilung größer ist als im übrigen Unternehmen. **(3 BE)**

2.3 Bestimmen Sie die Wahrscheinlichkeit dafür, dass sich unter 500 zufällig ausgewählten Beschäftigten mehr als 400 befinden, die mit ihrem Gehalt zufrieden sind. **(2 BE)**

2.4 Beschreiben Sie die Bedeutung des Terms $1 - F(600; 0{,}23; 400)$ im Sachzusammenhang.
(3 BE)

Im Rahmen einer Befragung soll ermittelt werden, wie viele Beschäftigte beabsichtigen, das Unternehmen innerhalb der nächsten zwölf Monate zu verlassen. Um zu vermeiden, dass Befragte aus Sorge vor negativen Konsequenzen nicht wahrheitsgemäß antworten, wird ein besonderes Verfahren angewendet. Dabei wird 70 % aller Beschäftigten die folgende Frage A zugeteilt, den übrigen Beschäftigten die folgende Frage B:

A: „Beabsichtigen Sie, das Unternehmen innerhalb der nächsten zwölf Monate zu verlassen?"
B: „Beabsichtigen Sie, für die nächsten zwölf Monate im Unternehmen zu bleiben?"

Nur der befragten Person selbst ist bekannt, welche Frage ihr zugeteilt wurde. Die befragte Person beantwortet die Frage wahrheitsgemäß.
Das Baumdiagramm im Material stellt einen Teil des beschriebenen Verfahrens dar.

2.5 Geben Sie die Bedeutung von y im Sachzusammenhang an. **(2 BE)**

Von den 2 700 Beschäftigten antworten 1 024 mit „Ja". Es kann davon ausgegangen werden, dass der Anteil der Beschäftigten mit der Absicht, das Unternehmen innerhalb der nächsten zwölf Monate zu verlassen, unter denjenigen, denen die Frage A zugeteilt wurde, ebenso groß ist wie unter denjenigen, denen die Frage B zugeteilt wurde.

2.6 Zeigen Sie, dass aufgrund des Ergebnisses der Befragung davon auszugehen ist, dass etwa 20 % der Beschäftigten beabsichtigen, das Unternehmen innerhalb der nächsten zwölf Monate zu verlassen. **(4 BE)**

2.7 Eine beschäftigte Person, die mit „Ja" geantwortet hat, wird zufällig ausgewählt. Ermitteln Sie die Wahrscheinlichkeit dafür, dass diese Person beabsichtigt, das Unternehmen innerhalb der nächsten zwölf Monate zu verlassen. **(3 BE)**

Material

Baumdiagramm

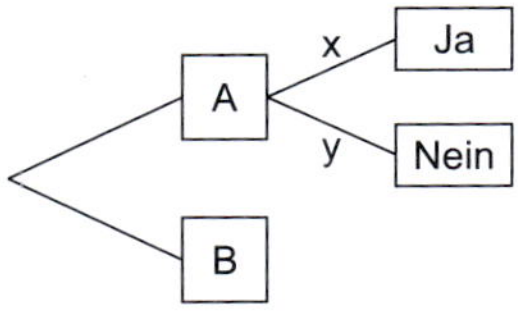

Hinweise und Tipps

Teilaufgabe 1.1

- Legen Sie eine geeignete Zufallsvariable fest. Geben Sie die verwendeten Wahrscheinlichkeitsverteilungen für die jeweiligen Ereignisse an.
- Achten Sie bei C auf die Formulierung.

Teilaufgabe 1.2

- Analysieren Sie die Teilterme und den Gesamtterm im Sachzusammenhang.

Teilaufgabe 1.3

- Hier ist die unbekannte Anzahl n der zu überprüfenden Geräte gesucht.
- Verwenden Sie das Gegenereignis.

Teilaufgabe 1.4

- Berechnen Sie den Erwartungswert mithilfe der bekannten Daten.

Teilaufgabe 1.5

- Formulieren Sie die Rahmenbedingungen für die Null- und die Gegenhypothese sorgfältig. Stellen Sie eine Ungleichung zur Bestimmung der kritischen Grenze k auf.
- Probieren Sie systematisch mithilfe der erweiterten Funktionalitäten des Taschenrechners bzw. mit dem CAS.
- Geben Sie den Annahme- und Ablehnungsbereich von H_0 konkret an.

Teilaufgabe 2.1

- Legen Sie geeignete Bezeichnungen für die relevanten Ereignisse fest.
- Erstellen Sie mithilfe der gegebenen Daten und Differenzbildung eine vollständig ausgefüllte Vierfeldertafel.

Teilaufgabe 2.2

- Gesucht sind hier bedingte Wahrscheinlichkeiten. Arbeiten Sie mit den Werten aus der Vierfeldertafel. Interpretieren Sie die Ergebnisse.

Teilaufgabe 2.3

- Geben Sie eine geeignete Zufallsvariable und die verwendete Wahrscheinlichkeitsverteilung an. Benutzen Sie das Gegenereignis.

Teilaufgabe 2.4

- Analysieren Sie die Teilterme und den Gesamtterm im Sachzusammenhang.

Teilaufgabe 2.5

- Beschreiben Sie die Bedeutung der Wahrscheinlichkeit y im Sachkontext.

Teilaufgabe 2.6

- Beschriften Sie das im Material gegebene Baumdiagramm und werten Sie es für die Berechnung von x aus.

Teilaufgabe 2.7

- Es wird eine bedingte Wahrscheinlichkeit gesucht.
- Beachten Sie, dass die Personen, die Frage B mit „Ja" beantworten, das Unternehmen nicht verlassen wollen.
- Verwenden Sie im Zweifelsfall den in Teilaufgabe 2.6 angegebenen Wert für x.

Lösung

Vorbemerkung: Die Aufgabenstellung gilt für die Rechnertechnologien WTR bzw. CAS Aufgrund der verwendeten Operatoren ergibt sich bei der Verwendung eines CAS kein wesentlicher Unterschied bzw. Vorteil im Vergleich zur Verwendung eines WTR.

1 Die Wahrscheinlichkeit, ein defektes Gerät auszuwählen, beträgt 3 %.

1.1 Sei X die Anzahl der defekten Geräte.

Dann kann für das Ereignis A angenommen werden, dass X mit $n = 500$ und $p = 0{,}03$ binomialverteilt ist. Damit ist:

$$P(A) = P(X = 10) = \binom{500}{10} \cdot 0{,}03^{10} \cdot 0{,}97^{490} \approx 0{,}0479 = 4{,}79\ \%$$

Für B ergibt sich mit $n = 750$ und $p = 0{,}03$:

$$P(B) = P(X \leq 25) = \sum_{i=0}^{25} \binom{750}{i} \cdot 0{,}03^{i} \cdot 0{,}97^{750-i} \approx 0{,}746 = 74{,}6\ \%$$

Für C gilt $n = 400$ und $p = 0{,}03$. Wenn von 400 zufällig ausgewählten Geräten mindestens 381 einwandfrei funktionieren sollen, dürfen höchstens 19 defekt sein. Also ist:

$$P(C) = P(X \leq 19) = \sum_{i=0}^{19} \binom{400}{i} \cdot 0{,}03^{i} \cdot 0{,}97^{400-i} \approx 0{,}9804 = 98{,}04\ \%$$

Alternativ kann über eine neue Zufallsvariable Y, die die Anzahl der intakten Geräte beschreibt und für C mit $n = 400$ und $p = 0{,}97$ binomialverteilt angenommen werden kann, gearbeitet werden.

1.2 Mit P(D) wird die Wahrscheinlichkeit dafür berechnet, dass sich unter 100 zufällig ausgewählten Geräten 3, 4 oder 5 defekte Geräte befinden, also mindestens 3, aber höchstens 5 Geräte defekt sind.

1.3 Hier wird die Anzahl n der zu überprüfenden Geräte gesucht.

Sei X – wie oben – die Anzahl der defekten Geräte.

Die Aufgabenstellung kann in folgendem Ansatz formuliert werden:

$$P(X \geq 1) \geq 0{,}99 \quad \Leftrightarrow \quad 1 - P(X = 0) \geq 0{,}99 \quad \Leftrightarrow \quad P(X = 0) \leq 0{,}01$$

Daraus ergibt sich:

$$0{,}97^{n} \leq 0{,}01 \quad \Leftrightarrow \quad n \cdot \ln(0{,}97) \leq \ln(0{,}01) \quad \Leftrightarrow \quad n \geq \frac{\ln(0{,}01)}{\ln(0{,}97)} \approx 151{,}2$$

Deshalb müssen mindestens 152 Geräte überprüft werden, um mit einer Wahrscheinlichkeit von mindestens 99 % mindestens ein defektes Gerät zu finden.

1.4 Der Erwartungswert für die Anzahl defekter Geräte ist $E(X) = n \cdot p = 300 \cdot 0{,}03 = 9$.

1.5 Nullhypothese H_0: X sei mit $n=300$ und $p_0 \geq 0{,}03$ binomialverteilt,

Gegenhypothese H_1: X sei mit $n=300$ und $p_1 < 0{,}03$ binomialverteilt.

Die Wahrscheinlichkeit, dass H_0 zu Unrecht abgelehnt wird, weil ein gegen H_0 sprechendes Versuchsergebnis auftritt, soll höchstens 5 % betragen.

Unter H_0 soll also $P(X \leq k) \leq 0{,}05$ gelten und damit konkret:

$$\sum_{i=0}^{k} \binom{300}{i} \cdot 0{,}03^i \cdot 0{,}97^{300-i} \leq 0{,}05$$

Durch systematisches Probieren mit der passenden Funktionalität des Taschenrechners erhält man $k=3$, da sich für $k=3$

$$\sum_{i=0}^{3} \binom{300}{i} \cdot 0{,}03^i \cdot 0{,}97^{300-i} \approx 0{,}0199 < 0{,}05$$

und für $k=4$ hingegen

$$\sum_{i=0}^{4} \binom{300}{i} \cdot 0{,}03^i \cdot 0{,}97^{300-i} \approx 0{,}0524 > 0{,}05$$

ergibt.

H_0 wird also abgelehnt, wenn 3 oder weniger Geräte defekt sind.

Der Annahmebereich ist daher [4; 300] und der Ablehnungsbereich [0; 3].

2.1 Die Angaben im einleitenden Text sollen in eine Vierfeldertafel überführt und diese soll durch die fehlenden Werte ergänzt werden.

Man kann z. B. folgende Bezeichnungen für die relevanten Ereignisse festlegen:

Z: Person ist mit dem Gehalt zufrieden.
$\overline{Z}$: Person ist mit dem Gehalt nicht zufrieden.
W: Person arbeitet in der Werbeabteilung.
$\overline{W}$: Person arbeitet nicht in der Werbeabteilung.

Auswertung der gegebenen Daten:

	Z	$\overline{Z}$	
W		0,05	0,12
$\overline{W}$			
	0,77		

Alternativ:

	Z	$\overline{Z}$	
W		5 %	12 %
$\overline{W}$			
	77 %		

Ergänzung der Vierfeldertafel:

	Z	$\overline{Z}$	
W	0,07	0,05	0,12
$\overline{W}$	0,70	0,18	0,88
	0,77	0,23	1

Alternativ:

	Z	$\overline{Z}$	
W	7 %	5 %	12 %
$\overline{W}$	70 %	18 %	88 %
	77 %	23 %	100 %

Erläuterung:
Wegen $P(W) = 12\ \%$ und $P(\overline{Z} \cap W) = 5\ \%$ muss gelten:

$$P(Z \cap W) = 12\ \% - 5\ \% = 7\ \%$$

Entsprechend ergeben sich die übrigen Werte:

$$P(Z \cap \overline{W}) = 77\ \% - 7\ \% = 70\ \%$$

$$P(\overline{Z}) = 100\ \% - 77\ \% = 23\ \%$$

$$P(\overline{Z} \cap \overline{W}) = 23\ \% - 5\ \% = 18\ \%$$

$$P(\overline{W}) = 100\ \% - 12\ \% = 88\ \%$$

2.2 Gesucht sind hier die bedingten Wahrscheinlichkeiten $P_W(\overline{Z})$ und $P_{\overline{W}}(\overline{Z})$.
Da $P_W(\overline{Z}) \cdot P(W) = P(\overline{Z} \cap W)$ gilt, ergibt sich daraus:

$$P_W(\overline{Z}) = \frac{P(\overline{Z} \cap W)}{P(W)} = \frac{0,05}{0,12} \approx 0,4167 = 41,67\ \%$$

Entsprechend ist:

$$P_{\overline{W}}(\overline{Z}) = \frac{P(\overline{Z} \cap \overline{W})}{P(\overline{W})} = \frac{0,18}{0,88} \approx 0,2045 = 20,45\ \%$$

Also ist der Anteil der Beschäftigten, die mit ihrem Gehalt unzufrieden sind, in der Werbeabteilung offenbar mehr als doppelt so groß wie in den anderen Abteilungen.

2.3 G sei nun die Anzahl der Beschäftigten, die mit ihrem Gehalt zufrieden sind. Es kann angenommen werden, dass G mit $n = 500$ und $p = 0,77$ binomialverteilt ist. Daher ist die Wahrscheinlichkeit $P(G > 400) = 1 - P(G \leq 400)$ zu bestimmen, konkretisiert:

$$1 - \sum_{i=0}^{400} \binom{500}{i} \cdot 0,77^i \cdot 0,23^{500-i} \approx 1 - 0,9520 = 0,048 = 4,8\ \%$$

2.4 Ausführlich formuliert lautet der Term folgendermaßen:

$$1-\sum_{i=0}^{400}\binom{600}{i}\cdot 0{,}23^{i}\cdot 0{,}77^{600-i}$$

Der Summenterm steht für die Wahrscheinlichkeit, dass unter 600 Beschäftigten höchstens 400 mit ihrem Gehalt unzufrieden sind. Der Gesamtterm beschreibt das Gegenereignis, also die Wahrscheinlichkeit, dass unter 600 Beschäftigten mehr als 400 Beschäftigte unzufrieden sind.

Der Wert des Gesamtterms ist übrigens annähernd 0.

2.5 Informationsentnahme aus dem einleitenden Text:
70 % erhalten Frage A, daher erhalten 30 % die Frage B.

Im Baumdiagramm bedeutet y den Anteil an Beschäftigten, die auf die gestellte Frage mit „Nein“ geantwortet haben unter der Voraussetzung, dass sie die Frage A gestellt bekommen haben.

2.6 Berechnung der benötigten Wahrscheinlichkeiten:

$$\begin{aligned}P(\text{Ja}) &= 0{,}7\cdot x+0{,}3\cdot(1-x)\\ &= 0{,}7\cdot x+0{,}3-0{,}3\cdot x\\ &= 0{,}4\cdot x+0{,}3\end{aligned}$$

$$P(\text{Ja})=\frac{1\,024}{2\,700}$$

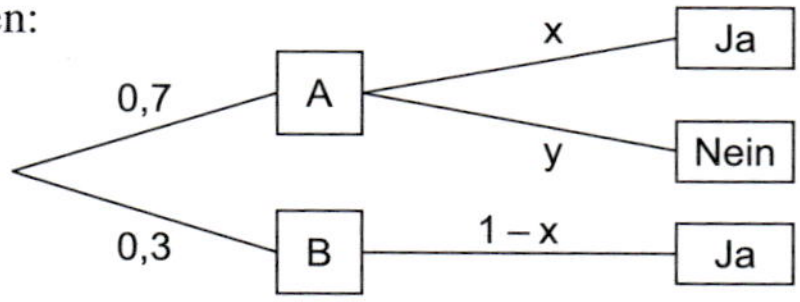

Daraus ergibt sich:

$$0{,}4\cdot x+0{,}3=\frac{1\,024}{2\,700}\quad\Leftrightarrow\quad 0{,}4\cdot x=\frac{107}{1\,350}\quad\Leftrightarrow\quad x=\frac{107}{540}\approx 0{,}1981=19{,}81\,\%$$

Also beabsichtigen rund 20 % der Beschäftigten, das Unternehmen im Laufe der nächsten 12 Monate zu verlassen.

2.7 Hier wird die bedingte Wahrscheinlichkeit dafür gesucht, dass eine Person, von der bekannt ist, dass sie die ihr vorgelegte Frage mit „Ja“ beantwortet hat, dass Unternehmen verlassen will.
Da die Beschäftigten, die auf Frage B mit „Ja“ geantwortet haben, im Unternehmen bleiben wollen, müssen diese nicht berücksichtigt werden. Daher sucht man die Wahrscheinlichkeit $P_{\text{Ja}}(A)$.

Da $P_{\text{Ja}}(A)\cdot P(\text{Ja})=P_A(\text{Ja})\cdot P(A)$ gilt, wobei der Wert $P_A(\text{Ja})=x\approx 0{,}1981$ in Teilaufgabe 2.6 berechnet wurde (bzw. in Teilaufgabe 2.6 mit rund 20 % angegeben ist), ergibt sich nach Umformung und Konkretisierung der Gleichung:

$$P_{\text{Ja}}(A)=\frac{P_A(\text{Ja})\cdot P(A)}{P(\text{Ja})}\approx\frac{0{,}1981\cdot 0{,}7}{\frac{1\,024}{2\,700}}\approx 0{,}3656=36{,}56\,\%$$

Also beabsichtigen rund 37 % der Personen, die mit „Ja“ geantwortet haben, das Unternehmen in den kommenden 12 Monaten zu verlassen.

Mit $x=0{,}2$ ergibt sich:

$$P_{\text{Ja}}(A)=\frac{0{,}2\cdot 0{,}7}{\frac{1\,024}{2\,700}}\approx 0{,}3691=36{,}91\,\%$$

Hessen – Grundkurs Mathematik
2021 – C2.2: Stochastik (WTR/CAS)

1 In einer Bäckerei werden handgemachte Berliner (ein Süßgebäck) hergestellt. In einer Tagesproduktion sind 60 % der Berliner mit Marmelade gefüllt, der Rest ist ungefüllt. 25 % der mit Marmelade gefüllten Berliner und 50 % der nicht mit Marmelade gefüllten Berliner sind mit Zuckerguss überzogen, die übrigen sind mit Puderzucker bestreut.

Betrachtet werden folgende Ereignisse:
M: Der Berliner ist mit Marmelade gefüllt.
Z: Der Berliner ist mit Zuckerguss überzogen.

1.1 Stellen Sie den beschriebenen Sachzusammenhang in einem Baumdiagramm dar. **(3 BE)**

1.2 Beschreiben Sie die Bedeutung des Terms $P(M \cap Z)$ im Sachzusammenhang und berechnen Sie den entsprechenden Wert. **(3 BE)**

1.3 Zeigen Sie rechnerisch, dass insgesamt 35 % der Berliner mit Zuckerguss überzogen sind. **(2 BE)**

1.4 Berechnen Sie, welcher Anteil der mit Zuckerguss überzogenen Berliner mit Marmelade gefüllt ist. **(2 BE)**

1.5 Es werden aus der Tagesproduktion 10 Berliner zufällig ausgewählt und überprüft, ob sie mit Marmelade gefüllt sind. Gehen Sie davon aus, dass es sich bei diesem Zufallsexperiment um eine Bernoulli-Kette handelt.

1.5.1 Erörtern Sie, welchen Einfluss die Gesamtzahl der Berliner in der Tagesproduktion auf die Modellierung des Sachzusammenhangs mit einer Bernoulli-Kette hat. **(3 BE)**

1.5.2 Beschreiben Sie im gegebenen Sachzusammenhang ein Ereignis E, für das gilt:

$$P(E) = 0{,}4^{10} + 10 \cdot 0{,}6 \cdot 0{,}4^9 + \binom{10}{2} \cdot 0{,}6^2 \cdot 0{,}4^8 + \binom{10}{3} \cdot 0{,}6^3 \cdot 0{,}4^7,$$

und geben Sie die Wahrscheinlichkeit P(E) an. **(3 BE)**

1.5.3 Bestimmen Sie die Wahrscheinlichkeiten der folgenden Ereignisse.
G: Genau 6 Berliner sind mit Marmelade gefüllt.
H: Mindestens 8 Berliner sind mit Marmelade gefüllt.
I: Die Anzahl der mit Marmelade gefüllten Berliner weicht um höchstens 2 vom Erwartungswert ab. **(8 BE)**

2 Zwei Mitarbeiter stellen jeweils 50 Berliner von Hand her und bestimmen deren Gewicht mit einer auf Gramm genauen Waage. Die Ergebnisse sind im Material dargestellt.

2.1 Stellen Sie die Daten von Mitarbeiter A graphisch in einem Diagramm dar. **(5 BE)**

2.2 Zeigen Sie rechnerisch, dass der arithmetische Mittelwert des Gewichts der Berliner bei beiden Mitarbeitern jeweils gleich groß ist. **(4 BE)**

2.3 Erörtern Sie ohne weitere Rechnung, bei welchem der beiden Mitarbeiter die (empirische) Standardabweichung des Gewichts größer ist. **(3 BE)**

3 Beim Bezahlen an der Kasse bietet die Bäckerei bei einer Rabattaktion zwei Varianten an:

Variante 1: Der Kunde erhält 3 % Rabatt auf den Einkauf.

Variante 2: Es wird mit zwei herkömmlichen Spielwürfeln gewürfelt, die jeweils mit den Zahlen 1, 2, 3, 4, 5, 6 beschriftet sind. Fallen dabei zwei Sechsen, bekommt der Kunde seinen Einkauf geschenkt. Andernfalls muss er den vollen Preis bezahlen.

Untersuchen Sie, welche Variante langfristig für den Kunden günstiger ist. **(4 BE)**

Material

Untersuchung des Gewichts der Berliner

Mitarbeiter A

Gewicht in Gramm	88	89	90	91	92	93
Anzahl Berliner	6	9	10	12	8	5

Mitarbeiter B

Gewicht in Gramm	88	89	90	91	92	93
Anzahl Berliner	2	5	20	16	6	1

Hinweise und Tipps

Teilaufgabe 1.1

- Formulieren Sie die gegebenen Anteile unter Verwendung der angegebenen Bezeichnungen in Kurzform.

Teilaufgabe 1.2

- Beschreiben Sie das entsprechende Ereignis sprachlich sorgfältig.
- Rechnen Sie mithilfe der Werte aus dem Baumdiagramm.

Teilaufgabe 1.3

- Hier wird ein Gesamtanteil (totale Wahrscheinlichkeit) gesucht.
- Werten Sie das Baumdiagramm entsprechend aus.

Teilaufgabe 1.4

- Hier wird ein bedingter Anteil gesucht.
- Berücksichtigen Sie auch Ergebnisse aus den vorangegangenen Teilaufgaben.

Teilaufgabe 1.5.1

- Welche Voraussetzungen müssen für eine Modellierung mit der Binomialverteilung erfüllt sein?

Teilaufgabe 1.5.2

- Analysieren Sie die Bedeutungen der Teilterme und des Gesamtterms im Sachzusammenhang.
- Legen Sie eventuell eine geeignete Zufallsvariable fest.

Teilaufgabe 1.5.3

- Denken Sie an die mögliche Verwendung von Gegenereignissen und von Ergebnissen aus vorangegangenen Teilaufgaben.

Teilaufgabe 2.1

- Erstellen Sie (beispielsweise) ein Säulendiagramm.

Teilaufgabe 2.2

- Werten Sie die im Material gegebenen Tabellen bezüglich der arithmetischen Mittelwerte aus.

Teilaufgabe 2.3

- Beschreiben Sie die Qualität der Abweichungen vom jeweiligen Mittelwert und beurteilen Sie diese im Vergleich.

Teilaufgabe 3

- Vergleichen Sie die Wahrscheinlichkeit aus Variante 2 mit Variante 1.

Lösung

Vorbemerkung: Die Aufgabenstellung gilt für die Rechnertechnologien WTR bzw. CAS. Aufgrund der verwendeten Operatoren ergibt sich bei der Verwendung eines CAS kein wesentlicher Unterschied bzw. Vorteil im Vergleich zur Verwendung eines WTR.

1 Informationsentnahme mit den vorgegebenen Bezeichnungen für die Ereignisse und Folgerungen aus den Angaben:

$P(M) = 0{,}6; \quad P(\overline{M}) = 0{,}4;$

$P_M(Z) = 0{,}25; \quad P_M(\overline{Z}) = 0{,}75;$

$P_{\overline{M}}(Z) = 0{,}5; \quad P_{\overline{M}}(\overline{Z}) = 0{,}5$

Dabei stehen $\overline{M}$ und $\overline{Z}$ für die jeweiligen Gegenereignisse, also „nicht mit Marmelade gefüllt" bzw. „nicht mit Zuckerguss versehen".

1.1 Mit diesen Informationen lässt sich das nebenstehende Baumdiagramm erstellen.

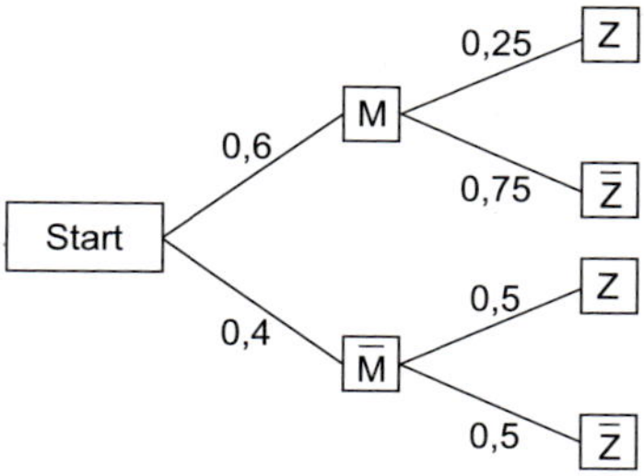

1.2 $P(M \cap Z)$ ist der Anteil der Berliner, die mit Marmelade gefüllt und mit Zuckerguss versehen sind:

$$P(M \cap Z) = P_M(Z) \cdot P(M) = 0{,}25 \cdot 0{,}6 = 0{,}15 = 15\,\%$$

1.3 Gesucht ist hier der Anteil von Berlinern, die mit Zuckerguss überzogen sind, also P(Z). Für P(Z) gilt:

$$P(Z) = P(M \cap Z) + P(\overline{M} \cap Z) = P_M(Z) \cdot P(M) + P_{\overline{M}}(Z) \cdot P(\overline{M})$$
$$= 0{,}25 \cdot 0{,}6 + 0{,}5 \cdot 0{,}4 = 0{,}35 = 35\,\%$$

1.4 Gesucht ist hier der bedingte Anteil $P_Z(M)$.

Wegen $P(Z \cap M) = P_Z(M) \cdot P(Z) = P_M(Z) \cdot P(M)$ und $P(Z) = 0{,}35$ (siehe Teilaufgabe 1.3) ist:

$$P_Z(M) = \frac{P_M(Z) \cdot P(M)}{P(Z)} = \frac{0{,}15}{0{,}35} \approx 0{,}4286 = 42{,}86\,\%$$

Also sind 42,86 % aller Berliner, die einen Zuckerguss haben, mit Marmelade gefüllt.

1.5 10 Berliner werden einer Tagesproduktion entnommen.

1.5.1 Da ohne Zurücklegen gezogen wird, verändert sich im Prinzip bei jedem Zug die Wahrscheinlichkeit für einen Berliner mit Marmeladenfüllung oder auch ohne Füllung.

Bei einer sehr hohen Anzahl von Berlinern in der Tagesproduktion sind diese Veränderungen der Wahrscheinlichkeiten aber hinreichend gering, sodass man von einem nur kleinen Unterschied zum Ziehen mit Zurücklegen ausgehen kann und damit den Vorgang als Bernoulli-Kette modellieren kann.

1.5.2 Durch P(E) wird die Wahrscheinlichkeit beschrieben, dass bei 10 geprüften Berlinern höchstens 3 mit Marmelade gefüllt sind.

Sei X die Anzahl der mit Marmelade gefüllten Berliner. Dann kann X mit n = 10 und p = 0,6 als binomialverteilt angenommen werden.

$$P(E) = P(X \leq 3) = \sum_{i=0}^{3} \binom{10}{i} \cdot 0{,}6^i \cdot 0{,}4^{10-i} \approx 0{,}0548 = 5{,}48\ \%$$

1.5.3 X sei wie in Teilaufgabe 1.5.2 festgelegt.

$$P(G) = P(X = 6) = \binom{10}{6} \cdot 0{,}6^6 \cdot 0{,}4^4 \approx 0{,}2508 = 25{,}08\ \%$$

$$P(H) = P(X \geq 8) = 1 - P(X < 8) = 1 - P(X \leq 7) = 1 - \sum_{i=0}^{7} \binom{10}{i} \cdot 0{,}6^i \cdot 0{,}4^{10-i}$$
$$\approx 1 - 0{,}8327 = 0{,}1673 = 16{,}73\ \%$$

Für die Berechnung von P(I) braucht man den Erwartungswert von X:

$$E(X) = n \cdot p = 10 \cdot 0{,}6 = 6$$

Daher ist:

$$P(I) = P(4 \leq X \leq 8) = P(X \leq 8) - P(X < 4) = P(X \leq 8) - P(X \leq 3)$$
$$\approx \sum_{i=0}^{8} \binom{10}{i} \cdot 0{,}6^i \cdot 0{,}4^{10-i} - 0{,}0548 \approx 0{,}9536 - 0{,}0548 = 0{,}8988 = 89{,}88\ \%$$

Hierbei ist $P(X \leq 3) = P(E)$ aus Teilaufgabe 1.5.2 bekannt.

2 Zweimal je 50 Berliner werden nach Herstellung per Hand gewogen (siehe Tabellen).

2.1 Diagramme:

zur Tabelle für Mitarbeiter A

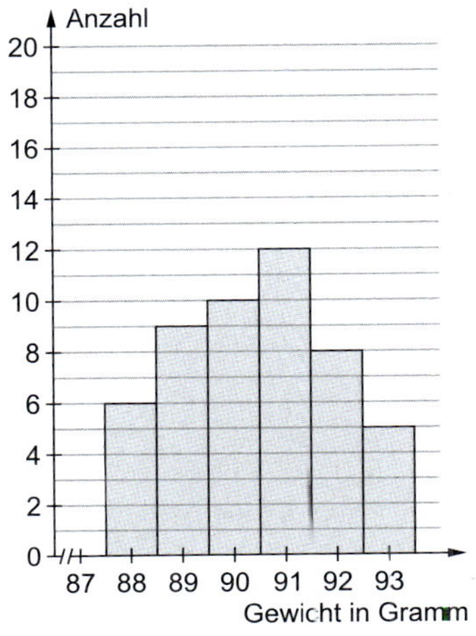

zur Tabelle für Mitarbeiter B

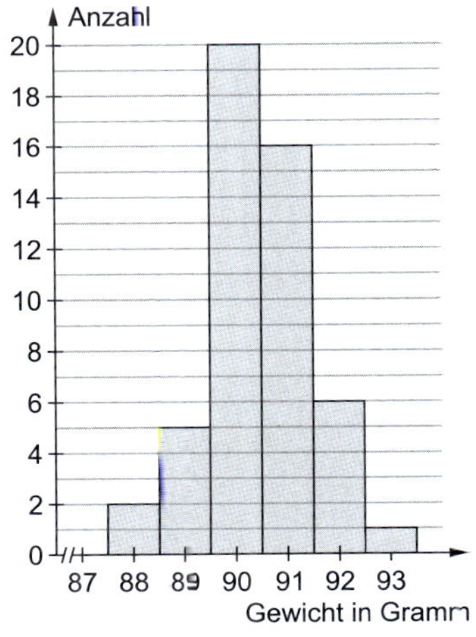

Verlangt wird in der Aufgabenstellung nur ein Diagramm zur Tabelle für Mitarbeiter A. Zur Veranschaulichung ist hier auch ein Diagramm zur Tabelle für Mitarbeiter B angegeben.

2.2 Arithmetisches Mittel der Werte von Mitarbeiter A:

$$\frac{88\cdot 6+89\cdot 9+90\cdot 10+91\cdot 12+92\cdot 8+93\cdot 5}{50}=90,44$$

Arithmetisches Mittel der Werte von Mitarbeiter B:

$$\frac{88\cdot 2+89\cdot 5+90\cdot 20+91\cdot 16+92\cdot 6+93\cdot 1}{50}=90,44$$

2.3 Zum Teil deutliche Abweichungen von den Gewichten 90 bzw. 91 Gramm kommen bei Mitarbeiter A doppelt so häufig vor (28-mal) wie bei Mitarbeiter B (14-mal). Daher ist die Standardabweichung bei dem Gewicht der Berliner von Mitarbeiter A höher.

3 *Variante 1:* Der Kunde spart bei jedem Einkauf 3 % des regulären Kaufpreises.

Variante 2: Mit einer Wahrscheinlichkeit von $\frac{1}{6}\cdot\frac{1}{6}=\frac{1}{36}\approx 0{,}0278=2{,}78\,\%<3\,\%$ muss der Kunde für einen einzelnen Einkauf nichts bezahlen.

Daher ist die Variante 1 mit dem dauerhaften Rabatt langfristig günstiger für den Kunden.

Hessen – Grundkurs Mathematik
2022 – A: hilfsmittelfreier Teil

Analysis – Niveau 1

1 Gegeben ist die Funktion f mit $f(x)=\frac{3}{4}x^2+\frac{1}{2}$. Der Graph von f ist in der Abbildung im Material dargestellt.

1.1 Berechnen Sie den Inhalt der Fläche zwischen dem Graphen von f und der x-Achse im Intervall [0; 2] näherungsweise durch den Flächeninhalt der im Material eingezeichneten Rechtecke. **(2 BE)**

1.2 Berechnen Sie den exakten Wert des Inhalts der Fläche zwischen dem Graphen von f und der x-Achse im Intervall [0; 2]. **(2 BE)**

1.3 Lea ist der Meinung, dass die Näherung sehr ungenau ist. Sie behauptet: „Der Näherungswert aus Aufgabe 1.1 weicht um mehr als 30 % vom exakten Wert aus Aufgabe 1.2 ab.“ Geben Sie an, ob Leas Behauptung wahr oder falsch ist. **(1 BE)**

Material

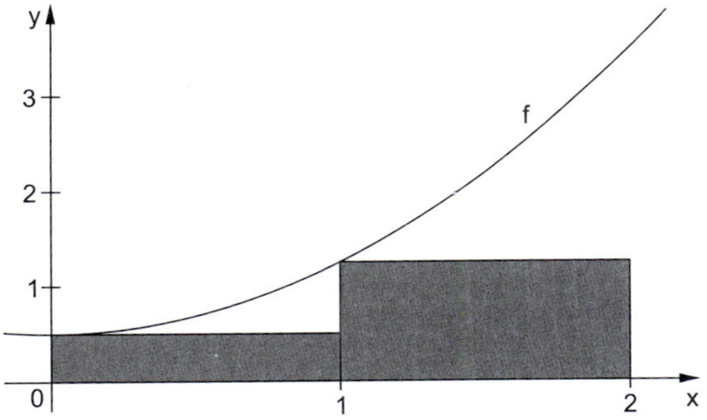

Stochastik – Niveau 1

2 Zwei Schützen zielen auf eine Scheibe.

2.1 Schütze 1 trifft die Scheibe mit einer Trefferwahrscheinlichkeit von $p_1=\frac{2}{3}$. Berechnen Sie die Wahrscheinlichkeit dafür, dass er bei drei Schüssen die Scheibe mindestens zweimal trifft. **(3 BE)**

2.2 Bei Schütze 2 beträgt die Wahrscheinlichkeit, dass er bei zwei Schüssen die Scheibe beide Male trifft, $\frac{9}{25}$. Bestimmen Sie seine Trefferwahrscheinlichkeit p_2. **(2 BE)**

Lineare Algebra/Analytische Geometrie – Niveau 1

3 In einem mathematischen Modell wird im Punkt $A(1\,|\,-3\,|\,0)$ senkrecht zum Erdboden ein 10 Meter hoher Fahnenmast errichtet. Der Erdboden befindet sich in der x-y-Ebene, wobei eine Längeneinheit einem Meter entspricht. Die Koordinaten des Schattenpunktes S der Mastspitze auf dem Boden zu einem bestimmten Zeitpunkt lauten $S(9\,|\,3\,|\,0)$.

3.1 Berechnen Sie die Länge des Schattens des Fahnenmastes auf dem Boden. **(2 BE)**

3.2 Ermitteln Sie einen Vektor, der die Richtung der Sonnenstrahlen beschreibt. **(2 BE)**

3.3 Zu einem anderen Zeitpunkt ändert sich die z-Koordinate des Sonnenstrahlvektors bei gleichbleibender x- und y-Koordinate so, dass der Schatten des Fahnenmastes auf dem Boden länger wird. Geben Sie ein mögliches Beispiel für einen solchen Sonnenstrahlvektor an. **(1 BE)**

Lineare Algebra/Analytische Geometrie – Niveau 2

4 Die Positionen zweier hier vereinfachend als punktförmig angenommener Rettungshubschrauber 1 und 2 können während ihrer gleichzeitig stattfindenden Flüge im Zeitraum $0 \leq t \leq 4$ durch die Koordinaten $H_1(2t+4\,|\,2t+5\,|\,0{,}3)$ und $H_2(3t+4\,|\,2t+2\,|\,0{,}3)$ beschrieben werden, wobei eine Längeneinheit 1 km entspricht und t die Zeit in Minuten angibt.

4.1 Die beiden Rettungshubschrauber bewegen sich im betrachteten Zeitraum auf geradlinigen Flugrouten. Geben Sie die entsprechende Geradengleichung für Hubschrauber 1 an. **(1 BE)**

4.2 Leiten Sie die Formel $d = \sqrt{t^2+9}$ für den Abstand der beiden Hubschrauber in Abhängigkeit von der Zeit t her. **(2 BE)**

4.3 Begründen Sie mithilfe der Formel aus Aufgabe 4.2 ohne weitere Rechnung, zu welchem Zeitpunkt der Abstand der beiden Hubschrauber im betrachteten Zeitraum maximal ist. **(2 BE)**

Lösung

1.1 Beachten Sie, dass die Flächen berechnet werden sollen. Das (näherungsweise) Ablesen der Werte ist keine vollständige Lösung.

Die beiden Rechtecke sind jeweils eine Einheit breit.

Die Höhe des linken Rechtecks ist $f(0) = \frac{3}{4} \cdot 0^2 + \frac{1}{2} = \frac{1}{2}$, die Höhe des rechten Rechtecks ist $f(1) = \frac{3}{4} \cdot 1^2 + \frac{1}{2} = \frac{5}{4}$.

Als Summe der Flächeninhalte der beiden Rechtecke erhält man damit:

$$A = 1 \cdot \frac{1}{2} + 1 \cdot \frac{5}{4} = \frac{7}{4} = 1{,}75\,[\text{FE}]$$

1.2 Den exakten Wert ermittelt man mithilfe der Integralrechnung. Es ist:

$$A = \int_0^2 \left(\frac{3}{4} x^2 + \frac{1}{2} \right) dx$$

$$= \left[\frac{1}{4} x^3 + \frac{1}{2} x \right]_0^2 = \left(\frac{1}{4} \cdot 2^3 + \frac{1}{2} \cdot 2 \right) - (0 + 0) = (2 + 1) - 0 = 3\,[\text{FE}]$$

1.3 Die prozentuale Abweichung von 30 % vom exakten Wert aus Teilaufgabe 1.2 entspricht einer absoluten Abweichung von $0{,}3 \cdot 3 = 0{,}9$. Da der Näherungswert aus Teilaufgabe 1.1 aber um $3 - 1{,}75 = 1{,}25$ vom exakten Wert abweicht (also mehr als 0,9), ist die Aussage von Lea zutreffend.

2.1 Mithilfe des nebenstehenden (verkürzten) Baumdiagramms ermittelt man (T: Schütze 1 trifft die Scheibe):

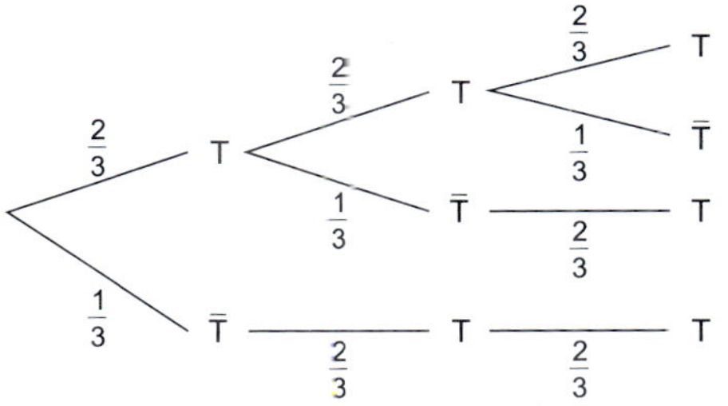

$$P(\text{drei Treffer}) = \frac{2}{3} \cdot \frac{2}{3} \cdot \frac{2}{3} = \frac{8}{27}$$

$$P(\text{zwei Treffer}) = 3 \cdot \frac{2 \cdot 2 \cdot 1}{3 \cdot 3 \cdot 3} = \frac{12}{27}$$

Damit ist:

$$P(\text{mindestens zwei Treffer}) = P(\text{zwei Treffer}) + P(\text{drei Treffer}) = \frac{12}{27} + \frac{8}{27} = \frac{20}{27}$$

2.2 Bei einer Trefferwahrscheinlichkeit von p_2 für Schütze 2 gilt:

$$P(\text{zwei Treffer}) = p_2 \cdot p_2 = p_2^2 = \frac{9}{25}$$

Damit ist:

$$p_2 = \sqrt{\frac{9}{25}} = \frac{3}{5}$$

3.1 Die Länge des Schattens ermittelt man als Länge des Vektors vom Fußpunkt A des Mastes zum Schattenpunkt S.

Es ist

$$\overrightarrow{AS} = \begin{pmatrix} 9 \\ 3 \\ 0 \end{pmatrix} - \begin{pmatrix} 1 \\ -3 \\ 0 \end{pmatrix} = \begin{pmatrix} 8 \\ 6 \\ 0 \end{pmatrix}$$

und damit:

$$|\overrightarrow{AS}| = \sqrt{8^2 + 6^2 + 0^2} = \sqrt{100} = 10$$

Die Länge des Schattens beträgt 10 m.

3.2 Die Richtung $\vec{v}$ der Sonnenstrahlen wird durch den Vektor beschrieben, der von der Mastspitze $M(1\,|\,{-3}\,|\,10)$ zum Schattenpunkt S der Mastspitze zeigt:

$$\vec{v} = \overrightarrow{OS} - \overrightarrow{OM} = \begin{pmatrix} 9 \\ 3 \\ 0 \end{pmatrix} - \begin{pmatrix} 1 \\ -3 \\ 10 \end{pmatrix} = \begin{pmatrix} 8 \\ 6 \\ -10 \end{pmatrix}$$

3.3 Damit der Schatten des Mastes länger wird, muss das Licht weniger steil einfallen. Ein solcher Vektor ist zum Beispiel:

$$\vec{w} = \begin{pmatrix} 8 \\ 6 \\ -6 \end{pmatrix}$$

Das genannte Kriterium wird von allen Vektoren erfüllt, für deren z-Komponente $-10 < z < 0$ gilt.

4.1 Bringt man die Punktkoordinaten von H_1 in die für die Parameterdarstellung von Geraden übliche vektorielle Form, so erhält man:

$$g_{H_1}\colon \vec{x} = \begin{pmatrix} 4 \\ 5 \\ 0{,}3 \end{pmatrix} + t \cdot \begin{pmatrix} 2 \\ 2 \\ 0 \end{pmatrix};\ t \in \mathbb{R}$$

4.2 Da t in beiden Geradengleichungen den Zeitpunkt beschreibt, gilt für den Vektor zwischen den Positionen der beiden Hubschrauber zu einem beliebigen Zeitpunkt t:

$$\overrightarrow{H_1H_2} = \begin{pmatrix} 4 \\ 2 \\ 0{,}3 \end{pmatrix} + t \cdot \begin{pmatrix} 3 \\ 2 \\ 0 \end{pmatrix} - \left(\begin{pmatrix} 4 \\ 5 \\ 0{,}3 \end{pmatrix} + t \cdot \begin{pmatrix} 2 \\ 2 \\ 0 \end{pmatrix} \right) = \begin{pmatrix} t \\ -3 \\ 0 \end{pmatrix}$$

Der Abstand d entspricht der Länge dieses Vektors und so erhält man:

$$d = |\overrightarrow{H_1H_2}| = \sqrt{t^2 + (-3)^2 + 0^2} = \sqrt{t^2 + 9}$$

Dies entspricht dem vorgegebenen Ergebnis.

4.3 Der Abstand der beiden Hubschrauber hängt von t ab. Je größer t^2 in $\sqrt{t^2 + 9}$, desto größer der Wert der Wurzel und damit der Abstand.

Im Aufgabentext ist vorgegeben, dass $0 \le t \le 4$ ist.

Daher ist für $t = 4$ der Abstand maximal.

Hessen – Grundkurs Mathematik
2022 – B1: Analysis (WTR)

1 Die Geschwindigkeit eines Läufers auf einem Laufband soll für $t \geq 0$ mithilfe der Funktion g mit $g(t) = 0{,}5t^4 - 2t^3 + 2t^2$ beschrieben werden (t: Zeit in Minuten, g(t): Geschwindigkeit in Kilometern pro Minute). Der Graph von g ist ausschnittsweise in Material 1 dargestellt.

1.1 Berechnen Sie die Nullstellen von g sowie die Art und die Lage der Extrempunkte des Graphen von g.
Beschriften Sie die Koordinatenachsen in Material 1 mit einer geeigneten Skala. **(9 BE)**

1.2 Erläutern Sie die Bedeutung des Hochpunktes sowie die Bedeutung des Terms $\frac{g(1) - g(0{,}5)}{1 - 0{,}5}$ jeweils im Sachzusammenhang. **(4 BE)**

1.3 Skizzieren Sie den Verlauf des Graphen der Ableitungsfunktion g' in das Koordinatensystem in Material 1.
Erläutern Sie zudem die Bedeutung von g' im Sachzusammenhang. **(4 BE)**

1.4 Berechnen Sie die Länge des Weges in Metern, den der Läufer in den ersten zwei Minuten auf dem Laufband zurücklegt. **(4 BE)**

2 Gegeben ist die Funktionenschar f_a mit $f_a(t) = 0{,}5t^4 - 2t^3 + (2 - 0{,}5a)t^2 + at$ (mit $a \geq 0$).
Die Graphen einiger Funktionen der Schar sind in Material 2 dargestellt, darunter auch der Graph der zur Schar gehörenden Funktion g aus Aufgabe 1 mit $g = f_0$.
Die Hochpunkte der Funktionenschar haben die Koordinaten $H_a(1 \mid 0{,}5a + 0{,}5)$.

2.1 Ordnen Sie die Parameter $a = 1$ und $a = 2$ begründet jeweils einem der Graphen u, v und w in Material 2 zu.
Beschreiben Sie anhand von Material 2 die Bedeutung des Parameters a für die Lage der Hochpunkte. **(6 BE)**

2.2 Skizzieren Sie in Material 2 die Tangente an den Hochpunkt des Graphen von f_0.
Beschreiben Sie, wie man den Inhalt der Fläche bestimmen kann, die zwischen dieser Tangente und dem Graphen von f_0 eingeschlossen ist. **(4 BE)**

2.3 Zeigen Sie rechnerisch, dass für die Wendestellen von f_a gilt: $t_{1/2} = 1 \pm \sqrt{1 - \frac{4-a}{6}}$

Hinweis: Die Untersuchung der notwendigen Bedingung ist ausreichend.

Bestimmen Sie den Wert des Parameters a, für den die beiden Nullstellen bei $t = 0$ und $t = 2$ gleichzeitig auch die Wendestellen von f_a sind. **(5 BE)**

2.4 Nachfolgend sind einige Termumformungen angegeben, mithilfe derer der Funktionsterm von f_a als Differenz des Funktionsterms von f_0 und des Terms einer Funktionenschar p_a dargestellt werden kann.
Erläutern Sie die von Zeile (II) zu Zeile (III) durchgeführten Umformungen.
Begründen Sie anhand des Funktionsterms von p_a in Zeile (III) die Lage der Nullstellen von p_a.

(I) $f_a(t) = 0,5t^4 - 2t^3 + (2-0,5a)t^2 + at$

(II) $= 0,5 \cdot \left(t^4 - 4t^3 + 4t^2\right) - 0,5a \cdot \left(t^2 - 2t\right)$

(III) $= \underbrace{0,5 \cdot \left(t^2 \cdot (t-2)^2\right)}_{f_0(t)} - \underbrace{0,5a \cdot \left(t \cdot (t-2)\right)}_{p_a(t)}$ **(4 BE)**

Material 1
Graph der Funktion g

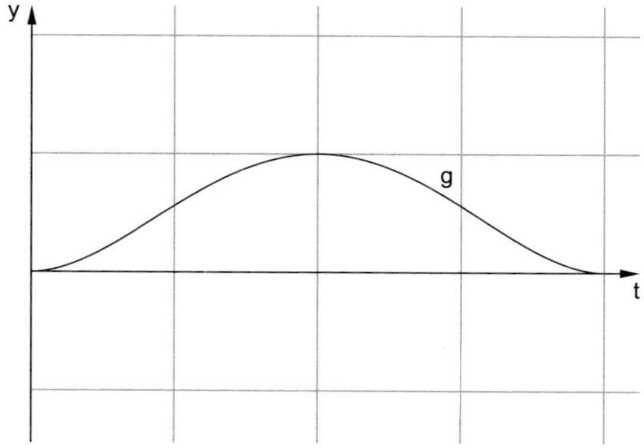

Material 2
Graphen der Schar f_a

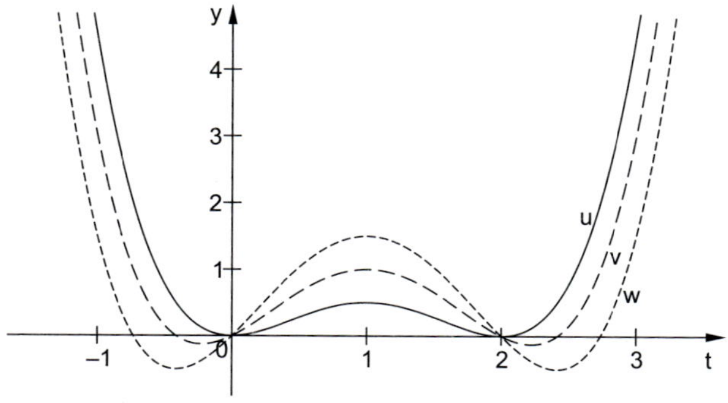

Hinweise und Tipps

Teilaufgabe 1.1

Die Nullstellen berechnen Sie mit dem Ansatz $g(t) = 0$. Die Extremstellen berechnen Sie als Nullstellen der ersten Ableitung, also über $g'(t) = 0$. Überprüfen Sie dann die zweite Ableitung, um zu entscheiden, ob jeweils ein Hoch- oder Tiefpunkt vorliegt, und berechnen Sie die zugehörigen y-Koordinaten.

Anhand dieser Ergebnisse lassen sich die Achsen im Material beschriften.

Teilaufgabe 1.2

Beachten Sie die Vorgaben zur Bedeutung der Funktion g. Der Term gibt eine Sekantensteigung an.

Teilaufgabe 1.3

Beachten Sie, dass die Ableitung die Steigung des Ausgangsgraphen – also dessen Veränderung – beschreibt. Wo hat dieser die Steigung null? Wo fällt, wo steigt der Graph? Was bedeutet dies, wenn g die Geschwindigkeit des Läufers beschreibt?

Teilaufgabe 1.4

Da g die Geschwindigkeit beschreibt, entspricht die Fläche unter dem Graphen von g im Intervall [0; 2] der zurückgelegten Strecke. Berechnen Sie diese Fläche mithilfe der Integralrechnung.

Teilaufgabe 2.1

Verwenden Sie die in der Aufgabenstellung vorgegebenen Koordinaten der Hochpunkte, um die Graphen den Funktionen der Schar zuzuordnen. Setzen Sie dazu die vorgegebenen Parameterwerte ein und vergleichen Sie Ihre Ergebnisse mit den Hochpunkten der Graphen in Material 2.

Vergessen Sie nicht zu beschreiben, welche allgemeinen Auswirkungen die Veränderung von a auf die Lage der Hochpunkte hat.

Teilaufgabe 2.2

Da der Graph im Hochpunkt die Steigung null hat, muss dort eine horizontale Tangente vorliegen.

Markieren Sie die gesuchte Fläche und beschreiben Sie möglichst detailliert, welche Teilflächen man benötigt und wie diese mithilfe der Integralrechnung berechnet werden können.

Teilaufgabe 2.3

Ermitteln Sie die zweite Ableitung von f_a und berechnen Sie die Wendestellen über den Ansatz $f_a''(t) = 0$.

Entscheiden Sie, für welches a der angegebene Term für die Wendestellen die Lösungen 0 und 2 liefert.

Teilaufgabe 2.4

Beschreiben Sie nur die Termumformungen, die von Zeile (II) nach Zeile (III) durchgeführt werden. Beachten Sie, dass beide Teilterme faktorisiert werden und dass im ersten Teilterm eine binomische Formel verwendet wird.

Die Nullstellen von p_a finden Sie, indem Sie überprüfen, für welche t der für p_a angegebene Term in Zeile (III) null wird.

Lösung

1.1 **Nullstellen**
Da die Nullstellen die Stellen einer Funktion sind, bei denen der Graph die y-Achse schneidet, sind die t-Werte gesucht, für die $g(t) = 0$ gilt.

$$g(t) = 0 \iff 0{,}5t^4 - 2t^3 + 2t^2 = 0 \iff t^2 \cdot (0{,}5t^2 - 2t + 2) = 0$$

Da ein Produkt immer genau dann null ist, wenn einer der Faktoren null ist, nimmt die Funktion in zwei verschiedenen Fällen den Wert null an.

Fall 1: Der erste Faktor ist null. Das bedeutet, dass $t_{1/2} = 0$.

Fall 2: Der zweite Faktor ist null. Das bedeutet, dass:

$$0{,}5t^2 - 2t + 2 = 0 \iff t^2 - 4t + 4 = 0$$

$$\iff \quad t_{3/4} = -\frac{-4}{2} \pm \sqrt{\left(\frac{-4}{2}\right)^2 - 4} = 2 \pm \sqrt{4-4} = 2$$

Damit ergeben sich zwei Nullstellen: $t = 0$ und $t = 2$

Extrempunkte
Extremstellen sind die Stellen einer Funktion, bei denen die (lokal) höchsten oder geringsten Funktionswerte angenommen werden. Dies geht stets damit einher, dass die Funktion in einem Extrempunkt die Steigung null hat. Daher lautet die notwendige Bedingung für Extrempunkte $g'(t) = 0$.

$$g'(t) = 0 \iff 4 \cdot 0{,}5t^3 - 3 \cdot 2t^2 + 2 \cdot 2t = 0 \iff 2t^3 - 6t^2 + 4t = 0$$

$$\iff t \cdot (2t^2 - 6t + 4) = 0$$

Da ein Produkt immer genau dann null ist, wenn einer der Faktoren null ist, nimmt die Funktion in zwei verschiedenen Fällen den Wert null an:

Fall 1: Der erste Faktor ist null. Das bedeutet, dass $t_1 = 0$.

Fall 2: Der zweite Faktor ist null. Das bedeutet, dass:

$$2t^2 - 6t + 4 = 0 \iff t^2 - 3t + 2 = 0$$

$$\iff \quad t_{2/3} = -\frac{-3}{2} \pm \sqrt{\left(\frac{-3}{2}\right)^2 - 2} = \frac{3}{2} \pm \sqrt{\frac{1}{4}} = \frac{3}{2} \pm \frac{1}{2}$$

$$\Rightarrow \quad t_2 = 2 \text{ und } t_3 = 1$$

Mögliche Kandidaten für die Extrempunkte sind also die Stellen $t_1 = 0$, $t_2 = 2$ und $t_3 = 1$.

Die Untersuchung der zweiten Ableitung liefert:

Wegen $g''(0) = 3 \cdot 2 \cdot 0^2 - 2 \cdot 6 \cdot 0 + 4 = 4 > 0$ liegt bei $t_1 = 0$ ein Tiefpunkt vor.

Wegen $g''(2) = 3 \cdot 2 \cdot 2^2 - 2 \cdot 6 \cdot 2 + 4 = 4 > 0$ liegt bei $t_2 = 2$ ein Tiefpunkt vor.

Wegen $g''(1) = 3 \cdot 2 \cdot 1^2 - 2 \cdot 6 \cdot 1 + 4 = -2 < 0$ liegt bei $t_3 = 1$ ein Hochpunkt vor.

Alternativ kann man die Kandidaten für die Extrempunkte auch mit dem Vorzeichenwechselkriterium überprüfen. Dies soll hier nur beispielhaft für $t_1 = 0$ gezeigt werden: Rund um die Nullstelle der Ableitung muss ein Vorzeichenwechsel der Ableitung vorliegen, damit an der Nullstelle der Ableitung eine Extremstelle vorliegt. Es gilt zum Beispiel $g'(-0{,}5) = 2 \cdot (-0{,}5)^3 - 6 \cdot (-0{,}5)^2 + 4 \cdot (-0{,}5) = -3{,}75$. Auf der anderen Seite gilt $g'(0{,}5) = 2 \cdot 0{,}5^3 - 6 \cdot 0{,}5^2 + 4 \cdot 0{,}5 = 0{,}75$. Es liegt also rund um die Stelle $t_1 = 0$ ein Vorzeichenwechsel von minus zu plus vor. Da der Graph damit von Gefälle in Steigung übergeht, liegt an der Stelle $t_1 = 0$ ein Tiefpunkt vor.

Zur Angabe der Extrempunkte fehlen nun noch die y-Koordinaten. Man erhält

$$g(0) = 0, \quad g(1) = 0{,}5 \cdot 1^4 - 2 \cdot 1^3 + 2 \cdot 1^2 = 0{,}5, \quad g(2) = 0$$

und damit: $TP_1(0\,|\,0)$, $HP(1\,|\,0{,}5)$, $TP_2(2\,|\,0)$

Beschriftung der Koordinatenachsen
Mit diesen Informationen können die Achsen wie folgt beschriftet werden:

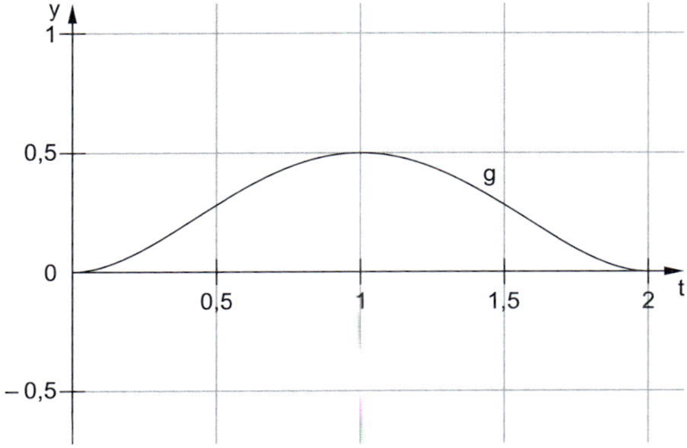

1.2 Da die Funktion die Geschwindigkeit des Läufers in Abhängigkeit von der Zeit t angibt, handelt es sich beim Hochpunkt der Funktion um den Zeitpunkt t, zu dem die Geschwindigkeit des Läufers auf dem Laufband maximal ist. Der Funktionswert gibt dann die maximal erreichte Geschwindigkeit des Läufers an.

Mit dem angegebenen Term wird die durchschnittliche Änderung der Geschwindigkeit des Läufers im Zeitraum zwischen 0,5 Minuten und 1 Minute nach Beobachtungsbeginn angegeben.

1.3

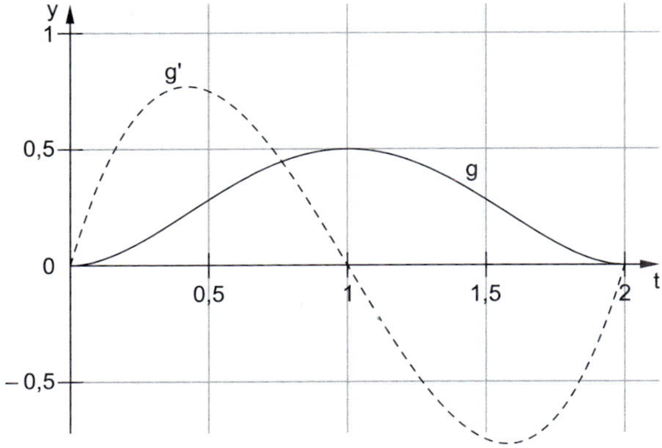

Die Ableitung g' stellt die Änderungsrate der Geschwindigkeit dar. *Alternativ* kann auch von der Beschleunigung gesprochen werden.

1.4 Im Zeitraum der ersten beiden Minuten beschreibt g(t) die Geschwindigkeit des Läufers, daher beschreibt ein Integralansatz die zurückgelegte Strecke in den ersten beiden Minuten. Damit erhält man:

$$s = \int_0^2 g(t)\,dt = \left[\frac{0{,}5}{5}t^5 - \frac{2}{4}t^4 + \frac{2}{3}t^3\right]_0^2$$

$$= \left(\frac{0{,}5}{5}\cdot 2^5 - \frac{2}{4}\cdot 2^4 + \frac{2}{3}\cdot 2^3\right) - \left(\frac{0{,}5}{5}\cdot 0^5 - \frac{2}{4}\cdot 0^4 + \frac{2}{3}\cdot 0^3\right) = \frac{8}{15} = 0{,}5\overline{3}$$

Die Länge des Weges, die der Läufer in den ersten beiden Minuten zurücklegt, beträgt also in etwa 533 Meter.

2.1 Aus der Angabe der Parameter $a = 1$ bzw. $a = 2$ ergeben sich die beiden Funktionen $f_1(t)$ und $f_2(t)$.

Aus Material 2 ist zu erkennen, dass der Parameter a keinen Einfluss auf die t-Koordinate des Hochpunktes an der Stelle $t = 1$ hat.

Daher kann man in $f_1(t)$ bzw. $f_2(t)$ den t-Wert 1 einsetzen und erhält die y-Koordinaten der Hochpunkte. Es gilt $f_1(1) = 1 < 1{,}5 = f_2(1)$. Daraus wird deutlich, dass der Graph von f_1 im Bereich des Hochpunktes unterhalb des Graphen von f_2 verlaufen muss. Daraus ergibt sich, dass der Graph w der Funktion f_2 und der Graph v der Funktion f_1 zuzuordnen ist.

Insgesamt lässt sich über die Lage der Hochpunkte sagen, dass die t-Koordinate stets 1 ist. Dies erkennt man an der t-Koordinate in der Angabe der Aufgabe 2.

Weiterhin erkennt man an der y-Koordinate $0{,}5a + 0{,}5$, dass bei steigendem a auch die y-Koordinaten wachsen.

2.2 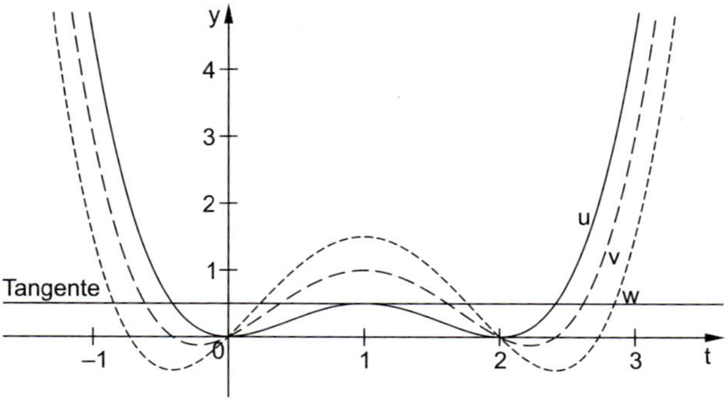

In der Skizze ist erkennbar, dass es zwischen der Tangente und dem Graphen von f_0 drei Schnittstellen gibt. Davon liegt eine bei $t = 1$. Zur Berechnung der eingeschlossenen Fläche muss man zunächst die beiden weiteren Schnittstellen durch Gleichsetzen der Tangente mit f_0 berechnen. Anschließend berechnet man den Wert des Integrals der Differenzfunktion $d = 0{,}5 - f_0$ in dem durch die Schnittstellen definierten Intervall.

Alternativ kann man zunächst die rechteckige Fläche zwischen Tangente und t-Achse in dem durch die Schnittstellen definierten Intervall berechnen und davon die Fläche zwischen dem Graphen von f_0 und der x-Achse in dem durch die Schnittstellen definierten Intervall abziehen.

2.3 Zunächst muss die zweite Ableitung der Funktionenschar bestimmt werden. Man erhält

$$f_a'(t) = 0{,}5 \cdot 4 \cdot t^3 + 2 \cdot 3 \cdot t^2 + (2 - 0{,}5a) \cdot 2t + a = 2t^3 + 6t^2 + (4 - a)t + a$$

und damit:

$$f_a''(t) = 2 \cdot 3 \cdot t^2 - 6 \cdot 2t + (4 - a) = 6t^2 - 12t + 4 - a$$

Die notwendige Bedingung für Wendestellen lautet $f_a''(t) = 0$.

$$6t^2 - 12t + 4 - a = 0 \quad \Leftrightarrow \quad t^2 - 2t + \frac{4-a}{6} = 0$$

$$\Leftrightarrow \qquad t_{1/2} = -\frac{-2}{2} \pm \sqrt{\left(\frac{-2}{2}\right)^2 - \frac{4-a}{6}} = 1 \pm \sqrt{1 - \frac{4-a}{6}}$$

Damit $t = 0$ und $t = 2$ Wendestellen von f_a sind, muss gelten:

$$0 = 1 - \sqrt{1 - \frac{4-a}{6}} \quad \text{und} \quad 2 = 1 + \sqrt{1 - \frac{4-a}{6}}$$

Dies ist genau dann der Fall, wenn gilt:

$$\sqrt{1 - \frac{4-a}{6}} = 1$$

Man ermittelt:

$$1 - \frac{4-a}{6} = 1 \quad \Leftrightarrow \quad -\frac{4-a}{6} = 0 \quad \Leftrightarrow \quad 4 - a = 0 \quad \Leftrightarrow \quad a = 4$$

2.4 Zeile II besteht aus zwei Summanden.

Im ersten Summanden wird innerhalb der Klammer der Faktor t^2 ausgeklammert, sodass aus $0{,}5 \cdot (t^4 - 4t^3 + 4t^2)$ der Ausdruck $0{,}5 \cdot (t^2 \cdot (t^2 - 4t + 4))$ entsteht. Innerhalb des ersten Summanden wird dann noch die zweite binomische Formel angewandt:

$$t^2 - 4t + 4 = (t - 2)^2$$

Im zweiten Summanden wird innerhalb der Klammer lediglich t als Faktor ausgeklammert, sodass aus $0{,}5a \cdot (t^2 - 2t)$ der Ausdruck $0{,}5a \cdot (t \cdot (t - 2))$ entsteht.

Die Nullstellen von p_a kann man aufgrund der faktorisierten Darstellung direkt ablesen, denn es gilt, dass ein Produkt immer dann null ist, wenn einer der Faktoren null ist. Daher gilt für $0{,}5a \cdot (t \cdot (t - 2)) = 0$, dass entweder $t = 0$ ist oder $t - 2 = 0$, also $t = 2$ gilt.

1 Eine Umgehungsstraße in der Nähe der Stadt Wetzlar wird geplant und soll Bundesstraßen (B49/B277) und einen Autobahnzubringer (A480) verbinden. Hierbei wird der im Material dargestellte Kartenausschnitt verwendet, wobei die y-Achse Richtung Norden zeigt und eine Einheit einem Kilometer entspricht.
Im Modell kann für $x \leq 0$ die vorhandene Bundesstraße (B49) durch den Graphen der Funktion p mit $p(x) = -x^2 + 0{,}7x$ beschrieben werden.
Die geplante Umgehungsstraße besteht aus zwei Abschnitten. Der erste Abschnitt, der im Modell vom Koordinatenursprung zum Anschlusspunkt $P_1(2{,}5 \mid 2)$ verläuft, kann durch einen Ausschnitt aus dem Graphen einer ganzrationalen Funktion dritten Grades beschrieben werden.
Der zweite Abschnitt soll vom Anschlusspunkt P_1 bis zum Punkt $P_2(2{,}7 \mid 2{,}4)$ geradlinig verlaufen. Der Übergang der vorhandenen Bundesstraße zum ersten Abschnitt der Umgehungsstraße sowie der Übergang der beiden Abschnitte der Umgehungsstraße sollen jeweils knickfrei verlaufen.

1.1 Zeigen Sie, dass die Funktion f mit $f(x) = 0{,}176x^3 - 0{,}4x^2 + 0{,}7x$ als Modellfunktion für den ersten Abschnitt der geplanten Umgehungsstraße die genannten Bedingungen für den Verlauf der Umgehungsstraße erfüllt. **(6 BE)**

1.2 Untersuchen Sie, ob bei Verwendung der Modellfunktion f aus Aufgabe 1.1 der erste Abschnitt der Umgehungsstraße ohne Krümmungsänderung im Anschlusspunkt $P_1(2{,}5 \mid 2)$ an den zweiten Abschnitt angeschlossen werden kann. **(3 BE)**

2 Die Länge L einer Kurve, die durch den Graphen einer Funktion f im Intervall von a bis b beschrieben wird, kann mithilfe der Formel $L = \int_a^b \sqrt{1 + [f'(x)]^2}\,dx$ berechnet werden.

2.1 Ermitteln Sie unter Verwendung der Funktion f aus Aufgabe 1.1 mit dieser Formel die Länge L des ersten Abschnitts der Umgehungsstraße vom Koordinatenursprung zum Anschlusspunkt $P_1(2{,}5 \mid 2)$ und geben Sie Ihr Ergebnis gerundet auf eine Nachkommastelle in Meter an.
(Das Höhenprofil der Landschaft soll nicht berücksichtigt werden, es kann also von einem ebenen Verlauf der Umgehungsstraße ausgegangen werden.)
Bestimmen Sie, um wie viel Prozent der erste Abschnitt der Umgehungsstraße länger ist als die geradlinige Verbindung vom Koordinatenursprung zum Punkt P_1.
[zur Kontrolle: Die Länge L beträgt etwa 3,3 Kilometer.] **(6 BE)**

2.2 Die Oberfläche der im ersten Abschnitt 24 m breiten Umgehungsstraße soll mit einer 4 cm starken Deckschicht asphaltiert werden. Erklären Sie die folgende Formel zur Bestimmung des Volumens dieser Deckschicht des ersten Abschnitts der geplanten Umgehungsstraße auf einem Intervall [a; b].

$$V(a; b) = \left(\int_a^b \sqrt{1 + (f'(x))^2}\, dx \right) \cdot 0{,}024 \cdot 0{,}00004$$

Geben Sie unter Verwendung der Funktion f aus Aufgabe 1.1 das Volumen der Deckschicht des ersten Abschnitts der Umgehungsstraße vom Koordinatenursprung zur Anschlussstelle $P_1(2{,}5 \mid 2)$ in Kubikmeter an. **(5 BE)**

2.3 Die gesamte Umgehungsstraße soll 3,75 km lang werden. Es wird ein Durchschnittsverbrauch von 7,5 Liter Treibstoff pro 100 km gemittelt über alle Fahrzeuge angenommen. Für die Menge an CO_2, die pro Fahrzeug ausgestoßen wird, werden 2,4 kg pro Liter Treibstoff angenommen. Es wird davon ausgegangen, dass pro Tag 10.000 Fahrzeuge mit Verbrennungsmotor die Umgehungsstraße nutzen.
Berechnen Sie unter den genannten Voraussetzungen die Menge an CO_2 in Tonnen, die pro Jahr durch die Fahrzeuge auf der Umgehungsstraße ausgestoßen wird. **(4 BE)**

3 Gegeben ist die Funktionenschar f_t mit $f_t(x) = 0{,}16 \cdot (t - 0{,}9) \cdot x^3 - 0{,}4 \cdot (t - 1) \cdot x^2 + 0{,}7 \cdot x$, $t \in \mathbb{R}$.

3.1 Zeigen Sie rechnerisch, dass man für den Wert $t = 2$ die Funktionsgleichung der Funktion f aus Aufgabe 1.1 erhält. **(2 BE)**

3.2 Falls die geplante Umgehungsstraße südlich des Punkts $P_3(1{,}75 \mid 1{,}25)$ verläuft, in der Abbildung im Material also zwischen P_3 und der x-Achse, kommt die Umgehungsstraße einem Wohngebiet zu nah oder durchquert es sogar, sodass eine Änderung des Straßenverlaufs notwendig wird. Bestätigen Sie, dass dies bei Verwendung der Funktion f_2 der Fall ist. Bestimmen Sie den Wert für den Parameter t, für welchen der Graph der zugehörigen Funktion der Schar durch den Punkt P_3 verläuft. **(5 BE)**

3.3 Ermitteln Sie allgemein die Steigung der Graphen der Funktionenschar f_t im Punkt P_1.
Es soll diejenige Funktion der Schar f_t als Modellfunktion für den ersten Abschnitt der Umgehungsstraße verwendet werden, deren Graph durch den Punkt P_3 verläuft.
Prüfen Sie, ob am Anschlusspunkt P_1 der Übergang zum zweiten Abschnitt der Umgehungsstraße weiterhin knickfrei verläuft. **(5 BE)**

3.4 Bestimmen Sie alle Werte des Parameters t, für welche bei Verwendung von Funktionen der Schar f_t als Modellfunktionen für den ersten Abschnitt der Umgehungsstraße die Umgehungsstraße im Anschlusspunkt P_1 linksgekrümmt ist. **(4 BE)**

Material
Kartenausschnitt

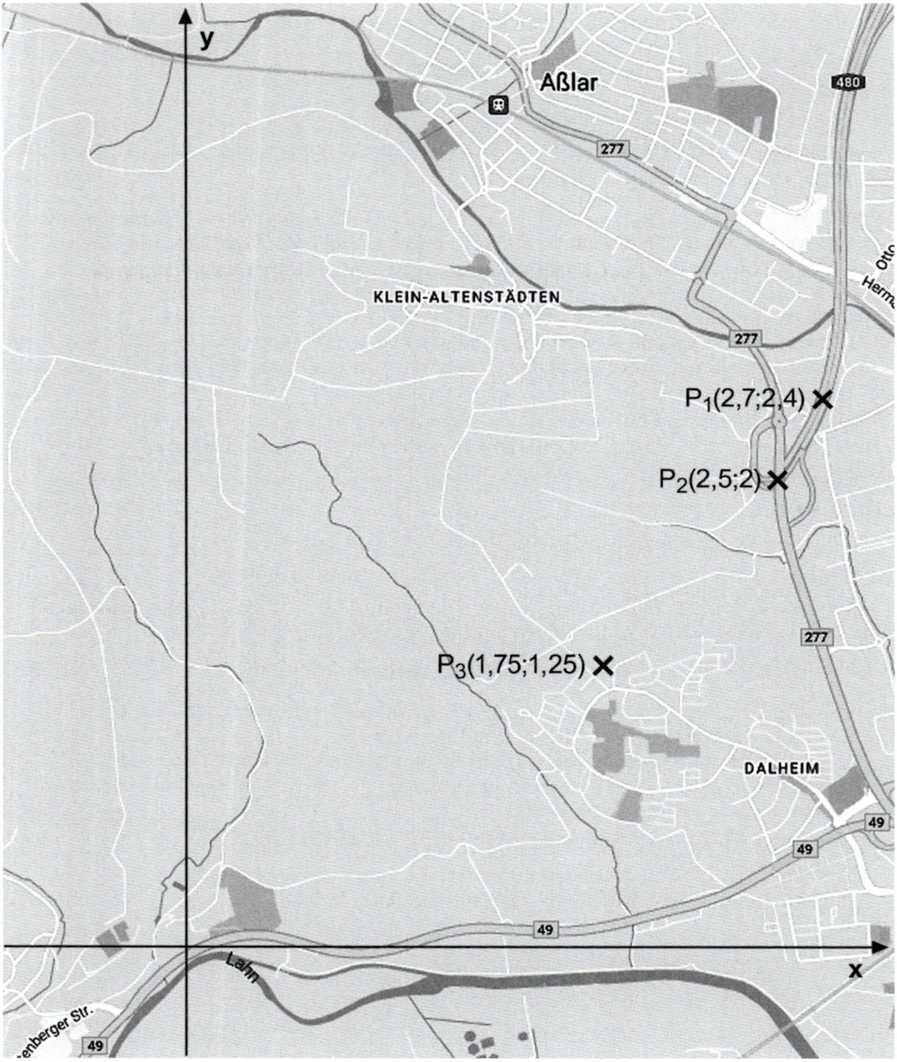

Kartendaten © 2022 GeoBasis-DE / BKG (© 2009), Google (bearbeitet)

Hinweise und Tipps

Teilaufgabe 1.1

- Man muss auf Sprungfreiheit (Übereinstimmung der Funktionswerte) und Knickfreiheit (Übereinstimmung der 1. Ableitungen) an den Übergangsstellen untersuchen.

Teilaufgabe 1.2

- Eine Gerade besitzt keine Krümmung.
- Bestimmen Sie die Krümmung der Modellkurve an der Übergangsstelle mithilfe der 2. Ableitung.

Teilaufgabe 2.1

- Setzen Sie die gegebenen Werte in die Formel ein und berechnen Sie mithilfe des CAS.
- Die neue Verbindung ist auf jeden Fall länger als die Luftlinie zwischen den Punkten.

Teilaufgabe 2.2

- Das Volumen ergibt sich aus dem Produkt „Höhe × Länge × Breite".
- Denken Sie daran, die Messwerte gegebenenfalls in Kilometer oder Meter umzurechnen.

Teilaufgabe 2.3

- Dies ist eine „einfache" Multiplikation. Denken Sie daran, dass der Verbrauch pro 100 km angegeben ist.

Teilaufgabe 3.1

- Setzen Sie $t = 2$ in die Funktionsgleichung ein.

Teilaufgabe 3.2

- Setzen Sie $x = 1{,}75$ in die Funktionsgleichung von f_2 ein. Wie muss das Ergebnis aussehen, damit die Umgehungsstraße südlich des Punkts P_3 verläuft?
- Man sucht eine Lösung für t der Gleichung $f_t(1{,}75) = 1{,}25$. Benutzen Sie Ihr CAS.

Teilaufgabe 3.3

- Bestimmen Sie die Steigung von f_t an der Stelle $x = 2.5$.
- Benutzen Sie die Steigung der Geraden aus Teilaufgabe 1.1.

Teilaufgabe 3.4

- Eine Linkskrümmung liegt vor, wenn der Wert der 2. Ableitung an der Stelle der x-Koordinate des Punkts P_1 positiv ist.
- Bestimmen Sie mithilfe des CAS die 2. Ableitung von $f_t(x)$ und lösen Sie die Ungleichung $f_t''(2{,}5) > 0$ für t.

Lösung

1.1 In den Anschlusspunkten müssen sowohl die Funktionswerte („sprungfrei“) als auch die 1. Ableitungen bzw. Steigungen („knickfrei“) übereinstimmen.

Für den Koordinatenursprung gilt $p(0) = f(0) = 0$ und für den Punkt $P_1(2{,}5\,|\,2)$ erhält man $f(2{,}5) = 2$. Damit ist ein sprungfreier Übergang gewährleistet.

```
Define f(x)=0.176*x^3-0.4*x^2+0.7*x
                                done
f(2.5)
                                   2
```

Für die erste Ableitung erhält man:

$$p'(x) = -2 \cdot x + 0{,}7$$

Daraus folgt $p'(0) = 0{,}7$.

Für die Funktion f gilt ebenfalls $f'(0) = 0{,}7$. Damit liegt im Koordinatenursprung Knickfreiheit vor.

```
d/dx(f(x))|x=0
                                 0.7
```

Die Steigung der Geraden durch die Punkte P_1 und P_2 beträgt:

$$m = \frac{2{,}4 - 2}{2{,}7 - 2{,}5} = 2$$

Dieselbe Steigung erhält man für die Funktion f:

$$f'(2{,}5) = 2$$

```
d/dx(f(x))|x=2.5
                                   2
```

Damit bekommt man auch einen knickfreien Übergang an der Stelle $x = 2{,}5$ und die Bedingungen für die Umgehungsstraße sind erfüllt.

1.2 Die Krümmung einer Kurve ist durch die 2. Ableitung bestimmt.

Es gilt:

$$f''(2{,}5) = 1{,}84$$

```
diff(f(x),x,2,2.5)
                                1.84
```

Für das Geradenstück zwischen P_1 und P_2 gibt es keine Krümmung. Man kann also das Straßenstück nicht ohne Krümmungsänderung im Punkt P_1 anschließen.

2.1 Setzt man die gegebenen Werte in die Formel ein, so erhält man:

$$\int_0^{2{,}5} \sqrt{1 + (f'(x))^2}\, dx \approx 3{,}301497$$

```
∫[0..2.5] √(1+(d/dx(f(x)))^2) dx
                         3.301496566
```

Damit ist das Teilstück etwa 3 301,5 Meter lang.

Die geradlinige Verbindung hat wegen

$$\sqrt{2^2 + 2{,}5^2} \approx 3{,}201562$$

eine Länge von etwa 3 201,6 Meter. Damit folgt:

$$\frac{3\,301{,}5}{3\,201{,}6} \approx 1{,}0312$$

```
√(2^2+2.5^2)
                         3.201562119
3301.5/3201.6
                         1.031203148
```

Die neue Verbindung ist also etwa 3,1 % länger als die gedachte geradlinige Verbindung.

2.2 Das Volumen der Deckschicht bestimmt sich aus dem Produkt aus Länge (Integral L aus Teilaufgabe 2.1), Breite (der Umgehungsstraße) und Höhe (der Deckschicht). Die Angaben müssen zuvor in Kilometer umgerechnet werden. Die Höhe von 4 cm entspricht dann 0,00004 km und die Breite von 24 Meter entspricht 0,024 km.

Für das Volumen ergibt sich damit (beachte: $1\ \text{km}^3 = (10^3\ \text{m})^3 = 10^9\ \text{m}^3$):

$$V \approx 3{,}3015\ \text{km} \cdot 0{,}024\ \text{km} \cdot 0{,}00004\ \text{km} \approx 3{,}1694 \cdot 10^{-6}\ \text{km}^3 \approx 3\,169{,}4\ \text{m}^3$$

2.3 Wenn man annimmt, dass ein Jahr 365 Tage hat, so erhält man (beachte: $1\ \text{t} = 1000\ \text{kg}$):

$$M_{CO_2} = 365 \cdot 10\,000 \cdot 3{,}75\ \text{km} \cdot 7{,}5 \frac{\ell}{100\ \text{km}} \cdot 2{,}4 \frac{\text{kg}}{\ell} = 2\,463\,750\ \text{kg} = 2\,463{,}75\ \text{t}$$

3.1 Für $t = 2$ ergibt sich:

$$f_2(x) = 0{,}16 \cdot (2 - 0{,}9) \cdot x^3 - 0{,}4 \cdot (2 - 1) \cdot x^2 + 0{,}7 \cdot x$$
$$= 0{,}16 \cdot 1{,}1 \cdot x^3 - 0{,}4 \cdot x^2 + 0{,}7 \cdot x$$
$$= 0{,}176 \cdot x^3 - 0{,}4 \cdot x^2 + 0{,}7 \cdot x = f(x)$$

3.2 Der Punkt P_3 hat die y-Koordinate 1,25. Ist $f_2(1{,}75) < 1{,}25$, so ist die Vermutung bestätigt. Es gilt $f_2(1{,}75) = 0{,}94325$. Damit verläuft f_2 südlich von P_3.

Man sucht eine Funktion f_t, für die gilt:

$$f_t(1{,}75) = 1{,}25$$

Mithilfe des CAS erhält man:

$$t \approx 1{,}165$$

```
Define f(x,t)=0.16*(t-0.9)*x^3-0.4*(t-1)*x^2+0.7*x
                                                  done
f(1.75,2)
                                               0.94325
solve(f(1.75,t)=1.25,t)
                                        {t=1.16530612}
```

3.3 Die Steigung der Funktionenschar für allgemeines t an der Stelle $x = 2{,}5$ ist t:

$$f_t'(2{,}5) = t$$

```
d/dx(f(x,t))|x=2.5
                                                     t
```

Laut Teilaufgabe 1.1 ist die Steigung der Geraden zwischen den Punkten P_1 und P_2 gleich 2. Die Steigung der Funktion, die durch P_3 verläuft, beträgt aber laut Teilaufgabe 3.2 etwa 1,165. Es gibt somit in diesem Fall keinen knickfreien Übergang mehr.

3.4 Eine Linkskrümmung liegt vor, wenn die 2. Ableitung an der x-Koordinate des Punkts P_1 größer als 0 ist. Der Ansatz lautet somit:

$$f_t''(2{,}5) > 0$$

Mithilfe des CAS erhält man:

$$t > 0{,}85$$

```
d²/dx²(f(x,t))
                          0.96·t·x-0.864·x-0.8·t+0.8
solve(0.96·t·2.5-0.864·2.5-0.8·t+0.8>0,t)
                                           {t>0.85}
```

Für alle Kurven der Kurvenschar f_t mit $t > 0{,}85$ besitzt die Verbindungsstraße im Punkt P_1 eine Linkskrümmung.

In einem Labor wird das Wachstum einer Population von Mikroorganismen untersucht. Die Anzahl der Mikroorganismen (in Hundert) wird in Abhängigkeit von der Zeit t (in Tagen nach Beobachtungsbeginn) protokolliert. In der folgenden Tabelle sind diese Werte dargestellt.

Zeit t in Tagen	3	5	8	10	12	15	17	19
Anzahl in Hundert	0,2	0,6	2,4	5,4	10,0	16,4	18,5	19,4

1 Stellen Sie die Datenpaare der Tabelle in einem geeigneten Koordinatensystem grafisch dar und beschreiben Sie den Verlauf des Bestandes der Population in den ersten 19 Tagen. **(5 BE)**

2 Der Bestand lässt sich bis zum Ende des zwölften Tags durch eine Exponentialfunktion f der Form $f(t) = a \cdot e^{k \cdot t}$ modellieren. Hierbei gibt f(t) die Anzahl der Mikroorganismen (in Hundert) und t die Zeit (in Tagen nach Beobachtungsbeginn) an.

2.1 Berechnen Sie mithilfe der Datenpaare der Tabelle für $t = 5$ und $t = 12$ eine Funktionsgleichung der Funktion f.
[zur Kontrolle: $f(t) \approx 0{,}080 \cdot e^{0{,}402 \cdot t}$] **(4 BE)**

2.2 Erläutern Sie die Bedeutung des Wertes $a \approx 0{,}080$ im Sachzusammenhang und berechnen Sie unter Verwendung der Funktion f aus Aufgabe 2.1 den prozentualen Zuwachs des Bestandes pro Tag. **(4 BE)**

3 Ab dem Zeitpunkt $t = 12$ wird der Bestand näherungsweise mithilfe der Funktion g mit $g(t) = 20 - 1243{,}363 \cdot e^{-0{,}402 \cdot t}$ modelliert. Hierbei gibt g(t) die Anzahl der Mikroorganismen (in Hundert) und t die Zeit (in Tagen nach Beobachtungsbeginn) an.
Zeigen Sie rechnerisch, dass die Graphen von f und g an der Stelle $t = 12$ bei Rundung auf eine Nachkommastelle ohne Sprung und ohne Knick ineinander übergehen. **(6 BE)**

4 Über den gesamten Beobachtungszeitraum kann die Anzahl der Mikroorganismen (in Hundert) in Abhängigkeit von der Zeit t (in Tagen nach Beobachtungsbeginn) mithilfe einer Funktion h modelliert werden. Der Graph von h ist im Material angegeben.

4.1 Begründen Sie unter Verwendung der Wertetabelle von h aus dem Material, dass die Funktion h zur Modellierung des Bestandes geeignet ist. **(2 BE)**

4.2 Erläutern Sie die Bedeutung der Ableitungsfunktion h' im Sachzusammenhang und erklären Sie die Zeilen (1) und (2) im Sachzusammenhang.

(1) $h'(t) = 2 \quad \Rightarrow \quad t_1 \approx 10;\ t_2 \approx 14$

(2) $h'(t) \geq 2$ für alle $t \in [10; 14]$

(4 BE)

4.3 Der Inhalt der Fläche, die der Graph von h mit der t-Achse im Intervall [3; 19] einschließt, soll näherungsweise bestimmt werden. Im Folgenden bezeichne O_4 die Obersumme bei Unterteilung des Intervalls in vier Abschnitte gleicher Breite, U_4 die entsprechende Untersumme. Als Näherungswert für den Inhalt der Fläche erhält man:

$$A_4 = \frac{O_4 + U_4}{2} = 141{,}32$$

Erläutern Sie den Ansatz zur Berechnung von A_4 und bestätigen Sie das Ergebnis durch eine Rechnung unter Verwendung der Wertetabelle aus dem Material. **(5 BE)**

4.4 Die Funktionsgleichung von h lautet $h(t) = \frac{100}{5 + e^{-0,5 \cdot t + 7,6}}$.

4.4.1 Berechnen Sie den Zeitpunkt, ab dem die Anzahl der Mikroorganismen (in Hundert) gemäß der Modellierung mit der Funktion h den Wert 17 übersteigt. **(4 BE)**

4.4.2 Bestimmen Sie den Inhalt der Fläche, die der Graph von h mit der t-Achse im Intervall [3; 19] einschließt.
Nennen Sie eine Möglichkeit, den Flächeninhalt durch Veränderung des Ansatzes aus Aufgabe 4.3 besser anzunähern. **(3 BE)**

4.4.3 Der Grenzwert von h für $t \to \infty$ beträgt 20. Begründen Sie diesen Wert anhand des Funktionsterms und erläutern Sie die Bedeutung dieses Wertes im Sachzusammenhang. **(3 BE)**

Material
Graph und Wertetabelle der Funktion

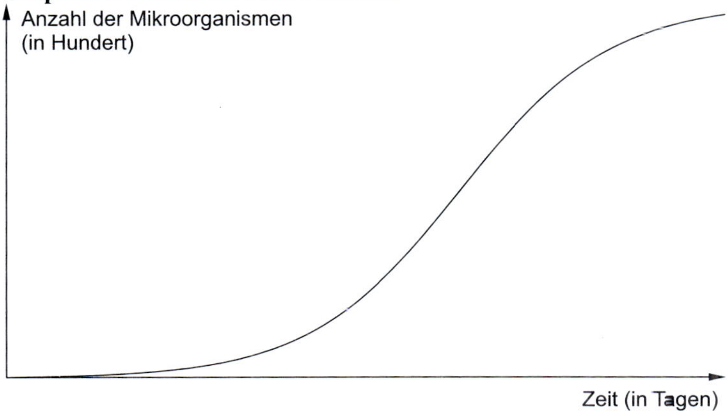

t	3	4	5	6	7	8	9	10	11
h(t)	0,22	0,36	0,59	0,96	1,53	2,40	3,68	5,42	7,60

t	12	13	14	15	16	17	18	19
h(t)	10,05	12,49	14,66	16,38	17,64	18,50	19,06	19,42

Hinweise und Tipps

Teilaufgabe 1

- Es werden nur die positiven Achsenabschnitte benötigt.

Teilaufgabe 2.1

- Stellen Sie zwei Gleichungen auf und eliminieren Sie a durch Division.
- Setzen Sie k in eine der beiden Gleichungen ein, um a zu ermitteln.
- Vergessen Sie nicht, die Funktionsgleichung zu notieren.

Teilaufgabe 2.2

- Formen Sie den Exponentialterm zur Basis e in einen Term der Form b^t um und lesen Sie das prozentuale Wachstum an b ab.

Teilaufgabe 3

- „Sprungfrei" bedeutet, dass die beiden Funktionswerte an der Stelle $t = 12$ übereinstimmen müssen, „Knickfrei" heißt, dass auch die ersten Ableitungen an besagter Stelle übereinstimmen (Rundung auf die erste Nachkommastelle).

Teilaufgabe 4.1

- Vergleichen Sie die beiden Tabellen und ziehen Sie Ihre Schlüsse.

Teilaufgabe 4.2

- h' ist die Wachstumsgeschwindigkeit der Population.
- Zu welchen Zeiten im Intervall [10; 14] beträgt die Wachstumsgeschwindigkeit 200 Mikroorganismen pro Tag?
- Wie hoch ist die Wachstumsgeschwindigkeit innerhalb des gesamten Intervalls?

Teilaufgabe 4.3

- Machen Sie sich eine kleine Skizze mit der Obersumme und der Untersumme.

Teilaufgabe 4.4.1

- Stellen Sie eine Gleichung bzw. eine Ungleichung auf.
- Lösen die die Gleichung (Ungleichung) nach t auf.

Teilaufgabe 4.4.2

- Benutzen Sie die Integralfähigkeit Ihres WTR.

Teilaufgabe 4.4.3

- Betrachten Sie das Grenzwertverhalten des Exponentialterms.
- Was passiert also auf lange Sicht?

Lösung

1 Der Bestand an Mikroorganismen wächst bis etwa zum Tag 12 (oder 13) stark an, wobei die Wachstumsgeschwindigkeit permanent zunimmt. Danach flacht das Wachstum ab und verlangsamt sich stetig.

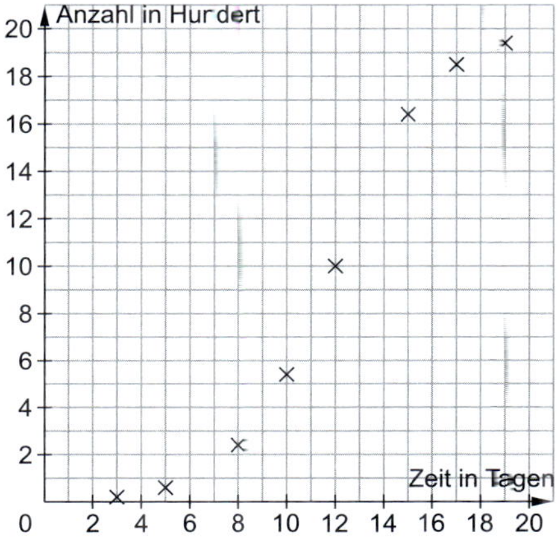

2.1 Einsetzen der beiden Datenpaare in die Funktionsgleichung $f(t) = a \cdot e^{k \cdot t}$ ergibt die beiden Gleichungen:

$$f(5) = 0{,}6 = a \cdot e^{k \cdot 5} \quad \text{und}$$

$$f(12) = 10 = a \cdot e^{k \cdot 12}$$

Dividiert man die beiden Gleichungen, so erhält man:

$$\frac{f(12)}{f(5)} = \frac{10}{0{,}6} = \frac{a \cdot e^{k \cdot 12}}{a \cdot e^{k \cdot 5}} = \frac{e^{k \cdot 12}}{e^{k \cdot 5}} = e^{k \cdot 12} \cdot e^{-k \cdot 5} = e^{k \cdot 7}$$

Daraus folgt durch Logarithmieren:

$$\ln\left(\frac{10}{0{,}6}\right) = \ln(e^{k \cdot 7}) = 7 \cdot k \quad \Rightarrow \quad k = \frac{1}{7} \cdot \ln\left(\frac{10}{0{,}6}\right) \approx 0{,}402$$

Durch Einsetzen in die erste Gleichung erhält man:

$$0{,}6 \approx a \cdot e^{0{,}402 \cdot 5} = a \cdot e^{2{,}01} \quad \Rightarrow \quad a = \frac{0{,}6}{e^{2{,}01}} \approx 0{,}08$$

Somit erhält man als Funktionsgleichung:

$$f(t) \approx 0{,}08 \cdot e^{0{,}402 \cdot t}$$

2.2 0,08 ist der Anfangswert der Populationsgröße, also der Wert zum Zeitpunkt $t = 0$. Zu diesem Zeitpunkt existieren damit 8 Mikroorganismen (weil die Anzahl in Hundert angegeben wird).

Den prozentualen Zuwachs pro Tag erhält man, indem man den Exponentialterm $e^{k \cdot t}$ in einen Term der Form b^t umwandelt:

$$f(t) \approx 0{,}08 \cdot e^{0{,}402 \cdot t} = 0{,}08 \cdot (e^{0{,}402})^t \approx 0{,}08 \cdot 1{,}495^t$$

Das bedeutet, dass die Population der Mikroorganismen jeden Tag um ca. 49,5 % ansteigt.

3 Wenn die beiden Funktionen f und g an der Stelle $t = 12$ ohne Sprung und Knick ineinander übergehen sollen, dann müssen an dieser Stelle sowohl die Funktionswerte als auch die Werte der ersten Ableitungen übereinstimmen (bei entsprechender Rundung).

Es gilt $f(12) = 10$ laut Tabelle und $g(12) = 20 - 1243{,}363 \cdot e^{-0{,}402 \cdot 12} \approx 10{,}01 \approx 10$.

Damit ist die „Sprungbedingung" erfüllt.

Für die ersten Ableitungen gelten:

$$f'(t) \approx 0{,}08 \cdot 0{,}402 \cdot e^{0{,}402 \cdot t} = 0{,}03216 \cdot e^{0{,}402 \cdot t} \quad \text{und}$$

$$g'(t) = -1243{,}363 \cdot (-0{,}402) \cdot e^{0{,}402 \cdot t} = 499{,}831926 \cdot e^{0{,}402 \cdot t}$$

Damit erhält man durch Einsetzen von $t = 12$:

$$f'(12) \approx 0{,}03216 \cdot e^{0{,}402 \cdot 12} \approx 4{,}0 \quad \text{und}$$

$$g'(12) = 499{,}831926 \cdot e^{-0{,}402 \cdot 12} \approx 4{,}0$$

Damit ist auch die Bedingung für einen knickfreien Übergang erfüllt.

4.1 Die Funktion h ist zur Modellierung des Bestandes geeignet, da sich die Tabellen bis auf kleine Abweichungen in der 2. Nachkommastelle gleichen.

4.2 Die Ableitungsfunktion h' gibt die Wachstumsgeschwindigkeit der Anzahl der Mikroorganismen in Hundert pro Tag an.

In Zeile 1 werden die Werte ermittelt, an denen die Wachstumsgeschwindigkeit 200 Individuen pro Tag beträgt. Dies ist nach 10 und 14 Tagen der Fall.

In Zeile 2 wird ausgesagt, dass für alle Zeiten zwischen dem 10. und dem 14. Tag die Wachstumsgeschwindigkeit größer oder gleich 200 Individuen pro Tag beträgt.

4.3 Für die tatsächliche Fläche ist der Mittelwert von Ober- und Untersumme im Allgemeinen eine erste Näherung, da die Obersumme in der Fläche größer und die Untersumme in der Fläche kleiner ist als die tatsächliche Fläche, die man z. B. mit einem Integral berechnen könnte.

Die Breite der Rechtecke beträgt bei einer Unterteilung des Intervalls zwischen 3 und 19 Tagen in 4 Teilintervalle jeweils $\frac{19-3}{4} = 4$ Tage.

Für die Untersumme U_4 beginnt das erste Rechteck bei $t = 3$ und das letzte bei $t = 15$. Die erste Rechteckfläche beträgt also $4 \cdot h(3) = 4 \cdot 0{,}22$ und die letzte $4 \cdot h(15) = 4 \cdot 16{,}38$.

Für die Obersumme O_4 endet das erste Rechteck bei $t = 7$ und das letzte bei $t = 19$. Die erste Rechteckfläche beträgt somit $4 \cdot h(7) = 4 \cdot 1{,}53$ und die letzte $4 \cdot h(19) = 4 \cdot 19{,}42$.

Hiermit erhält man:

$$O_4 = 4 \cdot 1{,}53 + 4 \cdot 7{,}60 + 4 \cdot 16{,}38 + 4 \cdot 19{,}42 = 179{,}72 \quad \text{und}$$

$$U_4 = 4 \cdot 0{,}22 + 4 \cdot 1{,}53 + 4 \cdot 7{,}60 + 4 \cdot 16{,}38 = 102{,}92$$

Daraus folgt:

$$A_4 = \frac{179{,}72 + 102{,}92}{2} = 141{,}32$$

4.4.1 Gesucht ist der Tag t, ab dem $h(t) \geq 17$ ist:

$$\frac{100}{5+e^{-0,5\cdot t+7,6}} \geq 17$$

Multiplikation mit dem Nenner, Subtraktion von 85, Division durch 17 und darauf folgendes Logarithmieren ergibt:

$$100 \geq 17\cdot(5+e^{-0,5\cdot t+7,6})$$

$$100 \geq 85+17\cdot e^{-0,5\cdot t+7,6}$$

$$15 \geq 17\cdot e^{-0,5\cdot t+7,6}$$

$$\frac{15}{17} \geq e^{-0,5\cdot t+7,6}$$

$$\ln\left(\frac{15}{17}\right) \geq \ln(e^{-0,5\cdot t+7,6})$$

$$\ln\left(\frac{15}{17}\right) \geq -0,5\cdot t+7,6$$

$$0,5\cdot t \geq 7,6-\ln\left(\frac{15}{17}\right)$$

$$t \geq 2\cdot\left(7,6-\ln\left(\frac{15}{17}\right)\right) \approx 15,45$$

Der Wert wird zwischen dem 15. und 16. Tag erreicht.

4.4.2 Die Fläche kann mit dem Integral bestimmt werden:

$$A = \int_3^{19} h(t)\,dt \approx 141,11$$

Die einfachste Methode zur Erhöhung der Genauigkeit der Näherung ist es, eine größere Unterteilung der Zeitachse vorzunehmen (also z. B. acht statt vier Intervalle), sodass mehr Rechtecke in die Berechnung eingehen.

4.4.3 Es gilt:

$$\lim_{t\to\infty} \frac{100}{5+e^{-0,5\cdot t+7,6}} = 20$$

Begründung: Der Exponentialterm geht für $t\to\infty$ gegen null, sodass nur noch $\frac{100}{5}=20$ verbleibt.

Bedeutung: Das Wachstum ist nach oben beschränkt und strebt einem Wert von 2 000 Mikroorganismen entgegen.

Hessen – Grundkurs Mathematik
2022 – B2: Analysis (CAS)

In einem Labor wird das Wachstum einer Population von Mikroorganismen untersucht. Die Anzahl der Mikroorganismen (in Hundert) wird in Abhängigkeit von der Zeit t (in Tagen nach Beobachtungsbeginn) protokolliert. In der folgenden Tabelle sind diese Werte dargestellt.

Zeit t in Tagen	3	5	8	10	12	15	17	19
Anzahl in Hundert	0,2	0,6	2,4	5,4	10,0	16,4	18,5	19,4

1 Stellen Sie die Datenpaare der Tabelle in einem geeigneten Koordinatensystem grafisch dar und beschreiben Sie den Verlauf des Bestandes der Population in den ersten 19 Tagen. **(5 BE)**

2 Der Bestand lässt sich bis zum Ende des zwölften Tags durch eine Exponentialfunktion f der Form $f(t) = a \cdot e^{k \cdot t}$ modellieren. Hierbei gibt f(t) die Anzahl der Mikroorganismen (in Hundert) und t die Zeit (in Tagen nach Beobachtungsbeginn) an.

2.1 Berechnen Sie mithilfe der Datenpaare der Tabelle für $t = 5$ und $t = 12$ eine Funktionsgleichung der Funktion f.
[zur Kontrolle: $f(t) \approx 0{,}080 \cdot e^{0{,}402 \cdot t}$] **(4 BE)**

2.2 Erläutern Sie die Bedeutung des Wertes $a \approx 0{,}080$ im Sachzusammenhang und berechnen Sie unter Verwendung der Funktion f aus Aufgabe 2.1 den prozentualen Zuwachs des Bestandes pro Tag. **(4 BE)**

3 Ab dem Zeitpunkt $t = 12$ wird der Bestand näherungsweise mithilfe der Funktion g mit $g(t) = 20 - b \cdot e^{c \cdot t}$ ($b, c \in \mathbb{R}$) modelliert. Hierbei gibt g(t) die Anzahl der Mikroorganismen (in Hundert) und t die Zeit (in Tagen nach Beobachtungsbeginn) an.
Bestimmen Sie die Parameter b und c so, dass die Graphen von f und g an der Stelle $t = 12$ ohne Sprung und ohne Knick ineinander übergehen. **(6 BE)**

4 Über den gesamten Beobachtungszeitraum kann die Anzahl der Mikroorganismen (in Hundert) in Abhängigkeit von der Zeit t (in Tagen nach Beobachtungsbeginn) mithilfe der Funktion h mit $h(t) = \frac{100}{5 + e^{-0{,}5 \cdot t + 7{,}6}}$ modelliert werden.

4.1 Prüfen Sie unter Verwendung der Wertetabelle von h aus dem Material, ob die Funktion h zur Modellierung des Bestandes geeignet ist. **(2 BE)**

4.2 Bestimmen Sie den Zeitraum, in dem die Wachstumsrate der Mikroorganismen größer oder gleich 200 Mikroorganismen pro Tag beträgt. **(4 BE)**

4.3 Der Inhalt der Fläche, die der Graph von h mit der t-Achse im Intervall [3; 19] einschließt, soll näherungsweise bestimmt werden. Im Folgenden bezeichne O_4 die Obersumme bei Unterteilung des Intervalls in vier Abschnitte gleicher Breite, U_4 die entsprechende Untersumme.
Zur Berechnung des Näherungswerts für den Inhalt der Fläche soll der folgende Ansatz verwendet werden:

$$A_4 = \frac{O_4 + U_4}{2}$$

Erläutern Sie den Ansatz zur Berechnung von A_4 und bestimmen Sie das Ergebnis rechnerisch. **(5 BE)**

4.4 Berechnen Sie den Zeitpunkt, ab dem die Anzahl der Mikroorganismen (in Hundert) gemäß der Modellierung mit der Funktion h den Wert 17 übersteigt. **(4 BE)**

4.5 Bestimmen Sie den Inhalt der Fläche, die der Graph von h mit der t-Achse im Intervall [3; 19] einschließt.
Nennen Sie eine Möglichkeit, den Flächeninhalt durch Veränderung des Ansatzes aus Aufgabe 4.3 besser anzunähern. **(3 BE)**

4.6 Der Grenzwert von h für $t \to \infty$ beträgt 20. Begründen Sie diesen Wert anhand des Funktionsterms und erläutern Sie die Bedeutung dieses Wertes im Sachzusammenhang. **(3 BE)**

Material

t	3	4	5	6	7	8	9	10	11
h(t)	0,22	0,36	0,59	0,96	1,53	2,40	3,68	5,42	7,60

t	12	13	14	15	16	17	18	19
h(t)	10,05	12,49	14,66	16,38	17,64	18,50	19,06	19,42

Hinweise und Tipps

Teilaufgabe 1

- Es werden nur die positiven Achsenabschnitte benötigt.

Teilaufgabe 2.1

- Stellen Sie zwei Gleichungen auf und eliminieren Sie a durch Division.
- Setzen Sie k in eine der beiden Gleichungen ein, um a zu ermitteln.
- Vergessen Sie nicht, die Funktionsgleichung zu notieren.

Teilaufgabe 2.2

- Formen Sie den Exponentialterm zur Basis e in einen Term der Form b^t um und lesen Sie das prozentuale Wachstum an b ab.

Teilaufgabe 3

- „Sprungfrei" bedeutet, dass die beiden Funktionswerte an der Stelle $t = 12$ übereinstimmen müssen, „Knickfrei" heißt, dass auch die ersten Ableitungen an besagter Stelle übereinstimmen.
- Bestimmen Sie die Lösungen mittels des CAS.

Teilaufgabe 4.1

- Vergleichen Sie die beiden Tabellen und ziehen Sie Ihre Schlüsse.

Teilaufgabe 4.2

- h' ist die Wachstumsgeschwindigkeit der Population.
- Zu welchen Zeiten im Intervall [3; 19] beträgt die Wachstumsgeschwindigkeit 200 Mikroorganismen pro Tag?
- Wie hoch ist die Wachstumsgeschwindigkeit innerhalb des gesamten Intervalls?

Teilaufgabe 4.3

- Machen Sie sich eine kleine Skizze mit der Obersumme und der Untersumme.

Teilaufgabe 4.4

- Stellen Sie eine Gleichung bzw. eine Ungleichung auf.
- Lösen die Gleichung (Ungleichung) nach t auf.

Teilaufgabe 4.5

- Benutzen Sie die Integralfähigkeit Ihres CAS.

Teilaufgabe 4.6

- Betrachten Sie das Grenzwertverhalten des Exponentialterms.
- Was passiert also auf lange Sicht?

Lösung

1 Der Bestand an Mikroorganismen wächst bis etwa zum Tag 12 (oder 13) stark an, wobei die Wachstumsgeschwindigkeit permanent zunimmt. Danach flacht das Wachstum ab und verlangsamt sich stetig.

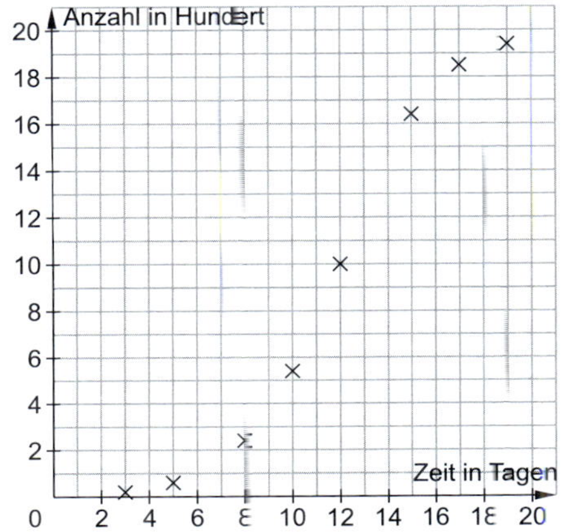

2.1 Einsetzen der beiden Datenpaare in die Funktionsgleichung $f(t) = a \cdot e^{k \cdot t}$ ergibt die beiden Gleichungen:

$$f(5) = 0{,}6 = a \cdot e^{k \cdot 5} \quad \text{und}$$

$$f(12) = 10 = a \cdot e^{k \cdot 12}$$

Dividiert man die beiden Gleichungen, so erhält man:

$$\frac{f(12)}{f(5)} = \frac{10}{0{,}6} = \frac{a \cdot e^{k \cdot 12}}{a \cdot e^{k \cdot 5}} = \frac{e^{k \cdot 12}}{e^{k \cdot 5}} = e^{k \cdot 12} \cdot e^{-k \cdot 5} = e^{k \cdot 7}$$

Daraus folgt durch Logarithmieren:

$$\ln\left(\frac{10}{0{,}6}\right) = \ln(e^{k \cdot 7}) = 7 \cdot k \quad \Rightarrow \quad k = \frac{1}{7} \cdot \ln\left(\frac{10}{0{,}6}\right) \approx 0{,}402$$

Durch Einsetzen in die erste Gleichung erhält man:

$$0{,}6 \approx a \cdot e^{0{,}402 \cdot 5} = a \cdot e^{2{,}01} \quad \Rightarrow \quad a = \frac{0{,}6}{e^{2{,}01}} \approx 0{,}08$$

Somit erhält man als Funktionsgleichung:

$$f(t) \approx 0{,}08 \cdot e^{0{,}402 \cdot t}$$

2.2 0,08 ist der Anfangswert der Populationsgröße, also der Wert zum Zeitpunkt $t = 0$. Zu diesem Zeitpunkt existieren damit 8 Mikroorganismen (weil die Anzahl in Hundert angegeben wird).

Den prozentualen Zuwachs pro Tag erhält man, indem man den Exponentialterm $e^{k \cdot t}$ in einen Term der Form b^t umwandelt:

$$f(t) \approx 0{,}08 \cdot e^{0{,}402 \cdot t} = 0{,}08 \cdot (e^{0{,}402})^t \approx 0{,}08 \cdot 1{,}495^t$$

Das bedeutet, dass die Population der Mikroorganismen jeden Tag um ca. 49,5 % ansteigt.

3 Wenn die beiden Funktionen f und g an der Stelle t = 12 ohne Sprung und Knick ineinander übergehen sollen, dann müssen an dieser Stelle sowohl die Funktionswerte als auch die Werte der ersten Ableitungen übereinstimmen.

Es muss also gelten:

$$f(12) = g(12) \quad \text{und}$$

$$f'(12) = g'(12)$$

Mit dem CAS ermittelt man:

$$b \approx 1199{,}3 \quad \text{und} \quad c \approx -0{,}4$$

```
Define f(t)=0.08*e^(0.402*t)
                                        done
Define g(t)=20-b*e^(c*t)
                                        done
{f(12)=g(12)
{diff(f(t),t,1,12)=diff(g(t),t,1,12) |b,c
        {b=1199.342773,c=-0.3985540579}
```

4.1 Die Funktion h ist zur Modellierung des Bestandes geeignet, da sich die Tabellen bis auf kleine Abweichungen in der 2. Nachkommastelle gleichen.

4.2 Die Wachstumsrate bzw. die Wachstumsgeschwindigkeit wird durch h'(t) angegeben. Da die Zahl der Mikroorganismen in Hundert angegeben wird, müssen alle Werte von t ermittelt werden, für die gilt:

$$h'(t) \geq 2$$

Für h'(t) = 2 liefert das CAS die Lösungen:

$$t_1 \approx 10{,}1 \quad \text{und} \quad t_2 \approx 13{,}9$$

Für alle t aus dem Intervall [10,1; 13,9] gilt $h'(t) \geq 2$.

```
Define h(t)=100/(5+e^(-0.5*t+7.6))
                                        done
solve(d/dt(h(t))=2,t)
        {t=10.05627687,t=13.90597148}
```

Dies wird auch aus dem Graphen der (offensichtlich) logistischen Funktion h(t) ersichtlich.

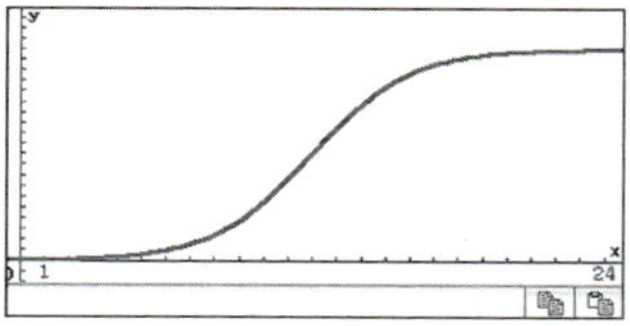

4.3 Für die tatsächliche Fläche ist der Mittelwert von Ober- und Untersumme im Allgemeinen eine erste Näherung, da die Obersumme in der Fläche größer und die Untersumme in der Fläche kleiner ist als die tatsächliche Fläche, die man z. B. mit einem Integral berechnen könnte.

Die Breite der Rechtecke beträgt bei einer Unterteilung des Intervalls zwischen 3 und 19 Tagen in 4 Teilintervalle jeweils $\frac{19-3}{4} = 4$ Tage.

Für die Untersumme U_4 beginnt das erste Rechteck bei t = 3 und das letzte bei t = 15. Die erste Rechteckfläche beträgt also $4 \cdot h(3) = 4 \cdot 0{,}22$ und die letzte $4 \cdot h(15) = 4 \cdot 16{,}38$.

Für die Obersumme O_4 endet das erste Rechteck bei t = 7 und das letzte bei t = 19. Die erste Rechteckfläche beträgt somit $4 \cdot h(7) = 4 \cdot 1{,}53$ und die letzte $4 \cdot h(19) = 4 \cdot 19{,}42$.

Hiermit erhält man:

$$O_4 = 4 \cdot 1{,}53 + 4 \cdot 7{,}60 + 4 \cdot 16{,}38 + 4 \cdot 19{,}42 = 179{,}72 \quad \text{und}$$

$$U_4 = 4 \cdot 0{,}22 + 4 \cdot 1{,}53 + 4 \cdot 7{,}60 + 4 \cdot 16{,}38 = 102{,}92$$

Daraus folgt:

$$A_4 = \frac{179{,}72 + 102{,}92}{2} = 141{,}32$$

4.4 Gesucht ist der Tag t, ab dem $h(t) \geq 17$ ist:

$$\frac{100}{5 + e^{-0{,}5 \cdot t + 7{,}6}} \geq 17$$

Multiplikation mit dem Nenner, Subtraktion von 85, Division durch 17 und darauf folgendes Logarithmieren ergibt:

$$\begin{aligned}
100 &\geq 17 \cdot (5 + e^{-0{,}5 \cdot t + 7{,}6}) \\
100 &\geq 85 + 17 \cdot e^{-0{,}5 \cdot t + 7{,}6} \\
15 &\geq 17 \cdot e^{-0{,}5 \cdot t + 7{,}6} \\
\frac{15}{17} &\geq e^{-0{,}5 \cdot t + 7{,}6} \\
\ln\left(\frac{15}{17}\right) &\geq \ln(e^{-0{,}5 \cdot t + 7{,}6}) \\
\ln\left(\frac{15}{17}\right) &\geq -0{,}5 \cdot t + 7{,}6 \\
0{,}5 \cdot t &\geq 7{,}6 - \ln\left(\frac{15}{17}\right) \\
t &\geq 2 \cdot \left(7{,}6 - \ln\left(\frac{15}{17}\right)\right) \approx 15{,}45
\end{aligned}$$

Der Wert wird zwischen dem 15. und 16. Tag erreicht.

4.5 Die Fläche kann mit dem Integral bestimmt werden:

$$A = \int_3^{19} h(t)\,dt \approx 141{,}11$$

$$\int_3^{19} h(t)\,dt \quad 141.110441$$

Die einfachste Methode zur Erhöhung der Genauigkeit der Näherung ist es, eine größere Unterteilung der Zeitachse vorzunehmen (also z. B. acht statt vier Intervalle), sodass mehr Rechtecke in die Berechnung eingehen.

4.6 Es gilt:

$$\lim_{t \to \infty} \frac{100}{5 + e^{-0{,}5 \cdot t + 7{,}6}} = 20$$

Begründung: Der Exponentialterm geht für $t \to \infty$ gegen null, sodass nur noch $\frac{100}{5} = 20$ verbleibt.

Bedeutung: Das Wachstum ist nach oben beschränkt und strebt einem Wert von 2 000 Mikroorganismen entgegen.

Hessen – Grundkurs Mathematik
2022 – C1: Lineare Algebra/Analytische Geometrie (WTR/CAS)

In einem Park steht ein Pyramidenstumpf, der als Klettermöglichkeit dient und als Boulderblock bezeichnet wird. Auf den vier Seitenwänden sind Kletterrouten geschraubt. Das umliegende ebene Gelände (Boden) liegt im Modell in der x-y-Ebene. Eine Einheit im Koordinatensystem entspricht einem Meter in der Realität.

Im Modell sind die Punkte $A(4\,|\,0\,|\,0)$, $B(4\,|\,4\,|\,0)$, $C(0\,|\,4\,|\,0)$ und $D(0\,|\,0\,|\,0)$ die Eckpunkte der quadratischen Bodenfläche des Pyramidenstumpfs. Die Punkte $E(5\,|\,0\,|\,3)$, $F(5\,|\,5\,|\,3)$, $G(0\,|\,5\,|\,3)$ und $H(0\,|\,0\,|\,3)$ sind die Eckpunkte der parallel zur Bodenfläche verlaufenden, ebenfalls quadratischen Fläche (Material).

1.1 Die Seitenwand BCGF liegt in der Ebene W. Geben Sie eine Parametergleichung dieser Ebene an und bestimmen Sie eine zugehörige Koordinatengleichung.
[zur Kontrolle: Eine mögliche Koordinatengleichung lautet W: $3y - z = 12$] **(6 BE)**

1.2 Berechnen Sie den Neigungswinkel α der Seitenwand BCGF gegenüber dem Boden (Material). **(3 BE)**

1.3 Die Seitenwand BCGF ist ein Trapez und soll einen neuen Farbanstrich bekommen. Zeigen Sie, dass die Seitenwand BCGF im Punkt C einen rechten Winkel besitzt, und berechnen Sie auf ganze Liter gerundet, wie viel Liter Farbe benötigt werden, wenn ein Liter Farbe für 8 m^2 ausreicht. **(5 BE)**

1.4 Im Punkt F ist ein Seil befestigt, das senkrecht nach unten hängt und den Boden berührt. Ermitteln Sie, um wie viel Prozent die Kante $\overline{BF}$ länger ist als das Seil. **(4 BE)**

1.5 Begründen Sie ohne Rechnung, dass die Spitze S der zu dem Stumpf ABCDEFGH gehörenden Pyramide auf der negativen z-Achse liegt, also die Koordinaten $S(0\,|\,0\,|\,-k)$ besitzt, und bestimmen Sie k. **(5 BE)**

1.6 Das Volumen des Pyramidenstumpfs in Abhängigkeit vom Parameter k lässt sich mithilfe des folgenden Ansatzes ermitteln:

$$\frac{1}{3} \cdot 5^2 \cdot (3+k) - \frac{1}{3} \cdot 4^2 \cdot k$$

Erläutern Sie diesen Ansatz. **(4 BE)**

1.7 Gegeben sind die Gleichungen zweier Ebenen:

$$(1)\quad \vec{x} = \begin{pmatrix} 5 \\ 0 \\ 3 \end{pmatrix} + t \cdot \begin{pmatrix} -5 \\ 0 \\ 0 \end{pmatrix} + u \cdot \begin{pmatrix} -1 \\ 0 \\ -3 \end{pmatrix};\; t, u \in \mathbb{R} \qquad (2)\quad x - y = 0$$

Eine dieser Ebenen ist die Symmetrieebene des Pyramidenstumpfs, die andere Ebene enthält eine der Seitenwände. Geben Sie an, welche der beiden Ebenen die Symmetrieebene ist, und beschreiben Sie ihre besondere Lage im Koordinatensystem.
Geben Sie die Seitenwand an, die in der anderen Ebene enthalten ist. **(5 BE)**

2 Im Punkt K(4 | −4 | 2) befindet sich der höchste Punkt des Kopfes eines Kletterers, der neben dem Boulderblock steht. Die Sonne scheint zu einem bestimmten Zeitpunkt in Richtung des Vektors

$$\vec{v} = \begin{pmatrix} -1 \\ 2 \\ -0,5 \end{pmatrix}.$$

2.1 Berechnen Sie die Koordinaten des Schattenpunktes K', der vom Punkt K auf die Seitenwand DAEH geworfen wird. **(4 BE)**

2.2 Die Füße eines anderen, 1,80 m großen Kletterers befinden sich im Punkt N(3 | 4,5 | 0). Untersuchen Sie, ob er dort aufrecht stehen kann. **(4 BE)**

Material

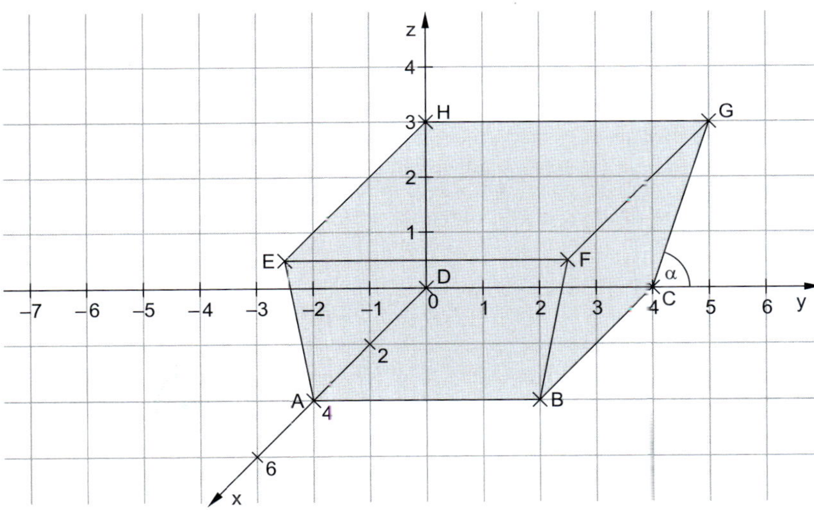

Hinweise und Tipps

Teilaufgabe 1.1

Dies ist eine Standardaufgabe. Stellen Sie mithilfe eines Stütz- und zweier Richtungsvektoren die Parametergleichung der Ebene auf, ermitteln Sie einen Normalenvektor und ermitteln Sie durch Einsetzen in $\vec{n} \circ \vec{x} = \vec{n} \circ \vec{a}$ eine Koordinatengleichung.

Teilaufgabe 1.2

In der Abbildung erkennt man, dass der Winkel zwischen der y-Achse und dem Vektor $\overrightarrow{CG}$ gesucht ist. Beschreiben Sie die Richtung der y-Achse vektoriell und verwenden Sie zur Berechnung die „Grundformel zur Berechnung eines Winkels zwischen zwei Vektoren".

Teilaufgabe 1.3

Den Nachweis, dass bei Punkt C ein rechter Winkel vorliegt, führt man mithilfe des Skalarproduktes. Entnehmen Sie dann die Formel zur Berechnung des Flächeninhaltes eines Trapezes der Formelsammlung. Einige der benötigten Längen sind bereits bekannt, die anderen lassen sich leicht berechnen. Setzen Sie diese ein! Vergessen Sie nicht, mithilfe der Trapezfläche die Menge der benötigten Farbe zu berechnen und diese entsprechend der in der Aufgabenstellung geforderten Rundung anzugeben.

Teilaufgabe 1.4

Die Länge eines Seiles, das in der Höhe $z = 3$ befestigt ist, senkrecht nach unten hängt und den Boden berührt, lässt sich ohne Berechnung angeben. Berechnen Sie dann die Länge der Kante $\overline{BF}$. Berechnen Sie das Verhältnis der Kantenlänge zur Seillänge und leiten Sie daraus die prozentuale Abweichung ab.

Teilaufgabe 1.5

Begründen Sie zunächst, dass die vollständige Pyramide „auf dem Kopf" stehen muss.

Begründen Sie dann mithilfe der besonderen Lage der Kante $\overline{HD}$, dass die Pyramidenspitze auf der (negativen) z-Achse liegen muss. Berechnen Sie die Pyramidenspitze z. B. als Schnittpunkt der Geraden, auf der die Kante $\overline{GC}$ liegt, mit der z-Achse – also als Schnittpunkt zweier Geraden. Achten Sie bei der Angabe der Lösung für k auf die Vorgabe, dass $S(0\,|\,0\,|\,-k)$ gelten soll.

Teilaufgabe 1.6

Der angegebene Ansatz beinhaltet zwei Teilterme der Form $A = \frac{1}{3} \cdot a^2 \cdot h$. Mit dieser Formel wird das Volumen von Pyramiden berechnet. Erläutern Sie, welche beiden Pyramiden berechnet werden und welche Bedeutung die Differenz dieser Volumina hat.

Teilaufgabe 1.7

Identifizieren Sie mithilfe der Zeichnung den in (1) verwendeten Stützvektor und die verwendeten Richtungsvektoren. Ordnen Sie die Ebene zu. Daraus ergibt sich die Bedeutung von (2), da die Aufgabenstellung nur zwei Fälle zulässt. Machen Sie sich klar, dass z. B. $A(0\,|\,0\,|\,0)$, $B(3\,|\,3\,|\,0)$ und $C(3\,|\,3\,|\,1)$ Punkte sind, die in der durch die Gleichung (2) beschriebenen Ebene sind. Was folgt daraus für die Lage dieser Ebene?

Teilaufgabe 2.1

Gesucht ist der Schnittpunkt der Geraden durch K mit Richtung $\vec{v}$ und der Ebene durch EADH, also der Spurpunkt der Geraden in der x-z-Ebene. Dies ist der Schattenpunkt von K.

Teilaufgabe 2.2

Berechnen Sie für den Ebenenpunkt $P(3\,|\,4{,}5\,|\,z)$ die z-Koordinate, wie sie sich aus der Koordinatengleichung ergibt, und vergleichen Sie diese mit der Körpergröße des Kletterers.

Lösung

1.1 Mit dem Vektor $\overrightarrow{OB}$ als Ortsvektor und den Vektoren

$$\overrightarrow{BC} = \begin{pmatrix} 0-4 \\ 4-4 \\ 0-0 \end{pmatrix} = \begin{pmatrix} -4 \\ 0 \\ 0 \end{pmatrix} \quad \text{und} \quad \overrightarrow{BG} = \begin{pmatrix} 0-4 \\ 5-4 \\ 3-0 \end{pmatrix} = \begin{pmatrix} -4 \\ 1 \\ 3 \end{pmatrix}$$

als Richtungsvektoren erhält man als eine mögliche Parameterdarstellung der Ebene:

$$E: \; \vec{x} = \overrightarrow{OB} + r \cdot \overrightarrow{BC} + s \cdot \overrightarrow{BG} = \begin{pmatrix} 4 \\ 4 \\ 0 \end{pmatrix} + r \cdot \begin{pmatrix} -4 \\ 0 \\ 0 \end{pmatrix} + s \cdot \begin{pmatrix} -4 \\ 1 \\ 3 \end{pmatrix}$$

Zur Ermittlung der Koordinatengleichung benötigt man einen Normalenvektor $\vec{n} = \begin{pmatrix} n_1 \\ n_2 \\ n_3 \end{pmatrix}$ der Ebene. Dieser steht senkrecht auf den beiden Richtungsvektoren der Ebene. Daraus ergibt sich der Ansatz:

$$\text{(I)} \quad \vec{n} \circ \overrightarrow{BC} = \begin{pmatrix} n_1 \\ n_2 \\ n_3 \end{pmatrix} \circ \begin{pmatrix} -4 \\ 0 \\ 0 \end{pmatrix} = 0 \quad \Leftrightarrow \quad -4n_1 = 0$$

$$\text{(II)} \quad \vec{n} \circ \overrightarrow{BG} = \begin{pmatrix} n_1 \\ n_2 \\ n_3 \end{pmatrix} \circ \begin{pmatrix} -4 \\ 1 \\ 3 \end{pmatrix} = 0 \quad \Leftrightarrow \quad -4n_1 + n_2 + 3n_3 = 0$$

Aus (I) folgt unmittelbar $n_1 = 0$. Damit ergibt sich mit (II):

$$n_2 = -3n_3$$

Das Gleichungssystem ist nicht eindeutig lösbar. Da nur eine Lösung gesucht ist, wählt man z. B. $n_3 = 1$. Daraus ergibt sich $n_2 = -3$ und man erhält:

$$\vec{n} = \begin{pmatrix} 0 \\ -3 \\ 1 \end{pmatrix}$$

Unter Verwendung des Ortsvektors $\overrightarrow{OB}$ ergibt sich durch Einsetzen in $\vec{n} \circ \vec{x} = \vec{n} \circ \vec{a}$:

$$\begin{pmatrix} 0 \\ -3 \\ 1 \end{pmatrix} \circ \begin{pmatrix} x \\ y \\ z \end{pmatrix} = \begin{pmatrix} 0 \\ -3 \\ 1 \end{pmatrix} \circ \begin{pmatrix} 4 \\ 4 \\ 0 \end{pmatrix}$$

$$-3y + z = -12$$

Dies entspricht, bis auf einen Faktor (–1), dem angegebenen Kontrollergebnis.

1.2 Der gesuchte Neigungswinkel α ist im Material eingezeichnet. Dies ist der Winkel zwischen dem Vektor $\overrightarrow{CG} = \begin{pmatrix} 0-0 \\ 5-4 \\ 3-0 \end{pmatrix} = \begin{pmatrix} 0 \\ 1 \\ 3 \end{pmatrix}$ und dem Vektor $\vec{v} = \begin{pmatrix} 0 \\ 1 \\ 0 \end{pmatrix}$, der die Richtung der y-Achse beschreibt.

Als Ansatz formuliert man:

$$\cos\alpha = \frac{\overrightarrow{CG} \circ \vec{v}}{|\overrightarrow{CG}| \circ |\vec{v}|}$$

Man ermittelt

$$\overrightarrow{CG} \circ \vec{v} = \begin{pmatrix} 0 \\ 1 \\ 3 \end{pmatrix} \circ \begin{pmatrix} 0 \\ 1 \\ 0 \end{pmatrix} = 1, \quad |\overrightarrow{CG}| = \left| \begin{pmatrix} 0 \\ 1 \\ 3 \end{pmatrix} \right| = \sqrt{0^2 + 1^2 + 3^2} = \sqrt{10}, \quad |\vec{v}| = 1$$

und erhält damit:

$$\cos\alpha = \frac{1}{\sqrt{10}\cdot 1} = \frac{1}{\sqrt{10}}$$

Damit ist:

$$\alpha = \arccos\left(\frac{1}{\sqrt{10}}\right) \approx 71{,}57°$$

Dies ist der gesuchte Neigungswinkel.

1.3 Die Aufgabenstellung fordert, dass zunächst gezeigt werden soll, dass im Punkt C ein rechter Winkel vorliegt, d. h., die Vektoren

$$\overrightarrow{CB} = \begin{pmatrix} 4 \\ 0 \\ 0 \end{pmatrix} \text{ und } \overrightarrow{CG} = \begin{pmatrix} 0 \\ 1 \\ 3 \end{pmatrix}$$

müssen orthogonal sein.

Der Nachweis erfolgt über das Skalarprodukt der beiden Vektoren, denn es gilt:

$$\begin{pmatrix} 4 \\ 0 \\ 0 \end{pmatrix} \circ \begin{pmatrix} 0 \\ 1 \\ 3 \end{pmatrix} = 4\cdot 0 + 0\cdot 1 + 0\cdot 3 = 0$$

Damit ist bekannt, dass das Viereck BCGF ein Trapez mit einem rechten Winkel bei C ist.

Der allgemeine Ansatz zur Berechnung des Flächeninhaltes eines Trapezes (laut Formelsammlung)

$$A = \frac{a+c}{2}\cdot h$$

führt für das vorliegende Trapez zu:

$$A = \frac{|\overrightarrow{BC}| + |\overrightarrow{FG}|}{2}\cdot|\overrightarrow{CG}|$$

Für die benötigten Größen ergibt sich bzw. ist bereits bekannt:

$$|\overrightarrow{BC}| = 4 \qquad |\overrightarrow{FG}| = 5 \qquad |\overrightarrow{CG}| = \sqrt{10}$$

Damit erhält man für die Fläche des Trapezes

$$A = \frac{4+5}{2}\cdot\sqrt{10} \approx 14{,}23\,[\mathrm{m}^2]$$

und für die benötigte Menge Farbe $14{,}23 : 8 \approx 1{,}78\,[\ell]$. Es werden also, nach der in der Aufgabenstellung geforderten Rundung, 2 Liter Farbe benötigt.

1.4 Ein Seil, das im Punkt $F(5\,|\,5\,|\,3)$ befestigt ist, senkrecht nach unten hängt und den Boden berührt, hat die Länge 3 [m]. Für die Länge der Kante $\overline{BF}$ ermittelt man:

$$|\overrightarrow{BF}| = \left|\begin{pmatrix} 5-4 \\ 5-4 \\ 3-0 \end{pmatrix}\right| = \left|\begin{pmatrix} 1 \\ 1 \\ 3 \end{pmatrix}\right| = \sqrt{1^2+1^2+3^2} = \sqrt{11}\,[\mathrm{m}]$$

Die Kante $\overline{BF}$ ist also $\frac{\sqrt{11}}{3} \approx 1{,}106$-mal so lang wie das Seil, oder – anders ausgedrückt – um ca. 10,6 % länger als das Seil.

1.5 Da das Quadrat EFGH größer als das Quadrat ABCD ist, liegt ein „umgedrehter“ Pyramidenstumpf vor. Die Spitze der vollständigen Pyramide muss also unterhalb der x-y-Ebene liegen. Da sich alle Kanten in der Pyramidenspitze schneiden und die Pyramidenkante durch H und D auf der z-Achse liegt, muss auch die Pyramidenspitze auf der z-Achse liegen.

Die Pyramidenspitze liegt also auf der negativen z-Achse.

Um die Pyramidenspitze exakt zu bestimmen, reicht es aus, den Schnittpunkt einer weiteren Pyramidenkante mit der z-Achse zu berechnen.

Die Pyramidenkante durch G und C liegt auf der Geraden mit der Parametergleichung:

$$g_{GC}: \vec{x} = \begin{pmatrix} 0 \\ 5 \\ 3 \end{pmatrix} + r \cdot \begin{pmatrix} 0 \\ 1 \\ 3 \end{pmatrix}$$

Als Ansatz zur Berechnung des Schnittpunktes mit der z-Achse formuliert man:

$$\begin{pmatrix} 0 \\ 0 \\ z \end{pmatrix} = \begin{pmatrix} 0 \\ 5 \\ 3 \end{pmatrix} + r \cdot \begin{pmatrix} 0 \\ 1 \\ 3 \end{pmatrix}$$

Die erste Zeile liefert die wahre Aussage $0 = 0$, die zweite Zeile liefert $r = -5$ und dies ergibt in der dritten Zeile $z = 3 - 5 \cdot 3 = -12$.

Die Pyramidenspitze ist also $S(0\,|\,0\,|\,-12)$. Der gesuchte Parameterwert ist damit $k = 12$.

1.6 Für das Volumen einer Pyramide mit quadratischer Grundfläche (mit Kantenlänge a) und der Höhe h gilt laut Formelsammlung:

$$A = \frac{1}{3} \cdot a^2 \cdot h$$

Mit dem gegebenen Ansatz wird die Differenz zweier solcher Volumina gebildet. Der erste Term beschreibt das Volumen einer Pyramide mit einer quadratischen Grundfläche mit der Kantenlänge 5 und der Höhe $3 + k$; dies entspricht der Höhe des Pyramidenstumpfes plus der Höhe des unterhalb der x-y-Ebene liegenden „Reststücks“ (vgl. Teilaufgabe 1.5), das den Pyramidenstumpf zur vollständigen Pyramide EFGHS ergänzt. Der zweite Term beschreibt das Volumen dieses „Reststücks“, also der Pyramide ABCDS. Die Kantenlänge der quadratischen Grundfläche dieser Pyramide ist 4 und ihre Höhe ist k.

Die Differenz dieser beiden Volumina liefert das Volumen des Pyramidenstumpfs.

1.7 Für die angegebene Parametergleichung (1) werden der Vektor $\overrightarrow{OE}$ als Ortsvektor und die Vektoren $\overrightarrow{EH}$ und $\overrightarrow{EA}$ als Richtungsvektoren verwendet. Daher beschreibt (1) die Ebene, in der die Seitenwand EADH liegt.

Mit der Vorgabe der Aufgabenstellung folgt daraus, dass (2) eine Symmetrieebene des Pyramidenstumpfs beschreibt. Umgeformt ergibt sich aus (2):

$$x = y$$

Diese Gleichung beschreibt die Ebene, die die x-y-Ebene in der ersten Winkelhalbierenden schneidet und senkrecht auf der x-y-Ebene steht, insbesondere parallel zur z-Achse ist und diese sogar enthält.

2.1 Der Lichtstrahl durch K kann durch die Parametergleichung

$$g_K\colon\ \vec{x} = \begin{pmatrix} 4 \\ -4 \\ 2 \end{pmatrix} + r \cdot \begin{pmatrix} -1 \\ 2 \\ -0{,}5 \end{pmatrix}$$

beschrieben werden.

Der Schatten soll auf die Seitenwand EADH fallen. Diese Fläche ist Teil der x-z-Ebene, die durch die Koordinatengleichung $y = 0$ beschrieben werden kann. Daraus ergibt sich der Ansatz $0 = -4 + 2r$ und damit $r = 2$.

Den Schattenpunkt K' ermittelt man über

$$\overrightarrow{OK'} = \begin{pmatrix} 4 \\ -4 \\ 2 \end{pmatrix} + 2 \cdot \begin{pmatrix} -1 \\ 2 \\ -0{,}5 \end{pmatrix} = \begin{pmatrix} 2 \\ 0 \\ 1 \end{pmatrix}$$

als $K'(2\,|\,0\,|\,1)$.

2.2 Anhand der Abbildung ermittelt man, dass sich der Kletterer unter der Wand BCGF befindet.

Für die Ebene, in der diese Wand liegt, wurde in Teilaufgabe 1.1 die Koordinatengleichung

$$3y - z = 12$$

ermittelt.

Der Kletterer steht im Punkt $N(3\,|\,4{,}5\,|\,0)$. Gesucht ist der Punkt $P(3\,|\,4{,}5\,|\,z)$ in der Ebene direkt über N. Das Einsetzen der bekannten Koordinaten in die Koordinatengleichung der Ebene liefert:

$$\begin{aligned} 3 \cdot 4{,}5 - z &= 12 \\ z &= 1{,}5 \end{aligned}$$

Ein Punkt der Ebene liegt also 1,5 m über N. Da der Kletterer 1,8 m groß ist, kann er an dieser Stelle nicht aufrecht stehen.

Hessen – Grundkurs Mathematik
2022 – C2.1: Stochastik (WTR/CAS)

1 In einem Paketzentrum werden pro Jahr viele Millionen Pakete angeliefert. Die Pakete werden automatisch nach ihrem Bestimmungsort sortiert. 10 % der Pakete haben das Ziel A, 7 % das Ziel B. Die übrigen Pakete haben andere Ziele.

1.1 Bestimmen Sie unter Angabe einer geeigneten Zufallsvariablen X die Wahrscheinlichkeit dafür, dass von 100 zufällig ausgewählten Paketen
- genau neun das Ziel B haben,
- weniger als neun das Ziel B haben. **(3 BE)**

1.2 Unter 100 zufällig ausgewählten Paketen haben genau neun das Ziel B.
Berechnen Sie die prozentuale Abweichung dieser Anzahl vom Erwartungswert für die Anzahl von Paketen mit dem Ziel B unter 100 zufällig ausgewählten Paketen. **(3 BE)**

1.3 Im Paketzentrum werden 20 Pakete zufällig ausgewählt.

1.3.1 Die Wahrscheinlichkeit dafür, dass von den 20 ausgewählten Paketen keines das Ziel C hat, beträgt etwa 54 %. Berechnen Sie den Anteil der Pakete mit dem Ziel C unter allen Paketen, die pro Jahr im Paketzentrum angeliefert werden. **(3 BE)**

1.3.2 Die Wahrscheinlichkeit eines Ereignisses im Sachzusammenhang kann mit dem Term
$0{,}9^{14} \cdot \sum_{i=0}^{3} \binom{6}{i} \cdot 0{,}1^{i} \cdot 0{,}9^{6-i}$ berechnet werden. Geben Sie ein passendes Ereignis an. **(2 BE)**

2 Alle im Paketzentrum angelieferten Pakete werden im Rahmen der Sortierung gewogen. 5 % der Pakete haben eine Masse von mehr als 10 kg und gelten damit als schwer. Von den Paketen mit dem Ziel A sind 8 % schwer. Weiterhin haben 10 % der Pakete das Ziel A und 7 % das Ziel B.
Ein Paket wird zufällig ausgewählt. Betrachtet werden die folgenden Ereignisse:
S: „Das ausgewählte Paket ist schwer.“
Z: „Das ausgewählte Paket hat das Ziel A.“

2.1 Stellen Sie den Sachzusammenhang in einer vollständig ausgefüllten Vierfeldertafel dar. **(3 BE)**

2.2 Untersuchen Sie, ob der Anteil der Pakete mit dem Ziel A unter den schweren Paketen ebenso groß ist wie unter den Paketen, die nicht schwer sind. **(3 BE)**

2.3 Von den Paketen, die das Ziel B haben, sind 2 % schwer. Entscheiden Sie, ob der Anteil der schweren Pakete unter denjenigen, die weder das Ziel A noch das Ziel B haben, kleiner als 5 %, gleich 5 % oder größer als 5 % ist. Begründen Sie Ihre Entscheidung, ohne diesen Anteil zu berechnen. **(3 BE)**

2.4 Im Paketzentrum wird ein schweres Paket zufällig ausgewählt und in einen Lkw verladen. Bestimmen Sie die Wahrscheinlichkeit dafür, dass es sich um ein Paket handelt, das nicht das Ziel A hat. **(3 BE)**

2.5 Im Rahmen der Sortierung werden die Pakete in zufälliger Reihenfolge ausgewählt und gewogen.
Berechnen Sie die Anzahl der Pakete, die mindestens gewogen werden müssen, damit mit einer Wahrscheinlichkeit von mindestens 90 % mindestens ein schweres Paket darunter ist. **(4 BE)**

2.6 Die Zufallsgröße Y gibt die Anzahl der schweren Pakete unter insgesamt n zufällig ausgewählten Paketen an. Im Material ist die Wahrscheinlichkeitsverteilung von Y für einen bestimmten Wert von n dargestellt. Hierbei ist der Erwartungswert μ eine natürliche Zahl.
Bestätigen Sie mithilfe des Materials, dass $P(10 \leq Y \leq 12) < 0{,}4$ gilt.
Bestimmen Sie die Gesamtzahl n der Pakete. **(5 BE)**

3 Auf einem Rollcontainer befinden sich 100 Pakete, darunter 30 Pakete für den Eulerplatz, 45 Pakete für die Gaußstraße und 25 Pakete für den Leibnizweg. Die Pakete sind im Container zufällig angeordnet.
Ein Paketzusteller lädt 5 Pakete vom Container; darunter befinden sich 3 Pakete für den Eulerplatz und 2 Pakete für den Leibnizweg. Zur Bestimmung der Wahrscheinlichkeit für dieses Ereignis werden 4 Ansätze aufgestellt.

(1) $\frac{25}{100} \cdot \frac{24}{99} \cdot \frac{30}{98} \cdot \frac{29}{97} \cdot \frac{28}{96}$

(2) $\frac{\binom{30}{3} \cdot \binom{25}{2}}{\binom{100}{5}}$

(3) $10 \cdot \frac{30}{100} \cdot \frac{29}{99} \cdot \frac{28}{98} \cdot \frac{25}{97} \cdot \frac{24}{96}$

(4) $\binom{5}{3} \cdot 0{,}3^3 \cdot 0{,}25^2$

Entscheiden Sie für jeden der Ansätze, ob er richtig oder falsch ist, und begründen Sie jeweils Ihre Entscheidung. **(8 BE)**

Material

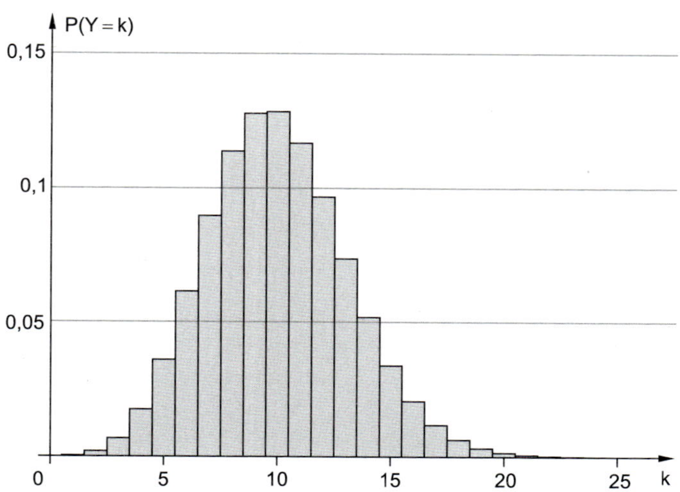

Hinweise und Tipps

Teilaufgabe 1.1

- Hier liegt eine Binomialverteilung vor.
- Benutzen Sie Ihren WTR (bzw. Ihr CAS) unter Eingabe der Trefferwahrscheinlichkeit, der Zahl der Versuche und der geforderten Trefferzahlen.

Teilaufgabe 1.2

- Benutzen Sie die Formel für den Erwartungswert μ der Binomialverteilung.

Teilaufgabe 1.3.1

- Benutzen Sie die Gegenwahrscheinlichkeit $1-p$, um p zu berechnen.

Teilaufgabe 1.3.2

- Stellen Sie sich einen Wahrscheinlichkeitsbaum vor.
- 0,9 bedeutet „Nicht Ziel A“.
- Am Schluss bleiben 6 Pakete übrig. Höchstens wie viele davon haben das Ziel A?

Teilaufgabe 2.1

- Die vier Ereignisse, die die Tafel bestimmen, sind: „Paket ist schwer (S)“, „Paket ist nicht schwer ($\overline{S}$)“, „Ziel A (Z)“ und „Ziel nicht A ($\overline{Z}$)“.
- Tragen Sie alle gegebenen Fakten ein und ergänzen Sie die restlichen Felder, sodass die Summen in Reihen und Spalten stimmen.
- Sie können sich zur Unterstützung auch einen zweistufigen Baum zeichnen.

Teilaufgabe 2.2

- Führen Sie die entsprechenden Divisionen durch. Das Ablesen aus der Vierfeldertafel kann helfen.
- Alternativ können Sie auch den Satz von Bayes bemühen.

Teilaufgabe 2.3

- Das erfordert ein wenig Logik. Wie viele Pakete sind denn überhaupt schwer?

Teilaufgabe 2.4

- Benutzen Sie den Satz von Bayes und berechnen Sie $P_S(\overline{Z})$.

Teilaufgabe 2.5

- Die Ungleichung, die gelöst werden muss, ist $P(X \geq 1) \geq 0{,}9$.
- Der Operator heißt „berechnen“. Sie dürfen Ihren WTR (bzw. Ihr CAS) also erst ganz am Schluss der Rechnung benutzen.

Teilaufgabe 2.6

- Lesen Sie die Gesamtwahrscheinlichkeit aus dem Material ab. Dies ist naturgemäß nicht exakt.
- Die Gesamtzahl der Pakete ergibt sich aus dem Ansatz $E(Y) = n \cdot p$.

Teilaufgabe 3

- Zwei der angebotenen Ansätze sind korrekt.
- Machen Sie sich Gedanken über die folgenden Fragen:
  - Ändert sich die Wahrscheinlichkeit während der Entnahme der Pakete?
  - Wird mit Zurücklegen oder ohne Zurücklegen gezogen?
  - Was ist der Unterschied zwischen einer Binomialverteilung und einer hypergeometrischen Verteilung?

Lösung

1.1 X ist die Anzahl der Pakete, die B als Ziel haben. X ist binomialverteilt mit der Trefferwahrscheinlichkeit $p = 0{,}07$ und $n = 100$ als Zahl der Versuche.
Mit dem WTR bzw. CAS berechnet man:

```
binomialPDf(9,100,0.07)
                0.1040145556
binomialCDf(0,8,100,0.07)
                0.7339658557
```

$$P(X = 9) = \binom{100}{9} \cdot 0{,}07^9 \cdot 0{,}93^{91} = B_{100;\,0{,}07}(9)$$

$$\approx 0{,}1040 = 10{,}4\ \%$$

$$P(X \le 8) = \sum_{k=0}^{8} \binom{100}{k} \cdot 0{,}07^k \cdot 0{,}93^{10-k} = F_{100;\,0{,}07}(8) \approx 0{,}7340 = 73{,}4\ \%$$

1.2 Der Erwartungswert ist gegeben durch: $\mu = n \cdot p = 100 \cdot 0{,}07 = 7$
Die Abweichung beträgt $\frac{9-7}{7} \approx 0{,}286.$
Die prozentuale Abweichung ist also etwa 28,6 %.

1.3.1 Wird der Anteil der Pakete, die C erreichen, mit p bezeichnet, so ist die Wahrscheinlichkeit, dass von 20 Paketen keines in C ankommt, gegeben durch $(1-p)^{20}$. Es folgt:

$$(1-p)^{20} = 0{,}54 \quad \Rightarrow \quad 1-p = \sqrt[20]{0{,}54} \quad \Rightarrow \quad p = 1 - \sqrt[20]{0{,}54} \approx 0{,}0303$$

Der gesuchte Anteil entspricht etwa 3 %.

1.3.2 Von den 20 Paketen haben die ersten 14 nicht das Ziel A (10 % der Pakete haben das Ziel A) und von den restlichen 6 haben höchstens 3 Pakete das Ziel A (bzw. mindestens 3 nicht das Ziel A).

2.1

	S	$\overline{S}$	
Z	0,8 %	9,2 %	10 %
$\overline{Z}$	4,2 %	85,8 %	90 %
	5 %	95 %	100 %

2.2 Der Anteil der Pakete mit dem Ziel A, die schwer sind (S), unter allen schweren Paketen beträgt:

$$\frac{0{,}8\ \%}{5\ \%} = 0{,}16 = 16\ \%$$

Der Anteil der Pakete mit dem Ziel A, die nicht schwer sind ($\overline{S}$), unter allen Paketen, die nicht schwer sind, beträgt:

$$\frac{9{,}2\ \%}{95\ \%} \approx 0{,}097 = 9{,}7\ \%$$

Die beiden Anteile sind also nicht gleich groß.

2.3 Der Anteil der schweren Pakete unter allen Paketen beträgt 5 %. Zusammen mit den Tatsachen, dass der Anteil der schweren Pakete mit Ziel A 8 % beträgt und derjenigen mit Ziel B 2 % sowie mehr Pakete das Ziel A als das Ziel B haben, muss der Anteil an schweren Paketen, die weder A noch B als Ziel haben, kleiner als 5 % sein.

Bemerkung: Möchte man eine Berechnung durchführen, die hier nicht gefordert wird, so kann man die obige Vierfeldertafel leicht zu einer 6-Feldertafel erweitern, indem man für die Ziele drei Zeilen A, B und „Rest" einführt.

2.4 Man benutzt hier am einfachsten den Satz von Bayes:

$$P_S(\overline{Z}) = \frac{P(S \cap \overline{Z})}{P(S)} = \frac{0{,}042}{0{,}05} = 0{,}84$$

Die Wahrscheinlichkeit beträgt also 84 %.

2.5 Die Zufallsvariable X sei die Anzahl der schweren Pakete. Dann soll die Wahrscheinlichkeit, dass ein Paket oder mehrere Pakete schwer sind, mindestens 90 % betragen:

$$P(X \geq 1) \geq 0{,}9 \quad \Leftrightarrow \quad 1 - P(X=0) \geq 0{,}9 \quad \Leftrightarrow \quad P(X=0) \leq 0{,}1$$

Daraus folgt bei n Versuchen und einer Trefferwahrscheinlichkeit von $p = 0{,}05$:

$$0{,}95^n \leq 0{,}1 \quad \Leftrightarrow \quad n \cdot \ln(0{,}95) \leq \ln(0{,}1) \quad \Leftrightarrow \quad n \geq \frac{\ln(0{,}1)}{\ln(0{,}95)} \approx 44{,}89$$

Man muss also mindestens 45 Versuche durchführen (Pakete abwiegen), um das gewünschte Ergebnis mit dieser Wahrscheinlichkeit zu erzielen.

2.6 In der Abbildung des Materials liest man in etwa ab:

$$P(Y=10) + P(Y=11) + P(Y=12) \approx 0{,}125 + 0{,}12 + 0{,}095 \approx 0{,}34 < 0{,}4$$

Der Erwartungswert ist $E(Y) = 10$, weil er eine natürliche Zahl ist und eine Binomialverteilung vorliegt, er also beim „höchsten" Balken angenommen wird.

Außerdem gilt für den Erwartungswert:

$$E(Y) = n \cdot p = n \cdot 0{,}05 = 10$$

Daraus folgt $n = 200$.

3 (1) Dieser Ansatz ist falsch, da eine mögliche unterschiedliche Reihenfolge nicht beachtet wird. Es wird also nur berechnet, dass die beiden ersten gezogenen Pakete für den Leibnizweg und die darauf folgenden drei für den Eulerplatz bestimmt sind.

(2) Dieser Ansatz ist korrekt. Es handelt sich um eine hypergeometrische Verteilung (Lotto!). $\binom{100}{5}$ ist die Zahl aller Möglichkeiten, aus 100 Elementen 5 zu ziehen (ohne Zurücklegen). $\binom{30}{3}$ ist die Zahl der Möglichkeiten, aus den 30 für den Eulerplatz bestimmten Paketen 3 zu ziehen. Diese Zahl wird mit $\binom{25}{2}$ multipliziert, das sind alle Möglichkeiten, die restlichen 2 Pakete aus den 25 für den Leibnizweg auszuwählen.

(3) Das führt zum gleichen Ergebnis wie der Ansatz in (2), ist also korrekt. Hier wird berücksichtigt, dass es 10 unterschiedliche Pfade zum Ergebnis „3-mal Eulerstraße und 2-mal Leibnizweg" gibt.

(4) Dieser Ansatz ist falsch. Hier wird die Wahrscheinlichkeit bestimmt, unter 5 gezogenen Paketen 3 Treffer zu erzielen, wobei die Trefferwahrscheinlichkeit $p = 0{,}3$ beträgt. Die Wahrscheinlichkeit bleibt also konstant (Binomialverteilung), während bei den Paketen ohne Zurücklegen gezogen wird, sich die Wahrscheinlichkeit also bei jedem Zug ändert.

Hessen – Grundkurs Mathematik
2022 – C2.2: Stochastik (WTR/CAS)

Mehr als 200 Millionen ausrangierte Handys und Smartphones (im Folgenden als Alt-Handys bezeichnet) lagern in deutschen Wohnungen, ob als Ersatzgerät oder wegen der vielen gespeicherten Fotos.

1 Vor einem Einkaufszentrum werden Personen ab 16 Jahren zufällig ausgewählt und befragt, wie viele Alt-Handys sie besitzen. Es soll davon ausgegangen werden, dass die Anzahl der befragten Personen, die angeben, drei und mehr Alt-Handys, zwei Alt-Handys, ein Alt-Handy, kein Alt-Handy oder kein Handy zu besitzen, jeweils durch eine binomialverteilte Zufallsgröße beschrieben werden kann. Die im Material 1 angegebenen prozentualen Anteile sollen als Wahrscheinlichkeiten betrachtet werden.

1.1 Es werden 80 Personen befragt. Bestimmen Sie die Wahrscheinlichkeiten der folgenden Ereignisse.

E_1: Genau 16 der befragten Personen geben an, zwei Alt-Handys zu besitzen.

E_2: Höchstens 42 der befragten Personen geben an, drei und mehr Alt-Handys zu besitzen.

E_3: Mindestens 3, aber höchstens 6 der befragten Personen geben an, genau ein Alt-Handy zu besitzen.

E_4: Die Anzahl der befragten Personen, die angeben, kein Handy oder kein Alt-Handy zu besitzen, ist größer als die zu erwartende Anzahl. **(11 BE)**

1.2 Geben Sie den Wert des Terms $\binom{80}{35} \cdot 0{,}57^{35} \cdot 0{,}43^{45}$ an und erklären Sie die Bedeutung des Terms im Sachzusammenhang. **(3 BE)**

1.3 Berechnen Sie, wie viele Personen mindestens befragt werden müssen, damit sich mit einer Wahrscheinlichkeit von mindestens 85 % mindestens eine Person darunter befindet, die angibt, kein Alt-Handy zu besitzen. **(4 BE)**

2 16 % der Deutschen ab 16 Jahren heben ihre Alt-Handys ausnahmslos auf. Für eine Studie werden 1120 Frauen ab 16 Jahren und 952 Männer derselben Altersgruppe zufällig ausgewählt und telefonisch befragt. 1612 Personen, darunter 742 Männer, geben an, dass sie ihre Alt-Handys nicht ausnahmslos aufheben.

Eine der befragten Personen wird zufällig ausgewählt und folgende Ereignisse werden betrachtet:

W: „Die Person ist weiblich."

A: „Die Person gibt an, dass sie ihre Alt-Handys ausnahmslos aufhebt."

2.1 Der Sachverhalt soll tabellarisch dargestellt werden.
Geben Sie die fehlenden Werte in der Tabelle in Material 2 an.
Entscheiden Sie begründet, ob der prozentuale Anteil der in der Studie befragten Personen, die angeben, ihre Alt-Handys ausnahmslos aufzuheben, dem Bundesdurchschnitt entspricht. **(5 BE)**

2.2 Die Terme $P_W(A)$ und $P(W \cap A)$ bezeichnen Wahrscheinlichkeiten.
Beschreiben Sie die Bedeutung der Terme im Sachzusammenhang. **(2 BE)**

2.3 Untersuchen Sie, ob die Wahrscheinlichkeiten $P_{\overline{A}}(W)$ und $P(W)$ übereinstimmen.
Deuten Sie Ihr Ergebnis im Sachzusammenhang **(4 BE)**

3 Eine Firma ist darauf spezialisiert, gebrauchte Smartphones, die von ihr generalüberholt, gereinigt und geprüft werden, weiter zu verkaufen. Ein Zwischenhändler bietet der Firma in einer Großlieferung gebrauchte Smartphones zu einem sehr günstigen Preis an. Erfahrungsgemäß sind 20 % der Geräte dieses Zwischenhändlers so stark beschädigt, dass sie von der Firma nicht mehr verwertet werden können.

3.1 Ein Ankauf beim Zwischenhändler lohnt sich für die Firma nur, wenn bei einer Großlieferung im Mittel mindestens 5000 verwertbare Smartphones dabei sind.
In diesem Zusammenhang wird folgende Überlegung angestellt:

(1)	$(5000 + k) \cdot 0{,}2 = k \quad (k > 0)$
(2)	$\ldots \Leftrightarrow k = 1250$
(3)	$y \geq 6250$

Erläutern Sie den Ansatz in Zeile (1) im Sachzusammenhang. Geben Sie in Zeile (2) die durch Auslassungspunkte gekennzeichnete fehlende Berechnung an.
Erklären Sie das Ergebnis in Zeile (3) im Sachzusammenhang. **(5 BE)**

3.2 Die Firma überprüft zufällig ausgewählte Smartphones der Großlieferung des Zwischenhändlers. Die Zufallsgröße Z beschreibe die Anzahl der verwertbaren Geräte. Wenn μ der Erwartungswert einer binomialverteilten Zufallsgröße Z ist und σ die zugehörige Standardabweichung, dann gilt für $\sigma > 3$: $P(\mu - 2\sigma \leq Z \leq \mu + 2\sigma) \approx 0{,}95$.

3.2.1 Berechnen Sie, wie viele Geräte mindestens überprüft werden müssen, damit die Bedingung $\sigma > 3$ erfüllt ist. **(2 BE)**

3.2.2 Die Firma überprüft 500 Geräte. Bestimmen Sie die Wahrscheinlichkeit $P(\mu - 2\sigma \leq Z \leq \mu + 2\sigma)$ auf vier Nachkommastellen genau. **(4 BE)**

Material 1

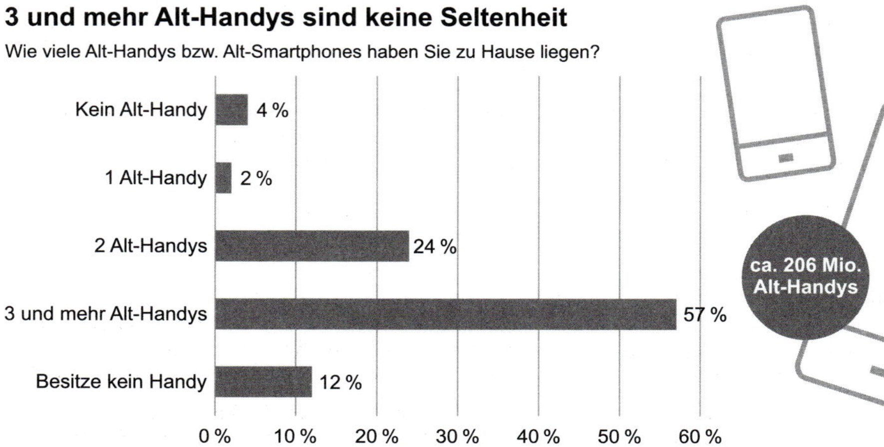

Hinweise: 1 % der Befragten machte keine Angaben. Befragte, die angeben, kein Alt-Handy zu besitzen, nutzen noch ihr erstes Handy.

Datenquelle: Bitkom Research

Material 2

	A	$\overline{A}$	Σ
W			
$\overline{W}$			
Σ			

Hinweise und Tipps

Teilaufgabe 1.1

- Hier liegen Binomialverteilungen vor.
- Benutzen Sie Ihren WTR (bzw. Ihr CAS) unter Eingabe der Trefferwahrscheinlichkeit, der Zahl der Versuche und der geforderten Trefferzahlen. Orientieren Sie sich an den Angaben im Material.

Teilaufgabe 1.2

- Berechnen Sie den Wert mit Ihrem WTR (bzw. Ihrem CAS).
- Der Sachzusammenhang ergibt sich aus dem Wert für die Trefferwahrscheinlichkeit (Material!).

Teilaufgabe 1.3

- Beachten Sie, dass gilt: $P(X \geq 1) = 1 - P(X = 0) \geq 0{,}85$
- Der Operator heißt „Berechnen“. Sie müssen u. a. mit dem Logarithmus arbeiten.

Teilaufgabe 2.1

- Tragen Sie die gegebenen Informationen in die Tabelle ein und ergänzen Sie, sodass die Spalten- und die Zeilensummen stimmig sind.
- Der prozentuale Anteil lässt sich aus der Tabelle ableiten (berechnen).

Teilaufgabe 2.2

- $P_W(A)$ ist eine bedingte Wahrscheinlichkeit. Die Bezugsgruppe ist hier eingeschränkt auf die weiblichen Befragten.

Teilaufgabe 2.3

- Verwenden Sie den Satz von Bayes.
- Die Frage ist: Hängt die Wahrscheinlichkeit des Aufhebens von Alt-Handys vom Geschlecht ab?

Teilaufgabe 3.1

- Das Ergebnis in Zeile (3) heißt offenbar, dass mindestens 6250 Handys abgenommen werden müssen, um im Mittel auf die 5000 verwertbaren zu kommen.

Teilaufgabe 3.2.1

- Welche Formel gilt für σ bei einer Binomialverteilung?
- Setzen Sie die gegebenen Werte ein.

Teilaufgabe 3.2.2

- Es gilt das in Teilaufgabe 3.2.1 Gesagte.
- Benutzen Sie für die Endberechnung der Wahrscheinlichkeit Ihren WTR (bzw. Ihr CAS).

Lösung

1.1 E_1: X_1 sei die Anzahl der Personen, die genau zwei Alt-Handys besitzen.
X_1 ist binomialverteilt mit $n = 80$ und $p = 0{,}24$.

$$P(X_1 = 16) = \binom{80}{16} \cdot 0{,}24^{16} \cdot 0{,}76^{84}$$
$$= B(80; 0{,}24; 16) \approx 0{,}0769 = 7{,}69\ \%$$

```
binomialPDf(16,80,0.24)
                0.07693801986
```

E_2: X_2 sei die Anzahl der Personen, die drei oder mehr Alt-Handys besitzen.
X_2 ist binomialverteilt mit $n = 80$ und $p = 0{,}57$.

$$P(X_2 \le 42) = \sum_{k=0}^{42} \binom{80}{k} \cdot 0{,}57^k \cdot 0{,}43^{80-k}$$
$$= F(80; 0{,}57; 42) \approx 0{,}2412 = 24{,}12\ \%$$

```
binomialCDf(0,42,80,0.57)
                0.2412112223
```

E_3: X_3 sei die Anzahl der Personen, die genau ein Alt-Handy besitzen.
X_3 ist binomialverteilt mit $n = 80$ und $p = 0{,}02$.

$$P(3 \le X_3 \le 6) = \sum_{k=3}^{6} \binom{80}{k} \cdot 0{,}02^k \cdot 0{,}98^{80-k}$$
$$= F(80; 0{,}02; 6) - F(80; 0{,}02; 2)$$
$$\approx 0{,}2144 = 21{,}44\ \%$$

```
binomialCDf(3,6,80,0.02)
                0.2144444026
```

E_4: X_4 sei die Anzahl der Personen, die kein Alt-Handy bzw. gar kein Handy besitzen.
X_4 ist binomialverteilt mit $n = 80$ und $p = 0{,}12 + 0{,}04 = 0{,}16$.
Erwartungswert: $E(X_4) = \mu = n \cdot p = 80 \cdot 0{,}16 = 12{,}8$

$$P(X_4 \ge 13) = \sum_{k=13}^{80} \binom{80}{k} \cdot 0{,}16^k \cdot 0{,}84^{80-k}$$
$$= 1 - F(80; 0{,}16; 12) \approx 0{,}5226 = 52{,}26\ \%$$

```
binomialCDf(13,80,80,0.16)
                0.5225824427
```

1.2 Es ist:

$$\binom{80}{35} \cdot 0{,}57^{35} \cdot 0{,}43^{45} \approx 0{,}0053$$

```
binomialPDf(35,80,0.57)
                5.301315637E-3
```

Der Term gibt die Wahrscheinlichkeit an, dass unter den 80 Befragten genau 35 sind, die drei oder mehr Alt-Handys besitzen.

1.3 Die Zufallsvariable X sei die Anzahl der befragten Personen, die kein Alt-Handy besitzen. Dann soll die Wahrscheinlichkeit, dass mindestens eine Person angibt, kein Alt-Handy zu besitzen, mindestens 85 % betragen:

$$P(X \ge 1) \ge 0{,}85 \quad \Leftrightarrow \quad 1 - P(X = 0) \ge 0{,}85 \quad \Leftrightarrow \quad P(X = 0) \le 0{,}15$$

Daraus folgt bei n Versuchen und einer Trefferwahrscheinlichkeit von $p = 1 - 0{,}04 = 0{,}96$:

$$0{,}96^n \le 0{,}15 \quad \Leftrightarrow \quad n \cdot \ln(0{,}96) \le \ln(0{,}15) \quad \Leftrightarrow \quad n \ge \frac{\ln(0{,}15)}{\ln(0{,}96)} \approx 46{,}47$$

Es müssen also mindestens 47 Personen befragt werden.

2.1

	A	$\overline{A}$	Σ
W	250	870	1 120
$\overline{W}$	210	742	952
Σ	460	1 612	2 072

Der prozentuale Anteil derjenigen befragten Personen, die ihr Alt-Handy ausnahmslos aufheben, beträgt laut Studie $\frac{460}{2\,072} \approx 0{,}22$. Das sind ungefähr 22 %. Der Bundesdurchschnitt liegt aber laut Aufgabentext bei 16 %. Das Ergebnis entspricht also nicht dem Bundesdurchschnitt.

2.2 $P_W(A)$ bezeichnet die Wahrscheinlichkeit, dass eine Person ihr Handy ausnahmslos aufhebt, wenn sie aus der Bezugsgruppe der weiblichen Personen der Befragung stammt (bedingte Wahrscheinlichkeit).

$P(W \cap A)$ bezeichnet die Wahrscheinlichkeit, dass eine ausgewählte Person weiblich ist und ihr Handy ausnahmslos aufhebt.

2.3 Nach dem Satz von Bayes gilt:

$$P_{\overline{A}}(W) = \frac{P(\overline{A} \cap W)}{P(\overline{A})} = \frac{870}{1612} \approx 0{,}5397$$

$$P(W) = \frac{1120}{2072} \approx 0{,}5405$$

Wenn man die Nachkommastellen betrachtet, ergibt sich eine geringfügige Abweichung von etwa 0,15 %. Da dies auf Zählfehlern beruhen kann, ist trotzdem die Aussage erlaubt, dass die Wahrscheinlichkeit, Alt-Handys ausnahmslos aufzuheben, nicht davon abhängt, ob die Person weiblich oder männlich ist.

Eine andere Interpretation wäre auf Basis der geringfügigen Abweichung auch möglich.

3.1 (1) Auf der linken Seite der Gleichung steht die Zahl der nicht verwertbaren Geräte mit einer Ausfallrate von 20 %, wobei $5000 + k$ Geräte geliefert werden. Nur wenn die Zahl der defekten Geräte gleich k ist, sind exakt 5000 Geräte dabei, die aufgearbeitet werden können.

(2) Die Lösung der Gleichung aus Zeile 1 ergibt $k = 1250$.

$(5000 + k) \cdot 0{,}2 = 1000 + 0{,}2 \cdot k = k$, also:

$0{,}8 \cdot k = 1000 \iff k = 1250$

(3) Der Einkauf beim Zwischenhändler lohnt sich im Mittel für die Firma also erst, wenn mindestens $5000 + k = 6250$ Geräte geliefert werden.

3.2.1 Für die Standardabweichung σ einer binomialverteilten Zufallsgröße gilt:

$$\sigma = \sqrt{n \cdot p \cdot (1 - p)}$$

Mit $p = 0{,}8$ folgt:

$$\sigma = \sqrt{n \cdot 0{,}8 \cdot 0{,}2} = \sqrt{n \cdot 0{,}16}, \text{ also } \sigma > 3 \iff n > \frac{3^2}{0{,}16} = 56{,}25$$

Es müssten also mindestens 57 Geräte überprüft werden.

3.2.2 Es gilt:

$$\mu = n \cdot p = 500 \cdot 0{,}8 = 400$$

$$\sigma = \sqrt{n \cdot p \cdot (1-p)} = \sqrt{500 \cdot 0{,}8 \cdot 0{,}2} = \sqrt{80} \approx 8{,}9443$$

Daraus folgt:

$$\mu - 2 \cdot \sigma = 400 - 2 \cdot \sqrt{80} \approx 382{,}111 \quad \text{und} \quad \mu + 2 \cdot \sigma = 400 + 2 \cdot \sqrt{80} \approx 417{,}889$$

Daher ist die folgende Wahrscheinlichkeit zu bestimmen:

```
binomialCDf(383, 417, 500, 0.8)
                   0.9498417202
```

$$P(\mu - 2\sigma \le Z \le \mu + 2\sigma) = P(383 \le Z \le 417)$$

$$= \sum_{k=383}^{417} \binom{500}{k} \cdot 0{,}8^k \cdot 0{,}2^{500-k}$$

$$= F(500;\, 0{,}8;\, 417) - F(500;\, 0{,}8;\, 382) \approx 0{,}9498 = 94{,}98\ \%$$

Um Ihnen die Prüfung 2023 schnellstmöglich zur Verfügung stellen zu können, bringen wir sie in digitaler Form heraus.

Sobald die Original-Prüfungsaufgaben 2023 freigegeben sind, können sie als PDF auf der Plattform **MyStark** heruntergeladen werden (Zugangscode siehe Umschlaginnenseite).

Aktuelle Prüfung

www.stark-verlag.de/mystark